改正商法釋義　完

日本法律學校内法政學會 編
明治三十二年發行

改正商法釋義 完

日本立法資料全集 別巻 1214

信山社

日本法律學校内法政學會編

改正

商法釋義 完

東京 清水書店發行

改正

商法釋義

目次

改正商法釋義

日本法律學校内法政學會編纂

第一編　總則

第一章　法例

（説明）總則トハ此商法全篇ニ通スル規定ノ云ヒニシテ法例トハ此商法適用ノ範圍即チ此商法ト他ノ法令ト並ヒニ存スルトキハ何レヲ先キニシ此商法ハ如何ナル人ニ適用スヘキカ又一方ノミ商行爲タルトキハ此商法ハ双方ニ適用スヘキカ又一方ニ止ルヘキカ等ノ如キヲ明瞭ナラシメ全体ノ方針ヲ指示セシモノトス

第一條　商事ニ關シ本法ニ規定ナキモノニ付テハ商慣習法ヲ適用シ商慣習法ナキモノハ民法ヲ適用ス

（説明）商法ナル法律ハ何ニ向ツテ適用スヘキヤト云ヘハ云フ迄モナク其目的ハ

商事ナル人間ノ行爲即働キニアリト云ハサレハ可ラス已ニ然ラハ商法ハ商事ヲ支配スル爲ニ全ク制定セラレタルモノタルニ外ナラザルモ商行爲ノ千差萬別ナル到底其全般ヲ少數ノ條文ニテ網羅シ盡サンコト難事中ノ難事ナリ然ラハ補欠ノ法規ヲ豫定シ置クモ亦無用ノ業ニアラサルヘシ是レ法ノ趣旨ニテ此場合即チ此商法ニ規定ナキ場合ハ第一着ニ商慣習法ヲ適用シ此商慣法ナキ場合ハ普通法タル民法ヲ適用スヘキモノト定メラレタリ

第二條 公法人ノ商行爲ニ付テハ法令ニ別段ノ定ナキトキニ限リ本法ノ規定ヲ適用ス

（說明） 公法人ハ概子政事上ノ機關トシテ設立セラルヽモノナレハ商行爲ヲ爲ス場合ハ至ツテ稀ナルモ國家事業ノ進步ト共ニ又政治機關ニ適當ノ商業發見セヲレ將來益々此種ノ事業ヲ擴張スルヤモ計ラレス現ニ葉煙草專賣ノ如キ支那ノ鹽業ノ如キ是ナリ此他一時ノ買占メヲ爲シテ又賣却スル如キ一時ノ商行爲ニ屬スルモノモ少ナカラサル可シ此場合ハ會計法規葉煙草專賣法規ノ如キ特別ノ規定アレハ勿

論此ニヨルヘキモ此等ノ法規存セサル時ハ此商法ヲ適用スヘキモノトス

第三條 當事者ノ一方ノ爲メニ商行爲タル行爲ニ付テハ本法ノ規定ヲ雙方ニ適用ス

（說明）商人カ非商人タル農業者其他ノ生產者ヨリ物品ヲ買入ルヽトキハ其行爲ハ商人ヨリ見ルトキハ純然タル商行爲ナルモ非商人タル農夫又生產者ヨリ見ルトキハ否ラサル場合少シトセスカヽル場合ハ商法ヲ適用スヘキカ民法ニヨルヘキカ法文ハ云フ當事者ノ一方ノ爲メニ商行爲タル行爲ニハ本法ノ規定ヲ双方ニ適用スト然レハ非商人モ此場合ハ商法ノ支配ヲ受クルモノナレバ商法必シモ商人特有ノ法ト思慮ス可ラサルナリ故ニ非商人其債務ノ保證ハ第二義務者トシテ其責ヲ盡シ數人ノ債務者アルトキハ特ニ連帶ヲ明言セサレハ各自分擔即可分ナルモ商行爲ノ保證ハ凡テ民事ノ連帶ト同一ニテ第一着ニ義務ヲ盡サヽル可ラサルノミナラス數人アルトキハ明言ナキモ連帶ナリ（二百七十三條參照）

第二章　商人

（説明）商人ノ何タルヤハ明文ニ明カナレハ之ヲ本文ニ讓ル

第四條 本法ニ於テ商人トハ自己ノ名ヲ以テ商行爲ヲ爲スヲ業トスル者ヲ謂フ

（説明）本條ハ商人ノ何タルヤヲ示シタル法文ニシテ必スヤ商人トハ法文ノ示ス如ク自巳ノ名義ヲ以テ商行爲ヲ以テ生計ヲ立ツルモノ即チ常業トスルモノナラサル可ラス故ニ一時商賣ヲ爲スモ又他人ノ代理ヲ爲シ或ハ手代番頭トナルモ之ヲ商人ト云フ能ハス

第五條 未成年者又ハ妻カ商業ヲ營ムトキハ登記ヲ爲スコトヲ要ス

（説明）本條ハ未成年者及ヒ妻タル者ノ商業ヲ營ム塲合ノ資格ヲ定メタルモノニシテ何レモ登記ヲ爲シ其未成年者又妻タル身分ニテ商業ヲ爲ス點ヲ世上ニ公示シタル后ニアラサレハ商業ヲ爲スヲ得ス併シ法文ノ禁スルトコロハ常業トシテ營ム商事ノコトニシテ一時ノ商行爲ハ其有効無効ハ別ニ定メサル可ラス

第六條 會社ノ無限責任社員ト爲ルコトヲ許サレタル未成年者又ハ

妻ハ其會社ノ業務ニ關シテハ之ヲ能力者ト看做ス

（説明）民法ハ滿二十年ヲ以テ成年トナシ成年ニ達セサル者及ヒ人ノ妻タルヘキ者ヲ無能力者トシ一般義務負担ノ資格ナキモノトセリ然ルニ未成年者及ヒ妻タルヘキ者モ一種及數種ノ營業ヲ爲スコトヲ許サルヽコトアリ此場合ニハ其許サレタル營業ニ對シテハ普通ノ能力者ト同一ナルコトヲ定メアルモ（民法第六條第十五條）此無能力者カ會社ノ無限責任社員タルコトヲ許サレタル塲合ノ規定ハ民法ノ云ハサル所ナリ本法ハ之ヲ補充シテ此塲合ハ其業務ニ對シテハ能力者ト同一ニ看做セリ故ニ其會社カ對手タル諸般ノ取引其他ノ行爲ヨリ起ル責任ニ對シテハ此二者ト雖又其免ル能ハサルナリ

第七條 後見人カ被後見人ノ爲メニ商業ヲ營ムトキハ登記ヲ爲スコトヲ要ス

後見人ノ代理權ニ加ヘタル制限ハ之ヲ以テ善意ノ第三者ニ對抗スルコトヲ得ス

（說明）後見人ハ民法上ノ法定代理人タレハ被後見人ノ爲メニ其代理者トシテ商業ヲ爲シ得ルコト當然ナリ然ルニ此後見人ノ商業ハ果シテ自已ノ爲メニ爲スカ又被後見人ノ爲メニ爲スカハ世人ヨリ見ルトキハ不明瞭ナリ否殊ニ他人ノ爲メタルヲ示サヽルトキハ自已ノ爲メニ行フモノト見ルヘキハ當然ノ推測ナリト云ハサルヘカラス法律ハ此推測ヲ生セサラシムル爲メ後見人カ被後見人ノ爲メニ爲ス商業ニハ後見人ニ登記ノ義務ヲ命シ世人ヲシテ此感ナカラシメタリ

然ルニ後見人モ亦一ノ代理人ニ過キサレハ本人及ヒ親族會議等ニテ其權限ヲ伸縮シテ範圍ヲ制限スルヿヲ得ルヤ又云フヲ要セサル所ナリ然ルモ其制限ヲ知ラサル第三者モ亦法律ハ保護スヘキ必要アリト認メ此者ニ對シテハ此後見人ニ加ヘタル代理ノ制限ハ効力アラサルモノトス

第八條　戸戸ニ就キ又ハ道路ニ於テ物ヲ賣買スル者其他小商人ニハ商業登記、商號及ヒ商業帳簿ニ關スル規定ヲ適用セス

（說明）戸戸ニ就テニセヨ通路ニ於テニセヨ苟クモ其行爲カ商事タル以上ハ其商

事ヲ營ム者ハ商人ナリ元ヨリ卸ト小賣トヲ問ハサルナリ然ルモ戶々ニ就キ又道路ニ於テ物ヲ賣ル商人其他ノ小賣人ノ如キハ日々ノ利潤ヲ以テ辛フシテ生活ヲ爲ムモノタレハ是レニ完全ナル商業上ノ義務即チ商業登記商號及ヒ商業帳簿ニ關スル規定ヲ適用スルハ實ニ酷ナリト云ハサル可ラス否必要モアラサルヘシ何トナレハ此等ノ商人ハ槪子現金ノ取引ニテ毫モ信用ヲ以テ働クモノニアラサレハ此等ノ義務ヲ命スルモ其效用ヲ爲ス塲合ハ存セサレハナリ

本條ノ小商人範圍ハ勅令ヲ以テ定メラルヘキモノトス(施行法第七條)

第三章　商業登記

第九條　本法ノ規定ニ依リ登記スヘキ事項ハ當事者ノ請求ニ因リ其營業所ノ裁判所ニ備ヘタル商業登記簿ニ之ヲ登記ス

(說明)　本法ノ規定ニヨリテ登記スヘキ事項一ニシテ足ラス未成年者及ヒ妻タルヘキ者ノ商業ヲ營ム塲合ノ如キ後見人カ被後見人ノ爲メニ商業ヲ營ム塲合ノ如キ商號ノ登記會社設立ニ關スル登記ノ如キ支配人ノ權限ヲ登記スル如キ此類ノモノ

少ナカラス本條ハ凡テ此等ノ塲合ノ登記ハ何人ノ請求ニヨリ何レノ塲所ノ如何ナル官廳ニ登記スヘキヤヲ定メ其請求スヘキモノハ當事者ニシテ其塲所ハ其當事者ノ住所ニアラスシテ營業所ノ裁判所ニシテ其帳簿ハ商業登記簿ナルコトヲ明示シタルモノトス法律カ殊ニ當事者ノ住所ヲ避ケテ營業所トナシタルハ其商人會社等ノ盛衰榮枯ニ尤モ着眼シ易キハ其住所ニアラスシテ營業所ナレハナリ又登記ノ性質ヨリ云フモ登記ハ全ク世人ニ公示スルヲ以テ其目的トスルモノナレハ其縁遠キ住所ヨリ近接ナル營業所ノ方尤モ其事項ノ表示ヲ確的ナラシムレハナリ

第十條　本店ノ所在地ニ於テ登記スヘキ事項ハ本法ニ別段ノ定ナキトキハ支店ノ所在地ニ於テモ亦之ヲ登記スルコトヲ要ス

（說明）　本條ハ其登記ヲ要スル商人商事會社等カ本店支店等數ケノ營業所ヲ有スルトキハ何地ニテ登記スヘキカヲ定メタルモノトス此塲合ニ法律ハ別段ノ明文アリテ本店ニ限ルトセサル以上ハ支店ノ所在地ニ於テモ本店同樣登記ノ義務アルモノトセリ（會社ノ設立ヲ第三者ニ効力アラシメ又開業準備ニ着手スルニハ別ニ支

店ノ登記ヲ要セス本店ノミニテ登記セハ足レリ)

第十一條 登記シタル事項ハ裁判所ニ於テ遲滯ナク之ヲ公告スルコトヲ要ス

(說明) 本條ハ登記シタル事項ニ對スル裁判所ノ處置ヲ定メタル法文ニシテ裁判所ハ單ニ其備フル商業登記簿ニ登記スルヲ以テ足レリトセス之ヲ遲滯ナク公告シテ世人ニ知悉セシムル方法ヲ取ラサル可ラス

第十二條 登記スヘキ事項ハ登記及公告ノ後ニ非サレハ之ヲ以テ善意ノ第三者ニ對抗スルコトヲ得ス登記及ヒ公告ノ後ト雖モ第三者カ正當ノ事由ニ因リテ之ヲ知ラサリシトキ亦同シ

(說明) 本條ハ登記公告ハ如何ナル効力ヲ有スルカノ大問題ヲ定メタル法文ニシテ其利害ノ及フ所少ナカラサレハ精細ニ討究セサル可ラス先ツ實際ヨリ登記ノ順序ヲ考フレハ第一ニ當事者裁判所ニ登記ヲ求メ裁判所之ヲ登記シ而シテ後裁判所ヨリ之ヲ公告スルモノナリ此登記ト公告トノ間ニハ多少ノ日數アルヘキハ當然ナ

リ然ルニ世人ノ方ヨリ見ルトキハ第一登記後公告セサルモ其事柄ヲ知リ居ル者アルヘク之ヲ惡意ノ第三者ト云フ第二公告シテ初メテ其事柄ヲ知了スル者モアルヘク第三登記公告後モ知ラサル者モアルヘシ然ルニ登記ハ全ク世人ニ知悉セシムル目的ニテ定メタルモノナレハ知ル者ト知ヲサル者トノ間ニハ効力ニ多少ノ異ル所ナカル可ラス登記前ノコトハ問題外ニ置キ第一前示セシ登記後公告前ニハ登記ハ如何ナル効力存スルカ此場合ハ未タ世人ニハ公告セサル者ナルモ已ニ一應ノ手數ハナシタルモノナレハ此登記ノ事項ヲ知リ居ル者即チ惡意ノ第三者又ハ過失アリテ知ラサル者ノ如キハ全ク自己ノ過失ニテ（自巳其事柄ノ通知ヲ受タルモ其書面ヲ見サル者ノ如キ）知ラサル者ナレハヨシ公告セストモ之ヲ理由トシテ登記事項ヲ知ラストシテ已ヲ利スルコトヲ得ス第三者ノ已ニ登記シ又公告シタル場合ハヨシ實際其事柄ヲ知ラサル善意ノ第三者ト雖之ニ對抗スルコトヲ得ス然ルニ其知ラサルニモ程度アリテ正當ノ理由アリテ知ヲサル者即チ天災時變ニテ其公告ノ新聞紙ハ實際其場所ニ到着セサリシ如キ場合ハ善意ノ第三者トシテ法律ハ保護スルモノトス

第十三條 支店ノ所在地ニ於テ登記スヘキ事項ヲ登記セサリシトキハ前條ノ規定ハ其支店ニ於テ爲シタル取引ニ付テノミ之ヲ適用ス

（說明） 登記ハ必ス其本店ノ所在地ノミナラス支店ノ所在地ニモ爲サヽル可ラサルコハ己ニ條文ノ示ス所ナリ然ルニ登記スヘキ事項ヲ本店ノミ登記シ支店ニテハ登記セサリシ塲合ハ如何ニ處分スヘキカ登記後公告前ハ惡意及ヒ過失アル第三者ハ之ヲ知ラストスルコト能ハス公告後ハ正當ノ理由アリテ知ラサルニアラサレハ實際知ラサルモ知ラストシテ已ヲ利スルコトヲ得サル前條ノ規定ハ其支店ニテ爲セシ取引ノミ之ヲ適用セラルヽモノトス

第十四條 登記ハ其公告ト抵觸スルトキト雖モ之ヲ以テ第三者ニ對抗スルコトヲ得

（說明） 登記ト公告トハ相一致シ公告ハ必ス登記シタル事項ニ據ルヘキハ當然ナルモ登記官吏モ亦人ナリ時ニ誤謬ナキ能ハス况ンヤ官報新聞ハ常ニ誤植ノ虞アルハ槪子人ノ知ル所ナルニ於テヲヤ此塲合ハ世人ノ尤モ知リ易キ公告ヲ主トスルカ

又其公告ノ本タル登記ニヨルカ一應ノ考ニテハ登記ハ全ク世人ニ其事柄ヲ知ラシムルヲ本旨トスルモノナレハ公告ノ方ヲ主トシテ決スヘキカ如キモ法律ハ本末ノ關係上若シ登記セシ事項ト公告セシ事項ト相符合セサルトキハ其本タル登記ニヨルヘキコトヽ定メタリ

第十五條 登記シタル事項ニ變更ヲ生シ又ハ其事項カ消滅シタルトキハ當事者ハ遲滯ナク變更又ハ消滅ノ登記ヲ爲スコトヲ要ス

（說明） 登記ハ前ニモ再三說明スル如ク全ク世人ニ其事柄ヲ知悉セシムル爲メニ爲スモノナレハ其事柄カ一部分變更シ又其事柄カ消滅シタルトキハ遲滯セス其變更消滅ヲ登記スヘキハ當然ノ義務ト云ハサル可ラス若シ登記セサルトキハ其變更消滅ハ第三者ニ對シテ効力ナク第三者ハ此變更消滅ヲ知ラサルヨリ生セシ損害ノ賠償ヲ求ムルコトヲ得ヘキナリ

第四章 商號

（說明） 商號トハ從來ノ屋號ト同一ニシテ各商人カ其營業上自已ヲ表示ス

ル爲メ用ユルモノトス併シ商號モ一ノ財産ニシテ得意多キ商號ハ今日ノ實際ニテモ非常ノ價額ヲ以テ賣買セラルヽモノナレハ奸商等之ヲ利用シテ利ヲ圖ルモノ少ナカラサレハ法律カ一定ノ條件ヲ設ケテ之ニ適合スルモノハ保護スヘキハ商業奬勵ノ政策上又等閑ニ付ス可ラサルモノトス之レ本法カ又此一章ヲ設ケテ相當ノ規定ヲ爲セシ所以ナリ

第十六條 商人ハ其氏、氏名其他ノ名稱ヲ以テ商號ト爲スコトヲ得

（説明） 本條ハ如何ナルモノヲ以テ商號ト爲スヘキカヲ定メタルモノニシテ法律ハ其商人ノ氏タルト氏名タルト又其他ノ名稱タルトヲ問ハス商號ト爲スヲ得ヘキコトヽ規定セリ故ニ三井商店ト稱スルモ岩谷松平商會ト云フモ又從來ノ遠州屋大丸屋ヲ用ユルモ勝手ナリ併シ是普通ノ場合ナルモ法人タル會社ニ於テモ同樣ナリ只次項ノ規定ニ從ハサル可ラサルノミ

第十七條 會社ノ商號中ニハ其種類ニ從ヒ合名會社、合資會社、株式會社又ハ株式合資會社ナル文字ヲ用ユルコトヲ要ス

（説明）本法ハ舊商法ト異リ商事會社ノ種類ヲ合名會社、合資會社、株式會社、株式合資會社ノ四種トセリ商號ハ商人タルト會社タルトヲ問ス自由ニ其名稱ヲ付スルヲ得ヘキモ會社ノ塲合ニ於テハ必ス其名稱ノ下ニ此四種ノ會社名ヲ付シ例令村井合名會社トカ大倉合資會社トカ呼ハサル可ラス是レ會社ハ一ケノ無形人タルヲ以テ其種類ノ如何ニヨリテ第三者ニ利害ヲ與フルコト少ナカラサレハ一々其種類ヲ明カニシテ疑惑ヲ生セサラシムル精神ニ外ナラサルナリ

第十八條 會社ニ非スシテ商號中ニ會社タルコトヲ示スヘキ文字ヲ用ユルコトヲ得ス會社ノ營業ヲ讓受ケタルトキト雖モ亦同シ

前項ノ規定ニ違反シタル者ハ五圓以上五十圓以下ノ過料ニ處セラル

（説明）本條ハ前條ノ補足法ニシテ前條ハ本條ニヨリテ初メテ全キヲ致スモノトス前條ハ會社ノ商號ニハ必ス其會社ノ種類ヲ用ヒテ何々合資會社トカ又某株式會社トカ表示スヘキ旨ヲ規定セルモ會社ニアラスシテ會社ノ名稱ヲ用ヒタルモノ、

處分如何ハ定メス本條ハ此處分法ヲ定メタルモノニシテ會社ニアラザルモノハ其商號中ニ會社ノ文字ヲ用ユルコトヲ得ストセリ己ニ存立セル會社ノ營業ヲ讓受ケタル塲合モ同一ニシテ苟クモ讓受者カ會社タラサル以上ハ決シテ會社ノ名稱ヲ用ユルコトヲ許サヽルナリ若シ之ニ反シテ會社タラサル者カ會社ノ名稱ヲ其商號中ニ用ヒタル時ハ五圓以上五十圓以下ノ過料ニ處セラルヘキモノトス從來ハ往々一私人ニテ此名稱ヲ用ヒ世人ヲ欺瞞スルモノ多カリシカ本條ハ全ク此弊根ヲ剪除スルノ精神ニ出タルモノニ外ナラサルナリ(尤モ從前ヨリ使用セシモノハ本法ニヨリ妨ケラレス施行法第十二條)

第十九條　他人カ登記シタル商號ハ同市町村內ニ於テ同一ノ營業ノ爲メニ之ヲ登記スルコトヲ得ス

(說明)　商號ハ商人ト營業トヲ世上ニ表示シ大ニ商取引ノ利便ヲ加ヘ併セテ信用ノ基本タルモノトス故ニ世人ニ知ラレタル商號ハ漫ニ他ノ潜用ヲ受ケ損害ヲ被ルヿ少ナカラス本條ハ此豫防法ヲ定メ其商號ヲ自由ニ專用セシムルコトヲ定メタル法文ニシテ若シ自已ニ對シ他人ノ潜用ヲ防カントセハ之ヲ其ノ營業所ノ裁判所ニ

登記セサル可ラス一度登記スルトキハ其營業ト同一ノ營業ニ對シテハ其市町村内ニ於テ他人ノ使用ヲ差止ルコトヲ得ヘシ故ニ同一商號ヲ用ユルモ營業異ルトキハ妨ケアラサルナリ（但從前ヨリ使用スル商號ハ本條ノ爲メ妨ケラレ施行法第十三條、本條ノ市ハ東京大坂京都ハ區トス同第十四條）

第二十條　商號ノ登記ヲ爲シタル者ハ不正ノ競爭ノ目的ヲ以テ同一又ハ類似ノ商號ヲ使用スル者ニ對シテ其使用ヲ止ムヘキコトヲ請求スルコトヲ得但損害賠償ノ請求ヲ妨ケス

同市町村内ニ於テ同一ノ營業ノ爲メニ他人ノ登記シタル商號ヲ使用スル者ハ不正ノ競爭ノ目的ヲ以テ之ヲ使用スルモノト推定ス

（說明）本條ハ不正ノ競爭ノ目的ヲ以テ己ニ登記ヲ經タル同一又ハ類似ノ商號ヲ使用スル者ニ對スル處分法ヲ定メタルモノニシテ商號カ商業上一ノ資產タル以上ハ不正ノ目的ヲ以テ同一又ハ類似ノ商號ヲ使用スル者ハ取リモ直サス此商人ノ資產ノ一部ヲ侵害スルモノナリ宜シク其使用ヲ差止テ裁判所ニ請求シ併セテ損害賠償ヲ求ムヘキハ當然ノコト云ハサル可ラス然ルモ其使用ヲ差止メ損害ノ要求ヲ許

スハ其使用者ニ不正ノ競爭ノ目的アル場合ナラサル可ラス故ニ本邦ノ慣習上彼ノ年期奉公ヲ爲ス丁稚手代カ主人ノ許可ヲ得テ商號ヲ使用スル如キハカヽル目的ナキモノナレハ法律ハ本條ノ權利ヲ行使スルヲ許サヾルナリ然ラハ本條カ許ス救濟ヲ仰カントスル者ハ必ス使用者ニ不正競爭ノ目的アルヿヲ證明セサル可ラス然ルニ此證明ハ容易ニ擧ケ得ヘキモノニアラス故ニ法律ハ一ノ便法ヲ與ヘ同市町村内ニ於テ同一ノ營業ノ爲メニ他人ノ登記シタル商號ヲ使用スルモノハ不正ノ競爭ノ目的ヲ以テ之ヲ使用シタルモノト推定セリ故ニ其濳用者ハ自已ハ不正ノ競爭ノ目的ノ爲メニ使用シタルニアラス例之分店ノ特許ヲ得タル爲メトカ偶然ニ偶中シテ毫モ惡意アラサルトカ確證ヲ擧ケテ此法律ノ推定ヲ被ラサル以上ハ使用差止メノ請求又損害賠償ノ請求ハ之ヲ拒ム能ハサル可シ（本條ノ登記者モ亦舊來ヨリノ使用者ニ向ツテハ本條ノ權利ナシ施行法第十三條）

第二十一條　商號ノ讓渡ハ其登記ヲ爲スニ非サレハ之ヲ以テ第三者ニ對抗スルコトヲ得ス

（說明）商號モ資産ノ一部分タレハ之ヲ第三者ニ賣買讓與シ得ヘキコトハ又他ノ

財産ト撰フ所アラサル可シ併シ其讓與ヲ第三者即チ當事者以外ノ者ニ効力アラシメンニハ之ヲ登記セサル可ラス是登記ハ一ノ公示方法タレハナリ勿論本條ノ登記ハ已ニ登記シタル商號ト否トヲ問ハサルナリ

第二十二條 商號ト共ニ營業ヲ讓渡シタル場合ニ於テ當事者カ別段ノ意思ヲ表示セサリシトキハ讓渡人ハ同市町村内ニ於テ二十年間同一ノ營業ヲ爲スコトヲ得ス

讓渡人カ同一ノ營業ヲ爲サヽル特約ヲ爲シタルトキハ其特約ハ同府縣内且三十年ヲ超エサル範圍内ニ於テノミ其効力ヲ有ス

讓渡人ハ前二項ノ規定ニ拘ハラス不正ノ競爭ノ目的ヲ以テ同一ノ營業ヲ爲スコトヲ得ス

（說明） 本條ハ商號ト共ニ營業ヲ讓渡セシ場合ノ効果ヲ定メタル法文ナリ商業ト營業トハ相一致シテ効力アルモノニシテ之レカ賣買讓與ノ場合ニ於テモ必ス二者ヲ合シテ其目的トスルハ普通ノ情態ナリ然レハ此二者ノ讓與ハ讓渡人ハ其附近ニ

テ同一ノ商號ヲ用ヒテ同一ノ營業ヲ爲サストノ默約ハ當然成立スルモノトス否ラサレハ讓受人ハ毫モ益スル所アラサレハナリ本條第一項ハ此默約ノ範圍ヲ定メタルモノニシテ當事者ニ別段ノ意思ナキトキハ讓渡人ハ同市町村内ニテ二十年間ハ同一營業ヲ爲スヲ得サルモノトヌ是レ立法者カ永キニ過ギス短キニ失セストスル至當ノ期間ハ二十年ト見タルニヨルモノトス併シ是單ニ讓渡ノ事實アリテ何等ノ特約ナキ場合ナルモ若シ同一營業ヲ爲サストノ特約アルトキハ此特約ノ効力ハ何年間有効ナルヘキカハ未來永久然ルヘキカ立法者ハ云ハク此特約ノ効力ハ同府縣内三十年ヲ超ヘサル範圍内ニ於テノミ其効力ヲ有ス是未來永却カヽル義務ヲ負フ者多キトキハ大ニ商業ノ發達ヲ妨ケ併セテ國利民福ヲ害スヘキモノナルヲ以テナリ併シ正當ニ營業ニ從事スル者ナランニハ充分此年月間ニハ獨立シ得ヘケレハナリ是第二項ノ規定アル所以ナリ

前示ノ塲合ハ讓渡人ニハ不正ノ競爭ノ目的ナキ塲合ノ規定ニシテ同市町村内ナラサレハ妨ケストシテ僅ニ數間數尺ヲ隔ツル隣町村又隣縣ニテ同一營業ヲ爲シ二十

年一日ヲ過キテ舊名ヲ掲ケテ不正ノ競爭ノ目的ヲ以テ同一ノ營業ヲ爲ス如キハ法律ノ許スヘキコトニアラス

第二十三條 前條ノ規定ハ營業ノミヲ讓渡シタル場合ニ之ヲ準用ス

（説明） 前條ハ商號ト同時ニ營業ヲ讓渡ス場合ノ規定ナルモ營業ノミ讓渡ス場合ニ於テモ讓渡主ハ前條ノ制限ニ基キ特約ナキ場合ハ同市町村内二十年間特約アルトキハ三十年ノ範圍内ニテ從前ノ商號ヲ用ヒテ同一ノ營業ヲ爲スコトヲ得ス勿論不正ノ競爭ヲ目的トスルトキハ場所ト年月ノ制限ナク法律ハ之ヲ禁スル精神タルコト前條ト同一ナリ

第二十四條 商號ノ登記ヲ爲シタル者カ其商號ヲ廢止シ又ハ之ヲ變更シタル場合ニ於テ其廢止又ハ變更ノ登記ヲ爲ササルトキハ利害關係人ハ其登記ノ抹消ヲ裁判所ニ請求スルコトヲ得

前項ノ場合ニ於テ裁判所ハ登記ヲ爲シタル者ニ對シ相當ノ期間ヲ定メ異議アラハ其期間内ニ之ヲ申立ツヘキ旨ヲ催告シ若シ其期間

內ニ異議ノ申立ナキトキハ直ニ其登記ヲ抹消スルヿヲ要ス
（說明）商號ハ商人營業ノ表示物ナレハ法律ハ一度之ヲ登記スルトキハ同市町村內同一ノ營業ニ對シテハ專用ノ權ヲ保護スルハ前數條ノ明示スル所ナルモ是其商號ヲ使用スル間ノミニテ其商號ヲ廢止シ又變更シタル場合ハ毫モ保護ノ必要存セサルモノトス此場合ハ當然商號使用者ハ其變更廢止ノ登記ヲ求ムヘキモノトス然ルニ往々此場合ハ自己ノ利害ノ關係薄キヲ以テ拋棄シテ此手數ヲ爲サヽルコト之レナシトセス然ルニ第三者ハ恰モヨシ其廢止シ又變更シタル舊商號ト同一ノモノヲ使用セント欲スルモ一度登記セル商號ハ更ラニ取消シ變更セサル間ハ他人之ト同一ノモノヲ使用スルコト能ハサルヲ以テ此場合ニ處スル爲メ法律ハ此レカ爲メ利害ノ關係アル者ニ其登記ノ抹殺ヲ裁判所ニ請求スルノ權ヲ與ヘタリ
此請求アル場合ニ裁判所ノ爲スヘキ行爲ハ第二項ノ定ムル所ニシテ裁判所ハ登記ヲ爲シタル商號使用者ニ一定ノ期間ヲ定メ何人ヨリ從來使用ノ商號ニ對シテカク〻ノ請求アリタリ若シ此請求ニ異議アレハ其期間內ニ申出ツヘキ旨催告シ其期

間内ニ異議ノ申立ナキトキハ裁判所ヘ直チニ其登記ヲ抹殺スヘキモノトス

第五章　商業帳簿

商人商行為ノ如何ハ凡テ此帳簿ニヨリテ知ルコトヲ得ヘキモノナレハ法律ハ其記事ノ様式及ヒ其記載事項其保存期間等ヲ定メタリ商業帳簿ノ實用ハ平常ノ取引ノ仕末ヲ明確ナラシムルノミナラス一面ニハ其取引ニ對シテ紛争ノ生スル場合ノ證據ノ一端トナルヘク破産宣告ノ場合ニ財團ノ消長ハ一ニ此帳簿ニヨリテ確メラルヽモノトス故ニ商人ノ此帳簿ハ尤モ尊重スヘキ唯一ノ記錄ナリ

第二十五條　商人ハ帳簿ヲ備ヘ之ニ日日ノ取引其他財産ニ影響ヲ及ホスヘキ一切ノ事項ヲ整然明瞭ニ記載スルヲ以テ足ル
小賣ノ取引ハ現金賣ト掛賣トヲ分チ日日ノ賣上總額ノミヲ記載スルコトヲ得

（説明）本條ハ凡テ商人ハ商業帳簿ヲ備フヘキ義務アルコトヲ一面ニ定メ一面ニ

ハ此帳簿ノ記載事項及ヒ其様式ヲ定メタルモノトス今其記載事項様式如何ヲ左ニ記載センニ

一小賣ハ現金賣掛賣ノ二座ヲ帳簿上ニ設ケテ其各座ニ日々ノ賣上総額ノ三ヲ記載スレハ足ル

二小賣以外日々ノ取引取引以外ニモ財産ニ影響ヲ與フヘキ一切ノ事項ハ整然明瞭ニ記載セサル可ラス

三家事費用ハ一ケ月ノ總額ヲ記載スレハ差支ナシ

第二十六條 動産、不動産、債權、債務其他ノ財産ノ總目錄及ヒ貸方借方ノ對照表ハ商人ノ開業ノ時又ハ會社ノ設立登記ノ時及ヒ毎年一回一定ノ時期ニ於テ之ヲ作リ特ニ設ケタル帳簿ニ之ヲ記載スルコトヲ要ス

財産目錄ニハ動産、不動産、債權其他ノ財産ニ其目錄調製ノ時ニ於ケル價格ヲ附スルコトヲ要ス

（說明）本條ハ財產目錄貸方借方ノ對照表ノ調製方法及ヒ其時期ヲ定メタルモノニシテ商人商行爲ノ實蹟ハ前條ノ商業帳簿ニヨリテ知ルヲ得ヘキモ其商人資產ノ實況及ヒ貸借ノ關係如何ハ未タ商業帳簿ノミニテ知ルヲ得ス故ニ一面ニハ財產ノ總目錄ナルモノヲ調製シ資產ノ狀態ヲ明ニシ是ニハ(一)動產(二)不動產(三)債權(四)債務(五)此他ノ財產例之專賣特許權意匠專用權ノ如キモ凡テ其時ノ價額ヲ付シテ記載スヘキモノトス又一面ニハ貸借對照表ヲ調製シ以テ積極消極財產ノ關係ヲ確メ一見其商人ノ他人ニ對スル關係ヲ表明スルノ用ニ供スヘキ義務アルモノトス而シテ何レモ其調製時期ハ普通商人ハ開業ノ時其後ハ每年十二月トカ一月トカ一定ノ時期ニ調製シ會社ニアリテハ設立登記ノ時ニ初調シ其後ハ普通商人ト同シク一定ノ時期ニ每年之ヲ調製シ特別ノ帳簿ニ何レモ記入シ置クヘキモノトス

第二十七條 年二回以上利益ノ配當ヲ爲ス會社ニ在リテハ每配當期ニ前條ノ規定ニ從ヒ財產目錄及ヒ貸借對照表ヲ作ルコトヲ要ス

（說明）年一回利益ノ配當ヲ爲ス會社ハ前條ニ從ヘハ足ルモ年二回以上利益ノ配

當ヲ爲ス會社ニアリテハ毎配當期ニ財産目録貸借對照表ハ作成セサル可ラス是レ尤モ此二者ヲ調査スルニハ便宜ノ時期ナルノミナラス蓋シ普通商人又會社（即チ年一回利益配當ヲ爲スモノ）ト雖財産ノ増減貸借ノ情態ハ總計算ノ塲合アラサレハ判明セサレハナリ年二回以上配當ヲ爲ス會社ハ其時期毎ニ此計算ヲ爲スモノナレハ法律ハナルヘク其狀態現實ニ判明ナル時期ニ作成セシムルノ精神ヨリ本條ヲ設ケタルニ外ナラサルナリ

第二十八條　商人ハ十年間其商業帳簿及ヒ其營業ニ關スル信書ヲ保存スルコトヲ要ス
前項ノ期間ハ商業帳簿ニ付テハ其帳簿閉鎖ノ時ヨリ之ヲ起算ス

（説明）　商業帳簿ノ商人ニ必要ノ記録ナルコト已ニ前ニ説示セシ所ナリ此帳簿ノ貴重ナルト同時ニ商人營業上ノ信書即チ書狀モ亦甚タ貴重ノ記録ト云ハサル可ラス何トナレハ商人取引ノ迅速ヲ貴フ結果ニシテ一片ノ葉書ニテ幾千圓ヲ運轉スル等大概ノ事柄ハ信書ニテ斷行シ別ニ證書等ヲ作成セサレハナリ故ニ此二者ハ他日

ノ證左ニ供スヘキ爲メ十年間ハ保存ノ義務アルモノトス尤モ其時間ノ起算點ハ信書ハ其授受ノ結了ヨリ帳簿ハ其閉鎖即締切ヨリ其年限ハ計ヘラルヽモノトス

第六章　商業使用人

（說明）商業使用人トハ支配人、手代番頭、其他丁稚、小僧等商人使用者ノ總名稱ナリ此等ノ機關ハ商業ノ進否ニ大影響ヲ與フルヲ以テ本章ハ詳細ノ規定ヲ設ケ其權義ノ範圍ヲ明確ナラシメタリ

第二十九條　商人ハ支配人ヲ選任シ其本店又ハ支店ニ於テ其商業ヲ營マシムルコトヲ得

（說明）本條ハ商人ハ支配人ヲ選任シ本店又ハ支店ニテ其商業ヲ營マシムルコトヲ得ル權能アルコトヲ示セル法文ニシテ其支配人ノ何タルヤ次條以下ニ規定セラルヽ所ナリ

第三十條　支配人ハ主人ニ代ハリテ其營業ニ關スル一切ノ裁判上又ハ裁判外ノ行爲ヲ爲ス權限ヲ有ス

支配人ハ番頭、手代其他ノ使用人ヲ選任又ハ解任スルコトヲ得

支配人ノ代理權ニ加ヘタル制限ハ之ヲ以テ善意ノ第三者ニ對抗スルコトヲ得ス

（說明）　本條ハ支配人ノ何タルヲ定メタル法文ニシテ支配人ハ恰カモ船舶ニ於ケル船長ノ如ク凡テ其本店支店ニ於テ其商業主人ノ全權ヲ代理シテ其商店ヲ支配スルモノナレハ從來ノ番頭ヨリ其權限廣ク舊商法ノ代務人ト同一ノ權能ヲ有シ恰カモ其店ヲ預ル從來ノ大番頭ニ髣髴タルモノトス故ニ其代理權ノ範圍ハ非常ニ廣ク其營業上ニ於テハ訴訟ニ關シテ法廷ニ出テ訴訟代理人タルト又裁判外ノ取引ニ於テ權義ノ衝ニ當ルトヲ問ハス凡テ本人ヲ代表シテ事ヲ決スル權能アルモノトス

加之支配人ハ其營業上主人ニ代リテ萬事ヲ總裁スル結果其營業ニ使用スル番頭手代其他ノ使用人タル丁稚小僧等ノ選任解任ノ權モ併セテ有スルモノトス

支配人ノ權能ノ大ナル此ノ如シ故ニ第三者ハ特ニ其代理權ノ制限ヲ了知セサル以上ハ萬機專斷ノ權アリト信スヘキハ至當ナレハ若シ本人此支配人ノ代理權ヲ制限

シ或ル事項ノミハ支配人ニ代理ヲ許サストスルモ此事ヲ知ラサル善意ノ第三者ニハ對抗スルコトヲ得サルモノトス

第三十一條 支配人ノ選任及ヒ其代理權ノ消滅ハ之ヲ置キタル本店又ハ支店ノ所在地ニ於テ主人之ヲ登記スルコトヲ要ス

（説明） 支配人ノ權限ノ大ナルコト此ノ如シ故ニ第三者ヲ保護スル爲メ支配人ノ選任其代理權ノ消滅ハ凡テ之ヲ置キタル本店支店ノ所在地ニ於テ主人之ヲ登記スルノ義務アリトセリ然ラサレハ第三者ハ往々支配人ノ選任解任ノ時期ヲ知ラス不慮ノ損害ヲ被ルコトアレハナリ

第三十二條 支配人ハ主人ノ許諾アルニ非サレハ自己又ハ第三者ノ爲メニ商行爲ヲ爲シ又ハ會社ノ無限責任社員ト爲ルコトヲ得ス

支配人カ前項ノ規定ニ反シテ自己ノ爲メニ商行爲ヲ爲シタルトキハ主人ハ之ヲ以テ自已ノ爲メニ爲シタルモノト看做スコトヲ得

前項ニ定メタル權利ハ主人カ其行爲ヲ知リタル時ヨリ二週間之ヲ

行ハサルトキハ消滅ス行爲ノ時ヨリ一年ヲ經過シタルトキ亦同シ

（説明）支配人ハ營業上重大ノ權限ヲ委子ラレ從ツテ大ナル信用ヲモ主人ヨリ受クルモノナレハ其一身ヲ擧ケテ主人ニ盡スハ當然ノ職責ト云ハサル可ラス故ニ支配人ニシテ主人ノ許諾ナク自已又ハ第三者ノ爲メ商行爲ヲ爲シ又ハ會社ノ無限責任社員タルカ如キハ大ニ其信用ニ背クモノナレハ法律ハ之ヲ禁止シタリ若シ支配人ニシテ此禁ヲ破リテ自已又ハ第三者ノ爲メニ商行爲ヲ爲シタル片ハ主人ハ之レカ爲メニ生スル損害ヲ求ムルハ勿論又其行爲ヲ自已ノ爲メニ爲シタルモノト看做シ其利益ヲ奪フコトヲ得併シ此支配人ノ爲シタルモノト看做スニハ其行爲ヲ知リテヨリ二週間内ニ行ハサル可ラス若シ之ヲ此期間ニ行ハサルカ又知不知ニ拘ハラス其行爲ノ時ヨリ一年ヲ經過シタルトキハ此權利ハ消滅スルモノトス

第三十三條 商人ハ番頭又ハ手代ヲ選任シ其營業ニ關スル或種類又ハ特定ノ事項ヲ委任スルコトヲ得

番頭又ハ手代ハ其委任ヲ受ケタル事項ニ關シ一切ノ行爲ヲ爲ス權

限ヲ有ス

（說明）本條ハ支配人ニ次ヒテ商業上ノ重要機關タル番頭手代ノコトヲ定メタル法文ニカヽル第一項ハ商人ハ番頭手代ヲ選任シ其營業ニ關スル或ル種類又ハ特定ノ事項ヲ委任スルコトヲ得ル旨ヲ明カニス而シテ第二項ハ番頭手代ノ職權ヲ定メ其委任ヲ受ケタル事項ニ關シテハ一切ノ行爲ヲ爲ス權限ヲ有スル旨ヲ定メ是ニ於テ支配人ト此手代番頭トヲ比較スルトキハ支配人ハ三十條ニヨリテ別段ノ委任ナキモ裁判上裁判外ニ對シテ其營業上本人ヲ代理スルコトヲ得ルモ番頭手代ハ單ニ番頭手代ナルカ故ニ此一切ノ代理權ナク必スヤ特別ノ委任ヲ要スルモノヽ如シ是二者重大ナル差異ナリ併シ從來ノ慣習ニヨレハ日本ニハ番頭ノ上ニ支配人ナルモノハ普通ノ商家ニ存セス手代ハ番頭ノ下ニ立チテ其指揮ニ從ヒ番頭ハ實際本法ノ支配人ノ如キ權力アリシカ本法ノ支配人ハ今日ノ番頭ニ類スルモ本法ノ番頭ト手代トハ區別ニ困難ナルカ如シ此場合ハ舊慣ニ依ルヨリ他アラサルヘシ

第三十四條 支配人、番頭又ハ手代ニ非サル使用人ハ主人ニ代リテ

法律行爲ヲ爲ス權限ヲ有セサルモノト推定ス

（說明）支配人番頭手代ハ皆其委任行爲ニハ主人ヲ代表スル權限ヲ有シ特別ノ表示ナキ以上ハ其從事スル行爲ハ主人ノ委任內ニアルト見ルハ至當ナルモ是以下ノ使用人即丁稚小僧若ヒ者ノ類ハ特ニ明示ノ委任ナキ以上ハ主人ニ代リテ法律行爲ヲ爲ス權限ヲ有セサルモノト法律ハ規定セリ故ニ代理權アリト信スル者ハ特ニ之ヲ證明セサル可ラス

第三十五條 本章ノ規定ハ主人ト商業使用人トノ間ニ生スル雇傭關係ニ付キ民法ノ規定ヲ適用スルコトヲ妨ケス

（說明）主人ト商業使用人トノ關係ハヨシ其資格ノ支配人タルト番頭タルト手代タルトヲ問ハス元來民法ノ雇傭契約ノ一種タルハ爭ヒナキ所ナリ只商事上特別ノ名稱ト關係アル爲メ商法中ニ規定セラレタルニ過キス故ニ本來ノ性質ニ基キ民法ノ雇傭ニ關スル規定ヲ適用スルハ毫モ妨ケサル所ナリ（民法第六百二十四條ヨリ第六百三十一條ニ至ル）

第七章　代理商

（說明）此代理商ノ規定ハ本法ノ創設スル所ニシテ其身分ヨリ云ヘハ仲立人問屋營業者等ト同フシテ支配人番頭手代ト異ル一ケノ商人ナリ然ルモ一定ノ商人ノ營業機關トシテ商行爲ノ代理又媒介ヲ爲ス點ハ寧ロ支配人番頭等ニ類ス是本法ノ商業使用人ノ次章ニ置キテ仲立人問屋營業ト同位置ニ置カサル所以ナルカ日本現今此類ノモノナシ强テ求ムレハ或ハ保險ノ代理店ノ如キモノ近カランカ

第三十六條 代理商トハ使用人ニ非スシテ一定ノ商人ノ爲メニ平常其營業ノ部類ニ屬スル商行爲ノ代理又ハ媒介ヲ爲ス者ヲ謂フ

（說明）本條ハ代理商ノ如何ナルモノナルカヲ尤モ明確ニ示シタル法文ナリ法文ハ云フ代理商トハ使用人ニ非スシテ云々ト故ニ其主人ノ支配下ニ立ツモノニハ勿論アラサルモ常ニ一定ノ商人ノ爲メニ平常其營業ノ部類ニ屬スル商行爲ノ代理又ハ媒介ヲ爲スモノトス此點ハ從來ノ代辨人ノ如キモノトハ大ニ其性質ヲ異ニスルモノトス

第三十七條　代理商カ商行爲ノ代理又ハ媒介ヲ爲シタルトキハ遲滯ナク本人ニ對シテ其通知ヲ發スルコトヲ要ス

（說明）本條ハ代理商ノ本人ニ對スル義務ヲ定メタルモノニシテ元來代理商ハ他ノ代理人ノ如ク個々ノ事項ヲ代理スルモノニアラスシテ或ル部類ノ代理媒介ヲ概括的ニ爲スモノナレハ本人ハ往々知ラサルコトアルヘシ是本條アル所以ニシテ代理商ハ其都度遲滯ナク之ヲ本人ニ通知スルノ義務アルモノトス

第三十八條　代理商ハ本人ノ許諾アルニ非サレハ自己又ハ第三者ノ爲メニ本人ノ營業ノ部類ニ屬スル商行爲ヲナシ又ハ同種ノ營業ヲ目的トスル會社ノ無限責任社員トナルコトヲ得ス

第三十二條第二項及ヒ第三項ノ規定ハ代理商カ前項ノ規定ニ違反シタル場合ニ之ヲ準用ス

（說明）代理商ハ本來獨立ノ商人タリト雖本人ノ信任ヲ受ケ其商行爲ノ代理媒介ヲ爲シテ其生活ヲ維持スル點ハ殆ント使用人ト異ル所ナシ故ニ使用人ト同シク本

人ノ許諾アルニアラサレハ自己ノ爲メ又第三者ノ爲メ本人ノ營業部類ニ屬スル商行爲ヲ爲シ又同種ノ營業ヲ目的トスル會社ノ無限責任社員ト爲ルコトヲ得ス、若シ然ラストセハ本人ノ爲メ忠ナレハ自己又第三者ヲ損シ自巳又第三者ニ益ナラントセハ本人ヲ害スル塲合ノ生スルハ免レサルナリ故ニ若シ代理商ノ此禁ニ反シテ自巳又第三者ノ爲メ其同一部類ノ商行爲又同一營業ノ會社々員タルトキハ本人ハ第三十二條ノ第二項第三項ノ規定ニ準シ損害アルトキハ之ヲ求メ契約ヲ解除シ又其利益ヲ自己ニ移ス等隨意處分ヲ爲スヲ得

第三十九條 物品販賣ノ委託ヲ受ケタル代理商ハ賣買ノ目的物ノ瑕疵又ハ其數量ノ不足其他賣買ノ履行ニ關スル通知ヲ受クル權限ヲ有ス

（說明） 嚴格ニ論シテ其當事者ノ契約一偏ニ着眼スルトキハ物品販賣ノ委託ヲ受ケタル代理商ハ賣買ノ結了ト共ニ此ニ其關係離脫スレハ其目的物ノ瑕疵數量ノ不足此他其賣買ノ履行ニ關スル通知ヲ受クル如キハ單純ナル物品販賣ノ委託ヲ受ケ

タル代理商ニハ此權限アリヤ否ヤハ其契約ノ實際ヲ調査セサレハ不明ニ屬スル事實問題ト云サル可ラス本條ハ此不便ヲ避クル爲メ凡テ此等ノ通知ヲ受クルノ權限アルモノトセリ

第四十條 當事者カ契約ノ期間ヲ定メサリシトキハ各當事者ハ二个月前ニ豫告ヲナシテ其契約ノ解除ヲナスコトヲ得

當事者カ契約ノ期間ヲ定メタルト否トヲ問ハス已ムコトヲ得サル事由アルトキハ各當事者ハ何時ニテモ其契約ノ解除ヲ爲スコトヲ得

（説明） 本條ハ讀ンテ字ノ如ク至極單純ノ法文ニ屬ス只契約ノ期間ノ定メアラサルトキハ二ケ月前ノ豫告ヲ爲シテ解約ヲ爲スヲ得ルノ點ヲ示シ咄嗟ニ解約ヲ爲スノ不利不便ヲ預メ避ケシメタルモノトス併シ是レ普通ノ塲合ニシテ已ムヲ得サル事故アル塲合ノ如キハ豫告ナクシテ何時ニテモ解約ヲ爲スヲ得ルモノトス是本人ノ自由意思ニ出テサルモノナレハ毫モ惡意ノ責ムヘキ點アラサレハナリ

第四十一條　代理商ハ商行爲ノ代理又ハ媒介ヲ爲シタルニ因リテ生シタル債權ニ付キ本人ノ爲メニ占有スル物ヲ留置スルコトヲ得但別段ノ意思表示アリタルトキハ此限ニ在ラス

（說明）　本條ハ代理商ニ留置權アルコトヲ示セシ法文ナリ留置權ハ民法上定メラレタル一ノ物權ニシテ妄リニ之ヲ行フコトヲ許サス必スヤ其行フヘキ債權ハ卽チ其自已カ所持スル物品ト相牽連シテ生レタルモノナラサル可ラス例之代理商カ本人委托ノ物品ニ對シテ立替金アル塲合ニ此立替金ノ爲メニ此物品ヲ留置スルハ其債權ニ關係アル物品ヲ留置スルモノナレハ民法ノ許ス所ナルモ現ニ占有スル物品ニ關係ナク先キニ爲シタル代理媒介ノ手數料ノ如キモノヽ爲メニハ其物品ヲ留置スルコトハ民法ノ許サヽル所ナリ併シナカラカクスル時ハ代理商ノ如キハミスミス相手方ノ物品ヲ手ニシナカラ損失ヲ爲サヽル可ラサル塲合アルヲ以テ商法ハ本條ニ特例ヲ認メ其債權ハ物品ト直接ノ緣故ナキモ別段ノ意思表示アラサル以上ハ本人ノ爲メニ占有スル物品ヲ留置スルヲ得ルモノトセリ是民法ノ一例外ナリ

第二編　會社

第一章　總則

（説明）會社ハ社員ノ集合ヨリ成ル一ケノ無形人即チ法人ニシテ法人ハ一ケノ人格ヲ有シ恰モ一ケ人ト同シク權利義務ノ主体トナリ財産ヲ有シ營業ヲ爲シ訴訟ヲ爲ス等普通人ト同シ併シモト法人ナルモノハ法律規則ニヨリ設立セラルヽモノナレハ此法律規則カ許サヽルヿハ如何ナルコトモ爲シ得サルハ云ヲ待タス法人ニモ公法人私法人ノ二大別アリテ公法人トハ政治機關ニシテ府縣市町村水利組合ノ如キヲ云フ私法人ニモ二種ノ區別アリテ其一ハ其目的ヲ公益即慈善敎育技藝宗敎等ノ營利ニアラサルモノヲ公益法人ト云ヒ民法ニヨリテ主務省ノ認許ヲ得テ設立スルヲ得ルモノヲ云フ其二ハ其目的ノ營利ニ存スルモノ是ナリ此等ハ本法ノ云フ商事會社ニシテ此商法ニヨリテ設立セサル可ラス本法ノ商事會社ハ四種アリ曰ク合名會社合資會社株式會社株式合資會社是ナリ第一ノ合名會社ハ互ニ相信用スル者カ連帶

責任ニテ組織スル會社ニシテ人ヲ主トスル會社ナレハ容易ニ他人ノ入社ヲ許サス第二ノ合資會社ハ人ト資本ヲ半ハ主トシテ組織スルモノナレハ其資本ヲ主トスル有限責任社員ハ其持分ヲ他人ニ讓渡スヲ得第三ハ株式會社ニシテ凡テノ資本ヲ株式ニ分チ株主即チ社員ナレハ純然タル資本主眼ノ會社ナリ故ニ其株式ハ自由ニ賣買讓與シ社員何人タルヤハ一見不明ナリ第四ハ株式合資會社ナリ此會社ハ株式會社ノ如ク有限責任社員ノミヲ以テ組織セス無限責任ノ社員モ存シ此者カ會社ノ機關タルモノナレハ株式會社ニ憂フル管理ノ怠慢ニ流ルヽ點少ク大ニ利便組織ヲ有ス併シ吾國ニハ創始ノ設立ナレハ實際ノ利害ハ年月ヲ待タサル可ラス此外外國會社ノ規定アリテ外國ノ會社モ本邦ニ許ス譯ナレハ商事會社ノ種類モ五ケノ多キニ出ツ併シ外國會社ハ本邦四種ノ中ノ一ニ入ラサル可ラス

第四十二條　本法ニ於テ會社トハ商行爲ヲ爲スヲ業トスル目的ヲ以テ設立シタル社團ヲ謂フ

（說明）此商法ニ云フ會社トハ凡テ商行爲ヲ爲スヲ業トスル目的ヲ以テ設立シタルモノナラサレハ商事會社ニアラス勿論民法ニヨレハ其目的營利ニ存スルモノハ商事會社設立ノ準則ニ從フトアルモ營利必シモ商行爲ニアラサレハ此商事會社以外ノ營利會社アルヘキハ當然ナリ

第四十三條 會社ハ合名會社、合資會社、株式會社及ヒ株式合資會社ノ四種トス

（說明）本條ハ會社ノ種額ヲ限定セルモノニテ商事會社トシテハ此四種以外ノ設立ヲ許サス是會社ノ監督社員又ハ第三者ノ保護上種々ノ會社ノ設立セラルヽハ不都合少ナカラサレハナリ

第四十四條 會社ハ之ヲ法人トス

會社ノ住所ハ其本店ノ所在地ニ在ルモノトス

（說明）本條ハ會社ノ法人タルコト及ヒ其法人ノ住所ヲ規定シタルモノトス法人ノ何タルコトハ已ニ篇首ニ辨セシ所ナリ會社已ニ人格ヲ有スル以上ハ權利義務ノ

主体トナリ諸般ノ取引ヲ爲スモノナレハ一定ノ住所ナカル可ラス是本店ノ所在地ハ其住所タルコトヲ定メタルモノトス

第四十五條 會社ノ設立ハ其本店ノ所在地ニ於テ登記ヲ爲スニ非サレハ之ヲ以テ第三者ニ對抗スルコトヲ得ス

（說明） 本法ノ認ムル主義ニテハ會社ハ自由設立ヲ許ス精神ナレハ當事者間ノ設立ト第三者ニモ之ヲ以テ對抗スルヿヲ得ル時期トハ自然同シカラサルハ不得已ノ結果ナリ各會社ノ種類ニ從ツテ當事者即チ社員間ニ會社ノ設立アル時期ハ一ナラス合名合資兩會社ハ定款ノ作成ノ時會社設立セラレ株式會社ハ發企人カ總株式ヲ引受ケタルトキハ此場合ニ會社設立セラレ引受ケザルトキハ創立總會ノ終結ヲ以テ會社設立トス（第百二十三條第百三十九條）株式合資會社モ同一ナリ（第二百三十六條）カノ會社自身設立時期ハ區々ナルモ第三者ニ對抗スル時期即チ何人ニ對スルモ會社設立アリト云フニハ本條ニヨリテ登記セサル可ラス登記アレハ別ニ公告ノ有無ハ必要トセサルナリ一度本店所在地ニ登記アレハ支店ノ所在地ニテモ其設立已ニ第三者ニ對抗スルコ

トヲ得ルナリ

第四十六條　會社ハ其本店ノ所在地ニ於テ登記ヲ爲スニ非サレハ開業ノ準備ニ著手スルコトヲ得ス

（說明）　本條ハ前條ト相待チテ始メテ完キヲ得ル法文ニシテ若シ本條アラサル片ハ第三者ハ會社ノ設立ヲ知ラス其當事者タル個人ヲ信シ又ハ其人ニ對シ貸借ノ關係等アルヲ以テ取引ヲ爲シタルニ其取引ハ全ク會社ノ取引タル片ハ第三者ハ意外ノ結果ヲ起スコトナシトセス是前條カ會社設立ヲ第三者ニ對抗スルハ登記后ニアラサレハ効力ナシト定メタル所以ナリ然ルニ若シ本條ノ規定ナク會社ハ其實際ノ設立后ハ登記ナクモ自由ニ開業準備ヲ爲シ取引等ヲ爲スヲ得ルトセハ不慮ノ災害ニ遭フ第三者ハ益々多カラン是本條ニヨリテ前條規定ノ趣旨ヲ完カラシメタル所以ナリ此ニ疑ノ種子タルハ開業準備云々ノ法語是ナリ併シ是會社自身ノ目的タル事業ニアラスシテ其設立后開業ニ要スル準備行爲即チ其會社綿物會社ナラハ工女ノ雇入機器ノ買入注入ニ應スル等ハ開業準備ナランカ本條ノ規定ニ反スル片ハ第

二百六十一條ノ罰金ニ處セラルヽモノトス

第四十七條 會社カ本店ノ所在地ニ於テ登記ヲ爲シタル後六个月内ニ開業ヲ爲ササルトキハ裁判所ハ檢事ノ請求ニ因リ又ハ職權ヲ以テ其解散ヲ命スルコトヲ得但正當ノ事由アルトキハ其會社ノ請求ニ因リ此期間ヲ伸長スルコトヲ得

（説明） 一旦設立セラレ登記後六ケ月間モ開業ヲ爲サヽル如キ會社ハ必スヤ多少内部ニ紛擾ヲ生スルカ又正當ノ會社ニアラスシテ例ノ一攫千金的ノ山師連カ株券賣却ノ目的ニ出ツルモノ多カルヘシ。此場合ニ於テ裁判所ハ撿事ノ請求又ハ其職權ニヨリテ解散ヲ命スル亦不當ノ處置ニアラサルヘシ併シ是裁判所ニ此權能アルコトヲ示セシ法文タルニ過キスシテ必ス命セサル可ラサル義務アルニアラスヨク其事情ヲ洞察シテ機宜ノ處置ヲ爲サヽル可ラス又會社ノ方面ヨリ見ルモ六ケ月ノ不開業是ヲ以テ不正ノ會社視セラルヽハ酷ナル場合多カルヘシ時ニ設立后六ケ月間ハ其準備ニ要スルモノ少ナカラス是レ會社ニモ期間伸長ノ請求權ヲ與ヘテ此處

置ヲ不當ニ受ケサラシムルノ道ヲ與ヘタリ併シ裁判所ハ是レカ爲メ何モ掣肘ヲ受ケサルヘシ

第四十八條 會社カ公ノ秩序又ハ善良ノ風俗ニ反スル行爲ヲナシタルトキハ裁判所ハ檢事ノ請求ニ因リ又ハ職權ヲ以テ其解散ヲ命スルコトヲ得

（説明） 法律カ會社ノ設立ヲ許スハ文化ノ進歩ト共ニ社會事業ノ發達ヲ來タシ多衆結合セサレハ其目的ヲ達セラレサルモノ益々多キヲ加フルヲ以テ協力以テ之レニ當ラシムルノ精神ニ外ナラス然ルニ此多衆ノ結合力ヲ以テ社會成立ノ要素タル公安即公ノ秩序及ヒ良慣即善良ノ風俗ニ反スル如キ行爲アランカ折角法律カ會社ノ設立ヲ認許セシ趣旨ニ背反スルモノト云ハサル可ラスカヽル影響ノ表ハルヽニ於テハ裁判所ハ檢事ノ請求又ハ職權ヲ以テ解散ヲ命スルハ又已ムヲ得サルノ處置ト云ハサル可ラス

第二章　合名會社

第一節　設立

第四十九條　合名會社ヲ設立スルニハ定欵ヲ作ルコトヲ要ス

（說明）合名會社ノ何タルハ已ニ篇首ニ於テ辨明セシ所ナリ。唯設立方法ハ本條ノ定ムル所ナリ合名會社ノ設立ハ次條ニ詳細ヲ示ス定欵ヲ作成スレハ此ニ會社ハ設立セラレタルモノトス定欵ハ一ノ契約ニ外ナラス此契約ハ書面ノ記載ヲ要スルヲ以テ純然タル書面契約ナリ故ニ和熟協議アルモ會社ハ未タ成立セサルナリ

第五十條　合名會社ノ定欵ニハ左ノ事項ヲ記載シ各社員之ニ署名スルコトヲ要ス

一　目的

二　商號

三　社員ノ氏名、住所

四　本店及ヒ支店ノ所在地

五　社員ノ出資ノ種類及ヒ價格又ハ評價ノ標準

（説明）本條ハ前條ニ示セル定款ノ記載事項ヲ定メタル法文ナリ苟クモ定款タル以上ハ本條ニ列セシ事項ハ一モ減削スルヲ得ス然ルモ是ヨリ多キハ敢テ厭ハサルナリ

第一號ノ目的トハ例令ハ鐵道布設トカ製紙トカ銀行トカ皆其目的ナリ第二號ノ商號トハ三井物產合資會社トカ澁澤合名會社トカノ商號ニテ第三號ノ社員ノ氏名住所ハ是普通ノ氏名住所ナレハ外ニ解説ヲ要セス第四號ノ本店及ヒ支店ノ所在地モ同斷ナリ第五號ノ社員ノ出資（出金ナリ必スシモ金錢ニ限ラス土地ニテモ家屋ニテモヨシ）ノ種類及ヒ其價格又價格ノ判明セサルモノ、評價ノ標準即チ土地ナレハ一坪何圓ノ割ノ額ナリ

第五十一條　會社ハ定款ヲ作リタル日ヨリ二週間內ニ其本店及ヒ支店ノ所在地ニ於テ左ノ事項ヲ登記スルコトヲ要ス

一　前條第一號乃至第三號ニ揭ケタル事項

二　本店及ヒ支店

三　設立ノ年月日

四　存立時期又ハ解散ノ事由ヲ定メタルトキハ其時期又ハ事由
五　社員ノ出資ノ種類及ヒ財産ヲ目的トスル出資ノ價格
六　會社ヲ代表スヘキ社員ヲ定メタルトキハ其氏名
會社設立ノ後支店ヲ設ケタルトキハ其支店ノ所在地ニ於テハ二週間内ニ前項ニ定メタル登記ヲ爲シ本店及ヒ他ノ支店ノ所在地ニ於テハ同期間内ニ其支店ヲ設ケタルコトヲ登記スルコトヲ要ス
本店又ハ支店ノ所在地ヲ管轄スル登記所ノ管轄區域内ニ於テ新ニ支店ヲ設ケタルトキハ其支店ヲ設ケタルヿヲ登記スルヲ以テ足ル
（說明）　本條ハ會社設立后(一)登記スヘキ期間及ヒ(二)登記スヘキ塲所(三)登記スヘキ事項及ヒ(四)會社設立後支店ヲ設ケタル塲合ノ登記期間登記方法ヲ定ム登記期間ハ定款作成ノ日ヨリ十四日ニシテ其塲所ハ本店支店ノ所在地ヲ管轄スル裁判所ナリ其登記事項ハ第一號ヨリ六號迄ナリ
會社設立后支店ヲ設ケタルトキハ何レモ其設ケタル日ヨリ二週間内ニ其所在地ニ本

條第一ヨリ第六マテノ登記ヲ爲シ而シテ本店所在地他ニ支店アレハ其所在地ニモ他ニ支店設ケラレタルコトヲ登記スルモノトス但シ新支店カ本店又他ノ支店所在地ヲ管轄スル登記所ノ管轄區域內ニ設ケラレタル時ハ單ニ支店ノ新設ヲ登記スレハ足ルモノトス

第五十二條 會社カ其本店又ハ支店ヲ移轉シタルトキハ舊所在地ニ於テハ二週間內ニ移轉ノ登記ヲ爲シ新所在地ニ於テハ同期間內ニ前條第一項ニ定メタル登記ヲ爲スコトヲ要ス

同一ノ登記所ノ管轄區域內ニ於テ本店又ハ支店ヲ移轉シタルトキハ其移轉ノミノ登記ヲ爲スコトヲ要ス

（說明） 本條ハ會社ノ本店支店ノ移轉シタル場合ノ登記關係ヲ規定ス若シ會社ノ本店支店ノ移轉シタルトキハ舊所在地ニハ二週間內ニ移轉ノ登記ヲ爲シ新所在地ニテハ同期間內ニ新設同樣ノ登記ヲ爲スモノトス但シ同一登記所ノ管轄區域內ノ移轉ナルトキハ單ニ移轉ノ登記ヲ爲スノミニテ足ル

第五十三條　第五十一條第一項ニ掲ケタル事項中ニ變更ヲ生シタルトキハ二週間内ニ本店及ヒ支店ノ所在地ニ於テ其登記ヲ爲スコトヲ要ス

（說明）第五十一條ノ會社新設ノ場合ノ登記事項ハ世人カ之ヲ標準トシテ會社ノ信否ヲ決スルモノナレハ其登記事項ノ變更ハ其關係ヲ及スコト淺少ナラス是其事項中ニ變更ヲ生シタルトキハ本條ノ定ムル期間内ニ其本店支店ノ所在地ニ登記スヘシト命セシ所以ナリ若シ此登記ヲ怠ルトキハ業務執行者ハ第二百六十一條ノ罰金ニ處セラルヽモノトス

第二節　會社内部ノ關係

（說明）會社ナルモノハ元來社員ノ集合團体ヨリ組織セラルヽモノニ外ナラサルモ一度設立セラレタルトキハ社員ヲ離レテ別個ノ人格ヲ利スルモノナレハ叉舊社員ノ團体ニアラス獨立シテ權利義務ノ主体タルモノトス然ルニ其本資社員ノ集合ヨリ成レルモノナレハ社員ノ關係ヨリ

然分離ス可ラス會社內部ノ關係トハ會社ト社員トノ關係ヲ定メタルモノニ外ナラス

第五十四條 會社ノ內部ノ關係ニ付テハ定款又ハ本法ニ別段ノ定ナキトキハ組合ニ關スル民法ノ規定ヲ準用ス

（說明） 本條ニヨレハ會社ノ內部ノ關係ニ付テハ定款又ハ本法ニ別段ノ定メナキトキハ組合ニ關スル民法ノ規定ヲ準用スト故ニ社員カ業務執行スル方法又社員カ會社ヨリ委任ヲ受ケテ業務ノ執行ヲ爲ス。規定ノ如キハ皆民法組合ノ規定ニヨルモノナリ是至當ノ規定ナリ元來會社ノ法人トシテ獨立ノ人格ヲ有スルハ餘リ社員以外ノ第三者ニ對スル關係ニ付錯雜ナカラシメン爲メノ精神ニ外ナラス故ニ其社員間ノ關係ハ民法組合ノ關係ト異ル所少ナケレハ之ニ準スルモ大ナル支障アラサル可シ是本法ノ民法ニ讓リタル所以カ

第五十五條 社員カ債權ヲ以テ出資ノ目的ト爲シタル場合ニ於テ債務者カ辨濟期ニ辨濟ヲ爲ササリシトキハ社員ハ其辨濟ノ責ニ任ス

此場合ニ於テハ其利息ヲ拂フ外尙ホ損害ノ賠償ヲ爲スコトヲ要ス

（說明）合名會社社員ノ出資ハ別ニ制限アラサレハ金錢タルト家屋タルト土地タルト勞力タルトヲ問ハサルナリ本條ハ債權ヲ以テ出資ノ目的ト爲シタル場合ノ規定ニカヽル。債權ノ出資ハ債務者ニシテ辨濟期ニ辨濟セサルトキハ會社ハ毫モ用ヲ爲サヽル可シ故ニ此場合ハ其社員ハ自巳ニ辨濟ノ責ニ任シテ其出資額丈ハ會社ニ對シテ辨償セサル可ラス然レ𪜈此場合ハ其辨濟期后ノ利息ヲ拂フヘキハ當然ナルノミナラス又損害アル𪜈ハ會社ニ之ヲ賠償セサル可ラス

第五十六條　各社員ハ定欵ニ別段ノ定ナキトキハ會社ノ業務ヲ執行スル權利ヲ有シ義務ヲ負フ

（說明）元來合名會社ナルモノハ篇首ニモ說明セル如ク相信用セル數人カ連帶無限ノ責任ヲ以テ組織セル會社ナレハ各社員皆平等ノ權利ヲ有シ毫モ其間ニ差等アラサルヘシ故ニ定欵ニテ別段ノ定メナキトキハ各社員何人ニテモ會社ノ業務執行ノ權利ヲ有シ又義務ヲ負ハサル可ラス是所謂人會社ノ人會社タル所以ナリ

第五十七條　支配人ノ選任及ヒ解任ハ特ニ業務執行社員ヲ定メタルトキト雖モ社員ノ過半數ヲ以テ之ヲ決ス

（說明）　抑モ支配人ナルモノハ商事上重要ノ機關ニシテ其人ヲ得ルト否トハ商業ノ盛衰ニ關係ヲ有スル少ナカラス故ニ其選任解任ハ大ニ愼マサル可ラス是レ本條カ社員中ニ特ニ業務執行社員ヲ定メタル時ト雖此人ニ其選任解任ヲ放任セス必ス社員ノ過半數ヲ以テ決スト定メタル所以ナリ

第五十八條　定款ノ變更其他會社ノ目的ノ範圍内ニ在ラサル行爲ヲ爲スニハ總社員ノ同意アルコトヲ要ス

（說明）　會社ノ定款ハ會社ノ憲法ナリ合名會社ノ設立ハ全ク此定款ノ作成ニ初マル程ノモノナレハ其重要ナル又比スヘキモノアラサル可シ故ニ其變更ニ總社員ノ同意ヲ要ストセルハ尤モ妥當ノ規定ト云ハサル可ラス何トナレハ社員ハ全ク先キノ定款ノ條項ニヨリテ社員タルヲ甘シタルモノナレ然ルヲ故ナク其後ハ多數決ヲ以テ變更セラルヽモノトセハ其迷惑ヤ想像ノ外ニアルヘシ退社センカ最初ノ出資

ハ返ラサル可シ在社ニ甘センカ不同意ノ定欵ニ服セサル可ラサルヲ如何セン是本條カ總社員ノ同意ヲ要ストセシ所以ナリ會社ノ目的ノ範圍ニ屬セサル行爲ノ如キハ定欵ノ變更ニアラスト雖其重要ノ度ハ相讓ラサル可シ何トナレハ最初ハ保險事業ヲ目的トスルヲ以テ設立ニ同意セシニ後ニ傍ラ又銀行事業ヲ營ムトセハ是定欵變更ニ讓ラサル重要事項ニ屬スレハナリ是法律カ定欵變更ト同視セシ所以ナリ

第五十九條 社員カ他ノ社員ノ承諾ヲ得スシテ其持分ノ全部又ハ一部ヲ他人ニ讓渡シタルトキハ其讓渡ハ之ヲ以テ會社ニ對抗スルコトヲ得ス

（說明） 合名會社ハ屢々說明セル如ク全ク互ニ信用セル者ノ結合ナレハ妄リニ他人ヲ入社セシムル如キハ會社設立ノ本旨ニ反スル者ト言ハサル可ラス故ニ其持分ノ讓渡ノ如キ社員ノ變更ト同視スヘキ事項ハ必ス總社員ノ承諾ヲ得サル可ラス若シ總社員ノ承諾ナキ持分ノ全部又一部ノ讓渡ハ之ヲ以テ會社ニ對抗スルヲ得サルヘシ併シ本條ノ趣旨ハ會社ニ對シテ効力ナキノミニテ當事者間ニハ何モ公ノ秩序

善良ノ風俗ニ反スル行爲ニアラサルヘキヲ以テ其効力アルヘキハ云フヲ待タス

第六十條 社員ハ他ノ社員ノ承諾アルニ非サレハ自己又ハ第三者ノ爲メニ會社ノ營業ノ部類ニ屬スル商行爲ヲ爲シ又ハ同種ノ營業ヲ目的トスル他ノ會社ノ無限責任社員ト爲ルコトヲ得ス

社員カ前項ノ規定ニ反シテ自己ノ爲メニ商行爲ヲ爲シタルトキハ他ノ社員ハ過半數ノ決議ニ依リ之ヲ以テ會社ノ爲メニ爲シタルモノト看做スコトヲ得

前項ニ定メタル權利ハ他ノ社員ノ一人カ其行爲ヲ知リタル時ヨリ二週間之ヲ行ハサルトキハ消滅ス行爲ノ時ヨリ一年ヲ經過シタルトキ亦同シ

（説明） 本條ハ社員カ自己又ハ第三者ノ爲メ會社ノ營業部類ニ屬スル商行爲ヲ爲シ又ハ同上ノ會社ノ無限責任社員タル塲合ノ規定ニカヽル。抑モ合名會社ノ本体ハ前ニ屢々説明スルカ如ク全ク互ニ相信シ相和スル同志カ結合シテ設立セシ會社ナレハ利害共ニ之ヲ分チ盛衰倶ニ之ニ當ラサル可ラス故ニ他ノ總社員ノ承諾ナクシテ現ニ會社カ從事セルト同一ノ營業部類ニ屬スル商行爲ヲ自已又ハ第三者ノ爲ニ爲シ又同一ノ目的ヲ有スル他會社ノ無限責任社員タル如キハ何レモ前條ノ趣旨ニ反シ或ハ會社ト競爭シ直接間接ニ會社ノ發達ヲ害スルモノナレハ會社ハ宜シク自衞ノ道ヲ取リ其社員ノ自已又第三者ノ爲メニ爲セシ商行爲ハ他ノ社員過半數ノ決議アルトキハ之ヲ會社自已ノ行爲ト看做シテ其利益ヲ奪フコトヲ得ルハ勿論猶損害ノ要求ヲ爲シ且七十條ノ規定ニヨリテ其社員ヲ除名スルコトヲモ得ヘシ。併其社員カ他ノ同種類ノ會社ノ無限責任社員タル塲合ハ之ヲ除名シ猶損害ヲ求ムルヨリ他ニ方法アラサルヘシ但其行爲ヲ自已ノモノト看做スニハ第三十二條第三項ノ期間內ニ行ハサル可ラス

第三節　會社ノ外部ノ關係

會社モ已ニ設立ノ手續ヲ終レハ純然タル一ケ人ナリ然ルニ本來其形ナク又精神ナキモノナレハ其意思ノ表示モ社員ニヨツテ爲サレ其行モ爲

亦社員ニヨラサル可ラス此結果會社ト第三者ノ關係ト第三者ト社員トノ關係トヲ生シ其間決定ヲ要スルモノ少ナカラス本節ハ此關係ヲ明確ナラシメタルモノトス

第六十一條　定欵又ハ總社員ノ同意ヲ以テ特ニ會社ヲ代表スヘキ社員ヲ定メサルトキハ各社員會社ヲ代表ス

（説明）合名會社ノ本体ハ各社員平等ノ權利ヲ有シ互ニ連帶ノ責任ヲ有スル尤モ親密者間ノ結合タレハ若シ定欵ノ定メ又總社員ノ同意ニヨリテ特別ニ會社ヲ代表スヘキ社員ヲ定メサルトキハ各社員會社ヲ代表スルモノトス故ニ第三者其社員ノ何人ニ對シ自巳ノ義務ヲ履行スルモ又會社ノ義務ノ履行ヲ求ムルモ有効ナリト云ハサル可ラス

第六十二條　會社ヲ代表スヘキ社員ハ會社ノ營業ニ關スル一切ノ裁判上又ハ裁判外ノ行爲ヲ爲ス權限ヲ有ス

民法第四十四條第一項及ヒ第五十四條ノ規定ハ合名會社ニ之ヲ準

用ス

（說明）本條ハ前條ノ會社ヲ代表スヘキ社員ノ權能ヲ定メタルモノトス（勿論惣社員代表ト特ニ定メラレタル場合ヲ問ハス）會社ヲ代表スヘキ社員ハ第三者ニ對シテハ全ク會社自身ナリ其裏面ニ別ニ會社ナシ故ニ其權限內ニテ會社ノ營業ニ關スル一切ノ行爲ヲ裁判上ニモ裁判外ニモ爲シ得ル權能ヲ有ス

此結果此代表社員カ其營業行爲ニ付テ他人ニ損害ヲ加ヘタル𪜈ハ會社ハ其責ニ任シ之ヲ賠償セサル可ラス（民法第四十四條第一項）又此代表社員ノ代理權ニ制限ヲ加フルモ善意ノ第三者ニハ効力ナカルヘシ（民法第五十四條）是代表者營業上ノ行爲ハ取リモ直サス第三者ニハ會社ノ行爲ト同一ナレハナリ

第六十三條　會社財產ヲ以テ會社ノ債務ヲ完濟スルコト能ハサルトキハ各社員連帶シテ其辨濟ノ責ニ任ス

（說明）本條ハ會社ニ對スル社員ノ責任ノ度ヲ定メタル法文ナリ合名會社ノ一大本質ハ全ク此點ニアリ。勿論社員ノ結合此ニ會社ノ設立ヲ見タル以上ハ會社ノ財産ナルモノハ單ニ其社員ノ出資ニ止リ又是以上ノ財產ナシ故ニ會社ハ此ヲ以テ集リ此ヲ以テ毫レサルヲ得ス故ニ會社ノ債務ノ如キモ一應ハ會社ノ財產ヲ以テ之ヲ支拂ヒ猶ホ不足ナルトキハ各社員ハ連帶シテ其責ニ任セサル可ラス

是合名會社ノ他ノ合資會社株式會社等ト異ル所ナリ他ノ會社ハ間々其役員取締役等其他ニ無限責任社員アルモ其他ハ概シテ有限責任ニテ其會社ノ負債ハ會社財產限リニテ債權者ハ損失ヲ甘ンセサル可ラス

第六十四條　設立ノ後會社ニ加入シタル社員ハ其加入前ニ生シタル會社ノ債務ニ付テモ亦責任ヲ負フ

（說明）　合名會社ハ容易ニ新社員ノ入社ヲ許ササルコトハ已ニ前ニ說示セシ所ナリ併シ第五十九條ノ反面ニテ他ノ惣社員ノ承諾アルトキハ又他社員ノ入社モ能ハサルニアラス此場合ニ生スル疑問ハ此新入社員ノ其入社前ノ會社ノ負債ニ對スル責任是ナリ法文ハ云フ其加入前ニ生シタル會社ノ債務ニ付テモ亦責任ヲ負フト然ラハ當然新社員ハ其會社既往ノ債務ニ付キ辨濟ノ責ヲ負サル可ラス併シ是會社財

産ヲ以テ不足ヲ告クル塲合ナレハ初メヨリ責任アルニアラス此規定ノ結果其利益モ亦之ヲ受クルヲ得ヘキハ云フヲ待タサル所ナルヘシ

第六十五條 社員ニ非サル者ニ自已ヲ社員ナリト信セシムヘキ行爲アリタルトキハ其者ハ善意ノ第三者ニ對シ社員ト同一ノ責任ヲ負フ

（說明） 本條ハ社員外ノ第三者カ會社ノ責任ヲ負フヘキ塲合ノ規定ニカヽル會社ノ責任ノ社員以外ニ及ハサルハ云ヲ待タサル所ナルモ。會社モ亦營利ノ目的ヲ以テ設立セラルヽモノナレハ或ハ他ノ名譽アリ信用アリ財産アル者ノ名義ヲ假リテ會社ノ信用ヲ增サントシ。已レ會社ノ社員タルハ厭フ所ナレトモ暗ニ干與シテ利益ヲ得ントスル者モ間ニハ少ナカラス。此內部關係ハ第三者ノ知ラサル所ナリトスルモ第三者ヨリ見ルトキハ一見社員ナリト信憑スヘキ塲合少ナカラス例之常ニ會社ノ職務ニ參與シ又ハ自身社員ナリト明言シ又新聞其他ノ印刷物ニ公然署名アルモ之ヲ知リテ別ニ異議ヲ挿マス何人ヨリ見ルモ社員タル外觀アル者ノ如キハ善意ノ第三者ニ對シテ社員ト同一ノ責任ヲ負ヒ其者トノ取引ヨリ生スル債務ニハ連帶ノ責ニ任セサル可ラサル可シ。但シ社員ナリト信セシムヘキ行爲ナリヤ否ヤハ事實問題ナレハ宜シク事情ヲ酌察シテ裁判官ノ決スヘキ所ナリ

第六十六條　社員ノ出資ノ減少ハ之ヲ以テ會社ノ債權者ニ對抗スルコトヲ得ス但本店ノ所在地ニ於テ其登記ヲ爲シタル後二年間債權者カ之ニ對シテ異議ヲ述ヘサリシトキハ此限ニ在ラス

（說明）社員ノ出資ハ一度之ヲ提出セル以上ハ全ク會社ノ財產タリト雖此會社財產ハ又社員ニ割戾シ其持分ヲ減少シ得ラレサルニアラス併シナカラ是第三者タル債權者ニ損害ヲ與ヘサル場合ノミ爲シ得ルコトニシテ若シ會社ノ債權者ニ損害ヲ與フル如キ場合ハ之ヲ以テ債權者ニ對抗スルコヲ得サル可シ故ニ債權者ハ之ヲ取戾サンコトヲ求ムルコトヲ得ヘシ但シ本店ノ所在地ニ於テ其減少ノ登記ヲ爲シタル後二年間ニ債權者之ニ對シテ異議ヲ述ヘサリシトキハ最早債權者モ異議ノ主張ヲ爲スコトヲ得サル可シ何トナレハ二年間モ之ヲ抛棄シテ顧ミサルハ異議ナキカ異議アルモ棄權シタルモノト看做サルヽモ亦已ムヲ得サル可シ

第六十七條　會社ハ損失ヲ塡補シタル後ニ非サレハ利益ノ配當ヲ爲スコトヲ得ス

前項ノ規定ニ違反シテ配當ヲ爲シタルトキハ會社ノ債權者ハ之ヲ返還セシムルコトヲ得

（說明）合名會社ニ於テモ一度其資本ノ額ヲ登記シテ世上ニ表示スヘギ規定ヲ取リタル以上ハ會社ノ損益即會社財產ノ增減ハ大ニ第三者視線ノ集注スル所ナルノミナラス又大ナル利害ノ伏スル所ナリ故ニ利益ノ配當方法ノ如キモ尤モ嚴督ノ下ニ置キ會社自身又併セテ第三者ヲ保護スヘキハ云フヲ待サル所ナリ是本條カ會社ハ其損失ヲ愼補シタル後ニアラサレハ利益ノ配當ヲ爲スヲ得スト規定セシ所以ナリ若シ此規定ニ違背シテ配當ヲ爲シタルトキハ會社ノ債權者ハ之ヲ資本內ニ返還セシムルコトヲ得ヘキナリ

第四節　社員ノ退社

（說明）合名會社ハ全ク相識相信ノ間ニ結合セラレタル團体ナレハ朝

タ自由ニ持分ヲ讓渡シヲ退社スル如キハ大ニ忌ム所ナリ雖然無期又ハ終身間社員タルヘキハ却テ大ニ人身ノ自由ヲ覊束スルモノナレハ一定ノ事由アルトキハ退社ノ自由ヲ與ヘタリ併シ除名ニ基ク退社ノ如キハ又會社ノ存立ヲ全フスル爲メ已ムヲ得サルノ處置ナリ

第六十八條 定款ヲ以テ會社ノ存立時期ヲ定メサリシトキ又ハ或社員ノ終身間會社ノ存續スヘキコトヲ定メタルトキハ各社員ハ營業年度ノ終ニ於テ退社ヲ爲スコトヲ得但六ケ月前ニ其豫告ヲ爲スコトヲ要ス

會社ノ存立時期ヲ定メタルト否トヲ問ハス巳ムコトヲ得サル事由アルトキハ各社員ハ何時ニテモ退社ヲ爲スコトヲ得

（說明） 一度締結セシ契約ハナルヘク之ヲ履行セシメ其覊束力ヲ全カラシムルハ社會ノ發達上奬勵スヘキコトタリ雖然此覊束力ヲ無期又ハ終身ノ永期ニ及スハ却テ害アリ故ニ會社ノ存立時期ヲ定款ヲ以テ定メサルトキ又或ル社員ノ終身間會社

ノ存續スヘキコトヲ定メタルトキノ如キハ各社員ハ事業年度ノ終ニ於テ退社スルコトヲ得併シ其六ヶ月前ニ其豫告ヲ爲スヲ要スルモノトス是不意ノ申出ハ大ニ會社ノ事業ニ影響ヲ與フレハナリ

何レノ場合ニセヨ已ムコトヲ得サル事由アルトキハ各社員何時ニテモ退社スルコトヲ得是常規ノ律スヘキコトニアラサレハナリ

第六十九條 前條ニ掲ケタル場合ノ外社員ハ左ノ事由ニ因リテ退社ス

一 定欵ニ定メタル事由ノ發生

二 總社員ノ同意

三 死亡

四 破產

五 禁治產

六 除名

（説明）本條ハ前條以外ニ社員ノ退社スルコトヲ得ル場合ヲ定ム第一號ハ定欵ニ定メタル事由ノ發生ニテ例令定欵中ニ或ル社員ニテ自身官吏タルトキハ退社ト看做ストノ規定アルトキ其一社員官吏トナリタル場合ノ如キ是ナリ第二號ハ總社員ノ同意ナク此場合ハ外ニ云フヘキ事ナシ第三號ハ死亡ナリ是又二號ト同一ニテ外ニ云フヘキコトナシ第四號ハ破產ナリ破產ハ一度宣告アルトキハ直ニ其人ヲ無能力者タラシムルモノナレハ是又社員タル資格ヲ存セシムルハ會社ニ不利ナレハナリ第五號ハ禁治產ナリ是又其人ヲ無能力者タラシムルハ破產ト同シ第六號ハ除名ナリ是次條ニ規定スル所ニシテ會社ノ存立ヲ全フスル爲メ己ムヲ得サルノ處分ナリ此ニ注意スヘキハ前條ハ社員任意ノ退社ナルモ本條ノ事由アルトキハ當然退社スヘキモノトス是前條ト大ニ異ル點ナリ

第七十條 社員ノ除名ハ左ノ場合ニ限リ他ノ社員ノ一致ヲ以テ之ヲ爲スコトヲ得但除名シタル社員ニ其旨ヲ通知スルニ非サレハ之ヲ以テ其社員ニ對抗スルコトヲ得ス

一　社員カ出資ヲ爲スコト能ハサルトキ又ハ催告ヲ受ケタル後相當ノ期間內ニ出資ヲ爲ササルトキ
二　社員カ第六十條第一項ノ規定ニ違反シタルトキ
三　社員カ會社ノ業務ヲ執行シ又ハ會社ヲ代表スルニ當タリ會社ニ對シテ不正ノ行爲ヲ爲シタルトキ
四　社員カ會社ノ業務ヲ執行スル權利ヲ有セサル場合ニ於テ其業務ノ執行ニ干與シタルトキ
五　其他社員カ重要ナル義務ヲ盡ササルトキ

（說明）　本條ハ責罰トシテ社員ヲ退社セシムヘキ場合即除名ノ場合ヲ列擧セシモノトス社員ノ除名ハ左ニ列記ノ事由アル片ハ（一）他ノ社員ノ一致ノ協議ヲ以テ是ヲ爲シ（二）是ヲ除名セラレタル社員ニ通知シテ初メテ効力アルモノトス

一ハ社員カ出資ヲ欠ク場合ニシテ社員カ出資ヲ爲ス能ハサル場合トハ家屋ヲ出資ト定メタル社員カ家屋ノ燒失セシ如キ。催告ヲ受ケテ猶相當ノ期間內ニ出資ヲ爲サヽル如キハ怠慢ノ結果ナレハナリ二ハ社員カ其信認ニ背キ自己又ハ第三者ノ爲メニ會社ト同一部類ノ營業ヲ爲シ又其同一營業ノ會社ノ無限責任社員タル如キ場合ハ充分除名ノ價値アルモノトス三ハ社員カ會社ノ業務ヲ執行シ又會社ヲ代表スルニ當リ會社ニ對シテ不正ノ行爲ヲ爲シタルトキニシテ又除名ノ實質存スルモノトス四ハ社員カ會社ノ業務ヲ執行スル權利ヲ有セサル場合ニ於テ其業務ノ執行ニ干與シタルトキニテ是又越權ノ處置タルヲ免レサレハ除名ノ必要アル場合存スルコアラン五ハ以上ノ外社員カ重要ナル義務ヲ爲サヽル場合ニシテ例之獨斷ニテ支配人ヲ雇入又一二ノ社員ニ其持分ヲ割戻セシ如キ場合ナラン此等ノ場合ハ其社員ヲ除名スルモ亦當ヲ得タルトコロナリ

第七十一條 退社員ハ勞務又ハ信用ヲ以テ出資ノ目的ト爲シタルトキト雖モ其持分ノ拂戻ヲ受クルコトヲ得但定欵ニ別段ノ定アルトキハ此限ニ在ラス

（說明） 本條ハ退社員持分拂戻ノ規定ニカヽル。退社ノ原因ハ前數條ニ示ス如ク種々ナルモ。其社員カ有セシ持分ハ必ス之ヲ其社員ニ拂戻サヽル可ラス然ラサレハ殘社員ハ不當ノ利得ヲ得ルニ至ラン併シ是普通ノ金錢物品ヲ出資ト爲シタル場合ニ當然然ルヘキノ道理ナルモ社員カ勞務又ハ信用ヲ以テ出資ト爲シタル場合ハ多少ノ疑ハ免レサルモ此場合トテ之ニ其持分ヲ割戻サヽルノ道理ナカル可シ何者勞務又一ノ財產ニシテ他ノ有形財產ト別ニ撰フ所アラサレハナリ何トナレハ勞務モ亦價ヲ付シテ間接ニ賣買スルハ已ニ世人ノ認知スル所ナレハナリ信用ハ之ニ反シテ全ク財產ヲ以テ見ル可ラサルカ如キモ有力者ノ信用ハ却テ金錢物品ニ勝ル場合アルノミナラス亦第三者ニ對シテハ責任ヲ負フモノナレハ此信用ノ提出トテ別段定欵ニ定メナキトキハ之ニ對スル其持分ノ拂戻ヲ受クヘキハ當然ナレハナリ

第七十二條 會社ノ商號中ニ退社員ノ氏又ハ氏名ヲ用ヰタルトキハ退社員ハ其氏又ハ氏名ノ使用ヲ止ムヘキコトヲ請求スルコトヲ得

（説明） 會社ノ商號ニ其社員ノ姓則チ大倉トカ三井トカヲ用ユルモノ少ナカラス然ルニ其社員已ニ退社スルモ猶從前ノ姓則大倉トカ三井トカヲ用ヒ之ヲ以テ會社

ハ自已ノ信用ヲ保持セントスルハ吾人ノ耳ニセル所ナリ此場合ニ其退社員カ自已ノ氏名ノ使用ヲ止ムヘキコトヲ請求スルコトヲ得ルハ當然ナリ否ラサレハ其社員ハ第六十五條ニヨリテ善意ノ第三者ニ對シテ社員ト同一ノ責ニ任セサル可ラサルニ至レハナリ

第七十三條　退社員ハ本店ノ所在地ニ於テ退社ノ登記ヲ爲ス前ニ生シタル會社ノ債務ニ付キ責任ヲ負フ此責任ハ其登記後二年ヲ經過シタルトキハ消滅ス

前項ノ規定ハ他ノ社員ノ承諾ヲ得テ持分ヲ讓渡シタル社員ニ之ヲ準用ス

（説明）　本條ハ退社員ハ退社後如何ナル責任アルカヲ定メタル法文ナリ退社員ハ最早社員ニアラス故ニ退社ト共ニ其會社ニ對スル責任ハ免脱スヘキカ如キモ。カクスルトキハ辭ヲ設ケテ會社危難ノ情態アルトキハ退社スルモノヲ生スル恐アレハ法律ハ本店ノ所在地ニテ登記ヲ爲ス前ニ生シタル會社ノ債務ニ付キ責任ヲ負フト定メヨシ退社スルモ此以前ノ債務ニハ責任ヲ免ル可ラサルモノト爲シタリ併シ此責任ハ其登記即退社ノ登記後二ケ年ヲ經過スルトキハ消滅スヘキモノトス

以上ハ直接ニ退社ノ手數ヲ爲シテ退社セシ者ニ適用スル規定ナルモ他社員ノ承諾ヲ得テ持分ヲ讓渡シタル社員モ前段同樣自巳退社前ノ責任ハ免レサルモノトス併シ此持分讓渡ニ基ク退社ハ登記スヘキ規定存セサレハ其期間ハ讓渡ヨリ起算シテ其責任ノ擔否ヲ決セサル可ラス

第五節　解散

（說明）　本節ハ會社解散ニ關スル規定ヲ揭ク會社モ亦其初メニ設立アル以上ハ之ニ伴フ解散アルヘキハ當然ナリ而メ會社ノ者タル尤モ注意スヘキハ其設立ニアラスシテ解散及ヒ之ニ伴フ淸算ナリトス會社ト第三者間及ヒ會社內部ノ紛爭ハ重モニ解散後ニ生スルヲ常トスレハナリ

第七十四條　會社ハ左ノ事由ニ因リテ解散ス

一　存立時期ノ滿了其他定欵ニ定メタル事由ノ發生

二　會社ノ目的タル事業ノ成功又ハ其成功ノ不能
三　總社員ノ同意
四　會社ノ合併
五　社員カ一人ト爲リタルコト
六　會社ノ破産
七　裁判所ノ命令

（說明）　本條ハ解散事由ヲ記載セシ法文ナリ第一ハ存立時期ノ滿了其他定款ニ定メタル事由ノ發生會社ノ存立時期ヲ定メタル場合ニ此時期ノ到來セシ時ハ之ト共ニ解散スヘキハ至當ノ順序ナリ此他此會社ハ英米開戰セハ解散ストカ又條約改正セハ解散トカ云フ定款記載ノ事由ニヨリテ解散スヘキハ云ヲ待タス第二ハ是本然ノ解散ニシテ會社ノ設立ハ全ク或ル目的ノ爲メニ存スルモノナレハ目的事業カ成功センカ最早存立ノ必要ナカルヘク又成効ノ不能即到底達セラレサルニ至レハ解散ハ當然ナルヘシ第三總社員ノ同意是云フヲ待タサル可シ第四會社ノ合併合併ハ

一見解散ニアラサルカ如キモ合併ノ場合ニハ甲乙ナル二會社ヲ合セテ丙ナル會社ヲ設立スルカ又甲會社カ乙會社ニ合併セラル丶場合ナレハ第一ノ場合ハ新ナル丙會社ノ設立ナレハ甲乙會社ノ解散ナリ第二ノ場合ハ單ニ甲會社ノミ解散スルモノトス第五社員一人トリタルトキモ亦會社ノ解散ト定メラレタルハ會社ノ實ヲ失ヘハナリ第六ハ會社ノ破産ナリ是事實人格ヲ失スヘキ場合ナレハ解散亦巳ムヲ得サル可シ第七ハ裁判所ノ命令ナリ是會社ノ事業又組織カ公ノ秩序善良ノ風俗ニ反スル場合及ヒ巳ムヲ得サル事由アル場合ニシテ裁判所ノ命令ニテ解散ヲ命スルハ至當ノ所置ト云ハサル可ラス

第七十五條 前條第一號ノ場合ニ於テハ社員ノ全部又ハ一部ノ同意ヲ以テ會社ヲ繼續スルコトヲ得但同意ヲ爲サヽリシ社員ハ退社ヲ爲シタルモノト看做ス

（說明） 前條第一號ノ解散ノ場合ハ別ニ會社ノ內部ニ解散セサル可ラサル事由アルニアラス只期間ノ到來又定款ニ定メタルニ基クモノナレハ社員ノ全部一部ノ同

意ヲ得テ會社ヲ繼續スルコトヲ得ルトセルハ甚タ便宜ノ規定ナリ併シ最初ノ豫期ニ反スルモノナレハ不同意ノ社員ハ退社ト看做シ其團体ヨリ關係ヲ絶タシム可キハ是至當ト云ハサル可ラス

第七十六條 會社カ解散シタルトキハ合併及ヒ破産ノ塲合ヲ除ク外二週間内ニ本店支店ノ所在地ニ於テ其登記ヲ爲スコトヲ要ス

（説明）會社ハ最初登記ヲ以テ初メテ第三者ニ對シテ其設立ヲ表示セシモノナレハ其死亡即チ解散モ亦登記ヲ以テ公示スヘキハ勿論ナリ然ラサレハ第三者ハ其死亡ヲ知ラス不慮ノ損害ヲ被レハナリ併シ本條カ合併破産ヲ除外シタルハ合併ノ塲合ハ第八十一條ニ其規定アリ破産ノ塲合ハ特別法ニヨリ裁判所ヨリ公示スヘキモノタレハナリ

第七十七條 會社ノ合併ハ總社員ノ同意ヲ以テ之ヲ爲スコトヲ得

（説明）本條ハ會社合併ニ關スル手續ヲ定メタルモノトス會社ノ合併ハ必スシモ會社ノ解散ヲ來タスヘキモノニアラス併シ甲會社カ乙會社ニ合併スル塲合ハ甲會

社ハ解散ナレハ社員ノ同意ヲ要スルハ勿論乙會社ハ定款ノ變更ナレハ又總社員ノ同意ハ必要ナルヘク又甲乙二會社合シテ丙會社ノ設立ノ塲合ハ何レモ甲乙二會社ハ解散スレハ其同意ヲ要スヘキハ當然ナリ

第七十八條 會社カ合併ノ決議ヲ爲シタルトキハ其決議ノ日ヨリ二週間内ニ財産目錄及ヒ貸借對照表ヲ作ルコトヲ要ス

會社ハ前項ノ期間内ニ其債權者ニ對シ異議アラハ一定ノ期間内ニ之ヲ述フヘキ旨ヲ公告シ且知レタル債權者ニハ各別ニ之ヲ催告スルコトヲ要ス但其期間ハ二ケ月ヲ下ルコトヲ得ス

（説明） 合併ハ何レモ債權債務ノ主体タル二人格カ消滅シテ一人格ヲ構成スルモノナレハ合併ノ決議ヲ爲シタル片ハ其日ヨリ二週間内ニ財産目錄貸借對照表ヲ作リ其現財産ノ狀態ヲ示サヽル可ラス是會社内部ノ手續タリ。併シ此ニ尤モ注意ヲ要スルハ合併ハ總社員ノ同意ヨリ決行スルコトヽスルモ是ニヨリテ尤モ利害ノ感ヲ異ニスルハ會社ノ債權者ナリ何トナレハ双方懸隔ナキ社員又財産ヲ有スル二會社ノ合併ハ債權者ニ異議ナカルヘキモ若シ其一方ニ輕重ノ差アランカ債權者ハ大ニ其担保力ニ利害ノ差ヲ生スルヲ以テ會社ハ前ノ二週間内ニ二ケ月以内ノ申出間ヲ定メテ異議アラハ其期間以内ニ申出ツヘキ旨ヲ催告スヘキモノトス

第七十九條　債權者カ前條第二項ノ期間内ニ會社ノ合併ニ對シテ異議ヲ述ヘサリシトキハ之ヲ承認シタルモノト看做ス

債權者カ異議ヲ述ヘタルトキハ會社ハ之ニ辨濟ヲ爲シ又ハ相當ノ擔保ヲ供スルニ非サレハ合併ヲ爲スコトヲ得ス

前項ノ規定ニ反シテ合併ヲ爲シタルトキハ之ヲ以テ異議ヲ述ヘタル債權者ニ對抗スルコトヲ得ス

（説明）本條ハ前條ノ債權者異議ノ處分法ヲ定メタルモノトス債權者ハ前條ニヨリ定メタル期間内ニ合併ニ對シテ異議ヲ述ヘサリシトキハ之ヲ承認シタルモノト看做サレ異議ヲ述ヘタルトキハ其會社ハ之ニ辨濟ヲ爲シ又相當ノ擔保ヲ供スルニアラサレハ合併スルヲ得ス是會社財産ノ富有ヲ賴ミ貸金ヲ爲シタルニ貧弱ニシテ債

務多キカヨシ然ヲサルモ失敗ノ危險多キ會社ニ合併セラルヽハ債權者ニトリ甚タ不利益ナレハナリ若シ異議アルニ拘ハラス之ニ辨濟又引當ヲ供セスシテ合併セシ時ハ之ヲ以テ異議アル債權者ニ會社ハ對抗スルコトヲ得サレハ債權者ハ舊會社ノ舊財產ニ向ツテ其辨濟ヲ求ムルコトヲ得ヘシ

第八十條 會社カ第七十八條第二項ニ定メタル公告ヲ爲サスシテ合併ヲ爲シタルトキハ其合併ハ之ヲ以テ其債權者ニ對抗スルコトヲ得ス

會社カ知レタル債權者ニ催告ヲ爲サスシテ合併ヲ爲シタルトキハ其合併ハ之ヲ以テ其催告ヲ受ケサリシ債權者ニ對抗スルコトヲ得ス

（說明） 本條ハ第七十八條第二項ノ制裁法ニシテ會社カ同條ニ定メタル公告ナクヨシ公告ハシタルモ知レタル債權者ニ催告ナク合併セシ如キ場合ハ何レノ場合モ其債權者ニ對抗スルコトヲ得サルモノトス故ニ公告ナキ場合ハ凡テノ債權者ヨリ

公告アリテ催告ナキ塲合ハ其債權者ヨリ異議ヲ申出ツヘク然ルトキハ會社ハ合併ヲ以テ對抗スルヿヲ得サルヘシ換言スレハ會社ハ合併前ノ狀態ニテ債權者ノ要求ニ應セサル可ラス

第八十一條 會社カ合併ヲ爲シタルトキハ二週間內ニ本店及ヒ支店ノ所在地ニ於テ合併後存續スル會社ニ付テハ變更ノ登記ヲ爲シ、合併ニ因リテ消滅シタル會社ニ付テハ解散ノ登記ヲ爲シ、合併ニ因リテ設立シタル會社ニ付テハ第五十一條第一項ニ定メタル登記ヲ爲スコトヲ要ス

（說明） 本條ハ會社合併シタル塲合ノ登記方法及ヒ其期間ヲ定メタル法文ナリ會社ノ合併ニハ前ニモ示セシ如ク三ケノ効果ヲ生スルヲ以テ合併後存續スル會社ニ付テハ定欵變更ノ登記ヲ爲サヽル可ラス合併ニヨリテ消滅シタル會社ニ付テハ解散ノ登記ヲ爲シ合併シテ新ニ設立シタル會社ニ付テハ第五十一條第一項ニヨリ新設同樣ノ登記ヲ爲サヽル可ラス尤モ其期間ハ合併後二週間內ニ本店支店ノ所在地

ニ於テ登記スルモノトス

第八十二條　合併後存續スル會社又ハ合併ニ因リテ設立シタル會社ハ合併ニ因リテ消滅シタル會社ノ權利義務ヲ承繼ス

（說明）本條ハ會社合併ニ對スル權利義務ノ歸屬ヲ明ニシタル法文ニシテ一度會社合併スル片ハ必ス一ケハ消滅スル會社アルヘク此會社ノ權義ハ何レノ會社カ擔任セサル可ラス法文ハ云フ此場合ニハ合併後存續スル會社又ハ合併ニヨリ設立シタル會社消滅シタル會社ノ權利義務ヲ承繼スト是合併重要ノ目的ナレハ本條ニヨリテ明記セラレタルモノトス

第八十三條　已ムコトヲ得サル事由アルトキハ會社員ハ會社ノ解散ヲ裁判所ニ請求スルコトヲ得但裁判所ハ社員ノ請求ニ因リ會社ノ解散ニ代ヘテ或社員ヲ除名スルコトヲ得

（說明）本條ハ會社ノ解散ヲ裁判所ニ社員ヨリ請求スルコトヲ得ヘキ場合ノ規定ニシテ其申立ハ已ムコヲ得サルコトヲ事由トセサル可ラス併シ已ムコトヲ得サル

事由ト云フモ茫漠トシテ其如何ヲ知ルヲ得サルモ要スルニ會社ヲ解散セサル可ラサルニ至ル理由ナレハ巳ムコトヲ得サル事由モ余程重要ノモノナラサル可ラス單ニ一片ノ感情ヲ以テ巳ムコトヲ得サルモノ云々ノ名稱ヲ付スルモ裁判所ハ之ニ拘束セラレス詳密ノ調査ヲ爲サヽル可ラス即チ其事由トナルモノハ會社ノ維持困難ナルモ社員ノ不一致ヲ以テ解散ノ同意纒ラストカ又ハ一二ノ社員私利ヲ營ミ社運日ニ衰頽シテ亦挽回ス可ラサルニ至レハ一日モ早ク解散シテ其害ノ幾分ヲ避ルト云フ如キ重要ノモノナラサル可ラス但シ裁判所ハ社員ノ請求アルトキハ或ル一二ノ社員ヲ除名シテ解散ニ代フルコトモ爲シ得ルナリ是一二ノ惡分子ノ排斥ハ全体ノ維持ニ必要ナル場合存スレハナリ

第六節　清算

（説明）　解散ノ會社必スシモ清算ノ必要存スルモノニアラス然ルモ苟モ清算ノ必要存センカ其事柄ハ尤モ重要ノ事項ニ屬スルヲ以テ法律ハ詳細ノ規定ヲ設ケタリ併シ清算ノ目的ハ第一會社ノ債權ノ取立テ第二

債務ノ支拂其他ノ義務ノ履行第三殘余財産ノ處置ニ外ナラスカク云フ時ニハ多衆ノ債權者債務者アリ社員アリ其權義ノ分量モ同一ナラス是ニハ單箇ナルカ如キモ一般ニ對シテ夫々公平無私ノ處斷ヲ施シ其結末ヲ全フスルハ又容易ノ事業ニアラサル可シ

第八十四條 會社ハ解散ノ後ト雖モ清算ノ目的ノ範圍內ニ於テハ尚存續スルモノト看做ス

（說明） 會社ナル法人ハ其設立ヲ以テ初メテ出生シタルモノナルヲ以テ解散ト共ニ消滅即チ死亡スルハ當然ナルカ如キモ會社ノ權利義務ハ解散ト共ニ消滅スルモノニアラス此場合直ニ法人格ハ消滅スルモノトナサンカ。其權義ノ關係ハ社員ナル多衆ノ者ト第三者ナル多衆者間ノ關係トナリ其談判取引訴訟等萬事ノ事柄皆此多衆ヲ相手トシテ決セサル可ラス然ル片ハ双方ノ不便ハ實ニ云フニ忍ヒサル可シ是本條カ會社ハ解散ノ后ト雖モ其清算ノ目的ノ範圍內ニ於テ猶存續スルモノト看做セシ所以ナリ故ニ其行爲ノ清算以外ニ涉ルノ新ナル取引ヲ爲ス如キハ決シテ許

スヘキニアラス

第八十五條　解散ノ場合ニ於ケル會社財產ノ處分方法ハ定欵又ハ總社員ノ同意ヲ以テ之ヲ定ムルコトヲ得此場合ニ於テハ解散ノ日ヨリ二週間內ニ財產目錄及ヒ貸借對照表ヲ作ルコトヲ要ス

第七十八條第二項、第七十九條及ヒ第八十條ノ規定ハ前項ノ場合ニ之ヲ準用ス

（說明）　本條ハ解散セシ會社財產ノ處分方法ヲ定メタルモノトス此場合ノ會社財產ハ定欵又ハ總社員ノ同意ヲ以テ之ヲ定ムルコトヲ許セリ併シ此方法即チ定欵又ハ總社員ノ同意ニヨリテ會社財產ヲ處分スルトキハ解散ノ日ヨリ二週間內ニ財產目錄及ヒ貸借對照表ヲ作ラサル可ラス是レ會社財產ノ存在高及貸借ノ關係ヲ知ルハ尤モ必要ナレハナリ但此場合ニハ第七十八條第二項ニヨリ債權者ノ異議ノ申出ヲ催告シ第七十九條ニヨリ異議ナキモノハ承認ト看做シ異議アルトキハ辨濟又擔保ヲ供スルニアラサレハ此處分ヲ爲スコトヲ得ス若シ此ニ反シテ爲シタルトキハ

其異議アル債權者ニ對抗スル能ハス又一般債權者ニ公告ヲ以テ異議ノ申出ノ催告ヲ爲サス又知レタル債權者ニ殊ニ催告セス此處分ヲ爲セシ片ハ更ラニ其凡テ又ハ特殊ノ債權者ニ對抗スル能ハサルノ點モ又第八十條ト同一ナリ是解散會社ノ財産處分ノ第一ニ屬スルモノナリ其第二ノ方法ハ次條以下ニ詳記セラレタリ

第八十六條　前條ノ規定ニ依リテ會社財産ノ處分方法ヲ定メサリシトキハ合併及ヒ破産ノ場合ヲ除ク外後十三條ノ規定ニ從ヒテ清算ヲ爲スコトヲ要ス

（説明）　前條即チ第一ノ方法ニヨリテ會社財産ノ處分方法ヲ定メサリシトキハ合併又ハ破産ノ場合ヲ除ク外後十三條ノ規定ニ從ヒテ清算ヲ爲サヽル可ラス併シ合併ト破産ノ場合ヲ除外シタルハ全ク此二ケノ場合ハ一ハ破産管財人カ清算スヘク又一ハ合併後ハ必ス權利義務ヲ承繼スヘキ會社アレハ清算ノ必要ハ存セサル可シ

第八十七條　清算ハ總社員又ハ其選任シタル者ニ於テ之ヲ爲ス清算人ノ選任ハ社員ノ過半數ヲ以テ之ヲ決ス

（說明）本條ハ清算ハ何人之ヲ爲スカヲ定メタルモノトス本條ノ規定ニヨレハ清算ハ總社員之ヲ爲スコトアルヘク又特ニ選任シタル清算人ニテ之ヲ爲スヘキ場合アルヘキヲ定メタリ而シテ總社員ニテ爲スヘキ場合ニハ前ニ差支ナキモ清算人ヲ定メテ清算スヘキ場合ノ清算人選定ハ社員ノ過半數ニテ之ヲ決スヘキモノトス

第八十八條　第七十四條第五號ノ場合ニ於テハ裁判所ハ利害關係人ノ請求ニ因リ清算人ヲ選任ス

（說明）第七十四條第五號ノ場合ハ社員退社シテ殘存者一人ナル場合ナリ此場合ハ皮想スルトキハ只一人ノ社員アルニ過キサレハ元ヨリ他ヨリ干涉スルノ必要ナク生殺與奪一ニ其殘存者ニ放任シテ差支ナキカ如キモ熟ラ顧ミレハ又然ラザルモノアリ此場合ト雖一面ニハ第三者ノ關係アリ又退社員ハ社員ニアラサレハ敢テ關係ナキカ如キモ退社登記前ノ責任ハ免レサルノ規定アリ旁是ヲ殘存者一人ノミニ放任セラレサルモノアリヨッテ此場合ハ利害關係人ノ請求アルトキハ裁判所ニテ清算人ヲ選定スヘキコトヽセリ是退社員又第三者ノ保護上周到ノ規定ト云ハサル可

ラス

第八十九條 會社カ裁判所ノ命令ニ因リテ解散シタルトキハ裁判所ハ利害關係人又ハ檢事ノ請求ニ因リ清算人ヲ選任ス

（說明） 裁判所ノ命令ニテ會社ヲ解散スル場合ハ第四十七條第四十八條第八十三條等數ケノ場合存ス此場合トテ解散ハ解散ナレハ會社ヲ無清算ノ狀態ニ放任スヘキニアラス故ニ此場合ハ裁判所ハ利害關係人又檢事ノ請求ニヨリテ清算人ヲ選任スヘキコトヽ定メタリ

第九十條 清算人ノ選任アリタルトキハ其清算人ハ二週間内ニ本店及ヒ支店ノ所在地ニ於テ自己ノ氏名、住所ヲ登記スルコトヲ要ス

（說明） 總社員ニテ清算スル場合ハ敢テ其人ヲ公示スルノ必要ナキモ特ニ清算人ヲ選任シタルトキハ其清算人ハ二週間内ニ本店及ヒ支店ノ所在地ニ於テ自巳ノ氏名住所ヲ登記セサル可ラス是會社一度解散スルトキハ會社ノ殘務ハ凡テ清算人ニヨツテ處理セラルヽモノナレハ第三者又ハ社員（社員ノ選任セサル清算人アルアレハナリ）ハ其會社ノ代表

者ハ是非知ヲサル可ヲサル必要アレハナリ

第九十一條　清算人ノ職務左ノ如シ

一　現務ノ結了

二　債權ノ取立及ヒ債務ノ辨濟

三　殘餘財産ノ分配

清算人ハ前項ノ職務ヲ行フ爲メニ必要ナル一切ノ裁判上又ハ裁判外ノ行爲ヲ爲ス權限ヲ有ス

清算人ノ代理權ニ加ヘタル制限ハ之ヲ以テ善意ノ第三者ニ對抗スルコトヲ得ス

民法第八十一條ノ規定ハ合名會社ノ清算ノ場合ニ之ヲ準用ス

(說明)　本條ハ清算人ノ職務ヲ規定シタルモノトス清算人ハ會社ノ殘務處理者ナレハ其職務千緒萬端ナルヘキモ要スルニ以下ノ三項ニ過キス

第一ハ現務ノ結了ナリ是會社現今ノ業務ノ落着ヲ目的トスルモノナレハ或ハ物品

ノ賣却モアルヘク又此目的ノ爲メニハ土地家屋ノ買入モ必要ナルコトアルヘシ例之會社ハ家屋ヲ有スル塲合ニ之ヲ賣ル爲メニ土地ト併セテ賣ルトキハ却テ高價ニ賣却ノ見込立ツハ新ニ買入レテ更ニ賣ルコトモナシ得ヘシ。第二ハ債權ノ取立及債務ノ辨濟ナリ之レ別ニ說明スルノ必要ナシ第三ハ殘餘財產ノ分配ナリ是淸算中ノ最重要ノ事項ニ屬ス。淸算人ハ前項ノ職務ヲ行フ爲メニハ裁判所ニ關係シテ行フト又裁判所ニ關係ナク行フトヲ問ハス一切ノ行爲ヲ爲スノ權利ヲ有ス

以上ノ代理權ニ加ヘタル制限ハ之ヲ以テ善意ノ第三者ニ對抗スルヿヲ得サルナリ若シ淸算中會社財產カ其債務ヲ完濟スルニ足ラサルヿ分明ナルニ至リタル片ハ淸算人ハ直ニ破產宣告ノ請求ヲ爲シテ其旨ヲ公告セサル可ラス此塲合ハ淸算人ハ破產管財人ニ其事務ヲ引渡シタルトキハ其任ヲ終リタルモノトス此塲合ニ已ニ債權者ニ支拂ヒ又社員又ハ相續人等ニ引渡シタル財產アル片ハ破產管財人ハ之ヲ取戻スコトヲ得是レ第三項ノ規定スル所ナリ但シ取戻シ得サルモ惡意ナキ片ハ淸算人之ヲ賠償スヘキモノニアラス（民法第八十一條）

第九十二條　會社ニ現存スル財産カ其債務ヲ完濟スルニ不足ナルトキハ淸算人ハ辨濟期ニ拘ハラス社員ヲシテ出資ヲ爲サシムルコトヲ得

（說明）會社ハ一旦設立セラレタルトキハ社員トハ別箇ノ人格ヲ有ス故ニ第三者ニ對シテ權利義務ヲ有スルノミナラス又社員ニ對シテモ權義ノ關係ヲ有ス即チ社員拂込未濟ノ出資ノ如キハ社員カ會社ニ對スル債務ナリ故ニ淸算人ハ其着手後會社ノ現存財産カ其債務ヲ完濟スルニ不足ナル片ハ其支拂フヘキ辨濟期ノ如何ニ拘ハラス社員ヲシテ出資ヲ爲サシムル權利ヲ有スルモノトス

第九十三條　淸算人數人アルトキハ淸算ニ關スル行爲ハ其過半數ヲ以テ之ヲ決ス但第三者ニ對シテハ各自會社ヲ代表ス

（說明）本條ハ淸算人數人アルトキノ規定ナリ淸算人數人アルトキハ淸算行爲ハ數人合同ニ爲スヘキカ部面ヲ分チテ別々ニ働クヘキカ法文ハ云フ其淸算ハ過半數ヲ以テ之ヲ決スルモ第三者ニ對シテハ各自ニ會社ヲ代表スト故ニ其一人カ爲シタ

ルコトナリトテ當然會社ハ責任ヲ負ハサル可ラス

第九十四條 清算人ハ就職ノ後遲滯ナク會社財產ノ現況ヲ調査シ財產目錄及ヒ貸借對照表ヲ作リ之ヲ社員ニ交付スルコトヲ要ス清算人ハ社員ノ請求ニ因リ每月清算ノ狀況ヲ報告スルコトヲ要ス

（說明）本條ハ明文ナクモ清算人當然ノ職務ニシテ別ニ疑ヲ插ム余地ナシ只注意スヘキ此法文ハ從來ノ商法ニ存セサルモノヲ此回新ニ加ヘタルモノニシテ第二項ノ社員ノ請求アルトキハ每月清算ノ狀ヲ報告スル規定ノ如キハ尤モ便宜ヲ感ラセル丶點ナリ

第九十五條 清算人ハ會社ノ債務ヲ辨濟シタル後ニ非サレハ會社財產ヲ社員ニ分配スルコトヲ得ス

（說明）解散后ノ會社ハ單ニ債權債務ノ集合トシテ殘存スルニ過キス故ニ現存ノ財產ハ果シテ社員ノモノナルカ將又何人ノ者ニ歸スヘキカハ清算ノ結果ニアラサレハ未定ナリ故ニ其分配ノ如キハ債務辨濟後ニアラサレハ爲スヲ得サルハ當然ノ

順序ナリ
若シ清算人此規定ニ反シテ分配ヲ爲シ他ノ債權者ニ支拂ヲ爲スヲ得サル如キコトアランカ債權者ハ此分配ヲ無効トシテ之ヲ取戻サシムルコトヲ得ルノミナラス損害アル片ハ清算人ニ求償スルコトヲ得ヘシ

第九十六條 社員カ選任シタル清算人ハ何時ニテモ之ヲ解任スルコトヲ得此解任ハ社員ノ過半數ヲ以テ之ヲ決ス
重要ナル事由アルトキハ裁判所ハ利害關係人ノ請求ニ因リ清算人ヲ解任スルコトヲ得

（說明） 清算人ハ或ハ社員之ヲ選任スルコトアリ又裁判所之ヲ選任スルコトアリ社員選任ノ清算人ハ社員ノ過半數ノ議決アルトキハ何時ニテモ解任スルヲ得ヘク又其重要ナル事由アルトキハ裁判所ハ利害關係人即チ債權者又社員ノ相續人退社員ノ如キ者ヨリ解任ヲ求ムルコトヲ得ヘシ此場合ニハ其清算人ノ裁判所ヨリ命セラレタルハ社員ノ選任タルトヲ妨ケサルナリ

第九十七條 清算人ノ解任又ハ變更ハ二週間内ニ本店及ヒ支店ノ所在地ニ於テ之ヲ登記スルコトヲ要ス

（說明） 其選任ハ一旦公示セラレタルモノナレハ其解任又其人ヲ變更セシ塲合ニ本店支店ノ所在地ニ登記シテ其變動ヲ公示スヘキハ勿論ノコトタルヘシ

第九十八條 淸算人ノ任務カ終了シタルトキハ淸算人ハ遲滯ナク計算ヲ爲シテ各社員ノ承認ヲ求ムルコトヲ要ス

前項ノ計算ニ對シ社員カ一ケ月内ニ異議ヲ述ヘサリシトキハ之ヲ承認シタルモノト看做ス但淸算人ニ不正ノ行爲アリタルトキハ此限ニ在ラス

（說明） 本條ハ淸算最終ノ處分ヲ規定シタルモノトス淸算ノ任務此ニ終了ヲ告ケタルトキハ淸算人ハ遲滯ナク其計算ヲ爲シテ各社員ノ承認ヲ求メサル可ラス。是正式ナリ併シ直ニ社員承認スレハ可ナルモ異議モ述ヘス承認モ爲サヽルトキハ如何ニスヘキカ。直ニ承認ト看做サンカ事實ニ反スルヲ如何セン不承認トセンカ永ク清算關係ヲ未決ニ置クハ啻ニ清算人ニ酷ナルノミナラス此ノ如キハ後日紛爭ノ源タルヘシ是法律カ其計算ニ對シ一ケ月内ニ異議ナキトキハ之ヲ承認セシモノト看做セシ所以ナリ是多少事實ニ反スルモ社員ノ方ニモ一ケ月間モ不問ニ拋棄スル過失ハ存スレハ甚タシキ失當ノ規定ニアラサルヘシ併シ是清算人ニ不正ノ行爲ナキ場合ノ規定ニシテ苟クモ不正ノ行爲アランカ普通民法ノ定ムル所ニ從ヒ其期間内ハ其責ヲ問フヘキナリ(民法第七百二十四條)

第九十九條　清算カ結了シタルトキハ清算人ハ遲滯ナク本店及ヒ支店ノ所在地ニ於テ其登記ヲ爲スコトヲ要ス

(説明)　會社ハ解散ト共ニ法人格ヲ失フモノナルモ猶清算ノ爲メニハ生存スルモノトス然ラハ清算此ニ終了センカ又會社ハ員ニ消滅シテ又會社ヲ代表シテ事ニ當ルモノアラサル可シ是其登記ヲ爲シテ法人格ノ消滅ヲ第三者ニ公示スヘキ所以ナリ。何時清算結了ト見ルヘキハ疑ノ存スル所ナルヘキモ前條ノ承認ヲ結了ト見ルハ至當ナラン

第百條　會社カ事業ニ着手シタル後其設立カ取消サレタルトキハ解散ノ場合ニ準シテ清算ヲ爲スコトヲ要ス此場合ニ於テハ裁判所ハ利害關係人ノ請求ニ因リ清算人ヲ選任ス

（說明）會社モ亦二人以上ノ意思ノ合致ニヨリテ成立スルモノタル以上ハ其形式ハ兎モ角モ其實体ハ一種ノ契約ヲ基礎トシテ設立セラレタルモノニ外ナラス只其效果ニ人格ノ發動ヲ法律カ認ムルノミ已ニ契約タル以上ハ其意思ニ種々ノ瑕瑾即チ詐欺脅迫ノ存スルアリテ其契約即チ定款ノ取消サルヽコトナシトモ限ラス此場合ハ會社ハ設立ヲ取消サレタルモノトス已ニ其根源取消サレタルトキハ會社ナシ法人ナシ會社ナク法人ナケレハ淸算ノ爲メニモ又會社トシテ見ルヘキハモノハ存セサルナリ然ルモ一旦假リニモ成立セシ會社ナレハ權義ノ關係ハ遺留スルヲ以テ到底此儘ニ放任スル能ハス故ニ此場合ハ利害關係人ノ淸求アルトキハ裁判所ハ淸算人ヲ選任シテ此始末ヲ付ケシムルモノトス勿論此場合何會社ノ淸算人ト云フ能ハス假設何會社ノ淸算人トテモ云ハサル可ラサル可ン

第百一條 會社ノ帳簿、其營業ニ關スル信書及ヒ清算ニ關スル一切ノ書類ハ第八十五條ノ場合ニ在リテハ本店ノ所在地ニ於テ解散ノ登記ヲ爲シタル後其他ノ場合ニ在リテハ清算結了ノ登記ヲ爲シタル後十年間之ヲ保存スルコトヲ要ス其保存者ハ社員ノ過半數ヲ以テ之ヲ定ム

（說明）本條ハ會社ノ帳簿營業上ノ信書其他ノ書類ノ保存方法ヲ定メタルニ過キスシテ別ニ云フヘキコトナシ

第百二條 社員カ死亡シタル場合ニ於テ其相續人數人アルトキハ清算ニ關シテ社員ノ權利ヲ行フヘキ者一人ヲ定ムルコトヲ要ス

（說明）會社ノ解散前社員ノ死亡ハ當然除名セラルヘキモノナレハ其相續人權利ヲ會社ニ行フヘキ場合ナキモ解散後ノ死亡ハ猶其相續人ハ團体員タル關係ヲ有スルヲ以テ若シ死亡者ノ相續人數人アルトキハ清算ニ關シテ社員ノ行フヘキ權利之ヲ例セハ第八十五條ノ財產處分第八十七條ノ自巳清算ヲ爲ス場合又同條ノ清算人

選任ノ權利ノ如キ又第九十六條ノ淸算人解任ノ權利ノ如キハ何人カ之ヲ行フヘキカノ問題ヲ生ス此場合ハ相續人間ニテ協議シテ定ムルハ妨ケナキモ協議調ハサルトキハ裁判上ニテ決セサル可ラス

第百三條　第六十三條ニ定メタル社員ノ責任ハ本店ノ所在地ニ於テ解散ノ登記ヲ爲シタル後五年ヲ經過シタルトキハ消滅ス

前項ノ期間經過ノ後ト雖モ分配セサル殘餘財產尙ホ存スルトキハ會社ノ債權者ハ之ニ對シテ辨濟ヲ請求スルコトヲ得

（說明）　第六十三條ニ定メタル社員ノ責任トハ會社財產ノ不足シタル場合社員ハ連帶責任ニテ其責ヲ負フ規定ナリ此責任モ亦舊社員無限ニ負フヘキモノトセハ永ク繫累ヲ存シ却テ會社ノ發達ヲ害スヘシ故ニ法律ハ本店ノ所在地ニ解散ノ登記ヲ爲シタル後五年ヲ經過シタルトキハ消滅ストセリ但シ此五年ハ時効ニアラス純然タル免責時期ナレハ中斷方法ヲ以テ之ヲ延長スルヲ許サス

前項ハ社員カ私有財產ニテ會社ノ責任ヲ負擔スヘキ時期ナルモ會社ノ財產殘存シ

之ヲ以テ其責任ニ充ルノ時期ハ前項五年ニヨリテ毫モ妨ケラルヘキ理由ナケレハ普通ノ時効期間ハ辨濟ヲ要求スルヲ得ヘキナリ

第三章　合資會社

（説明）合資會社ハ合名會社ト異リテ其社員ハ半ハ有限責任社員半バハ無限責任社員ヲ以テ組織セラレ會社ノ業務ハ凡テ無限責任社員ニヨリテ執行セラルヽモノトス是責任ノ其出資丈ニ止ルモノト全財産ヲ擧ケテ責任ニ充ツルモノトハ注意ノ度同シカラサレハナリ又會社ノ出資ノ如キモ凡テ合名會社ニアリテハ勞力及ヒ信用迄之ヲ提出スルコトヲ許シアルモ合資會社ニハ其有限責任社員ハ金錢其他ノ財産ニ限ルモノトス是主要ナル差異ナルモ猶其各條ニ至リ多少ノ差異ヲ見ルヘキナリ

第百四條　合資會社ハ有限責任社員ト無限責任社員トヲ以テ之ヲ組織ス

（説明）是レ合資會社ノ組織ノ他會社ト異ル所ナリ株式會社ハ凡テ有限責任ナル

モ合資會社ハ凡テ無限責任ナリ其資本ヲ廣ク募集スルノ點ハ有限責任タル株式會社ノ長所ニシテ其業務ノ執行ノ忠實ハ却テ合名會社ノ長所ナリ合資會社ハ双方ノ長所ヲ取リテ設立セラレタル會社ナリ故ニ必ス其社員ハ双方ノ責任者ナカル可ラス併シ其數ハ別ニ制限アラサレハ十人ノ社員中九人ハ有限責任ナルモ妨ケサルカ如キモ必スヤ其業務ヲ執行スル丈ノ社員ハ無限責任社員ナラサル可ラス

第百五條 合資會社ニハ本章ニ別段ノ定アル塲合ヲ除ク外合名會社ニ關スル規定ヲ準用ス

（說明）本條ノ趣旨ハ此合資會社ニハ本章ニ別段ノ規定アルモノヲ除ク外合名會社ニ關スル規定ヲ準用スルモノナレハ本章ノ規定以外ハ凡テ合名會社ノ規定ニ從フト速了セハ大差アラサルモ只社員ニ有限責任社員アル點カ主要ノ差ナレハ此點ヲ記憶セハ凡テノ規定ノ趣旨ヲ明ナラシムルヲ得ヘシ

第百六條 合資會社ノ定款ニハ第五十條ニ揭ケタル事項ノ外各社員ノ責任ノ有限又ハ無限ナルコトヲ記載スルコトヲ要ス

（説明）第五十條ハ合名會社ノ定欵ニ記載スヘキ要件ナリ然ルニ合資會社ハ前條ニモ云フ如ク其社員ノ責任一樣ナラサレハ其有限無限ノ區別ヲ定欵ニ明記シ置クヘキモノトス

第百七條 會社ハ定欵ヲ作リタル日ヨリ二週間內ニ其本店及ヒ支店ノ所在地ニ於テ第五十一條第一項ニ揭ケタル事項ノ外各社員ノ有限又ハ無限ナルコトヲ登記スルコトヲ要ス

（説明）第五十一條第一項ハ合名會社ノ登記スヘキ事項ナリ合資會社ハ以上ノ法條ニモ説明セシ如ク社員ノ責任ニ異ル所アレハ其區別モ亦登記事項ノ一ニ加ヘサル可ラス

第百八條 有限責任社員ハ金錢其他ノ財產ノミヲ以テ其出資ノ目的ト爲スコトヲ得

（説明）合名會社ノ出資ハ信用勞力敢テ妨ケサルモ合資會社ノ有限責任社員ハ身會社ノ業務ノ施行ニ預ラス又其責任モ出資ニ限ルヲ以テナルヘク計算ノ煩雜ナヲ

ス價額ノ明確ナルモノヲ要ス是レ信用勞力ヲ省キタル所以ナリ殊ニ信用ノ如キハ之ヲ出資トシ得ルトスルモ其責任ニシテ有限ナリトセハ別ニ手ヨリ壹厘モ出スモノニアラサレハ結局無責任ト同一ニ歸シ只名ヲ貸シテ第三者ヲ欺罔スルノ具タルノミ例之或ル製造會社カ設立セシトキ澁澤榮一モ其役員タリト云フモ單ニ信用ノミノ出資ニシテ有限責任ナリトハ此會社ニハ澁澤ハ一物モ出捐セシモノニアラサレハ純然タル第三者詐罔ノ手段タルニ過キサルナリ

第百九條 各無限責任社員ハ定欵ニ別段ノ定ナキトキハ會社ノ業務ヲ執行スル權限ヲ有シ義務ヲ負フ

無限責任社員數人アルトキハ會社ノ業務執行ハ其過半數ヲ以テ之ヲ決ス

（說明） 本條ハ無限責任社員ノ權能ヲ定メタルモノトス無限責任社員ハ定欵ニテ別段ノ定ナキトキハ會社ノ業務ヲ執行スル權利ヲ有シ又其義務ヲ負フモノトス然ラハ無限責任社員數人アルトキハ如何ニシテ業務ヲ執行スヘキカ此場合ハ其社員

員ノ過半數ヲ以テ決スヘキモノトス但シ定款ニ於テ其或ル者カ業務擔當者トシテ之ニ當ルコトヲ定メタルトキハ他ノ無限責任社員ト雖之ニ容喙スルコトヲ得サルナリ

第百十條 支配人ノ選任及ヒ解任ハ特ニ業務擔當社員ヲ定メタルトキト雖モ無限責任社員ノ過半數ヲ以テ之ヲ決ス

（説明） 本條ハ支配人ノ選任ニ對シテ合名會社ノ規定ニ例外ヲ設ケタルモノトス否寧ロ合名會社ノ規定ニ準シタルモノトス合名會社ハ皆無限責任社員ナルヲ以テ支配人ノ選任ハ其總社員ノ過半數ヲ以テ決スルヲ以テ合資會社ニテモ其無限責任社員ノ過半數ニテ選任スヘキコト丶定メタルモノトス是支配人ハ會社營業ノ全權ヲ委子テ之ニ左右セシムルモノナレハ最モ愼重ヲ加フヘキ精神ニ外ナラサルナリ

第百十一條 有限責任社員ハ營業年度ノ終ニ於テ營業時間内ニ限リ會社ノ財產目錄及ヒ貸借對照表ノ閲覽ヲ求メ且會社ノ業務及ヒ會社財產ノ狀況ヲ檢査スルコトヲ得

重要ナル事由アルトキハ裁判所ハ有限責任社員ノ請求ニ因リ何時ニテモ會社ノ業務及ヒ會社財産ノ狀況ノ檢査ヲ許スコトヲ得

（說明）本條ハ有限責任社員ノ會社ニ對スル權利ヲ定メタルモノトス有限責任社員ト雖亦會社ノ社員ナリ只責任カ有限ナルノミ何レモ其出資ニ於テハ無限責任社員ト異ル所アラサル可シ殊ニ無限責任社員ト雖已レノ全財產ヲ最初ヨリ擧ケテ會社ニ投入シタルニアラス只萬一ノ塲合ニ其責任ノ及フヘキアルノミ萬一ノ塲合ハ妄リニ來ルヘキモノニアラス此塲合ヲ豫想シテ有限責任社員ノ權利ヲ認メサランカ會社ハ設立セサル可シ故ニ本條ハ有限社員ノ權利ヲ認メ其時期カ事業年度ノ終リナルトキハ營業時間內ニ限リ會社ノ財產目錄及ヒ貸借對照表ノ閱覽ヲ求メ且會社ノ業務及ヒ會社財產ノ狀況ヲ撿査スルコトモ爲シ得ルナリ
又主要ナル理由ノ存スルトキハ裁判所ハ有限責任社員ノ請求ニ因リテ何時ニテモ會社ノ業務及ヒ會社財產ノ狀況ノ撿査ヲ許スコトヲ得ルモノトス本條ニヨレハ有限責任社員ハ其自己カ有スル監督權ヲ行ハンニハ必ス事業年度ノ終ナラサレハ能

ハス然ラサルトキハ其裁判所ノ許可ナクンハ能ハサルナリ是レ妄リニ會社ノ内部ニ容喙シ一ハ以テ事務ヲ妨ケ又會社ノ秘密ヲ曝露スル恐アレハ此規定ヲ設ケタルモノナルヘキモ全ク其權利ヲ制限シタルノ嘲リハ免レサルナリ

第百十二條 有限責任社員ハ無限責任社員全員ノ承諾アルトキハ其持分ノ全部又ハ一部ヲ他人ニ讓渡スコトヲ得

（說明） 本條ハ有限社員ノ持分讓渡ノ規定ヲナセシ法文ナリ合名會社ハ元ト相知相信間ノ結合ナレハ其持分ノ讓渡ハ他ノ總社員ノ承諾ヲ要スヘキモ合資會社ノ有限責任社員ハ單ニ財產上ノ關係アルニ過キサレハ無限責任社員ノ承諾タニアラハ其持分ノ全部又ハ一部ヲ他人ニ讓渡ス毫モ妨アラサルナリ

第百十三條 有限責任社員ハ自已又ハ第三者ノ爲メニ會社ノ營業ノ部類ニ屬スル商行爲ヲ爲シ又ハ同種ノ營業ヲ目的トスル他ノ會社ノ無限責任社員ト爲ルコトヲ得

（說明） 合名會社ニ於テハ其社員ハ凡テ他ノ總社員ノ承諾ナクシテハ自已又第三

者ノ爲メニ會社ノ營業部類ニ屬スル商行爲ヲ爲シ又同種類ノ營業ヲ爲ス他ノ會社ノ無限責任社員タルヲ得サルモ合資會社ノ有限社員ハ事情大ニ此ト異リテ第一自己ノ資産ヲ擧ケテ責任ヲ共ニスル程ノ結合ニモアラス况ンヤ又自己ノ會社ノ業務施行ニモ預ラサルモノナレハ自己又第三者ノ爲メニ會社ト同一種類ノ商行爲ヲ爲シ又其同種營業ノ他ノ會社ノ無限責任社員タルモ妨アラサルナリ

第百十四條 定欵又ハ總社員ノ同意ヲ以テ特ニ會社ヲ代表スヘキ無限責任社員ヲ定メサルトキハ各無限責任社員會社ヲ代表ス

（說明） 無限責任社員ハ凡テ會社ノ業務執行ノ權利アリ義務アルコトハ已ニ定メヲレタル所ナリト雖定欵又總社員ノ同意ヲ以テ特ニ會社ヲ代表ズヘキ無限責任社員ヲ定メタルトキハ如何ニスヘキカ此場合ハ勿論此特別ナル社員會社ヲ代表スヘキモ此定メナキトキハ各無限責任社員會社ヲ代表スヘキモノトス

第百十五條 有限責任社員ハ會社ノ業務ヲ施行シ又ハ會社ヲ代表スルコトヲ得ス

（說明）本條ハ合資會社ノ組織上明ナレハ別ニ說明スヘキ點ナシ

第百十六條 有限責任社員ニ自己ヲ無限責任社員ナリト信セシムヘキ行爲アリタルトキハ其社員ハ善意ノ第三者ニ對シテ無限責任社員ト同一ノ責任ヲ負フ

（說明）有限責任社員亦合資會社ノ社員ナリ勿論登記公告ヲ閱覽セハ社員ノ有限無限ハ一見判明ナルヘキモ一々登記ノ閱覽ヲ爲シテ取引ヲ爲ス如キハ普通人ノ通例爲サヽル所ナリ故ニ其社員ノ有限無限ノ如キハ之ヲ判別スル容易ノ業ニアラス只此會社ノ特質トシテ其會社ノ業務ヲ擔當スル社員ノ如キハ無限責任ト見ルモ決シテ不當ノ認識ニアラス殊ニ其言語書面ニ予ハ業務擔當者ナリ無限責任社員ナリト口外セシ如キハ充分自己ヲ無限責任社員ナリト信セシムヘキ行爲アリタルモノト云フヲ得故ニ此塲合ハ其社員ニ無限責任社員ト同一ノ責任ヲ負ハシムルコトヲ得ヘシ是合名會社ノ塲合第三者ニ社員ト同一ノ責任ヲ負ハシムルト同一ナリ

第百十七條 有限責任社員カ死亡シタルトキハ其相續人之ニ代ハリ

テ社員ト爲ル

有限責任社員ハ禁治産ノ宣告ヲ受クルモ之ニ因リテ退社セス

（說明）合資會社ニ於ケル有限責任社員ハ會社ノ業務ヲ執行シ又之ヲ代表スルコトヲ得ス只單ニ出資ヲ爲シ利益ノ配當ヲ受クルノ權利アルニ止マレハ其社員死亡スルトキハ其相續人之ニ代リテ社員トナルモ別ニ社業ノ盛衰ニ關係ナシ又其有限責任社員ノ禁治產トナルモ又同上ノ理由ニヨリテ別ニ退社スルノ必要モ存セサルナリ

第百十八條 合資會社ハ無限責任社員又ハ有限責任社員ノ全員カ退社シタルトキハ解散ス但有限責任社員ノ全員カ退社シタル場合ニ於テ無限責任社員ノ一致ヲ以テ合名會社トシテ會社ヲ繼續スルコトヲ妨ケス

前項但書ノ場合ニ於テハ二週間內ニ本店及ヒ支店ノ所在地ニ於テ合資會社ニ付テハ解散ノ登記ヲ爲シ合名會社ニ付テハ第五十一條

第一項ニ定メタル登記ヲ爲スコトヲ要ス

（說明）合資會社ハ其原則トシテ有限責任社員又ハ無限責任社員ヲ以テ組織セラルヘキモノナレハ何レニテモ一方ノ社員ガ悉ク退社スルトキハ此ニ合資會社ハ解散スルモノトス但シ有限責任社員カ退社シタル塲合無限責任社員ノ一致ヲ以テ合名會社トシテ會社ヲ繼續スルハ法律ノ許ス所ナリ併シ此塲合ハ其會社ノ外形ハ存在スルモ全ク其組織ハ變更シタルモノナレハ其合資會社トシテ繼續ノ議決アリタル方ヨリ二週間內ニ本店又支店ノ所在地ニ於テ合資會社ニハ解散ノ登記ヲ爲シ合資會社ニハ第五十一條第一項ノ登記ヲ爲スヘキモノトス本條ニヨリ解散ノ合資會社ハ眞ノ解散ニアラサレハ別ニ淸算ノ必要ナシ其權利義務ハ凡テ合名會社之ヲ繼承シタルモノトス

第四章　株式會社

（說明）株式會社ノ何タルハ巳ニ篇首ニモ大畧ヲ記述セシ如ク其資本ヲ凡テ株式ニ分チ其責任ハ其出資額ニ止リテ社員ニモ無限責任ノモノナク株式

ノ所持者ハ即チ社員ニシテ常ニ轉々互ニ讓渡シテ固有ノ社員ナク只其財產ノミヲ主要トスルノ會社ナリ此組織ナルヲ以テ自然會社管理ノ志念ノ薄弱ニ流ルヽハ當然ナルモ却テ此組織ノ長所ハ大資本ヲ蒐集シ易キニアリ故ニ社員自己在社ヲ不利トセンカ直ニ其株式ヲ讓渡シテ出資ヲ得ヘク自己入社ヲ利トセンカ忽チ其株式ハ手ニ入ルヘク其所思ニ應シテ去就自在ナルヲ以テ自己ニ會社的經驗智識ヲ欠ク老幼婦女又商人以外ノ者モ好ンテ加入スルヲ得ルヲ以テ此會社ハ意外ニ多額ノ資金ヲ吸集シ得ルノ利便アリ今日吾國ノ現在ニ於テモ凡テ大事業ハ此會社ニヨリテ企畫セラレツヽアルモノトス故ニ立法者用意ノ度モ前二者ニ比シテ尤モ周到ヲ極メ監督ノ手續モ又ヨク具備セルモノヽ如シ

第一節　設立

（說明）　設立ニ付キ注意ヲ要スルハ從來ハ發企ノ手續アリ又政府設立許可ノ規定ナリシモ此回ハ自由設立ヲ認メタリ是舊商法ニ比シテ大差

アル所ナリ

第百十九條　株式會社ノ設立ニハ七人以上ノ發起人アルコトヲ要ス

（說明）株式會社ノ設立ヲ要スル趣旨タル全ク大資本ヲ吸集シテ大事業ヲ企畫スルヲ其目的トス故ニ其人員ノ如キモ必ス七人以上ノ發企人アルヲ要スト定メラレタリ是其基礎ヲナルヘク確實ナラシムルノ趣旨ニ外ナラサルモ其如何ハ全ク其人ニ屬スル社會ノ信用ニアレハ未タ以テ發企人ノ多寡ハ判定ノ標準トハナラサルヘ可シ

第百二十條　發起人ハ定欵ヲ作リ之ニ左ノ事項ヲ記載シテ署名スルコトヲ要ス

一　目的

二　商號

三　資本ノ總額

四　一株ノ金額

五　取締役カ有スヘキ株式ノ數
六　本店及ヒ支店ノ所在地
七　會社カ公告ヲ爲ス方法
八　發起人ノ氏名住所

（説明）本條ハ定款作成及其記載事項ヲ定メタルモノトス合名合資兩會社ニテハ定款ノ調製ハ即チ會社契約ノ成立即會社ノ設立ナリシモ株式會社ハ此發企人ノ作ルヘキ定款ノミニテハ未タ會社設立セサルナリ會社ノ設立ハ第百二十三條及ヒ第百二十九條ノ規定スル所ナリ詳細ハ該條下ニ説明セシ定款ニ記載スヘキ事項ハ第一號ヨリ第八號ニ至ル第一號ノ目的ハ其爲スヘキ營業ノ云ヒニシテ製紙製鐵千種萬樣其計畫ニ從ヒテ一定スヘク第二號ハ何々株式會社ノ商號ニテ第三號ハ其會社信用ノ基本タル資金ノ總額ナリ第四號ハ一株ノ金額ニテ第五號ハ役員タル取締役ノ所有株式ノ數ヲ示シ第六號ハ會社ノ住所タル本店支店ノ所在地ナリ第七號ハ會社ノ公告方法ノ規定セル法文ニシテ掲示トカ何新聞ニ必ス公告トカ其方法ノ一定

ハ社外第三者ノ注意ヲ惹ク便宜手段タリ第八號ハ發企人ノ氏名住所ナリ發企人ノ如何ハ社運興癈ノ分ルヽ所ナレハ之ヲ明示スヘキハ當然ナリ

第百二十一條　前條第五號乃至第七號ニ掲ケタル事項ヲ定欵ニ記載セサリシトキハ創立總會又ハ株主總會ニ於テ之ヲ補足スルコトヲ得

前項ノ株主總會ノ決議ハ第二百九條ノ規定ニ從ヒテ之ヲ爲スコトヲ要ス

（說明）本條ハ前條ノ補足法文ニシテ若シ其發企人カ其定欵ニ前條第一項ノ第五號ヨリ第七號ニ至ル事項ヲ掲ケサルトキハ總立總會又株主總會ニテ之ヲ補足スヘキコトヽセリ勿論前條第五號ヨリ七號ニ至ル事項ハ定欵要件トシテノ記載事項タレハ之レナキトキハ其定欵ハ無効ニシテ會社ハ不成立トスルヲ當然トスヘキモ株式會社ハ未タ定欵ノミニテ成立セス又後日補足セラレサル事項ニモアラサレハ本條ハ便宜手段ヲ取リ創立總會株主總會ニテ補足スルコトヽセリ

但シ前項ノ株主總會ノ決議ハ第二百九條ノ規定ニ從ツテ爲スヲ要スルモノナレハ普通ノ多數決ノ議決ヲ爲スモ効力ナシ

第百二十二條 左ニ掲ケタル事項ヲ定メタルトキハ之ヲ定欵ニ記載スルニ非サレハ其効ナシ

一 存立時期又ハ解散ノ事由

二 株式ノ額面以上ノ發行

三 發起人カ受クヘキ特別ノ利益及ヒ之ヲ受クヘキ者ノ氏名

四 金錢以外ノ財産ヲ以テ出資ノ目的ト爲ス者ノ氏名、其財産ノ種類價格及ヒ之ニ對シテ與フル株式ノ數

五 會社ノ負擔ニ歸スヘキ設立費用及ヒ發起人カ受クヘキ報酬ノ額

（說明） 本條ニ定メタル事項ハ應々後日紛爭ノ源トナリ爲メニ會社ノ成立ヲモ害スヘキ重要ノ事爲ナルヲ以テ立法者ハ玆ニ此ヲ豫防スル目的ヲ以テ其事項ハ必ス

定款ニ記載スヘキコトヲ命シ若シ之ヲ記載セス他ノ約欵ニ記載シタルモ効力ナキモノトス

第一號ハ會社ノ存立ノ時期ニシテ向フ何年間存立ト云ヘル事項ニシテ解散事由モ亦是ト同一ナルモ單ニ其時期ヨリ定メス其事項ヨリ定メ馬車會社ガ鐵道布設アラハ解散スト云フ如キ是ナリ第二號ハ株式ノ額面以上ノ發行ニシテ從來ハ必ス百圓株ハ百圓ノ株券ニテ發行セラレタルモ新商法ハ百圓株ヲ百二十圓トシテ發行スルコトヲ許スモノトス第三號ハ發企人ノ受クヘキ特別ノ利益即チ一期何圓ノ報酬ハ損益ニカヽハラス受クヘキモノトカ其利益配當ノ割合何分ヲ他ニ比例シテ多ク受クルトカ云フ類ニシテ勿論其人ノ氏名モ明示セサル可ラス第四號ハ若シ金錢以外ノ財產即チ土地トカ家屋トカ債權トカヲ以テ出資トスル者アルトキハ其人ノ氏名及ヒ其財產ノ種額價額及ヒ之ニ對シテ與フル株式ノ數第五號ハ會社ノ設立以前ノ費用ニシテ會社ノ負擔スヘキ費用叉發企人カ受クヘキ報酬ナリ

以上ハ皆定欵ニ明記シテ後日ノ爭ヲ防キ叉第三者ニモ表示スル所ナカル可ラス

第百二十三條　發記人カ株式ノ總數ヲ引受ケタルトキハ會社ハ之ニ因リテ成立ス此場合ニ於テハ發記人ハ遲滯ナク株金ノ四分ノ一ヲ下ラサル第一回ノ拂込ヲ爲シ且取締役及ヒ監査役ヲ選任スルコトヲ要ス此選任ハ發記人ノ議決權ノ過半數ヲ以テ之ヲ決ス

（說明）　株式會社ニハ其設立ノ方法二種アリ第一ハ其發企人其株式ノ總數ヲ引受ケタル場合ニシテ此場合ハ會社此ニ成立ス第二ハ株主ヲ募集シタル場合ニシテ其募集終リ創立總會ノ終了ト共ニ會社成立スルモノトス本條ハ其第一ノ方法ニシテ株式會社ハ其株主ヨリ組織セラルヽモノナルモ發企人資力ニ富ミ其株ノ總數ヲ引受ケタルトキハ別ニ募集ヲ要セス會社ハ此ニ設立セラレタレハ其資金ノ拂込、機關ノ選任ヲ爲サヽル可ラス本條ハ此必要ヲ併セテ定メタルモノニシテ此場合ハ發企人ハ直ニ社員トナリタルモノナレハ直ニ株金ノ四分ノ一ヲ下ラサル拂込ヲ爲シ且ツ取締役及監査役ヲ選任セサル可ラス此選任方法ハ發起人ノ過半數ノ議決ヲ以テ定ムヘキモノトス

第百二十四條 取締役ハ其選任後遲滯ナク第百二十二條第三號乃至第五號ニ揭ケタル事項及ヒ第一回ノ拂込ヲ爲シタルヤ否ヤヲ調査セシムル爲メ檢查役ノ選任ヲ裁判所ニ請求スルコトヲ要ス
裁判所ハ檢查役ノ報告ヲ聽キ第百三十五條ノ規定ニ準據シテ相當ノ處分ヲ爲スコトヲ得

（說明） 本條ハ取締役ヨリ會社ノ設立後會社ノ實況ヲ檢查セシムル爲メ檢查役ノ撰任ヲ裁判所ニ請求スルノ規定ナリ元來發企人ニテ其株式ノ全部ヲ引受ケテ設立スル會社ハ一面ニハ發企人ノ富有ナルヲ想像セシムルモ亦一面ニハ其裏面ノ稍曖昧ナルニアラスヤトノ點モ世人ノ疑惑ヲ起サシムル所ナリ此疑惑ヲ解クニハ何人カノ檢查ヲ經ルニ若クハナシ是本法カ尤モ其正確ヲ表スルハ第百二十二條第三號ヨリ第五號ノ點及ヒ第一回ノ拂込ヲ爲シタルヤノ點ヲ裁判所ヨリ選任シタル檢查役ニ檢查セシムルヿヽナシタル所以ナリ裁判所ハ檢查役ノ報告ヲ聽キ第百三十五條ノ規定ニ準據シテ若シ第百二十二條第三號ヨリ第五號ノ規定ニ不當ノ點アラハ

之ヲ變更セシムルコトヲ得ルナリ

第百二十五條　發起人カ株式ノ總數ヲ引受ケサルトキハ株主ヲ募集スルコトヲ要ス

（説明）本條ハ會社設立ノ第二方法ニヨリタルモノニテ發企人カ株式ノ總數ヲ引受ケサルトキハ株主ヲ募集セサル可ラス是當然ノ事爲ニ屬ス

第百二十六條　株主ノ申込ヲ爲サントスル者ハ株主申込證二通ニ其引受クヘキ株式ノ數ヲ記載シ之ニ署名スルコトヲ要ス

株式申込證ハ發起人之ヲ作リ之ニ左ノ事項ヲ記載スルコトヲ要ス

一　定款作成ノ年月日

二　第百二十條及ヒ第百二十二條ニ掲ケタル事項

三　各發起人カ引受タル株式ノ數

四　第一回拂込ノ金額

額面以上ノ價額ヲ以テ株式ヲ發行スル場合ニ於テハ株式申込人ハ

株式申込證ニ引受價額ヲ記載スルコトヲ要ス

（說明）本條ハ株式申込證ノコトヲ記載シタルモノニテ株式ノ申込ヲ爲サントスルモノハ株式申込證二通ニ其引受クヘキ株式ノ數ヲ記載シテ之ニ署名（捺印ハ必要ニアラス）スレハ其効力アリ

株式申込證ハ發企人之ヲ作リ左ノ事項ヲ記載スヘキモノトス

第一號ハ定欵作成ノ年月日ニシテ第二號ハ第百二十條ノ定欵ノ記載要件及ヒ第百二十二條ノ第一號ヨリ第五號ニ掲ケタル事項第三號ハ各發起人カ引受ケタル株式ノ數第四號ハ第一回ノ拂込ハ何程ナルカヲ記載スヘキモノトス又額面以上ニテ株式ヲ發行スル場合ニハ株式申込人ニハ其申込簿ニ何程ニ引受クルカ引受價額ヲ記載セシムヘキモノトス

第百二十七條　株式ノ申込ヲ爲シタル者ハ其引受クヘキ株式ノ數ニ應シテ拂込ヲ爲ス義務ヲ負フ

（說明）本條ハ株式申込者ノ義務ヲ定メタルモノトス株式ノ申込ヲ爲シタル者ハ

其引受クヘキ株式ノ數ニ應シテ拂込ヲ爲ス義務ヲ負フモノトス元ヨリ其會社ノ設立スルト否トヲ問ハサルナリ

第百二十八條 株式發行ノ價額ハ劵面額ヲ下ルコトヲ得ス

第一回拂込ノ金額ハ株金ノ四分ノ一ヲ下ルコトヲ得ス

（說明） 株式會社ハ其總資本ヲ株式ニ分チタルモノナレハ其株式ハ劵面額ハ一定平等ナルハ勿論ナレハ其全額ハ此總株ニ其資本額ヲ割當テタルモノ即チ劵面額ヨリ下ルコトヲ得サルハ云ヲ待タサル所ナリ何ントナレハ若シ劵面額ヲ下ランカ是定款ニ定メタル資本ノ總額ト實額トノ差異ヲ生シ債權者ヲ害スヘケレハナリ是レ劵面額以下ノ發行ヲ禁セシ所以ナリ併シ劵面額以上ノ株式ハ別ニ害ナケレハ法ノ禁セサル所ナリ又第一回拂込ノ金額ハ株金ノ四分ノ一ヲ下ルコトヲ得ス是實力ナキ會社續出シテ應々第三者ヲ害スレハナリ。

第百二十九條 株式總數ノ引受アリタルトキハ發記人ハ遲滯ナク各株ニ付キ第一回ノ拂込ヲ爲サシムルコトヲ要ス

額面以上ノ價額ヲ以テ株式ヲ發行シタルトキハ其額面ヲ超ユル金額ハ第一回ノ拂込ト同時ニ之ヲ拂込マシムルコトヲ要ス

（說明）株式總數ノ引受アリタルトキハ此ニ會社設立セラレタリト云フヘキカ如キモ單ニ引受ノミアリテ拂込ナキトキハ未タ會社ノ實力存セス却テ第三者ヲ害スル患アレハ遲滯ナク一回ノ拂込ヲ爲シ以テ會社ノ實力ヲ養成セサル可ラス又額面以上ノ價格ヲ以テ株式ヲ發行シタルトキハ此超過額ハ第一回ノ拂込ト同時ニ之ヲ拂込マシムルヲ要ス

第百三十條 株式引受人カ前條ノ拂込ヲ爲ササルトキハ發起人ハ一定ノ期間內ニ其拂込ヲ爲スヘキ旨及ヒ其期間內ニ之ヲ爲ササルトキハ其權利ヲ失フヘキ旨ヲ其株式引受人ニ通知スルコトヲ得但其期間內ハ二週間ヲ下ルコトヲ得ス

發起人カ前項ノ通知ヲ爲シタルモ株式引受人カ拂込ヲ爲ササルトキハ其權利ヲ失フ此場合ニ於テ發起人ハ其者カ引受ケタル株式ニ

付キ更ニ株主ヲ募集スルコトヲ得

前二項ノ規定ハ株式引受人ニ對スル損害賠償ノ請求ヲ妨ケス

（說明）本條ハ株金未拂込者ノ受クヘキ制裁ヲ定メタルモノトス株式引受人カ本條ノ第一回ノ株金又其額面以上ノ拂込ヲ爲サヽルトキハ發企人ハ一定ノ期間內ニ（其期間ハ二週間以上）拂込ヲ爲スヘク拂込ミヲ爲サヽルトキハ其權利ヲ失フヘキ旨ヲ引受人ニ通知スルモノトス

其通知ヲ株式引受人ニ爲スモ更ラニ拂込ミナキトキハ新ニ株主ヲ募集スヘキモノトス併シ此株金拂込ナキ爲メ損害アルトキハ之ヲ引受人ニ請求スル妨アラサルナリ

第百三十一條 各株ニ付キ第百二十九條ノ拂込アリタルトキハ發起人ハ遲滯ナク創立總會ヲ招集スルコトヲ要ス

創立總會ニハ株式引受人ノ半數以上ニシテ資本ノ半額以上ヲ引受ケタル者出席シ其議決權ノ過半數ヲ以テ一切ノ決議ヲ爲ス

第百五十六條第一項第二項及ヒ第百六十一條第三項、第四項、第百六十二條及ヒ第百六十三條第一項第二項ノ規定ハ創立總會ニ之ヲ準用ス

(説明) 各株ニ付第百二十九條ノ拂込(第一回ノ拂込及ヒ額面以上ノ拂込)アリタル井ハ此ニ發企人ハ遲滯ナク創立總會ヲ招集スルコトヲ要ス。此第二方法ニヨル株式會社ノ設立ニ對シ其株式ニ第一回ノ拂込ミアルトキハ正サニ是會社ハ暗ニ成立シタルモノトス只形式上成立セサルヲ以テ此ニ創立總會ヲ開クヘキモノトス此創立總會ハ實ニ重要ナル集會ニシテ實ハ會社ノ設立ニ關スル事項殊ニ株主ノ權利ノ消長ハ凡テ此會ニヨリテ決セラルヘキモノナレハ尤モ鄭重ノ決議ヲ爲シ若シ發企人ノ定メタル定款ニシテ不合理ノ點アランカ宜シク之ヲ變更シテ宜キヲ得セシムル等凡テ創立全般ノ事項ヲ議決スルヲ得ヘシ

而シテ此創立總會ニハ必ス總株式引受人ノ半數以上ニシテ資本ノ半額以上ヲ引受ケタル者出席シ其議決權(一人ニシテ數ケノ議決權アル者アルヘシ即チ數株引受人ノ如キモノ)過半數ヲ以テ一切ノ議決ヲ爲

スモノトス

本條ノ創立總會ヲ招集スルニハ株主總會ノ第百五十六條第一項第二項ヲ準用スヘク又ハ此創立總會ニ自身出席シ難キ者ハ委任狀ヲ提出シテ代理者其權限ヲ行フヲ得ヘシ（第百六十一條第三項）併シ何レノ塲合ト雖總會ノ決議ヲ特別ノ利害關係ヲ有スル者ハ其議決權ヲ行フヲ得サルヘシ例之其發企人ノ支出費用ノ引受又其報酬ヲ定ムル如キ塲合ニハ利害關係アルモノナレハ其發企人ハ議決權ナキモノトス又各株主ハ一株ニ付キ別ニ制限ナキトキハ一ケノ議決權アルハ第百六十二條ニ同シ此總會招集ノ手續及ヒ其決議方法カ法令又ハ定款ニ反スルトキハ第百六十三條第一項第二項ヲ準用シテ其無効ノ宣言ヲ裁判所ニ求ムヘキモノトス

第百三十二條　發起人ハ會社ノ創立ニ關スル事項ヲ創立總會ニ報告スルコトヲ要ス

（説明）元來創立總會ナルモノハ會社ノ創立ニ關スルコトハ毫モ不知ノ株主ノ集會ナレハ凡テノ事項ヲ發企人ヨリ株主ニ報告セシムルハ至當ノ規定ナリトス

第百三十三條 創立總會ニ於テハ取締役及ヒ監査役ヲ選任スルコトヲ要ス

（說明） 本條ハ劈頭第一創立總會ノ爲スコトヲ定メタルモノトス取締役及監査役ノ如キハ會社ノ重要ナル機關ナレハ會社設立後一日モナカル可ラサルモノナレハ創立總會ハ先第一ニ此機關ノ選任ヲ爲サヽル可ラス

第百三十四條 取締役及ヒ監査役ハ左ニ掲ケタル事項ヲ調査シ之ヲ創立總會ニ報告スルコトヲ要ス

一 株式總數ノ引受アリタルヤ否ヤ
二 各株ニ付キ第百二十九條ノ拂込アリタルヤ否ヤ
三 第百二十二條第三號乃至第五號ニ掲ケタル事項ノ正當ナルヤ否ヤ

取締役又ハ監査役中發起人ヨリ選任セラレタル者アルトキハ創立總會ハ特ニ檢査役ヲ選任シ其者ニ代ハリテ前項ノ調査及ヒ報告ヲ

爲サシムルコトヲ得

（說明）會社ノ創立ハ其發企人ニヨリテ全ク企畫セラレタルモノナレハ其內幕ノ實況ハ凡テ株主ノ知ラント欲スル所ナリ然ルモ創立總會ハ其人數多數ナリ其詳密ノ調查ヲ爲シ得ヘカラサルハ當然ナリ故ニ本條其內部ノ情況ハ他ノ特別ノ機關ニ調查セシメ之ヲ創立總會ニ報告セシムルヲ便宜ト認メ其調查ヲ取締役又監查役ニ命シタルモノトス其調查報告スヘキ事項ハ左ノ如シ

一ハ株式總數引受アリヤ否ヤ此點ハ發企人ノ應々其設立ヲ急ク考ヨリ事實ニ反スル報告ヲ爲ス恐アルモノナレハ之ヲ檢查スル必要アリ二ハ第百二十九條ノ第一回ノ拂込其他ノ拂込ミニシテ是又應ニ虛僞ノ事情アリ得ヘキ事項ナレハ實調ヲ要スヘキモノトス三ハ第百二十二條ノ三號ヨリ五號ノ點即チ發企人ノ特別ニ受クヘキ利益又金錢以外ノ財產ヲ以テ出資ノ目的トナス場合ノ其價格及ヒ之ニ配付セシ株式ノ數ノ如キ又第五ノ會社ノ負擔トスル設立費用及發企人ノ受クヘキ報酬ノ如キモ尤モ確審ヲ遂ケ其當否ヲ判別シテ報告ヲ爲スヘキモメトス然ルトキハ總會ハ適

宜ノ決議ヲ爲スモノトス
但タ此ニ憂フヘキハ此總會ノ選任スル取締役及監査役ハ大概慣例トシテ發企人ノ選任セラルヽモノナリ如何ニ公平ノ人物ト雖已レニ利害ノ關係アルコトヲ已ニ調査セシムルモ不穩當ナレハ其取締役及ヒ監査彼カ發企人ヨリ選任アルトキハ前段ノ調査ハ特ニ選任シタル檢査役ニ其者ニ代リテ調査報告セシムルヲ至當トス是第二項ノ規定ナリ

第百三十五條 創立總會ニ於テ第百二十二條第三號乃至第五號ニ掲ケタル事項ヲ不當ト認メタルトキハ之ヲ變更スルコトヲ得但金錢以外ノ財產ヲ以テ出資ノ目的ト爲ス者アル塲合ニ於テ之ニ對シテ與フル株式ノ數ヲ減シタルトキハ其者ハ金錢ヲ以テ拂込ヲ爲スコトヲ得

（說明）是創立總會ノ權能ヲ定メタルモノニテ前條ノ取締役又ハ監査役其他特ニ選任セシ檢査役ノ報告ニヨリ第百二十二條第三號ヨリ第五號ノ事項ヲ不當ト認メ

タルトキハ之ヲ變更スルヲ得又其結果金錢以外ノ財産ヲ以テセル出資ニ對スル株式ノ數ヲ不當トシ之ヲ減スルトキハ其減額丈ハ金錢ヲ以テ拂込ヲ爲サシムルコトヲ得ルモノトス

第百三十六條　引受ナキ株式又ハ第百二十九條ノ拂込ノ未濟ナル株式アルトキハ發起人ハ連帶シテ其株式ヲ引取ケ又ハ其拂込ヲ爲ス義務ヲ負フ株式ノ申込カ取消サレタルトキ亦同シ

（説明）　取締役又ハ監査役其他檢査役ノ調査ノ結果引受ナキ株式及ヒ第百二十九條ノ拂込ノ未濟ナル株式アルコトヲ發見シタル時ハ如何ニ處スヘキカ之レカ爲メニ更ラニ株主ヲ募集セシムルモ甚タ迂遠ノ手段ナレハ本條ハ發企人ヲシテ其株ノ引受ケ及ヒ拂込未濟ノ株金拂込ノ義務ヲ負ハシメ又其株式申込ノ取消サレタル塲合ニハ（此株式申込モ一ノ法律行爲ニテ仝時ニ詐欺强迫無能力ニテ其行爲ヲ取消サルヽコトナシトセス）其株ノ引受等ノ義務ヲ負擔セシメタリ是多少酷ナルカ如キモカクセサルトキハ會社ハ何時果シモナク設立セラレス他ノ株主及ヒ債權者ニ大ナル迷惑ヲ感セシムレハナリ法律ハ一方ニ此義務ヲ發起人

ニ命スルモ亦一方ニハ第百四十二條ニヨリテ株式引受人ニモ一ノ義務ヲ命シタリ是會社ノ設立ヲ永ク曖昧間ニ置カサルノ精神ヨリ來ルモノトス

第百三十七條　前二條ノ規定ハ發起人ニ對スル損害賠償ノ請求妨ケス

（說明）本條ハ前二條ノ制裁ヲ規定セシ法文ニテ發起人ノ義務ハ已ニ前條ニテ盡セシモ猶是レカ爲メ損害アルトキハ發起人ニ負擔セシムルモ妨ケス是當然ノコトナルモ疑ヲ避クル爲メ本條ニ明示シタルモノナラン

第百三十八條　創立總會ニ於テハ定款ノ變更又ハ設立ノ廢止ノ決議ヲモ爲スコトヲ得

（說明）會社ハ全ク發起人ニヨリテ規畫セラレタルモ未タ以テ設立セシモノニアラス其設立セシムルト否トハ猶創立總會ノ意見ニ任セサル可ラス何ントナレハ會社ハ發起人ノミニテ設立スヘキニアラス其尤モ利害ヲ感スルモノハ其數多ノ株主ナレハナリ故ニ創立總會ハ其實狀ヲ詳細報告セシメ會社ノ組織圓滿ニ行カス將來

隆盛ノ見込ナシト認ムルトキハ設立廢止ノ議決モ又定欵變更ノ議決ヲモ爲シ得ルモノトス

第百三十九條 發起人カ株式ノ總數ヲ引受ケサリシトキハ會社ハ創立總會ノ終結ニ因リテ成立ス

（說明） 本條コソ第二方法ニヨル會社ノ設立セル時期ヲ定メタルモノニテ發企人其株式ノ全數ヲ引受ケサルトキ即チ株主ヲ募集セシ塲合ノ會社ハ創立總會ノ無事終結セシ時初メテ會社ナル法人世ニ出生スルモノトス

第百四十條 株式總數ノ引受アリタル後一年内ニ第百二十九條ノ拂込カ終ハラサルトキ又ハ其拂込カ終ハリタル後六ケ月内ニ發起人カ創立總會ヲ招集セサルトキハ株式引受人ハ其申込ヲ取消シ拂込ミタル金額ノ返還ヲ請求スルコト得

（說明） 株式總數ノ引受ケアル片ハ一定ノ期間（二週間）ニ其拂込ヲ催告シ猶一年内ニ百二十九條ノ拂込ヲ終ラス又其全部拂込アリタルニ拘ハラス其六ケ月内拂込

ミ發企人カ創立總會ヲ招集セサルトキハ株式引受人ハ其申込ヲ取消シ其拂込ミタル金額ノ返還ヲ請求スルコトヲ得。併シカヽル會社ハ到底正當ノ會社ニアラサルノミナラスヨシ然ラサルモ內部ニ甚シキ內訌アルモノナレハ株主申込人ヲ保護スル爲メニハ本條ノ規定其當ヲ得タルモノトス

第百四十一條 會社ハ發起人カ株式ノ總數ヲ引受ケサルトキハ第百二十四條ニ定メタル調查終了ノ日ヨリ又發起人カ株式ノ總數ヲ引受ケサリシトキ創立總會終結ノ日ヨリ二週間內ニ其本店及ヒ支店ノ所在地ニ於テ左ノ事項ヲ登記スルコトヲ要ス

一　第百二十條第一號乃至第四號及ヒ第七號ニ掲ケタル事項

二　本店及ヒ支店

三　設立ノ年月日

四　存立時期又ハ解散ノ事由ヲ定メタルトキハ其時期又ハ事由

五　各株ニ付キ拂込ミタル株金額

六　開業前ニ利息ヲ配當スヘキコトヲ定メタルトキハ其利率

七　取締役及ヒ監査役ノ氏名、住所

第五十一條第二項、第三項、第五十二條及ヒ第五十三條ノ規定ハ株式會社ニ之ヲ準用ス

（說明）本條ハ會社ノ設立ヨリ二週間內ニ登記スヘキコト及ヒ其登記事項ヲ定メタルモノトス

發企人ニテ其株式ノ全部ヲ引受クレハ是ニテ會社ハ設立セヲレ又引受ケサルトキハ其創立總會ノ終結ニヨリ會社ハ設立セラレタルモノトス故ニ此日ヨリ株式會社ハ其二週間內ニ本店及ヒ支店ノ所在地ニ登記シ茲ニ第三者ニ對シテモ會社タル資格アルコトヲ表示スヘキモノトス

其登記事項ハ第一號ヨリ第七號迄ニシテ別ニ疑ノ生スヘキ點モナケレハ一々說明セス

其第五十一條二項三項ハ會社設立後支店設置ノ塲合ノ登記方法第五十二條ハ本店

支店移轉ノ登記第五十三條ハ登記事項ノ變更ノ登記方法ニシテ何レモ合名會社ノ規定ヲ準用スヘキモノトス

第百四十二條 會社カ前條第一項ノ規定ニ從ヒ本店ノ所在地ニ於テ登記ヲ爲シタル後ハ株式引受人ハ詐欺又ハ强迫ニ因リテ其申込ヲ取消スコトヲ得ス

（說明） 本條ハ會社ノ狀態ヲ永ク不定ニ置カサルノ規定ナリ無論會社ハ已ニ發企セラレ株式ノ引受濟ミ又其第一回ノ拂込ミ濟ムモ第三者ニ對シテ眞ニ會社ノ設立アリト思惟セシムル日ハ其登記ノ日ニアリトス故ニ會社ノ狀態ハ此日ニハ必ス確定ノモノナラサル可ラス若シ確實ナラスンハ法律ノ力ヲ以テ確定スヘキ必要アルモノトス故ニ已ニ本店所在地ニテ登記アリタル片ハ株式引受人ハ詐欺セラレタリトカ又ハ强迫セラレ已ムヲ得ス其申込ヲ爲シタルモノナレハ其申込ハ取消スヘサモノナリトカ又拂込ミタル株金ハ辨濟アリタシト云フヲ得スカクセサレハ會社ハ其基礎確定ノ日ナク第三者ハ不慮ノ損害ヲ被レハナリ但シ本條ノ云フ所ハ其承諾

ハ瑕瑾アルモ已ニ承諾ハ承諾タルヘキ場合ノミ此取消ヲ許サヽルモノニテ全ク承諾ナキ錯誤（民法第九十五條）又ハ相手方ト通シタル虚僞ノ意思表示（民法第九十四條）又無能力者ノ申込ミニヨル引受ハ取消シ又無効トスルコトヲ得ヘシ

第二節　株式

（說明）　株式ハ一面ヨリ見レハ會社ノ資本ヲ分ケタルモノニシテ一面ヨリ見レハ株式會社ナル法人ニ對シ社員カ有スル權利義務ノ包括ナリ或ハ利益ノ配當ヲ受ケ又總會ニ出席シテ意見ヲ陳述シ會社ノ役員トナリテ其會社ノ業務ニ參考シ會社解散ノ場合ハ其殘餘財產ノ分配ヲ受クル如キハ其權利タル點ニシテ株金拂込ハ其義務ナリ

第百四十三條　株式會社ノ資本ハ之ヲ株式ニ分ツコトヲ要ス

（說明）　株式會社ノ資本ナル者ハヨシ幾十萬金ノ多キニ達スルモ。凡テ其全額ハ之ヲ一定ノ數ニヨル株式ニ分割シ其株式ノ惣計ハ其全額ニ達スル樣常率アル基本ニヨラシメサル可ラス是其株式所有者ノ權利ヲ均一ナラシムル手段ナリ（第百四

十五條參照）

第百四十四條　株主ノ責任ハ其引受ケ又ハ讓受ケタル株式ノ金額ヲ限度トス

株主ハ株金ノ拂込ニ付キ相殺ヲ以テ會社ニ對抗スルコトヲ得ス

（說明）　會社此ニ設立セラルヽトキハ此ニ其形体コソアラサレ一ケノ人格具備スルモノナレハ其社員トノ關係ニ於テモヨク一ケ人ト一ケ人トノ關係ヲ生スルモノトス故ニ前段ナル明文存セサル以上ハ會社モ其社員ノ債務ニ付キ關係ナキト同一ニ社員モ亦會社ノ債務ニ付キ責任ナキハ普通人ノ間ト異ルコトナシ故ニ社員ノ會社ニ對シテ有スル責任モ引受ケ又讓受ケタル株式以上ニ責任ナキハ當然ナリ只此ニ明示スル所以ノモノハ會社ノ性質合名合資兩會社ニ異ル點ヲ明カニセシニ過キス但此原則ノ例外タルハ本條ノ但書ニシテ。會社ト社員ノ關係普通人ニ異ナラサル以上ハ其會社ト社員間ノ債務關係ノ如キハ又互ニ相殺シテ其債務ヲ消滅セシムヘキニ株主カ會社ニ對シテ爲スヘキ株金ノ拂込ニ付テハ相殺ヲ以テ會社ニ對抗スルヲ得サルモノトス何トナレハ此ノ如キコトヲ許ストキハ其會社ノ資產各名實相反シ會社ノ基礎確乎タラサレハナリ是明カニ民法ノ例外ナリ

第百四十五條 株式ノ金額ハ均一ナルコトヲ要ス

株式ノ金額ハ五十圓ヲ下ルコトヲ得ス但一時ニ株金ノ全額ヲ拂込ムヘキ場合ニ限リ之ヲ二十圓マテニ下スコトヲ得

（說明）第一項ノ株式ノ金額ハ均一ナルコトヲ要ストハ其基本第百四十三條ニ胚胎シ。全ク其資金ヲ平等ニ株式ニ分チ各株主ノ有スル權利ニ不均一ノ結果ヲ生セサル樣注意セシ法文ニ外ナラス

第二項ハ一株ノ金額ノ最下級ヲ定メタルモノニシテ五十圓ヲ下ルコトヲ許サス是アマリ小額ノ株式ハ國家經濟上萬一會社ニ失敗アルトキハ貧民ノ腦裏ニ大影響ヲ與ヘ大ニ國民ノ貯財心ヲ害スレハナリ但シ一時株金ノ全額ヲ拂込ムトキハ貳拾圓迄ノ減額ヲ許セシハ最モ日本今日ノ程度細民ノ負擔シ能ハサル所ナレハナリ

第百四十六條 株式カ數人ノ共有ニ屬スルトキハ共有者ハ株主ノ權

利ヲ行フヘキ者一人ヲ定ムルコトヲ要ス

共有者ハ會社ニ對シ連帶シテ株金ノ拂込ヲ爲ス義務ヲ負フ

（說明）株式モ一ケノ權利ナレハ之ヲ數人ニテ共有スル塲合ノ存スルハ免ル可ラサル點ナリトス然ルモ共有者各自株主ノ權利ヲ行フコトハ許スヘキニアラサレハ何人カ一人其共有者中ヨリ株主ノ權利ヲ行フヘキモノヲ定メテ會社ニ屆ケ置カサル可ラス是レ共有者ト雖會社ニ對シテ有スル權利ハ其株式ニ伴フ點ヲ明ニシタルモノニテ其第二項ハ株金拂込ニハ共有者ハ連帶ノ義務アルコトヲ示セシモノトス否ラサレハ會社ハ共有ノ爲メニ却テ損害ヲ受クルコトアレハナリ

第百四十七條 株券ハ第百四十一條第一項ノ規定ニ從ヒ本店ノ所在地ニ於テ登記ヲ爲シタル後ニ非サレハ之ヲ發行スルコトヲ得ス

前項ノ規定ニ反シテ發行シタル株券ハ無効トス但株券ヲ發行シタル者ニ對スル損害賠償ノ請求ヲ妨ケス

（說明）株券ナルモノハ全ク株式ヲ代表スル一ケノ證票ナレハ是ヲ何時發行スル

モ妨ケアヲサル如キモ株式ノ賣買讓與ハ全ク株券ノ授受ニヨリテ爲サル丶モノナレハ若シ其百四十一條第一項ノ登記カ本店ノ所在地ニ於テ爲サレサル以前ニ其發行ヲ許ストキハ彼ノ投機者流ハ未タ其會社ノ設立ヲ公示セサル以前ニ其株券ヲ買賣讓與シ爲メニ第三者ハ意外ノ損失ヲ被ルコトナシトセス何トナレハ登記前ハ會社ノ基礎確乎ナラス株式引受モ之ヲ取消サレ會社ハ未タ世ニ顯レスシテ消滅スル如キ場合アレハナリ況ンヤ此ヲ許ストキハ未タ會社ノ設立以前ニ株券ヲ發行シ爲メニ第三者ヲ欺ク如キ奸者ナキトモ限ラサレハナリ若シ本條ノ規定ニ反シテ第百四十一條第一項ノ登記以前ニ發行セシ株券アレハ其株券ハ無効ナルノミナラス之ヲ發行シタル者ニ對シテ損害賠償ヲモ求ムルコトヲ得ルナリ

第百四十八條 株券ニハ左ノ事項及ヒ番號ヲ記載シ取締役之ニ署名スルコトヲ要ス

一 會社ノ商號

二 第百四十一條第一項ノ規定ニ從ヒ本店ノ所在地ニ於テ登記

ヲ爲シタル年月日
三　資本ノ總額
四　一株ノ金額
一時ニ株金ノ全額ヲ拂込マシメサル場合ニ於テハ拂込アル毎ニ其金額ヲ株券ニ記載スルコトヲ要ス

（說明）本條ハ株券記載ノ要件ヲ定メタルモノナリ株券ニハ本條記載ノ要件一號ヨリ四號迄具備セサレハ効力ナキモノトス今其略圖ヲ示セハ

表面

第何號何々株式會社株券
一金五拾圓也　　一株分
一資本總額百萬圓
一商法第百四十一條第一項ニ基ク本店所在地ノ登記年月日
明治三十一年十一月三十日
此株券ハ本社株式所有者タルコトヲ證スル爲メ之ヲ交附ス
明治三十一年十二月一日
何々株式會社
取締役　何之某
同　何之某
同　何之某

裏面

拂込金高	年月日	領收印
一金拾貳圓五拾錢	明治卅一年十一月二十日	㊞

所有者　何之誰
年月日　何之誰へ讓渡スモノ也

但此ニ注意スヘキハ此株劵ニハ必スシモ株主ノ姓名ト取締役又會社ノ社印ハ其要件ニアラサルコト是ナリ併シ之ヲ加フルモ無効ニアラス殊ニ株劵ヲ無記名式トセサレハ其姓名ハ必要ナリ

第百四十九條 株式ハ定款ニ別段ノ定ナキトキハ會社ノ承諾ナクシテ之ヲ他人ニ讓渡スコトヲ得但第百四十一條第一項ノ規定ニ從ヒ本店ノ所在地ニ於テ登記ヲ爲スマテハ之ヲ讓渡シ又ハ其讓渡ノ豫約ヲ爲スコトヲ得ス

（說明） 本條ハ株式讓渡ノ規定ニカヽル。本來會社ノ資本ヲ株式ニ分ツハ全ク其株式ヲ自由ニ他ニ賣買讓與シ易カラシムル爲メノ一方法ニ過キス換言スレハ其株式何人ノ手ニ轉スルモ其權利ニ等差ナキヲ主要ノ目的トシテ株式ニ分チタルモノナリ故ニ其讓渡ニ會社ノ承諾ヲ要セサルハ其本來ノ性質ニ適合スルモノト云ハサル可ラス併シ會社ノ定款ニ別段ノ定メアルトキハ是ニ從フヘキハ論ヲ待タス何トナレハ會社ノ取締上殊ニ總會ノ通知株金ノ拂込督促等其株主ノ何タルヲ知ルハ尤モ必要存スルコトアレハナリ併シ何レノ塲合ト雖第百四十一條第一項ノ本店所在地ニ於テ登記アルヽ迄ハ讓渡又其豫約ヲ爲スヲ得サルモノトス是レ會社ノ設立ヲ業トスル一種ノ投機者流アリテ其設立ノ成ルヤ直ニ讓渡シテ其利害ヲ顧ミサル輩アレハナリ併シ其豫約ノ禁止モ此趣旨ナルヘキモ是甚シキ害ナキト信セヲルヽナリ

第百五十條 記名株式ノ讓渡ハ讓受人ノ氏名、住所ヲ株主名簿ニ記載シ且其氏名ヲ株券ニ記載スルニ非サレハ之ヲ以テ會社其他ノ第三者ニ對抗スルコトヲ得ス

（説明） 記名株式ノ讓渡ハ讓受人ノ氏名住所ヲ株主名簿ニ記載シ且ツ其氏名ハ株券ニ記載スルニ非レハ之ヲ以テ會社其他ノ第三者ニ對抗スヘコトヲ得スト記名株式ハ其人ノ誰タルコトヲ知ルハ尤モ會社ニ必要ナレハ本條ノ式ヲ踏マサレハ會社第三者ニ効力ナシトスルハ又已ヲ得サル點ナリ併シ當事者間ニハ効力アレハ若シ讓渡人カ會社ヨリ利益ノ配當等受ケシトキハ之ヲ要求スルコトヲ得ヘシ

第百五十一條　會社ハ自己ノ株式ヲ取得シ又ハ質權ノ目的トシテ之ヲ受クルコトヲ得ス

株式ハ資本減少ノ規定ニ從フニ非サレハ之ヲ消却スルコトヲ得ス

但定欵ノ定ムル所ニ從ヒ株主ニ配當スヘキ利益ヲ以テスルハ此限ニ在ラス

（說明）會社ノ株式ハ會社ノ資本ヲ均一ニ分配シタルモノナレハ此株式所有者ハ是會社資本ノ提出者ナリ換言スレハ會社ノ資本ハ此株式ヨリ組成セラレタルモノトス故ニ會社カ此自已ノ分配セシ株式ヲ取得スルハ是レ株式ヲ消却スルモノニテ資本ノ減少ト同一ノ結果ヲ生スヘシ其質權ノ目的トスルモ間接ニ取得スルニ同シケレハ共ニ之ヲ禁シタルモノトス。此禁ニ背クトキハ第二百六十二條ノ過料ニ處セラルヘキモノトス併シ是普通ノ塲合ヲ禁シタルニ過キス。資本減少ノ塲合消却ノ方法トシテ之ヲ買入ルヽ如キハ決シテ妨ケアラサルモノトス併シナカラ取得ハ未タ消却ニアラス更ラニ是ヲ第三者ニ賣買讓與シテ舊体ニ複スルヲ得レハナリ只此ヲ禁スルハ會社ノ不景氣ナル時其役員一時之ヲ買入レ更ラニ其價格ノ揚ルヲ待チテ之ヲ賣却スル如キ投機ヲ爲スヲ禁スルノ精神ニ外ナラサルナリ然ルニ消却ハ之ト異リテ其株主ニ其株金ヲ拂戻シテ全ク其資本ヲ減スルモノナレハ其資本減少ノ規定ニヨリテ之ヲ行フカ又ハ定欵ノ定ムル所ニ從ヒ株主ニ配當スヘキ利益ヲ以テスルニアラサレハ爲スヲ得ス。其資本減少カ其目的ニテ其規定(第二百二十條)ニ從フトキ及ヒ其株主ニ配當スヘキ利益ニテ消却スルハ別ニ債權者ヲ害セサレハ之ヲ許スヘキモ其利益ヲ以テスル塲合ハ株主將來ノ利益ヲ害スレハ必ス定欵ノ定メニヨラサル可ラス

第百五十二條 株金ノ拂込ハ二週間前ニ之ヲ各株主ニ催告スルコトヲ要ス

株主カ期日ニ拂込ヲ爲ササルトキハ會社ハ更ニ一定ノ期間內ニ其拂込ヲ爲スヘキ旨及ヒ其期間內ニ之ヲ爲ササルトキハ株主ノ權利ヲ失フヘキ旨ヲ其株主ニ通知スルコトヲ得但其期間ハ二週間ヲ下

ルコトヲ得ス

（說明） 本條ハ株金拂込ノ催告方法及其期間又拂込マサル時ノ失權ヲ豫告スルノ方法ヲ規定シタルモノニ過キス但シ本條ニ付キ注意スヘキハ其催告ノ方法ハ郵便ニヨルモ新聞紙ノ公告ニヨルモ執達吏ノ催告ニヨルモ別ニ其手段ヲ制限セサルコト是ナリ

第百五十三條 會社カ前條ニ定メタル手續ヲ踐ミタルモ株主カ拂込ヲ爲ササルトキハ其權利ヲ失フ

前項ノ場合ニ於テハ會社ハ株式ノ各讓渡人ニ對シ二週間ヲ下ラサル期間內ニ拂込ヲ爲スヘキ旨ノ催告ヲ發スルコトヲ要ス此場合ニ於テハ最モ先ニ滯納金額ノ拂込ヲ爲シタル讓渡人株式ヲ取得ス

讓渡人カ拂込ヲ爲ササトキハ會社ハ株式ヲ競賣スルコトヲ要ス此場合ニ於テ競賣ニ依リテ得タル金額カ滯納金額ニ滿タサルトキハ從前ノ株主ヲシテ其不足額ヲ辨濟セシムルコトヲ得若シ從前ノ株

主カ二週間内ニ之ヲ辨濟セサルトキハ會社ハ讓渡人ニ對シテ其辨濟ヲ請求スルコトヲ得

前三項ノ規定ハ會社カ損害賠償及ヒ定欵ヲ以テ定メタル違約金ノ請求ヲ爲スコトヲ妨ケス

（説明）本條ハ前條催告ノ結果猶拂込ヲ爲サヽル者ノ失權及ヒ其失權後ノ處分方法ヲ定メタルモノトス會社カ前條ニ定メタル手續ヲ踐ミタルモ株主カ拂込ヲ爲サヽルトキハ勿論其權利ヲ失フモノトス

現在ノ株主カ某株金ノ拂込ヲ爲サヽルトキハ勿論其權利ヲ失フモ其株式ニハ更ラニ其讓渡人アルコトアルヘケレハ會社ハ各讓渡人ニ對シテ二週間内ニ拂込ムヘキ旨ヲ催告スルモノトス此場合ニ數多ノ讓渡アルトキハ尤モ先キニ滯納金即チ殘額ノ株金及ヒ其催告費用ヲ拂込ミタル者其株式ノ所有者トナルモノトス

若シ其讓渡人モ其滯納金ヲ拂込マサルトキハ會社ハ其株式ヲ競賣ニ付セサル可ラス此競賣ニヨリテ得タル金額カ滯納金額ニ滿タサルﾄｷハ從來ノ株主（即チ競賣當時ノ株主ナリ）

ハ其競賣金ヲ以テ補フタル滯納金ノ不足額ヲ辨濟スル責ニ任スルモノトス(餘分アルトキハ之ヲ其株主ニ返スハ勿論ナリ)若シ從前ノ株主カ二週間内ニ之ヲ辨濟セサル片ハ會社ハ其讓渡人ニ對シテ其辨濟ヲ請求スルモノトス何レノ場合モ此株金ノ未拂ニ付會社ニ損害ヲ受クレハ之ヲ求メ叉定款ヲ以テ定メタル違約金ヲ請求スルハ差支アラサルナリ本條ノ規定ハ全ク彼ノ投機的株主ヲナルヘク防クノ精神ニ外ナラサルナリ本條ハ煩雜ナレハ之ヲ分析スレハ

一　株主株金ヲ拂込マサルトキハ其株主タル權利ヲ失フ

二　第一ノ場合讓渡人滯納金ヲ拂込メハ其者株主ノ權利ヲ得

三　其讓渡人拂込マサルトキハ競賣(此賣得金ニテ滯納金餘分アレハ最初拂込ヲ怠リタル株主ニ返金ス)ニ付ス

四　競賣シテ不足ナレハ其株金拂込ヲ怠リタル最初ノ株主辨償ノ義務アリ

五　其最初拂込ヲ怠リタル株主不足金ヲ辨濟セサルトキハ其讓渡人ニ順次請求ス

第百五十四條　前條ニ定メタル讓渡人ノ責任ハ讓渡ヲ株式名簿ニ記

載シタル後二年ヲ經過シタルトキハ消滅ス

（說明）　株式ハ一旦之ヲ讓渡スモ其全部拂込濟マサル間ハ讓渡人ハ前條ニヨリ未拂殘額ニ對シテ責任ヲ免レサルモノトス然ルモ此取引ノ迅速ヲ貴フ商業界ニテ何時限リモナク一事件ニ付其關係ヲ絕タストセハ商業ノ進步ヲ害スルコト却テ大ナルヘシ故ニ讓渡人ノ責任一定ノ時限ニ終了セシムルハ其當ヲ得タルモノナルヘシ是本條カ其讓渡ヲ株主名簿ニ記載シタル後二年ヲ經過シタルトキハ讓渡人ノ責任モ消滅スト爲シタル所以ナリ

第百五十五條　株金全額ノ拂込アリタルトキハ株主ハ其株券ヲ無記名式ト爲スコトヲ請求スルコトヲ得

株主ハ何時ニテモ其無記名式ノ株券ヲ記名式ト爲スコトヲ請求スルコトヲ得

（說明）　本條ハ株券ヲ無記名式ト爲シ得ルヿノ規定ニカヽル。凡テ株式ノ所有者ニハ其證票トシテ株券ヲ交付スルハ株式會社ノ本質ナリ而ルモ此株券ハ無記名ニ可ナルヤ又記名ニテ可ナルヤハ未決ノ問題ナリ本法ハ此ニ答フルニ株金全部拂込前ハ其株券ヲ無記名式トナスヲ許サス然ラサレハ無記名株券ノ性質トシテ轉々自由ナレハ前々條ノ如ク株金未拂ノ塲合ハ殆ント其處置ニ法ナケレナリ一度其株金ノ拂込アレハ別ニ何等ノ會社ニ迷惑モ生セサレハ其株主ノ請求アレハ本條ニヨリテ無記名式トナスモノトス反之其無記名式ノ株券ヲ記名式トナスハ毫モ會社ニ痛痒ヲ感セサル所ナレハ何時ニテモ請求アレハ之ヲ許スモノトス

第四節　會社ノ機關

（說明）　會社ハ法人トシテ一ケノ人格即チ權利義務ノ主体タルモ元ヨリ有形ノ四肢五管ヲ有シ其是非ヲ辨別スル能力アルモノニアラサレハ何人カ之ヲ代表シテ其衝ニ當ル機關ナカル可ラス是本節ノヨツテ起ル所以ニシテ本節ハ株主總會及取締役監査役ヲ以テ其機關トナシタリ

第一欵　株主總會

（說明）　株主總會ハ會社ノ議會ニシテ會社唯一ノ機關ナルモ是普通

ノ會議ニ同シク其議決ヲ以テ意思ヲ發表シテ會社重要ノコトヲ決議シ以テ會社ノ方針ヲ定メ其業務ヲ監督スル等無上權限ヲ有スルモ會社ノ執行權ハ總會ノ有セサル所ナリ

第百五十六條 總會ヲ召集スルニハ會日ヨリ二週間前ニ各株主ニ對シテ其通知ヲ發スルコトヲ要ス

前項ノ通知ニハ總會ノ目的及ヒ總會ニ於テ決議スヘキ事項ヲ記載スルコトヲ要ス

會社カ無記名式ノ株劵ヲ發行シタル塲合ニ於テハ會日ヨリ三週間前ニ總會ヲ開クヘキ旨及ヒ前項ニ掲ケタル事項ヲ公告スルコトヲ要ス

（說明） 本條ハ總會ノ召集方法ヲ規定ス總會ヲ召集スルニハ會日ヨリ二週間前ニ各株主ニ對シテ其通知ヲ發セサル可ラス其通知ニハ總會ノ目的即チ定欵變更ノ爲メトカ及ヒ其決議スヘキ事項即チ增株ヲ爲ストカ資本ヲ減ストカ又清算人ヲ選定

スルトカノ件ヲ記載セサル可ラス

併シ其株主ニ通知ヲ發スルヲ得ルハ其株券ノ記名式ノ場合ニシテ其株券カ無記名式ノ場合ニハ之ヲ通知スルノ由ナキヲ以テ其會日ヨリ三週間前ニ公告スルモノトス此場合ハ議決權ヲ行ハントスル者ハ第百六十一條ニヨリ其株券ヲ會社ニ預ケテ其權利ヲ行フコトヲ得ルモノトス

第百五十七條 定時總會ハ毎年一回一定ノ時期ニ於テ取締役之ヲ召集スルコトヲ要ス

年二回以上利益ノ配當ヲ爲ス會社ニ在リテハ毎配當期ニ總會ヲ召集スルコトヲ要ス

（説明） 本條ハ株主總會中ノ定時總會招集及其時期ヲ定メタルモノトス定時總會ハ毎年一回一定ノ時期ニ於テ取締役之ヲ招集スルモノトス併シ是一年一回利益配當ヲ爲ス會社ニ限ルコトニテ一年中利益配當ヲ二回以上爲ス會社ニアリテハ其毎配當期ニ定時總會ヲ開カサル可ラス

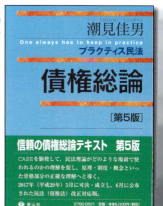

第百五十八條　定時總會ハ取締役カ提出シタル書類及ヒ監査役報ノ告書ヲ調査シ且利益又ハ利息ノ配當ヲ決議ス

前項ニ掲ケタル書類ノ當否ヲ調査セシムル爲メ總會ハ特ニ檢査役ヲ選任スルコトヲ得

（說明）　本條ハ定時總會ニテ決議スヘキ事項ヲ定メタルモノニテ定時總會ハ取締役カ提出セシ書類（事業計算書其報告書貸借貸照表財産目錄配當金ノ分配案ノ類ナラン）及ヒ其書類ヲ調査セシ監査役ノ報告書ヲ調査シテ利益及ヒ利息ノ配當ヲ決議スルモノトス併シ會社ノ業務ハ取締役之ヲ執行シ監査役一應調査セシモノナレハ勿論確實ナルニハ相違ナキモ全ク此二人ハ一穴ノ同狐タルコト多ケレハ時ニ疑ナシトモ限ラス是其書類ヲ調査セシムル爲メ總會ハ特ニ檢査役ヲ選任スルコトヲ得ル所以ナリ

第百五十九條　臨時總會ハ必要アル每ニ取締役之ヲ召集ス

（說明）　前二條ハ定時總會ノ規定ニカヽル本條ハ臨時總會ノ規定ニカヽル臨時總會ハ臨時ノ事項及ヒ第百七十四條ノ如キ重大ノ事項ヲ議決スル爲メ其必用ニ應シ

テ召集スルモノニテ定時總會ト同シク取締役召集スルモノトス其召集方法ハ無論第百五十六條ニヨルモノナラン

第百六十條 資本ノ十分ノ一以上ニ當タル株主ハ總會ノ目的及ヒ其召集ノ理由ヲ記載シタル書面ヲ取締役ニ提出シテ總會ノ召集ヲ請求スルコトヲ得

取締役カ前項ノ請求アリタル後二週間内ニ總會召集ノ手續ヲ爲サヽルトキハ其請求ヲ爲シタル株主ハ裁判所ノ許可ヲ得テ其召集ヲ爲スコトヲ得

（說明） 前二條ニヨル時ハ凡テ總會ハ定時及ヒ臨時トモ取締役招集スルモ時ニ會社ノ內部ニ不正ノコトアル場合ハ其必要アルモ總會ヲ招集セサルコトナキニ限ラス此場合ニ應スル爲メ本條ハ株主ニ總會招集ヲ要求シ又直接招集ノ權ヲ與ヘタリ資本ノ十分一以上ノ株主（一人ニモ妨ケス）總會ノ目的及ヒ招集ノ理由ヲ記載シタル書面ヲ取締役ニ提出シテ總會ノ招集ヲ請求スルコトヲ得ルナリ

若シ取締役ニシテ右請求後二週間内ニ總會招集ノ手續ヲ爲サヽトキハ其請求ヲナシタル株主ハ裁判所ノ許可ヲ得テ其招集ヲ爲スコトヲ得ルナリ

第百六十一條 總會ノ議決ハ本法又ハ定欵ニ別段ノ定アル場合ヲ除ク外出席シタル株主ノ決議權ノ過半數ヲ以テ之ヲ爲ス

無記名式ノ株劵ヲ有スル者ハ會日ヨリ一週間前ニ其株劵ヲ會社ニ供託スルニ非サレハ其議決權ヲ行フコトヲ得ス

株主ハ代理人ヲ以テ其議決權ヲ行フコトヲ得但其代理人ハ代理權ヲ證スル書面ヲ會社ニ差出タスコトヲ要ス

總會ノ決議ニ付キ特別ノ利害關係ヲ有スル者ハ其議決權ヲ行フコトヲ得ス

（說明） 本條ハ總會ノ決議方法ヲ定ム總會ノ決議方法ハ本法（第二百九條）又ハ定欵ニ別段ノ定メ即チ其株主ノ何名資本ノ何分ニ當ル株主出席シテ云々トアラサル定ドキハコレ何名ニテモ出席シタル株主ノ議決權ノ過半數ニテ決セハ定マルモノト

ス尤モ無記名式ノ株券ヲ有スル如キモノハ會社ニテハ果シテ株主ナルヤ否ヤ不明ノモノナレハ會日ヨリ一週間前ニ其株券ヲ會社ニ供託スルニ非レハ其議決權ヲ行フヲ得サルモノトス

株主ハ必スシモ本人出席セサル可ラサルニアラス代理人ヲ以テ議決權ヲ行フヲ得ヘキナリ但シ委任狀ヲ會社ニ差出サヽル可ラス別ニ民法ニモ反對ノ規定ナケレハ其利益ノ反セサル限リ一人ニテ數人ノ代理人タルコトヲ得ヘキナリ

本法特別ノ規定ニアラサルモ總會ノ決議ニ特別ノ利害關係ヲ有スル者例之取締役ノ責任ヲ定ムトカ或ル株主ノ損害額ヲ決議ストカ云フ如キ塲合ハ其取締役株主ハ其決議權ヲ行フヲ得サルナリ

第百六十二條 各株主ハ一株ニ付キ一個ノ議決權ヲ有ス但十一株以上ヲ有スル株主ノ議決權ハ定欵ヲ以テ之ヲ制限スルコトヲ得

（說明） 本條ニヨレハ各株主ノ議決權ハ一株ニ付キ一個ヲ有スルモノトス此規定ハ定欵ニテ左右スルヲ得サルナリ併シ十一株以上ノ者ニ至ツテ多少制限セサレハ

一人ニテ會社ヲ左右スル如キ場合アレハ之ヲ制限シテ十一株以上五十株迄ハ十株毎ニ五個ノ議決權トカ三ケトカヲ有スルモノハ定款ニテ規定スルコトヲ得ルモノトス

第百六十三條　總會召集ノ手續又ハ其決議ノ方法カ法令又ハ定款ニ反スルトキハ株主ハ其決議ノ無效ノ宣告ヲ裁判所ニ請求スルコトヲ得

前項ノ請求ハ決議ノ日ヨリ一ケ月內ニ之ヲ爲スコトヲ要ス

取締役又ハ監査役ニ非サル株主カ第一項ノ請求ヲ爲シタルトキハ其株劵ヲ供託シ且會社ノ請求ニ因リ相當ノ擔保ヲ供スルコトヲ要ス

（說明）　總會招集ノ手續又其決議ノ方法ハ法令（第百五十六條第百六十一條第二百九條）及ヒ定款ニヨリテ爲スヘク又爲サヽル可ラサルモノトス若シ之ニ違背シテ爲シタルトキハ株主ハ裁判所ニ請求シテ其無効ヲ宣告セシムルコトヲ得尤其決議ヨリ一ケ月內ニ請求セ

サル可ラス

株主カ其法令又定欵違背ノ決議ノ無効ヲ求ムルハ可ナルモ應々其株式ハ他ニ讓渡シ其一面ニハカヽル請求ヲ爲ス輩ナキトモ限ラサレハ本條ハ取締役監査役以外ノ請求者ニハ記名式ト無記式トヲ問ハス必ス其請求ト同時ニ株券ハ供託シ又不正ノ意ヲ以テカヽル請求ヲ爲スモノナシト限ラサレハ會社ノ請求アルトキハ相當ノ擔保ヲ供セシムルコトヽセリ是他日ノ損害ニ充テン爲メナリ

第二欵　取締役

會社ナル無形人ハ取締役ニ由ツテ其人格ヲ代表セラレ其業務ヲ執行セラルヽモノナレハ會社ノ盛衰榮枯ハ一ニ取締役其人ヲ得ルト得サルニアリト云ハサル可ラス本欵ハ此取締役ニ對スル詳密ナル規定ナリ即チ取締役ノ員數其選任解任責任等一ニ皆本欵ノ定ムル所ナリ

第百六十四條　取締役ハ株主總會ニ於テ株主中ヨリ之ヲ選任ス

（說明）　取締役ハ會社ノ業務ヲ擧ケテ之ニ托スルモノナレハ其會社ニ尤モ痛痒ヲ

感スル株主ヨリ之ヲ選任スヘキモノトス

第百六十五條　取締役ハ三人以上タルコトヲ要ス

（說明）　本條ハ取締役ノ員數ヲ定メタルモノニテ三人以上タラサル可ラス

第百六十六條　取締役ノ任期ハ三年ヲ超ユルコトヲ得ス但其任期滿了ノ後之ヲ再選スルコトヲ妨ケス

（說明）　本條ハ取締役ノ任期ヲ定メタルモノニテ三年ヲ超ユルコトヲ得ス尤モ三年ノ任期滿了ノ後更ヲニ選任セラルヽハ妨ケサル所ナリ是三年位ニ更迭ヲ行ハサレハ應々不正ノ行ハルレハナリ

第百六十七條　取締役ハ何時ニテモ株主總會ノ決議ヲ以テ之ヲ解任スルコトヲ得但任期ノ定アル場合ニ於テ正當ノ理由ナクシテ其任期前ニ之ヲ解任シタルトキハ其取締役ハ會社ニ對シ解任ニ因リテ生シタル損害ノ賠償ヲ請求スルコトヲ得

（說明）　本條ハ取締役ノ解任方法ニカヽル。取締役ナルモノハ會社重要ノ機關ナレハ其措置ノ善惡ハ會社ニ影響ヲ與フルコト至ツテ大ナリ故ニ其人ニシテ株主ニ對シテ信任ヲ失スル如キ人物ナランカ會社ハ一日之ヲ在任セシムレハ一日丈ノ損害ヲ被ルモノナリトス取締役ノ一擧一動ハカヽル重大ノ影響ヲ會社ニ與フルヲ以テ株主總會ハ其決議ヲ以テ何時ニテモ之ヲ解任スヘキコトヲ得ヘキモノナリ併シ是即株主ヨリ見タル觀察ナルモ翻ツテ取締役ノ方ヨリ見レハ一身ヲ擧ケテ會社ニ委ヌ其任期間ハ自己ノ業務ヲ廢シテ會社業ニ從事セルニ些々タル事柄ヲ理由トシテ株主ハ前項ノ權能ヲ亂用シテ其任期前ニ故ナク解任セラルヽハ甚タ迷惑ヲ感スル所ナルヘシ是本條カ亦取締役ヲモ保護シテ損害ヲ求ムルノ權能ヲ與ヘタル所以ナリ

第百六十八條 取締役ハ定款ニ定メタル員數ノ株券ヲ監査役ニ供託スルコトヲ要ス

（說明） 本條ハ原則トシテ取締役ハ其在職中ニ生シタル事項ニ付キ無限ノ責任ヲ認メス然ルモ其自己ノ過失ニヨリテ生シタル損害ハ取締役タリトモ免ル可ラス是

等ノ擔保ニ供シ併セテ其人ノ信用ヲ增加セシムル手段トシテ取締役ハ定款ニ定メタル員數ノ株券ヲ監査役ニ預ケ置クヘキモノトス

第百六十九條 會社ノ業務執行ハ定款ニ別段ノ定ナキトキハ取締役ノ過半數ヲ以テ之ヲ決ス支配人ノ選任及ヒ解任亦同シ

（說明）本條ハ業務執行ノ規定ニシテ定款ニ於テ別段ノ定メナキトキハ取締役ノ過半數ヲ以テ決定スヘキモノトス合名會社ニテ社員ノ過半數合資會社ニテ其無限責任社員ノ過半數ニテ決スヘキ支配人ノ選任解任モ亦此過半數ニテ決スヘキモノトス

併シ會社ハ凡テノ事合議体ニテ決議スルハ不便ナリト思惟セハ定款ニテ或ル種類ノ事柄ハ取締役ノ專斷ニテ決行スヘキコトヽ定ムルモ妨ケアラサルナリ

第百七十條 取締役ハ各自會社ヲ代表ス

第六十二條ノ規定ハ取締役ニ之ヲ準用ス

（說明）本條ハ取締役ノ代表權ヲ定メタルモノトス勿論會社ノ內部ニ於テハ定款

ニ別段ノ定メナクハ其過半數ノ議決ニテ定ムヘキモ是第三者タル會社外ノ人ノ知得スル所ニアラス故ニ本條ハ取締役ハ第三者ニ對シテハ各自會社ヲ代表スヘキモノト定メタリ然ラハ其會社ヨリ爲ス行爲ハ何レノ取締役ヨリ爲スモ會社ノ爲シタルト同一ニテ又第三者ヨリ會社ニ對シテ爲ス行爲即支拂催告相殺ノ對抗等凡テ一人ニ爲セハ有効ナリ本條第二項ハ取締役ノ代理權ヲ定メタルモノニテ第六十二條ト同シク裁判外ニモ裁判上ニモ一切ノ代理ヲ爲シ得ヘキモノトス

第百七十一條 取締役ハ定欵及ヒ總會ノ決議錄ヲ本店及ヒ支店ニ備ヘ置キ且株主名簿及ヒ社債原簿ヲ本店ニ備ヘ置クコトヲ要ス

株主及ヒ會社ノ債權者ハ營業時間内何時ニテモ前項ニ掲ケタル書類ノ閲覽ヲ求ムルコトヲ得

（說明）本條ハ會社ノ内部ニナルヘク株主及ヒ債權者ニ疑惑ヲ少ナカラシムルノ規定ニテ取締役ハ左ノ書類ヲ本店支店ニ備ヘ置キ株主及ヒ會社ノ債權者ニハ營業時間ハ何時ニテモ其閲覽ヲ許サヽル可ラス本店支店ニ備ヘ置クヘキモノ

一定款　二創立總會ノ決議錄　三株主總會ノ決議錄
本店ノミニ備ヘ置クヘキモノ
一株主名簿　二社債原簿

第百七十二條　株主名簿ニハ左ノ事項ヲ記載スルコトヲ要ス
一　株主ノ氏名、住所
二　各株主株式ノ數及ヒ株券ノ番號
三　各株ニ付キ拂込ミタル株金額及ヒ拂込ノ年月日
四　各株式ノ取得ノ年月日
五　無記名式ノ株券ヲ發行シタルトキハ其數、番號及ヒ發行ノ年月日

（說明）　本條ハ株主名簿ノ記載事項ヲ定メタルモノニテ別ニ說明スヘキ事項ナレハ之ヲ略ス

第百七十三條　社債原簿ニハ左ノ事項ヲ記載スルコトヲ要ス

一　債權者ノ氏名、住所
二　債劵ノ番號
三　社債ノ總額
四　各社債ノ金額
五　社債ノ利率
六　社債償還ノ方法及ヒ期限
七　債劵發行ノ年月日
八　各社債ノ取得ノ年月日
九　無記名式ノ債劵ヲ發行シタルトキハ其數、番號及ヒ發行ノ年月日

（說明）　本條モ會社カ社債劵ヲ發行スルトキ其原簿ニ記載スヘキ形式ヲ定メタルモノニテ別ニ說明スヘキ點ナシ

第百七十四條　會社カ其資本ノ半額ヲ失ヒタルトキハ取締役ハ遲滯

ナク株主總會ヲ召集シテ之ヲ報告スルコトヲ要ス
會社財產ヲ以テ會社ノ債務ヲ完濟スルコト能ハサルニ至リタルトキハ取締役ハ直チニ破產宣告ノ請求ヲ爲スコトヲ要ス

（說明） 株式會社ハ全ク他ノ會社ト異リ會社ノ責任ナルモノハ全ク株主ノ出資ニ限ルモノナレハ若シ會社ノ資本ノ半額ヲ失フ如キ場合ハ特別ノ警戒ヲ加ヘサレハ第三者ヲ害スル甚タ大ナリ故ニ本條ハ此場合ニ處スル爲メ取締役ハカヽル事項生シタルトキハ遲滯ナク株主總會ヲ招集シテ此事項ヲ報告シ若シ其債務カ會社財產ニテ完濟スル能ハサルトキハ取締役ハ直チニ破產宣告ヲ請求スル義務アルモノトス若シ取締役カ本條ノ總會ヲ召集セサルトキハ第二百六十一條ニヨリテ五圓以上五百圓以下ノ過料ニ處セラレ破產宣告ヲ請求セサルトキハ第二百六十二條ニヨリテ十圓以上千圓以下ノ過料ニ處セラルヘキモノトス

第百七十五條 取締役ハ株主總會ノ認許アルニ非サレハ自已又ハ第三者ノ爲メニ會社ノ營業ノ部類ニ屬スル商行爲ヲ爲シ又ハ同種ノ

營業ヲ目的トスル他ノ會社ノ無限責任社員ト爲ルコトヲ得ス
取締役カ前項ノ規定ニ反シテ自巳ノ爲メニ商行爲ヲ爲シタルトキ
ハ株主總會ハ之ヲ以テ會社ノ爲メニ爲シタルモノト看做スコトヲ
得
前項ニ定メタル權利ハ監査役ノ一人カ其行爲ヲ知リタル時ヨリ二
个月間之ヲ行ハサルトキハ消滅ス行爲ノ時ヨリ一年ヲ經過シタル
トキ亦同シ

（説明） 取締役ハ會社ノ代表者ニシテ凡テ會社ノ全權ハ一ニ取締役ニヨリテ執行セラレ會社盛衰ノ分岐ハ巳ノ意中ニアルモノトスカヽル地位ニアル者自巳又ハ第三者ノ爲メニ會社ノ營業部類ニ屬スル商行爲ヲ爲シ又ハ同種ノ營業ヲ目的トスル他ノ會社ノ無限責任社員タランカ其利害ノ衝突ヲ來タスヤ又論ナキナリ故ニ此行爲ハ取締役タルモノハ深ク之ヲ避ケサル可ラス尤モ巳ムヲ得サレハ株主總會ノ認許ヲ受ケテ之ヲ爲サヽル可ラス

若シ取締役此禁ヲ犯シテ前項ノ行爲ヲ爲シタルトキハ株主總會ハ之ヲ會社ノ爲メニ爲シタルモノト看做スヲ得尤モ此權利ハ監査役ノ一人其行爲ヲ知リテヨリ二ケ月間内ニ行ハサルカ又行爲アリタルヨリ一年内ニ行ハサルトキハ爲スヲ得ス

第百七十六條 取締役ハ監査役ノ承認ヲ得タルトキニ限リ自巳又ハ第三者ノ爲メニ會社ト取引ヲ爲スコトヲ得

（説明） 法律ハ前條ニ於テ取締役ノ自巳及第三者ノ爲メニ會社ノ商部類ニ屬スル營業ヲ爲スヲ禁シタリ是兩者利害ノ衝突ヲ恐レテナリ巳ニ此衝突ヲ恐ルヽトセハ取締役又取締役カ第三者ノ爲ニ爲ス會社トノ取引ハ猶更之ヲ避ケサル可ラス然ラサレハ此衝突ハ一層甚シカル可ケレハナリ然ルモ之ヲ絶体ニ禁スルハ又甚タ不便ナリト云ハサル可ラス現ニ取締役ニアラサレハ有セサル地所ノ買入又其必要物品ニシテ現ニ取締役カ所持スル塲合ノ如キハ其物品ニシテ何人之ヲ見ルモ其價額ノ相當ニシテ塲所ノ便宜アル塲合等ニミス〳〵之ヲ他ヨリ買入ルヽ如キハ双方ニ不便不利ナルヘシ。是法律カ絶体ニ之ヲ禁セス監査役ノ承認アルトキハ取引ヲ爲ス

コトヲ許セリ

第百七十七條　取締役カ法令又ハ定款ニ反スル行爲ヲ爲シタルトキハ株主總會ノ決議ニ依リタル場合ト雖モ第三者ニ對シテ損害賠償ノ責ヲ免ルルコトヲ得ス

前項ノ規定ハ其行爲ニ對シ株主總會ニ於テ異議ヲ述ヘ且監査役ニ其旨ヲ通知シタル取締役ニハ之ヲ適用セス

（說明）取締役カ第一ニ遵守スヘキモノハ法令ナリ次ニ違フ可ラサルモノハ定款ナリ株主總會ノ決議ノ如キハ會社ニ於テ重要ナルモノタルニハ相違ナキモ之ヲ効力上ヨリ比スル片ハ法令定款ニ讓ラサル可ラス故ニ法令又定款ニ反スル行爲ノ如キハコレ株主總會ノ決議ニ依リタル場合ト雖第三者ニ對シテハ取締役其損害ヲ償ハサル可ラス。何トナレハ第三者ハ法令定款ヲ標準トシテ其會社ト取引スルハ其常態ナレハナリ

取締役ハ會社定款及法令ヲ遵守セサル可ラサル結果前項ノ責任アリリト雖若シ取

締役ニシテ其法令及定欵違背ノ行爲ニ對シテ株主總會ニ對シテ異議ヲ述ヘ且ツ監査役ニ其旨ヲ通知シタル塲合ニハ其損害負擔ノ責ナキモノトス是一應ノ義務ヲ盡シタルモノナリ故ニ此塲合ノ損害ハ株主總會ニ出席セル株主負擔スルヲ至當トス

第百七十八條　株主總會ニ於テ取締役ニ對シテ訴ヲ提起スルコトヲ決議シタルトキ又ハ之ヲ否決シタル塲合ニ於テ資本ノ十分ノ一以上ニ當タル株主カ之ヲ監査役ニ請求シタルトキハ會社ハ決議又ハ請求ノ日ヨリ一ヶ月內ニ訴ヲ提起スルコトヲ要ス

前項ノ請求ヲ爲シタル株主ハ其株劵ヲ供託シ且監査役ノ請求ニ因リ相當ノ擔保ヲ供スルコトヲ要ス

會社カ敗訴シタルトキハ右ノ株主ハ會社ニ對シテノミ損害賠償ノ責ニ任ス

（説明）本條ハ會社ヨリ取締役ニ對シテ訴提起ノ塲合ヲ規定ス會社ハ左ノ塲合ニ於テ取締役ニ對シテ訴ヲ提起ス

株主總會ニ於テ取締役ニ對シテ訴ヲ提起スルコトヲ議決シタルトキハ株主總會カ其取締役ニ對スル訴ノ提起ヲ否決シタルトキ資本ノ十分以上ニ當ル株主カ之ヲ監査役ニ請求シタルトキ

前二ケノ塲合ハ議決又ハ請求ノ日ヨリ一ケ月內ニ訴ヲ提起スルモノトス

前ノ監査役ニ請求ヲ爲シタル資本十分一ノ株主ハ其株券ヲ供託シ且ツ監査役ノ請求アルトキハ相當ノ擔保ヲ供セサル可ラス

若シ會社訴ヲ提起シ敗訴シタルトキハ會社ハ勿論其敗訴ノ結果ヲ取締役ニ對シテ負サル可ラスト雖モ此訴ニシテ其株主ノ請求ニ基クモノナルトキハ其株主ハ會社ニ對シテ敗訴ノ塲合ニ於ケル損害ヲ賠償セサル可ラス

第百七十九條　取締役カ受クヘキ報酬ハ定欵ニ其額ヲ定メサリシトキハ株主總會ノ決議ヲ以テ之ヲ定ム

（說明）　取締役ト雖亦肉體ヲ有スル人類ナレハ土食水飮以テ生活ス可ラス然レハ其會社事業ニ從事スル塲合ト雖相當ノ報酬ヲ求ムヘキハ當然ナリ而シテ其報酬額

ハ定欵ニ定ムルヲ至當トスルモ若シ定メサルトキハ株主總會ニテ定メサル可ラス

第三欵　監査役

（說明）取締役ハ會社ヲ代表シテ其事務ヲ執行スル職ニアル者ニシテ監査役ハ取締役カ其業務ヲ法令定欵又株主總會ノ決議ニ違ハス正當ニ執行スルヤヲ監査スル職ニアルモノトス勿論監査ニシテ監督ニアラス故ニ取締役ヲ指揮命令スルノ權ナシ只其業務ヲ傍ラヨリ觀察シ其違法ト思惟スル點ハ之ヲ注意シ猶改メサルトキハ之ヲ總會ニ提出セサル可ラス

第百八十條　監査役ノ任期ハ之ヲ一年トス但其任期滿了ノ後之ヲ再選スルコトヲ妨ケス

（說明）取締役ニ比シテ年期ヲ短縮セシ所以ノモノハ之ヲ長年ニ渉ラシムルトキハ取締役ト一心同体トナリテ監査ノ任ヲ完フスル能ハサルニ至レハナリ

第百八十一條　監査役ハ何時ニテモ取締役ニ對シテ營業ノ報告ヲ求

メ又ハ會社ノ業務及ヒ會社財産ノ狀況ヲ調査スルコトヲ得

（說明）以下監査役ノ職掌ヲ規定シタルモノナリ會社ノ全權ヲ掌握シテ其盛衰ノ運ヲ支配スル取締役ヲ牽制シテ其行動ヲ監視スルモノハ監査役ナレハ其職權執行ニ要スル權力ナカル可ラス是本條カ監査役カ事業ノ報告ヲ求ムルトキハ取締役カ之ヲ拒ム權能ナク又會社ノ業務及ヒ會社財産ノ狀況取調ヲ求ムルトキハ何時ニテモ取締役ハ拒ムヲ得スト規定セシ所以ナリ

第百八十二條　監査役ハ株主總會ヲ召集スル必要アリト認メタルトキハ其招集ヲ爲スコトヲ得此場合ニ於テハ會社ノ業務及ヒ會社財産ノ狀況ヲ調査セシムル爲メ特ニ檢査役ヲ選任スルコトヲ得

（說明）本條ハ監査役ノ總會招集權ヲ認メタルモノトス監査役ハ監査ノ權能ヲ有スルモ之ヲ監督シテ指揮命令スルノ權アラサレハ其監査上ニ於テ重大ナル事項ニ付キ取締役ト意見ヲ異ニスル片ハ是非共之ヲ總會ニ訴ヘテ其曲直ヲ決セサル可カラス是本條カ監査役ニ總會招集權ヲ與ヘタル所以ナリ總會モ亦單ニ兩者ノ主張ヲ

表面上觀察ハスルモ其是非ヲ判別スルニハ其事實ヲ先ツ知ルノ必要アレハ會社ノ業務及ヒ會社財產ノ狀況ヲ調査セシムル爲メ特ニ檢査役ヲ選任スルヿヲ得ルモノトス

第百八十三條 監査役ハ取締役カ株主總會ニ提出セントスル書類ヲ調査シ株主總會ニ其意見ヲ報告スルコトヲ要ス

（說明） 本條ハ別ニ說明スル點ナシ

第百八十四條 監査役ハ取締役又ハ支配人ヲ兼ヌルコトヲ得ス但取締役中ニ缺員アルトキハ取締役及ヒ監査役ノ協議ヲ以テ監査役中ヨリ一時取締役ノ職務ヲ行フヘキ者ヲ定ムルコトヲ得

前項ノ規定ニ依リテ取締役ノ職務ヲ行フ監査役ハ第百九十二條第一項ノ規定ニ從ヒ株主總會ノ承認ヲ得ルマテハ監査役ノ職務ヲ行フコトヲ得ス

（說明） 監査役ハ其本職タル監査ヲ全フセント欲セハ局外ニ立テ會社ノ全般ヲ觀

察セサル可カラス故ニ己レ取締役又支配人ヲ兼任センカ決シテ其任務ヲ全フス可ラス是二者ノ兼務ヲ許サヽル所以ナリ

然ルモ取締役中欠員アルトキハ取締役及ヒ監査役ノ協議ヲ以テ監査役中ヨリ一時取締役ノ職務ヲ行フ者ヲ定ムルコトヲ得ルナリ

此場合ニハ監査役ハ第百九十條ノ書類ヲ總會ニ提出シテ其總會ノ承認ヲ得ルマテハ監査役ノ職務ヲ行フコトヲ得サルナリ是二者職權混同シテ二者ヲ別置セシ精神ニ背ケハナリ（第百九十二條參照）

第百八十五條　會社カ取締役ニ對シ又ハ取締役カ會社ニ對シ訴ヲ提起スル場合ニ於テハ其訴ニ付テハ監査役會社ヲ代表ス但株主總會ハ他人ヲシテ之ヲ代表セシムルコトヲ得

資本ノ十分ノ一以上ニ當タル株主カ取締役ニ對シテ訴ヲ提起スルコトヲ請求シタルトキハ特ニ代表者ヲ指定スルコトヲ得

（説明）普通ノ場合ハ會社ハ取締役ニヨリテ代表セラルヽモノトス然ルモ會社カ

取締役ニ對シテ訴ヲ起シ又取締役ヨリ會社ニ對シテ訴ヲ起ス如キ塲合ハ之ヲ代表セシム可ラス何者是利害ノ衝突ハ免レサレハナリ故ニ法律ハ此塲合ノ會社ノ代表者ヲ定メサル可ラス是レ監査役カ會社ヲ代表スト定メタル所以ナリ併シ時ニヨルト取締役モ監査役モ一穴ノ同狐トナリテ充分ニ會社ヲ代表スヘカラスト見ルトキハ株主總會ハ他人ヲ會社代表者ト爲スコトヲ得ルナリ

前條ハ會社全体ノ株主即チ株主總會ニテ取締役ニ別レテ訴ヲ起ス塲合ナルモ第百七十八條ニヨレハ資本ノ十分ノ一以上ニ當ル株主モ取締役ニ屬シテ訴ヲ起ス塲合アリ此塲合ニテモ會社ハ原告トナリテ取締役ニ對シテ訴訟スルモノナレハ第一項ニヨリテ監査役會社ヲ代表スヘキハ當然ナリ然ルモ前項但書ノ如ク此資本十分ノ一ノ株主モ監査役ノ代表ハ其訴訟行爲ヲ充分ナラシムル能ハスト信スルトキハ更ラニ代表者ヲ指定シテ監査役ニ代ハラシムルコトヲ得是此十分ノ一資本ノ株主ハ會社敗訴ノ塲合ハ。其損害ヲ負擔セサル可ラサレハナリ

第百八十六條 監査役カ其任務ヲ怠リタルトキハ會社及ヒ第三者ニ

對シテ損害賠償ノ責ニ任ス

（說明）　監査役ノ會社ニ對スル任務ヤ輕カラス或ハ會社ノ業務ヲ監査シ事業ノ現況ヲ取調ヘ。若シ重大ノ間題ニ付取締役ト意見ヲ異ニスルトキハ總會ヲ招集シ又取締役ト會社ノ訴訟ニハ會社ト代表スル等株主カ監査役ニ置ク信任モ薄カラサルナリ然ルニ監査役ニシテ其任務ヲ怠リ以上ノ如キ責務ヲ盡サヽルトキハ會社及ヒ第三者ニ對シテ其損害ヲ賠償スヘキハ當然ナリ

第百八十七條　株主總會ニ於テ監査役ニ對シテ訴ヲ提起スルコトヲ決議シタルトキ又ハ之ヲ否決シタル場合ニ於テ資本ノ十分ノ一以上ニ當タル株主カ之ヲ取締役ニ請求シタルトキハ會社ハ決議又ハ請求ノ日ヨリ一ケ月内ニ訴ヲ提起スルコトヲ要ス此場合ニ於テハ第百八十五條第一項但書及ヒ第二項ノ規定ヲ準用ス

前項ノ請求ヲ爲シタル株主ハ其株券ヲ供託シ且取締役ノ請求ニ因リ相當ノ擔保ヲ供スルコトヲ要ス

會社カ敗訴シタルトキハ右ノ株主ハ會社ニ對シテノミ損害賠償ノ責ニ任ス

（說明）本條ハ第百七十八條ノ反對ニテ株主總會及資本十分ノ一以上ノ株主ヨリ監査役ニ對シテ訴ヲ起ス塲合ノ規定ニカヽル。株主總會及ヒ資本十分ノ一以上ノ株主ハ取締役ニ對シテモ會社ヨリ訴ヲ起サシムル權能アルト同時ニ監査役ニ對シテモ亦會社ヲシテ訴ヲ起サシムルコトヲ得ルナリ尤モ明文ニ示ス如ク資本ノ十分一以上ノ株主ヨリ會社ニ起サシムル塲合ハ株主總會カ監査役ニ對シテ訴ヲ起スコトヲ否決シタル塲合ナラサル可ラス此塲合ハ會社ハ其株主總會ノ決議アリタル日又其十分ノ一資本家ヨリ請求アリタル日ヨリ一ケ月內ニ監査役ニ對シテ訴ヲ提起セサル可ラス此塲合ニハ取締役會社テ代表ス併シ株主總會又ハ十分一以上ノ資本家ハ更ニ他人ヲシテ會社ヲ代表セシムルコトヲ得ルナリ其十分一以上ノ資本家ハ其株劵ハ供托シ且取締役ノ請求アリタルトキハ相當ノ擔保物ヲ供セサル可ラス又會社カ敗訴ノ塲合ニハ右十分一資本家ハ會社ニ對シテ損害ノ責アルハ第百七十

八條ト同一ナリ

第百八十八條　監査役ハ其破産又ハ禁治産ニ因リテ退任ス

（說明）　取締役ハ會社ノ代理人ナリ故ニ普通人カ其代理權ノ消滅スル如キ場合即チ民法第百十一條ノ場合ニハ當然其地位ヨリ退カサル可ラサルハ云フヲ要セサル所ナリ是本法カ特ニ明言セサル所ナリ然ルニ飜ツテ監査役ノ地位如何ヲ顧ミレハ會社ニ於テ主要ノ地位ヲ占ムルニ相違ナキモ監査役ハ會社ノ代理人ニアラス故ニ代理消滅ノ原因アルモ必ス其地位ヲ退クヲ要セサルナリ然ルモ本條列記ノ場合其破産又禁治産ノ如キ場合ハ其職ヲ退カサル可ラス何トナレハ株主カ監査役トシテ選任セシハ其責任ヲ盡スノ能力アリ且ツ資産アルヲ以テナリ然ルニ破産スル如キ狀態ハ此豫想ニ反スレハナリ又禁治産ノ如キ心神喪失ノ狀況ニアル者ノ如キハ到底監査ノ職務ヲ完フスル能ハサレハナリ

第百八十九條　第百六十四條第百六十七條及ヒ第百七十九條ノ規定ハ監査役ニ之ヲ準用ス

（説明）本條ハ監査役ノ選任解任其報酬ニ付テハ取締役ノ規定タル第百六十四條第百六十七條第百七十九條ヲ準用スルノ旨ヲ定メタルモノナリ

第四節　會社ノ計算

（説明）本節ハ會社ノ収支ノ計算及其利益ノ配當等ノコトヲ規定ス

第百九十條　取締役ハ定時總會ノ會日ヨリ一週間前ニ左ノ書類ヲ監査役ニ提出スルコトヲ要ス

一　財産目録
二　貸借對照表
三　營業報告書
四　損益計算書
五　準備金及ヒ利益又ハ利息ノ配當ニ關スル議案

（説明）凡テ會社ノ計算事業報告等ハ取締役ヨリ監査役ノ調査報告書ヲ添付シ凡テ株主總會ニ提出スヘキ規定ナレハ必ス取締役ハ其總會々日ヨリ以前ニ其書類ハ

監査役ニ提出セサル可ラス然ラサレハ監査役ハ調査ノ余裕アラサル可ケレハナリ本條ハ此場合取締役カ監査役ニ提出スヘキ書類及ヒ其期間ヲ定メタルモノトス取締役カ左ノ書類ヲ監査役ニ提出スルハ定時總會々日ヨリ一週間前ナラサルヘカラス其書類左ノ如シ

一財產目錄　二貸借對照表　三事業報告書　四損益計算書

五準備金及利益又ハ利息ノ配當ニ關スル議案

第百九十一條　取締役ハ定時總會ノ會日前ニ前條ニ揭ケタル書類及監查役ノ報告書ヲ本店ニ備フルコトヲ要ス

株主及ヒ會社ノ債權者ハ營業時間內何時ニテモ前項ニ揭ケタル書類ノ閱覽ヲ求ムルコトヲ得

（說明）本條ハ定時總會前ニ本店ニ備ヘ置クヘキ書類ヲ定ム其書類ハ第一前條ニ揭ケタル財產目錄貸借對照表事業報告書損益計算書準備金及利益又ハ利息ノ配當ニ關スル議案此ニ監查役ノ報告書ナリ

株主及ヒ會社債權ノ者ハ營業時間內ハ何時ニテモ前段ノ書類ノ閲覽ヲ求ムルコトヲ得

第百九十二條　取締役ハ第百九十條ニ揭ケタル書類ヲ定時總會ニ提出シテ其承認ヲ求ムルコトヲ要ス

取締役ハ前項ノ承認ヲ得タル後貸借對照表ヲ公告スルコトヲ要ス

（說明）取締役ハ第百九十條ノ書類ヲ定欵總會ニ提出シテ其承認ヲ求メサル可ラス承認ヲ得タルトキハ其貸借對照表丈ハ之ヲ公告スヘキモノトス是第三者ヲシテ會社ノ狀態ヲ知了セシムルノ便宜ニ供シタルモノトス

第百九十三條　定時總會ニ於テ前條第一項ノ承認ヲ爲シタルトキハ會社ハ取締役及ヒ監查役ニ對シテ其責任ヲ解除シタルモノト看做ス但取締役又ハ監查役ニ不正ノ行爲アリタルトキハ此限ニ在ラス

（說明）本條ハ前條承認ノ効果ヲ定メタルモノトス定時總會ニシテ前條ノ書類ニ承認ヲ爲シタルトキハ取締役及監査役ハ其責任ヲ免レタルモノトス然ラサレハ何

時際限モナク取締役及監査役ハ其責任ヲ負擔シテ到底其責任ニ堪ヘサル可シ。併シ會社業務執行ヨリ來ル普通ノ責任ナリ彼ノ民法上ノ犯罪準犯罪タル不法行爲ニ至テハ此承認アリタリトテ免除シタルモノト云フ可ラス故ニ此不法行爲ヨリ來ル責任ハ取締役監査役モ其責ヲ免ル可ラサルナリ

第百九十四條　會社ハ其資本ノ四分ノ一ニ達スルマテハ利益ヲ配當スル毎ニ準備金トシテ其利益ノ二十分ノ一以上ヲ積立ツルコトヲ要ス

額面以上ノ價額ヲ以テ株式ヲ發行シタルトキハ其額面ヲ超ユル金額ハ前項ノ額ニ達スルマテ之ヲ準備金ニ組入ルルコトヲ要ス

（說明）　本條ハ會社ノ準備金ニ關スル規定ニカヽル會社ハ其資本額ノ四分一ニ達スルマテハ利益ヲ配當スル毎ニ其利益ノ二十分ノ一以上ヲ準備金トシテ積立テサル可ラス是會社ノ信用ヲ增大ナラシムル方法ニ外ナラサルナリ

新商法ハ額面以上ノ價額即チ五拾圓ノ株式ヲ六拾圓ニ發行スルノ權能ヲ認ム此場

合ニハ。百萬圓ノ資本ヲ有スル會社モ百貳拾萬圓ノ會社トナリ且ツ其貳拾萬圓ハ第一回ニ必ス拂込ムヘキ規定ナルヲ以テ此貳拾萬圓ノ處分ハ加何ニスヘキカノ問題ヲ生ス是資本惣額ノ內ニモアラサレハ又利益ニモアラサレハ配當スヘキモノニモアラス是本條カ其會社信用增加ノ爲メ强行セシムル準備金ノ中ニ加フルヲ至當ト認メ之ニ加ヘシメタル所以ナリ併シ此ヲ加フルモ已ニ四分ノ一ニ準備金達セハ其餘ハ之ヲ配當スルモ又準備金ニ入ルヽモ自由ナリ

第百九十五條　會社ハ損失ヲ塡補シ且前條第一項ニ定メタル準備金ヲ控除シタル後ニ非サレハ利益ノ配當ヲ爲スコトヲ得ス

前項ノ規定ニ違反シタルトキハ會社ノ債權者ハ之ヲ返還セシムルコトヲ得

（說明）　本條ハ配當スヘキ利益ノ何タルヤヲ定メタルモノトス普通利益ト稱スルハ。其事業ニ投セシ資本惣額及ヒ雜費ヲ其收入ヨリ引去リタル殘金ヲ云フモ。會社ハ株主ニ配當スヘキ利益ハ此ニアラス猶此益金ヨリ從前ノ損失アレハ之ヲ增補

シ其殘額ヨリ前條ノ二十分一ノ準備金ヲ引去リタル後ニ殘ルモノニアラサレハ之ヲ株主ニ配當スルヲ得ス若シ之ニ違ヒテ配當セシ時ハ會社ノ債權者ハ之ヲ返還セシムルコトヲ得ルナリ元來會社ハ株主ヨリ成立スルモノナレハ株主ニ配當セシ益金ノ如キハヨシ多少ノ背規ノ點アルモ之ヲ返還セシムル如キハ甚タ不穩當ノ如キモ。會社モ亦一旦成立セシ以上ハ株主ヨリ獨立セル一ケ人ナリ故ニ株主ト雖正當ニ會社ヨリ受取ルヘキモノニアラサレハ受取ルヲ得サルハ猶一ケ人ト一ケ人間ノ關係ニ異ナラス故ニ壹厘ト雖其不當ノ領收金ハ之ヲ返還スルヲ至當トス然レハ之ヲ會社ノ代表者タル取締役ヨリ求ムルモ妨ケナキカ如キモ此分配金ハ本來會社ノ益金ナレハ第三者ニ損害ナキ場合ハ多少不合規ナルモ法律ハ害ナキモノト看テ取戻ヲ命セサルモノトス

第百九十六條　會社ノ目的タル事業ノ性質ニ依リ第百四十一條第一項ノ規定ニ從ヒ本店ノ所在地ニ於テ登記ヲ爲シタル後二年以上開業ヲ爲スコト能ハサルモノト認ムルトキハ會社ハ定欵ヲ以テ開業

ヲ爲スニ至ルマテ一定ノ利息ヲ株主ニ配當スヘキコトヲ定ムルコトヲ得但其利率ハ法定利率ニ超ユルコトヲ得ス

前項ニ掲ケタル定欵ノ規定ハ裁判所ノ認可ヲ得ルコトヲ要ス

（説明） 本條ハ會社ノ開業前利息ヲ株主ニ配當スヘキ規定ニカヽル。會社ハ登記後六ケ月內ニ開業セサルトキハ解散ヲ命セラルヘキハ總則ノ定ムル所ナリト雖本條ハ其第四十七條ノ但書ノ塲合ニ當リ。會社ノ目的タル事業ノ性質ニ依リ第百四十一條第一項（會社ノ設立登記ナリ）ノ規定ニ從ヒ本店ノ所在地ニ於テ登記ヲ爲シタル後二年以上開業ヲ爲スコト能ハサルモノト認ムルトキハ會社ハ定欵ヲ以テ開業ヲ爲スニ至ル迄一定ノ利息ヲ株主ニ配當スヘキコトヲ定ムルコトヲ得ルナリ。併シ會社ノ本質ヨリ觀察スレハ。會社ノ利息又利益ナルモノハ其事業ノ收益ヨリ損失及準備金ヲ扣除シタル殘額ニアラサレハ之ヲ配當スルヲ得サルモノナリト雖此原則ヲ墨守スルトキハ長年月間ニ開業スルヿ能ハサル事業ヲ目的トスル會社（例ハ鐵道其他運送業築港堀割等）ハ其株主タルモノ毫モ其間利益ヲ得サルヲ以テ之ニ應スルモノナク遂ニ起スヘキ事業モ此レカ爲メニ起ラサルノ不結果ヲ生スルヲ以テ本法ハ此變則ハ其事業ノ起ラサル不利益ヲ補フニ餘リアルヲ以テ小ヲ殺シテ大ヲ存スル方針ヲ取リ。會社カ定欵ヲ以テ之ヲ定メ其利率額ニシテ法定利率（百七十六條第二年六分）ヲ超ヘサルトキハ之ヲ許スコト、セリ尤モ此定メタル定欵ハ登記前裁判所ノ認可ヲ受ケサル可ラス

第百九十七條 利益又ハ利息ノ配當ハ定欵ニ依リテ拂込ミタル株金額ノ割合ニ應シテ之ヲ爲ス但會社カ優先株ヲ發行シタル塲合ニ於テ之ニ異ナリタル定アルトキハ此限ニ在ラス

（說明） 本條ハ利息又利益ノ配當方法ヲ定メタルモノニテ其配當標準ハ拂込ミタル株金額ノ割合ニ應シテ之ヲ爲スモノトス故ニ壹圓ニ付五厘ノ配當ナレハ百圓ニ付五十錢ヲ得ヘキ割合ナリ但シ是普通ノ株ニ對スル配當標準ナルモ會社カ或ル株主ニ對シテ優先株ヲ發行シタル塲合ニハ之ト異ル定メアルモノナレハ此者ニ限リ其標準額ニ差異ヲ生スルモ妨ケサル可シ優先株ナルモノハ普通ニ五分ノ配當アルトキハ六分又八分ヲ配當シテ大ニ其株主ヲ優待スルモノナレハ妄リニ之ヲ許スヘ

キニアラス會社ニ特別ノ功勞アルカ又設立ニ盡力セシ者ノ如キニハ此優先株ヲ與ヘテ優遇スルモ決シテ不當ニアラサル可シ

第百九十八條　裁判所ハ資本ノ十分ノ一以上ニ當タル株主ノ請求ニ因リ會社ノ業務及ヒ會社財產ノ狀況ヲ調査セシムル爲メ檢査役ヲ選任スルコトヲ得

檢査役ハ其調査ノ結果ヲ裁判所ニ報告スルコトヲ要ス此場合ニ於テ裁判所ハ必要アリト認ムルトキハ監査役ヲシテ株主總會ヲ召集セシムルコトヲ得

（說明）　本條ハ會社檢査ノ規定ニカヽル資本十分ノ一以上ニ當ル株主ハ會社ノ內部非常ニ不整理ト認メ不正ノ所爲アリト想像スヘキ場合ハ裁判所ニ請求シテ檢査役ヲ選任セシメ會社ノ業務及ヒ會社財產ノ狀況ヲ調査セシムルコトヲ得

檢査役ハ其調査ノ結果ヲ裁判所ニ報告セサル可ラス此場合ハ裁判所ハ檢査ノ結果捨テ置キ難シト認ムルトキハ監査役（檢査役ニアラス）ヲシテ株主總會ヲ招集セシムルコト

ヲ得ルナリ

第五節　社債

（説明）社債トハ會社ノ負債ニシテ普通人ノ負債ト異ラス世人應々會社ノ社債ヲ起スハ恰モ資本増加ノ考ヲ抱クモノアルモ是一時運轉資本ノ増加ヲ來スノミニテ決シテ資本ノ増加ニアラス又財産ノ増加ニモ非サルナリ本節ハ社債ヲ起ス塲合ノ方式其額公告方法等ヲ規定ス

第百九十九條　社債ハ第二百九條ニ定メタル決議ニ依ルニ非サレハ之ヲ募集スルコトヲ得ス

（説明）會社ノ性質ニシテ其社員連帶無限ノ責任アルモノナランカ社債ノ募集ハ敢テ法ノ干渉ヲ要セサルモ苟クモ然ラス其會社ニシテ其責任出資有限ナル會社ナランカ社債ノ如何ハ大ニ法ノ干渉ヲ要ス然ラサレハ第三者ヲ害スヘキコト大ナル塲合アレハナリ故ニ社債ハ第二百九條ニ定メタル決議則チ其資本ノ半額以上ニシテ其株主ノ半數以上（此出席アラサルトキハ同條ノ假議決）出席ニテノ決議ニヨラサレハ之ヲ定ムルコト

能ハサルナリ

第二百條　社債ノ總額ハ拂込ミタル株金額ニ超ユルコトヲ得ス最終ノ貸借對照表ニ依リ會社ニ現存スル財産カ前項ノ金額ニ滿タサルトキハ社債ノ總額ハ其財産ノ額ニ超ユルコトヲ得ス

（說明）前條ニモ說明セシ如ク株式會社ノ責任ハ其拂込ミタル株金額ニ止ラサル可カラス（勿論會社成立盛大ニ赴キ非常ニ財産增加セシトキハ此以上ニ止ルモ株主ニハ責任ナシ）故ヲ以テ社債ノ惣額モ此ニ止マラサル可カラスヨシ如何ニ利益確實ノ見込アルモ見込ハ見込ニシテ實際ニアラス故ニ此ノ拂込額以上ノ負債ハ擔保ナキ負債ナリ擔保ナキ負債ハ到底返却スル能ハスト見ルハ至當ナレハ法律ハ之ヲ許サス併シ最終ノ貸借對照表ニ依リ會社ニ現存スル財産カ拂込金額ニ滿タサルトキハ社債ノ總額モ此ニ起ユルコトヲ許サス是擔保以上ノ負債ニ屬スレハナリ

第二百一條　各社債ノ金額ハ二十圓ヲ下ルコトヲ得ス

（說明）本條ハ各社債ノ金額ヲ定メタルモノトス社債ノ金額ハ本條ニヨルトキハ

必ス一時ニ拂込ムヘキモノナルヲ以テ其額ハ低ク制限セリ

第二百二條　社債權者ニ還償スヘキ金額カ劵面額ニ超ユヘキコトヲ定メタルトキハ其金額ハ各社債ニ付キ同一ナルコトヲ要ス

（說明）社債モ普通ノ債務ト同シク其借リタル金額ト返却スヘキ金額ト同一ナルヘキハ勿論ナルモ時ニ社債ノ應募ヲ奬勵スル爲メ債權者ニ償還スヘキ金額ヲ劵面額ニ超ユヘキコトヲ定ムル塲合ナシトセスカク定メヲ爲シタル塲合ニハ其劵面額超過ノ金額ハ各債主ト同一ナラサル可ラス若シ甲乙其額ヲ異ニスル如キハ富籤ニ類スルコトヲ公行スルコトヽナルヲ以テ公安保護ノ目的ニテ本法ハ之ヲ禁止セリ

第二百三條　社債ヲ募集セントスルトキハ取締役ハ左ノ事項ヲ公告スルコトヲ要ス

一　第百七十三條第三號乃至第六號ニ揭ケタル事項

二　會社ノ商號

三　前ニ社償ヲ募集シタルトキハ其償還ヲ了ヘサル總額

四　社債發行ノ價額又ハ其最低價額
五　會社ノ資本及ヒ拂込ミタル株金ノ總額
六　最終ノ貸借對照表ニ依リ會社ニ現存スル財產ノ額
（說明）　本條ハ社債ヲ募集セントスルトキ取締役ノ公告スヘキ事項ヲ定ム第一號第百七十三條ノ第三號ヨリ第六號迄ノ要件ニシテ第三號ハ社債ノ總額ナリ即何十萬圓ノ額ニシテ其第四號ハ各社債ノ金額ニシテ壹通五拾圓ノ類ナリ其第四號ハ社債ノ利率ニシテ五分トカ八分トカノ定メニシテ其第五號ハ社債償還ノ方法ハ抽籤ニヨルトカ又番號順ニヨルトカニシテ其期限ハ普通ノ期限ナリ第二號ハ會社ノ商號ニシテ第三號ハ前ニ募集セシ社債アルトキ其償還ヲ了ヘサルモノアレハ其惣額是ハ大ニ第三者ノ權利ニ消長ヲ來タセハナリ第四號ハ社債發行ノ價額又其最低額ニシテ例之社債額ハ二拾圓券ハ二十三圓トカ又ハ其最低價二十一圓トカノ類ナリ第五號第六號ハ別ニ說明スヘキ點ナシ

第二百四條　社債ノ募集カ完了シタルトキハ取締役ハ各社債ニ付キ

其全額ヲ拂込マシムルコトヲ要ス
取締役ハ前項ノ規定ニ從ヒ全額ノ拂込ヲ受ケタル日ヨリ二週間内ニ本店及ヒ支店ノ所在地ニ於テ第百七十二條第三號乃至第六號ニ掲ケタル事項ヲ登記スルコトヲ要ス

（說明）　社債募集カ其總數ニ充タルトキハ取締役ハ各社債ニ付キ其全額ヲ一時ニ拂込マシムルモノトス是從來ノ慣例ニ異ル所ニシテ應々從來ハ彼ノ株金拂込ノ如ク之ヲ數個ニ拂込マシメタリト雖會社ハ必然ノ需用アツテ社債ヲ募集スルモノナレハ之ヲ時々拂込マシムル如キハ社債募集ノ趣旨ニ背クノミナラス其拂込ノ後日ノ延期ハ將來債主ノ支拂資力ヲ減シ會社ハ支拂ヲ受ケ得サルノ恐アレハナリ而シテ其全額ノ拂込ミ濟ミタルトキハ取締役ハ其日ヨリ二週間內ニ本店及ヒ支店ノ所在地ニ第百七十二條第三號ヨリ第六號迄ノ事項ヲ登記スヘキモノトス

第二百五條　債券ニハ第二百三條第一號及ヒ第二號ニ掲ケタル事項及ヒ番號ヲ記載シ取締役之ニ署名スルコトヲ要ス

（說明）本條ハ債券ニ記載スヘキ事項ヲ定ム其事項ハ第二百三條第一號ヨリ第二號ニ掲ケタル事項及ヒ其番號ニシテ此ニ取締役ノ署名アレハ足ル故ニ債權者ノ氏名モ會社取締役ノ印章モ發行年月日モ要セサルモノトス併シ本條ニ記載スヘキ事項社債ニナキトキハ此社債ハ無効ナルモ此會社取締役ノ印章ハ存スルモ無効ニアラサルノミナラス。若シ此會社及取締役ノ印章ヲ偽造スル者アルトキハ刑法ノ重キ制裁存スルヲ以テ却テ此印章ノ押捺ハ偽造ヲ防クノ効力アリ

第二百六條 記名社債ノ讓渡ハ讓受人ノ氏名、住所ヲ社債原簿ニ記載シ且其氏名ヲ債券ニ記載スルニ非レハ之ヲ以テ會社其他ノ第三者ニ對抗スルコトヲ得ス

（說明）本條ハ記名社債讓渡ノ方式ヲ定ム。社債ニハ其債權者ノ氏名ノ必要條件ナラサルハ全ク無記名社債ノ存スルニヨル然ルモ記名社債ニハ其氏名ヲ其債券ニ記載スヘキハ當然ナルヘシ。然ラサレハ。ヨシ其債務ハ社債原簿ニハ記載アルモ債券ニ存セサルトキハ大ニ其讓渡等ニ不便ヲ來タスヘシ故ニ此記名社債ノ讓渡ノ

塲合ニハ讓受人ノ氏名住所ヲ社債原簿ニ記載シ且其氏名ヲ債券ニ記載スルニアラサレハ之ヲ以テ會社其他ノ第三者ニ對シテ効力ナシト規定セリ然レハ債券トシテハ債權者ノ氏名ハ要セサルモ記名社債ノ塲合ニハ債權者ノ氏名ハ其債券ニ記載セサレハ會社第三者ニ効力ナカルヘシ

第二百七條 第百五十五條ノ規定ハ債券ニ之ヲ準用ス

（説明） 本條ハ無記名債券ヲ記名債券ニ又記名債券ヲ無記名債券ニ書換フルコトヲ得ル旨ヲ定メタルモノニテ其趣旨第百五十五條ニ同シ

第六節　定欵ノ變更

（説明） 定欵ハ會社ノ基礎ヲ爲スモノナレハ之レカ變更ニハ尤モ愼重ヲ極メサル可ラス。故ニ其決議ノ如キモ普通ノ如ク出席株主ノ過半數ニテ事ヲ決スル如キコトナク次條以下ニアル如ク其議決ニモ特別ノ形式ヲ要スルモノトス定欵ノ變更ハ勿論定欵其物ノ實質如何ニヨルモ會社ノ目的ノ變更資本ノ增減等ノ如キハ其主ナルモノナリトス

第二百八條　定欵ハ株主總會ノ決議ニ依リテノミ之ヲ變更スルコトヲ得

（說明）本條ハ定欵ハ如何ナル手續ニヨリテ變更セラルヘキヤヲ定ム。明文ハ云フ定欵ハ株主總會ノ決議ニ依リテノミ之ヲ變更スルコトヲ得ト依之見之定欵ハ會社ノ執行又監視機關タル取締役及監査役等ハ變更ノ權利ナク單ニ株主總會ノミ此權能アルモノトス只此ニ疑問タルハ若シ最初ノ定欵中ニ如何ナル場合ハ定欵ヲ變更シテ如何ニスルコトヲ得ト規定シタル場合ノ効力如何ニアリ此場合ハ勿論有効ナリ此場合ノ變更ハ已ニ或ル條件ヲ付シテ變更セラレ居ルモノナレハナリ然ルニ此定欵ハ取締役一致ノ合議ニヨリ變更スルコトヲ得トアルトキハ本條ニ背クモノナレハ無効ナリト云ハサル可ラス

第二百九條　定欵ノ變更ハ總株主ノ半數以上ニシテ資本ノ半額以上ニ當タル株主出席シ其議決權ノ過半數ヲ以テ之ヲ決ス

前項ニ定メタル員數ノ株主カ出席セサルトキハ出席シタル株主ノ議

決權ノ過半數ヲ以テ假決議ヲ爲スコトヲ得此場合ニ於テハ各株主ニ對シテ其假決議ノ趣旨ノ通知ヲ發シ且無記名式ノ株券ヲ發行シタルトキハ其趣旨ヲ公告シ更ニ一ケ月ヲ下ラサル期間内ニ第二回ノ株主總會ヲ招集スルコトヲ要ス第二回ノ株主總會ニ於テハ出席シタル株主ノ議決權ノ過半數ヲ以テ假決議ノ認否ヲ決ス

前二項ノ規定ハ會社ノ目的タル事業ヲ變更スル場合ニハ之ヲ適用セス

（說明）本條ハ前條ノ細則トテモ云フヘキ規定ニテ前條ハ定欵ハ株主總會ノ議決ノミニヨリテ變更スルコトヲ得ルトアルモ其株主總會ナルモノハ如何ナル議決ノ條件ヲ蹈ムヘキヤハ前條ノ云ハサル所ナリ本條ハ其條件ヲ定メタルモノトス即チ本條ニヨレハ定欵變更ノ株主總會ノ議決ハ正式トシテ總株主ノ半數以上ニシテ資本ノ半額以上ニ當ル株主出席シテ其議決權ノ過半數ニヨリテ決スヘキモノトス併シ株主トテモ四六時中會社ノ事柄ノミ懸念シ居ルモノニアラサレハ此法定ノ株主

出席セサル片ハ其出席シタル株主ノ議決權ノ過半數ニテ假議決ヲ爲シ。而ル後。記名株主ニハ其旨ヲ通知シ無記名式ノ株主アルトキハ之ヲ公告シ更ラニ一ケ月內ノ期間ニ第二回ノ株主總會ヲ開カサル可ラス第二回ノ株主總會ニテ出席シタル株主ノ議決權ノ過半數ニテ假決議ノ認否ヲ決スルモノトス

併シ此假決議ヲ爲シ更ラニ第二回ノ株主總會ニテ其假決議ヲ認可シ又否決スルハ會社ノ目的タル事業ヲ變更セサル塲合ニ限ル若シ此目的タル事業ヲ變更スル如キハ約シテ云ヘハ前ノ會社ヲ消滅セシメテ更ニ異ル目的ノ會社ヲ創立スルト同樣ナレハ此略式的手續ハ許ス可ラス必スヤ第一項ノ株主出席シテ決スル迄ハ何回モ之ヲ開キ其如何ヲ決セサル可ラス

第二百十條　會社ノ資本ハ株金全額拂込ノ後ニ非サレハ之ヲ增加スルコトヲ得ス

（說明）　本條ハ會社資本增加ノ規定ニカヽル會社資本ノ多寡ハ實ニ其會社ノ盛衰ノ運ノ分ルヽ所ナレハ不足元ヨリ可ナラス過多亦不可ナリ故ニ其增加ノ如キモ大

ニ注意セサル可ラス。勿論其株金全額拂込ナキ內ト雖之ヲ增加シ得サルニアラス然ルモ未タ拂込ミ未濟ノ株金アルニ拘ハラス其資金ヲ增加スル如キハ大ニ其順序ヲ誤ルモノナレハ全額拂込ヲ了リ法律ハ增加シ得ヘキモノトセリ併シ虛心以テ此法規ヲ判斷セハ多少ノ弊害ヲ憂ヒ商業ノ敏活ヲ害ストノ嘲ハ免レサル可シ何トナレハヨシ拂込未濟ト雖商人ノ眼識其拂込ナキ金額ヲ豫想セサル如キ迂濶ノ者アランヤ是ヲ拂込ムモ猶不足ヲ知レハコソ增加ノ必要モ判明スルナレ。緊急增加ノ必要アルニ拘ハラス猶全額拂込ヲ待ツ如キ此迅速ヲ尊フ商業界ノ機宜ニ不通ノ法文ト云ハサル可ラス

第二百十一條　會社ハ資本ヲ增加スル場合ニ限リ優先株ヲ發行スルコトヲ得此場合ニ於テハ其旨ヲ定款ニ記載スルコトヲ要ス

（說明）優先株ノ發行ヲ許スヘキヤ否ハ舊商法上ノ一大疑問ナリキ併シ法文上許スヲ得ヘキ否ヤノ論ト立法上許スヘキヤ否ヤノ論ハ別途ニ究メサル可ラス立法上ヨリ之ヲ論スレハ優先株ノ絕体的ニ禁ス可ラサルハ又論ナキカ如シ果シテ然レハ

如何ナル方法ニヨリテ之ヲ許スヘキカ本法ハ之ヲ設立ノ際ニ許スヘカラスシテ之ヲ資本增加ノ際ニ許スヘキコトヲ認メタリ尤モ此塲合ニハ其旨ヲ定欵ニ記載セサル可ラス定欵記載ハ初メヨリ之ヲ定メ置クモ其後加フルモ自由ナルモ爾後ノ記載ハ第二百九條ノ手續ニヨラサル可ラス

第二百十二條　會社カ優先株ヲ發行シタル塲合ニ於テ定欵ノ變更カ優先株主ニ損害ヲ及ホスヘキトキハ株主總會ノ決議ノ外優先株主ノ總會ノ決議アルコトヲ要ス

優先株主ノ總會ニハ株主總會ニ關スル規定ヲ準用ス

（說明）一度優先株ナルモノヲ法律カ認メタル以上ハ之ヲ保護シテ其權利ノ享用ヲ全カラシムヘキハ當然ナリ故ニ一度此優先株發行後其後ノ定欵變更カ此優先株主ニ損害ヲ與フル場合例之最初ハ優先株ニ五分ノ利益ヲ特ニ與フヘキモノ此變更定欵ハ三分トナス決議ハ更ラニ優先株主總會ノ決議ニテモ之ヲ認ムルトキニアラサレハ其變更ノ議決ハ有効ナラサルナリ

尤モ優先株主總會ハ普通株主總會ノ規定ヲ準用スヘキモノナレハ其通知議決方法等モ異ナラサル可シ

第二百十三條 會社カ其資本ヲ增加シタル場合ニ於テ各新株ニ付キ第百二十九條ノ拂込アリタルトキハ取締役ハ遲滯ナク株主總會ヲ招集シテ之ニ新株ノ募集ニ關スル事項ヲ報告スルコトヲ要ス

（說明） 資本增加ニ付キ新株ニ第百二十九條ノ拂込ミ即チ四分ノ一ノ第一回拂込ミアリタルトキハ取締役ハ遲滯ナク株主總會ヲ招集シテ以テ新株募集ニ關スル事項ノ報告ヲ爲サヽル可カラス是株主ヲシテ其募集ノ狀況ヲ知悉セシムル爲メニ外ナラサルナリ此結果如何ハ大ニ會社ノ信用ニ關スレハナリ

第二百十四條 監査役ハ左ニ揭ケタル事項ヲ調査シ之ヲ株主總會ニ報告スルコトヲ要ス

一 新株總數ノ引受アリタルヤ否ヤ

二 各新株ニ付キ第百二十九條ノ拂込アリタルヤ否ヤ

三　金錢以外ノ財產ヲ以テ出資ノ目的ト爲シタル者アルトキハ其財產ニ對シテ與フル株式ノ數ノ正當ナルヤ否ヤ

株主總會ハ前項ノ調査及ヒ報告ヲ爲サシムル爲メ特ニ檢査役ヲ選任スルコトヲ得

（說明）本條ハ新株募集ニ關シ監査役ノ調査事項ニカヽル監査役ハ新株募集ニ付キ取締役カ株主總會ニ提出スヘキ諸報告中㈠新株總數ノ引受アリタルヤ否ヤ㈡各新株ニ付第一回ノ拂込ミアリタルヤ否ヤ㈢金錢以外ノ財產ヲ以テ出資ノ目的トナシタル者アルトキハ其財產ニ對シテ與フル株式ノ數ノ正當ナルヤ否ヤ等ハ之ヲ調査シ株主總會ニ報告セサル可ラス然ルモ株主總會ハ之ヲ信用セサル可ラサル譯ナケレハ猶調査ノ必要アリト信セハ撿査役ヲ選任シテ取調報告セシムルコトヲ得ルナリ

第二百十五條　株主總會ニ於テ金錢以外ノ財產ニ對シテ與フル株式ノ數ヲ不當ト認メタルトキハ之ヲ減少スルコトヲ得此場合ニ於テ

ハ第百三十五條但書ノ規定ヲ準用ス

（說明）出資ハ凡テ金錢ヲ以テ拂込ムヲ普通トスルモ時ニ金錢以外ノ財產ヲ以テ其出資トスルコトアルハ屢見受クル所ナルノミナラス本法モ亦之ヲ認メタリ但タ此場合ニ注意ヲ要スルハ此財產ニ對シテ與フル株式ノ數ノ至當ナルヤ否ヤニアリ此點ハ取締役之ヲ決シ監査役之ヲ調査シ株主總會ニ報告スル所ナルモ總會之ヲ撿查セシメ其付與ノ株式ノ不當ト認メタルトキハ之ヲ減少セシムル權能ハ有スル所ナリ此場合ハ其減少セラレタル者ハ金錢ヲ以テ之ヲ補足セシムルコトヲ得ルハ第百三十五條ニ規定スル所ノ如シ

第二百十六條　引受ナキ株式又ハ第百二十九條ノ拂込ノ未濟ナル株式アルトキハ取締役ハ連帶シテ其株式ヲ引受ケ又ハ其拂込ヲ爲ス義務ヲ負フ株式ノ申込カ取消サレタルトキ亦同シ

（說明）取締役ハ新株ヲ募集セシトキハ宜シク其引受ヲ待チ第一回ノ拂込ヲ爲サシメ然ル後總會ヲ開キ之ヲ報告スルヲ其順序トス然ルニ其速成ヲ望ミ或ハ第三者

ニ信用ヲ失フ爲メ又ハ其募集方法ノ宜シキヲ得サル爲メ引受ナキ株式ヲ引受アリトシ又第一回ノ拂込ナキヲアリトシ又其引受ヲ取消サレタルモノヲ其儘ニ總會ニ報告スル如キハ何レモ其募集ヲ完フシ會社増資ノ目的ヲ遂ケタルモノト云フヲ得ス故ニ此場合ハ取締役ハ連帶シテ其引受ナキモノハ引受ケ拂込ミナキモノハ拂込ミ取消サレタルモノモ之ヲ拂込ムノ義務ヲ負ハサル可ラサル制裁アルモノトス

第二百十七條 會社ハ第二百十三條ノ規定ニ依リテ招集シタル株主總會終結ノ日ヨリ二週間内ニ本店及ヒ支店ノ所在地ニ於テ左ノ事項ヲ登記スルコトヲ要ス

一　増加シタル資本ノ總額

二　資本増加ノ決議年月日

三　各新株主ニ付キ拂込ミタル株金額

四　優先株ヲ發行シタルトキハ其株主ノ權利

前項ノ規定ニ從ヒ本店ノ所在地ニ於テ登記ヲ爲スマテハ新株券ノ

發行及ヒ新株ノ讓渡又ハ其豫約ヲ爲スコトヲ得ス

（説明）本條ハ新株募集後ノ登記ニ關スル規定ニカヽル新株ノ募集此ニ総ヘ其後此ニ關スル總會ノ招集終結ノ日ヨリ二週間内ニ本店支店ノ所在地ノ登記所ニ本條第一號ヨリ四號ニ至ル登記ヲ爲サヽル可ラス而シテ第四號優先株ヲ發行セシ場合其株主ノ權利トハ例之普通ノ株主年一割ノ利益ヲ受クルトキハ一割五分ノ利益配當ヲ受クルモ損失ノ負擔ハ普通ノ株主ト平等タルヘキコト此優先株ニハ其利益一割ニ滿タサルトキハ必ス一割ノ配當ヲ爲シ是以上ハ普通ト同等トスルノ類ナリ前段ノ登記ヲ爲ス迄ハ新株券ノ發行モ其新株式ノ讓渡モ其讓渡ノ豫約モ當然無効ナリ

第二百十八條 新株ヲ發行シタルトキハ前條第一項ノ規定ニ從ヒ本店ノ所在地ニ於テ登記ヲ爲シタル年月日ヲ株券ニ記載スルコトヲ要ス

優先株ヲ發行シタルトキハ其株主ノ權利ヲ株券ニ記載スルコトヲ

要ス

（說明）本條株券記載ノ要件ヲ定メタルモノニシテ株券ノ記載點ハ普通規定ナル第百四十八條ニヨルヘキハ勿論ナルモ猶本條カ命スル前條登記ノ年月日及ヒ優先株發行ノ塲合ニハ其株主ノ權利モ共ニ株券ニ記載スヘキモノトス

第二百十九條 第百二十七條乃至第百三十條、第百四十條、第百四十二條及ヒ第百四十七條第二項ノ規定ハ新株發行ノ塲合ニ之ヲ準用ス

（說明）特別ノ塲合ニモ普通ノ規定タル第百二十七條ノ株式申込ヲ爲シタル者ハ其引受クヘキ株式ノ數ニ應シテ拂込ノ義務アルコト第百二十八條ノ株式發行ノ價額ハ券面額ヲ下ルヲ得サルコト又第一回拂込ハ四分ノ一以上ナルコト第百二十九條ノ第一回ノ拂込第百三十條ノ拂込ヲ爲サヽルトキノ處分法第百四十條ノ株主引受人ノ取消權第百四十二條ノ此引受人ノ取消權ノ制限第百四十七條登記前株券發行ヲ禁スルノ規定等ハ適用セラルヘキモノトス

第二百二十條　株主總會ニ於テ資本減少ノ決議ヲ爲ストキハ同時ニ其減少ノ方法ヲ決議スルコトヲ要ス

第七十八條乃至第八十條ノ規定ハ資本減少ノ塲合ニ之ヲ準用ス

（說明）　本條ハ資本減少ノ塲合ノ規定ニカヽル前ニモ已ニ說示セシ如ク資本ハ人間ノ滋養ノ如ク其不足甚タ害ヲナスモ過多亦益アルニアラス故ニ不足ヲ增加スル如ク又過多ヲ減スルノ道ナカル可ラス本條ハ此減少ノ塲合ニカヽル株主總會ニテ資本減少ノ決議ヲ爲ス𪜈ハ同時ニ其減少ノ方法ヲモ決議セサル可ラス其方法タル種々アリテ或ハ株金ノ減少（一株分）又ハ株數ノ減少又ハ拂込未濟ノ分ヲ減シ。損失金ノ分ヲ減スル等其方法ハ一ナラス故ニ之ヲ決議シテ其一ヲ撰フヘキヿ勿論ナリ此ニ注意スヘキハ。資本ノ增加ハ毫モ債權者ニ害ナキモ資本ノ減少ハ壹厘ノ減少ハ壹厘丈債權者ヲ害スルモノナレハ債權者ノ擔保ヲ減セサル範圍ニテ之ヲ減セサル可ラス如何ニ減少會社ノ爲メ利益ナリトテ債權者ヲ害シテ之ヲ減スル如キハ法ノ許スヘキコトニアラサレハナリ此ニ於テカ法律ハ此減少ノ塲合ニハ會社ノ合併ノ條規ヲ準用シテ其減少ノ決議後ハ二週間內ニ財產目錄貸借對照表ヲ作成シテ二ケ月ノ期間內ニ債權者ノ異議ノ有無ヲ催告シ。異議ナキ場合ハ承認ト見做シ異議アルトキハ辨濟又ハ擔保ヲ供シテ其異議ヲ除ク等減少ノ障害ヲ除クノ手續ヲ爲サヽル可ラス若シ此手續ヲ爲サヽルトキハ債權者ニ對抗スル能ハサルコト第七十八條第七十九條第八十條ト同一ナリ

第七節　解散

（說明）法人モ亦普通人ト同シク其出生アルヲ以テ消滅ヲ豫想スルモ亦無用ノ規定ニアラス。本節ハ此法人消滅ノ場合タル解散ノコトヲ規定ス此解散ハ一度解散シ終レハ普通人ノ死亡ト同一ニ人格ノ消滅ナルモ普通人ト異ルハ其消滅ノ原因ノ異ルニアリ法人ノ解散ハ此原因アラサレハ行フコト能ハス故ニ其原因ノ如何ハ尤モ愼重ノ講究ヲ要ス

第二百二十一條　會社ハ左ノ事由ニ因リテ解散ス

一　第七十四條第一號、第二號、第四號、第六號及ヒ第七號ニ揭

ケタル事由

二　株主總會ノ決議

三　株主カ七人未滿ニ減シタルコト

（說明）　本條ハ株式會社ノ解散原因ヲ掲ケタルモノトス

第一號第七十四條ノ第一號第二號第四號第六號第七號ノ塲合ト同一ニシテ其一號ハ存立時期ノ滿了其他定欵ニ定メタル事由ノ發生ニシテ其二號ハ會社ノ目的タル事業ノ成功又ハ其成功ノ不能其四號ハ會社ノ合併其六號ハ會社ノ破產其七號ハ裁判所ノ命令ニシテ第二號ハ株主總會ノ決議第三號ハ株主カ七人未滿ニ減シタル塲合ナリ

本條ニ注意スヘキハ資本ノ減少ハ解散事由タラサルコト是ナリ尤モ此レカ爲メニ破產ニ至リ此カ爲メニ解散スルハ格別ナリ

第二百二十二條　前條第二號及ヒ合併ノ決議ハ第二百九條ノ規定ニ從フニ非サレハ之ヲ爲スコトヲ得ス

（説明）　株主總會ノ決議及ヒ合併ノ決議ハ第二百九條ノ規定ニヨリテ資本ノ過半數以上ニシテ株主ノ議決權ノ過半數以上ニ當ル株主出席シテ其議決ニヨルカ然ラサレハ同條第二項以下ノ際議決ニ從フニアラサレハ爲スヲ得ス是尤モ重大ノ事件ナレハ鄭重ノ形式ヲ踏マレタルモノニ外ナラス

第二百二十三條　會社カ合併ヲ爲サントスルトキハ其旨ヲ公告シテ株主總會ノ會日前一ケ月ヲ超エサル期間及ヒ開會中記名株ノ讓渡ヲ停止スルコトヲ得

株主總會ニ於テ合併ノ決議ヲ爲シタルトキハ其決議ノ日ヨリ第八十一條ノ規定ニ從ヒ本店ノ所在地ニ於テ登記ヲ爲スマテハ株主ハ其記名株ヲ讓渡スコトヲ得ス

（説明）　徒ラニ不利ナル二ケノ會社ヲ存立セシメンヨリ合併シテ一ケノ鞏固ナル會社ト爲スニ若カサルヲ以テ合併ハ毫モ利アツテ不利ナキ場合ニアツテモ。株式會社ノ常態トシテ其株主ハ常ニ新陳代謝シテ已マサルヲ以テ之ヲ總會議ニテ議決セントスルモ株主ノ變更ハ應々之ヲ妨ケ其目的ヲ達スル能ハサル場合アルヲ以テ本條ハ其總會議ノ一ケ月前ニ公告シテ其一ケ月間及ヒ開會中ハ記名株式ノ讓渡ヲ停止スルコトヲ得又合併決議後モ猶此必要存スルヲ以テ第八十一條ノ規定ニヨリ合併ニヨリ消滅ノ會社ニテハ解散ノ登記合併ニヨリテ存立ノ會社ニハ定欵變更ノ登記合併ニヨリテ新設ノ會社ニハ新設ノ登記ヲ爲ス迄記名株式ノ讓渡ヲ禁シタリ併シ無記名式ノ株式ニ此規定ヲ適用セサルハ是殆ント其授受移轉ハ會社ノ豫想スルモノナレハナリ又豫想スルモ到底之ヲ禁スルニ道ナカルヘシ

第二百二十四條 會社カ解散シタルトキハ破產ノ場合ヲ除ク外取締役ハ遲滯ナク株主ニ對シテ其通知ヲ發シ且無記名式ノ株劵ヲ發行スル場合ニ於テハ之ヲ公告スルコトヲ要ス

（說明） 本條ハ別ニ說明ヲ要スル點ナケレハ之ヲ畧ス

第二百二十五條 第七十六條及ヒ第七十八條乃至第八十二條ノ規定ハ株式會社ニ之ヲ準用ス

（説明）一定ノ期間内ニ解散ヲ登記（七十六條）シ合併ノ場合ニ債權者ニ異議ヲ催告スル規定（七十八條ヨリ第八十二條）ハ株式會社ニモ適用スルモノトス

第八節　清算

（説明）法人ノ消滅必スシモ清算ノ必要存スルモノニアラス然ルモ其殘存ノ權利義務アリ又殘餘ノ財産アリテ之カ處分ヲ要スル等清算ノ必要アル其通態ナルヲ以テ本條ハ此一節ヲ設ケテ其詳細ヲ規定セリ

第二百二十六條　會社カ解散シタルトキハ合併及ヒ破産ノ場合ヲ除ク外取締役其清算人ト爲ル但定款ニ別段ノ定アルトキ又ハ株主總會ニ於テ他人ヲ選任シタルトキハ此限ニ在ラス

前項ノ規定ニ依リテ清算人タル者ナキトキハ裁判所ハ利害關係人ノ請求ニ因リ清算人ヲ選任ス

（説明）本條ハ清算人ニ關スル規定ニカヽル會社解散セハ合併ノ場合ハ其權利義務合併セシ會社ニ移轉シ破産ノ場合ハ破産ノ規定ニテ處分スルヲ以テ此二ケノ場

合ヲ除キ清算人ヲ定ムルノ必要アリ此清算人ハ別ニ定メナキトキハ取締役其清算人トナルモ定款ニ別段ノ定メアルカ又ハ株主總會ニテ他人ヲ選任セシトキハ。必スシモ取締役清算人タルニアラス
併シ取締役モナク又定款又株主總會ニテモ何等ノ定メナキ場合ハ利害關係人ハ裁判所ニ清求シテ請算人ヲ選任セシムルヲ得ルナリ

第二百二十七條 清算人ハ就職ノ後遲滯ナク會社財産ノ現況ヲ調査シ財産目錄及ヒ貸借對照表ヲ作リ之ヲ株主總會ニ提出シテ其承認ヲ求ムルコトヲ要ス
第百五十八條第二項及ヒ第百九十二條第二項ノ規定ハ前項ノ場合ニ之ヲ準用ス

（說明） 本條ハ清算人ノ第一着ニ爲サヽル可ラサル行爲ナリ。清算人ノ第一着ニ爲スヘキ行爲ハ會社財産ノ現況ヲ調査シテ財産ノ惣額ヲ知ル爲メ財産目錄ヲ作リ又貸借ノ關係ヲ知ル爲メ貸借對照表ヲ作リ之ヲ株主惣會ニ提出シテ其承認ヲ求ム

ルハ當然ノ順序ト云ハサル可ラス株主惣會ハ第百五十八條第二項ニヨリテ猶此調査ニ滿足セサルトキハ檢査役ヲ選任シテ之ヲ檢査セシメ。何レニテモ其調査承認後ハ清算人ハ其貸借對照表ヲ公告スヘキモノトス(第百九十二條第二項)

第二百二十八條　株主總會ニ於テ選任シタル清算人ハ何時ニテモ株主總會ノ決議ヲ以テ之ヲ解任スルコトヲ得
重要ナル事由アルトキハ裁判所ハ監査役又ハ資本ノ十分ノ一以上ニ當タル株主ノ請求ニ因リ清算人ヲ解任スルコトヲ得

(說明)　本條ハ清算人解任ノ規定ニカヽル清算人ハ或ハ株主惣會ニ於テ選任スルアリ或ハ裁判所ニテ選任スルアリ此株主惣會ニテ選任セシ清算人ハ又株主惣會ノ決議アルトキハ何時ニテモ之ヲ解任スルコトヲ得是ハ選任スル權利アル者ハ又解任スル權利モ有ストノ原則ヨリ來ルモノナリ
併シ株主惣會ノ決議ナクモ其主要ナル事由例之清算事務ニ不公平ノ處置アルトカ又不正ノ手段アリタルトカ又實際事務ニ堪ヘサルトカノ理由アルトキハ監査役又

ハ資本ノ十分ノ一以上ノ株主ヨリ請求アルトキハ裁判所ハ清算人ヲ解任スルコトヲ得ルナリ

第二百二十九條　殘餘財產ハ定款ニ依リテ拂込ミタル株金額ノ割合ニ應シテ之ヲ株主ニ分配スルコトヲ要ス但會社カ優先株ヲ發行シタル塲合ニ於テ之ニ異ナリタル定アルトキハ此限ニ在ラス

（說明）會社ノ財產ハ清算上元ヨリ最初ヨリ分配スルヲ許サヽルハ當然ニシテ必スヤ會社カ負擔スル凡テノ債務ヲ辨償セシ殘餘ナルヘキハ云フヲ待タス此殘餘財產ハ如何ニ處分スヘキヤハ本條ノ趣旨ナリ本條ハ云フ殘餘財產ハ定款ニヨリテ拂込ミタルノ株金額ノ割合ニ應シテ之ヲ株主ニ分配スルヲ要スト吿サレハ百圓ニ付拾圓ノ配當ナレハ五拾圓拂込ノモノニハ五圓ノ割ニテ之ヲ分與スルヲ至當トスルモ是普通ノ株主ノ塲合ニシテ若シ會社增株ノ塲合ニ優先株發行シアリテ此ニ異リタル定メ例之解散ノ塲合ハ必ス利益配當ト同シク通常株ヨリ一割トカ一割五分トカノ增配當ノ定メアレハ他カ五十圓ニテ五圓得ヘキ塲合ニハ同シ五十圓ニテモ六圓

五拾錢ノ分與ヲ受クヘキモノトス

第二百三十條 清算事務カ終ハリタルトキハ清算人ハ遅滯ナク決算報告書ヲ作リ之ヲ株主總會ニ提出シテ其承認ヲ求ムルコトヲ要ス第百五十九條第二項及ヒ第百九十三條ノ規定ハ前項ノ場合ニ之ヲ準用ス

（説明） 清算事務カ終結セシトキハ清算人之ヲ拋棄シテ任ヲ退クヘキニアラサレハ相當ノ手順ヲ以テ其承認ヲ求メサル可ラス本條ハ此場合ニシテ清算人ハ清算事務ヲ終リタルトキハ遅滯ナク決算報告書ヲ作リ株主總會ニ提出シテ其承認ヲ求メサル可ラス

尤モ此前株主總會ハ第百五十九條第二項ニヨリテ撿査役ヲ選任セシメ其決算報告ヲ調査セシムルコトヲ得一度承認ヲ與ヘタルトキハ清算人ハ責任ヲ解除セラレタルモノトス但不法行爲アリトキハ此行爲ニ付テハ猶其責任ヲ免レサルハ是民法上ノ不法行爲ナレハ此承認ニハ關係ナキモノトス若シ株主總會カ此承認モセス又不

正行爲トシテ爭モセス何時果シモナク責任ヲ解除セサルトキハ裁判ヲ以テ其當否ヲ決スヘキハ普通民事ノ塲合ニ同シ

第二百三十一條　總會招集ノ手續又ハ其決議ノ方法カ法令又ハ定欵ニ反スルトキハ清算人ハ其決議ノ無效ノ宣告ヲ請求スルコトヲ要ス

（說明）　株主總會ハ會社唯一無二ノ機關ニシテ此ニヨッテ其重大ノ事項ハ決セラルヽモノナレハヨシ清算ノ塲合ト雖其招集ノ總會ハ正當ニ招集セラレ其議決方法ハ合法ニ爲サレサル可ラス若シ萬一其招集手續又決議方法カ一旦解散セラレタル會社ナルヲ以テ故意又怠慢ニテ法令（第百五十六條第百五十一條）又定欵（第百六十二條）ニ違背スルドキハヨシ其株主ヨリ其決議ノ無効ヲ申立テサルモ清算人ハ其職權ニテ決議ノ無効ノ宣言ヲ裁判所ニ請求スルヲ得是無効ノ決議ハヨシ責任解除ノ承認アルモ猶自己ノ責任ハ解除ナキト同一ナレハナリ

第二百三十二條　會社カ事業ニ着手シタル後其設立ノ無效ナルコト

ヲ發見シタルトキハ解散ノ場合ニ準シテ清算ヲ爲スコトヲ要ス此場合ニ於テハ裁判所ハ利害關係人ノ請求ニ因リ清算人ヲ選任ス

（說明）　本條ハ會社カ事業着手後其設立ノ無効ナルコトヲ發見シタル場合其財產ノ清算方法ヲ定ム。此設立無効ハ合名會社ニモ第百條ニ規定セラルヽ所ナルカ此ニ注意スヘキハ合名會社ニアツテハ其定欵ニ記名セシ者換言スレハ其社員ノ合意ニ瑕瑾又ハ其他ノ欠意アリテ取消又無効ナルトキハ此ニ會社設立カ無効ニ歸スルモ株主會社ニアリテハ其株主ノ申込原因ニ無効又取消ノ事由アルモ會社ノ設立ノ無効ハ來タサヽル可シ然ラハ如何ナル事由カ何レノ場合ニ存スレハ無効ノ場合ヲ發生スルヤト云フニ此場合ノ生スルハ彼ノ七人以上ノ發企者カ作成セシ定欵ニ無効取消ノ原因例之其發企者中ニ詐欺强迫錯誤等アリテ其署名ヲ取消サレ牽ヒテ其定欵迄無効トナリ爲メニ會社ノ設立モ無効タル場合及ヒ第百二十一條ノ定欵補足ノ決議カ方式ニ違フ場合爲メニ定欵成立ニ至ラサレハ會社設立ノ無効ヲ來スヘシ此原因アリテ會社設立カ無効タルトキハ外観上會社類似ノモノアルモ是眞正ノ會社ニアラス其株主モ亦眞正ノ株主ニアラサレハ自然取締役モ是會社ノ取締役ニアラサルヘシ然ルモ此團体ニハ財產モ存スヘク又債權債務ヲ存スルヲ以テ此債權債務取立辨濟其殘餘財產ヲ分配スルノ處置ハ爲サヽル可ラス是本條カ此場合ニ處スル爲メ第二百二十六條第二項ニ準シテ利害關係人ノ請求ニヨリテ淸算人ヲ選定シテ此假設會社ノ處分ヲ完カラシメタル所以ナリ

第二百三十三條　會社ノ帳簿、其營業ニ關スル信書及ヒ淸算ニ關スル一切ノ書類ハ本店ノ所在地ニ於テ淸算結了ノ登記ヲ爲シタル後十年間之ヲ保存スルコトヲ要ス其保存者ハ淸算人其他ノ利害關係人ノ請求ニ因リ裁判所之ヲ選任ス

（說明）　會社ハ一旦淸算ヲ結了スルトキハ全ク人格ヲ有セサルヲ以テ其帳簿營業ニ關スル信書此他淸算ニ關スル一切ノ書類ハ最早用ナキカ如キモ一旦世上ニ存在シテ權義ノ主体トナリタルモノナレハ何時如何ナル事由ノ發生シテ又此等ノ書類ヲ要スルヤモ計ラレサレハ此等ノ書類ハ凡テ解散ノ登記後十年間ハ其本店ノ所在

地ニ保存スヘキコトヲ法律ハ命シ其保存者ハ清算人其他ノ利害關係人ノ請求ニヨリテ裁判所之ヲ選任スヘキモノトス

第二百三十四條 第八十四條、第八十九條乃至第九十三條、第九十五條、第九十七條、第九十九條、第百五十九條、第百六十條、第百六十三條、第百七十六條乃至第百七十八條、第百八十一條、第百八十三條乃至第百八十五條、第百八十七條及ヒ民法第七十九條、第八十條ノ規定ハ株式會社ノ清算ノ場合ニ之ヲ準用ス

（說明） 第八十四條ノ會社ハ解散后モ清算ノ目的ノ範圍內ニハ猶存立シ第八十九條ノ會社カ裁判所ノ命令ニテ解散セシ場合清算人ノ選任方第九十條ノ清算人カ其受任後登記ノ義務第九十一條ノ清算人ノ職務第九十二條會社ノ現存財產カ其債務ヲ完濟スル能ハサル場合ニ出資未拂込ノ株主ニ猶拂込ミヲ求ムル規定第九十三條ノ數人ノ清算人アル片其職務ノ執行ノ方法第九十五條ノ社員ニ殘餘財產分配ノ規定第九十七條ノ清算人ノ解任變更ノ登記第九十九條ノ清算終了ノ登記ノ規定第百

五十九條第百六十條ノ總會招集ノ規定第百六十三條ノ株主ヨリ總會ノ招集又決議カ法令定款ニ反スルトキ無効ヲ求ムル規定第百七十六條ノ取締役ノ會社ト取引ヲ爲ス規定第百七十七條ノ取締役カ定款又法令ニ反スル塲合損害賠償ノ責アル規定第百七十八條ノ株主總會ヨリ取締役ニ訴ヲ起ス規定第百八十一條ヨリ第百八十五條ニ至ル監査役ノ權能第百八十七條ノ株主總會ヨリ監査役ニ對シ訴ヲ起ス規定及ヒ民法第七十九條第八十條ノ清算人カ債權者ニ對シテ其債權申出テヲ催告ノ規定其申出ヲ怠リタル債權者カ被ル失權ノ規定等ハ凡テ此株式會社ノ清算ニモ適用セラルヘキモノトス前條中ノ取締役云々ハ清算人トシテ讀マサレハ効力ナキ法文ナレハ注意シテ讀了セサル可ラス是適用ト異リテ準用タル所以ナリ

第五章　株式合資會社

（説明）　此株式合資會社ナルモノハ名前自身カ示ス如ク株式會社ト合資會社トヲ混同セシ如キモノニテ本法ノ創設ニカヽル此會社ハ株式會社取締役ノ業務ハ無限責任社員之ニ當リ只監督機關タル監査役ノ如キ者ノミ有限責

任ノ株主之ニ當ルモノトス立法者カカヽル混合物ヲ創設セシ所以ハ大資本ヲ吸集シテ大事業ヲ計畫スルハ株式會社ノ長所ナリト雖其責任ノ出資ニ限ルヲ以テ自然業務ヲ冷淡ニシテ管理ノ疎放ニ流レ結局事業ノ衰微ニ赴クハ其組織上已ムヲ得サル所ナルヲ以テ此短所ヲ補フノ會社即株式合資會社ノ如キモノヽ必要ヲ感スルハ社會發達ノ進行上亦已ム能ハサル所ナルヲ以テ本法此必要ニ應スル爲メ此會社ノ設立ヲ許ルシ之レカ爲メ詳密ノ規定ヲ爲セシモノトス

第二百三十五條 株式合資會社ハ無限責任社員ト株主トヲ以テ之ヲ組織ス

（説明）本條ハ株式合資會社ノ組織ヲ定メタルモノニシテ其組織ハ無限責任社員ト株主トヲ以テ之ヲ組織スルモノトス此組織ハ他ノ會社即チ合名會社トモ合資會社トモ株式會社トモ異ル所ナリ

第二百三十六條 左ノ事項ニ付テハ合資會社ニ關スル規定ヲ準用ス

一　無限責任社員相互間ノ關係
二　無限責任社員ト株主及ヒ第三者トノ關係
三　無限責任社員ノ退社
此他株式合資會社ニハ本章ニ別段ノ定アル塲合ヲ除ク外株式會社ニ關スル規定ヲ準用ス

（說明）本條ハ株式合資會社ノ組織上其合資會社ノ規定ヲ準用スヘキ事項ト株式會社ノ規定ヲ準用スヘキ事項ヲ定メタルモノヽモトス

其合資會社ノ規定ヲ準用スヘキ事項ノ一ハ無限責任社員相互間ノ關係ニシテ即チ別段ノ定ノナキトキハ無限責任社員ハ會社ノ業務ヲ執行スル權利ヲ有シ義務ヲ負ヒ又無限責任社員數人アルトキハ業務執行ハ其過半數ニテ執行スル規定（第百九條）ノ如キ又無限責任社員ハ自巳又ハ第三者ノ爲メニ會社營業部類ニ屬スル商行爲ヲ爲シ又同種ノ營業ヲ目的トスル他ノ會社ノ無限責任社員ト爲ルヿヲ得サル規定ノ如キ（第百十三條ノ內緊面解釋）其二ハ無限責任社員ト

株式及ヒ第三者トノ關係ニシテ是モ合資會社ノ無限責任社員ハ金錢其他ノ財產以外ノ出資ヲ爲シテ其株式ト爲シ得ル規定（第百八條）及無限責任社員ハ別段ノ定メナキハ會社ヲ代表スル規定ノ如キ（第百十四條）其三ハ無限責任社員ノ退社ハ第六十八條第六十九條ニ據ル如キ皆之ヲ株式合資會社ニ準用シ此他ハ本章ニ別段ノ定メアル場合ノ外株式會社ノ規定ヲ準用スヘキモノトス只此ニ注意スヘキ株式合資會社ニ於テ無限責任社員以外ハ株主ナレハ株式ニカヽル規定等ハ凡テ株式會社ノ規定ヲ準用スヘキモノトス

第二百三十七條 無限責任社員ハ發起人ト爲リテ定款ヲ作リ之ニ左ノ事項ヲ記載シテ署名スルコトヲ要ス

一 第百二十條第一號、第二號、第四號、第六號及ヒ第七號ニ掲ケタル事項

二 株金ノ總額

三 無限責任社員ノ氏名、住所

四　無限責任社員ノ株金以外ノ出資ノ種類及ヒ價格又ハ評價ノ標準

（説明）　本條ハ會社發企ノ規定ニカヽリシ發企ノ塲合ハ無限責任社員必ス發企人トナリテ定欵ヲ作リ左ノ事項ヲ記載シテ署名セサル可ラス

其一會社ノ目的ニシテ其二ハ會社ノ商號其三ハ一株ノ金額其四ハ本店及ヒ支店ノ所在地其五ハ會社ノ公告ヲ爲ス方法其六ハ株金ノ總額其七ハ無限責任社員ノ氏名住所其八無限責任社員ノ株金以外ノ出資ノ種類又ハ評價ノ標準ナリ此等ハ必ス定欵ノ記載事項ナレハ其一ヲ欠クトキハ無効タルヘキモノトス

前商法ニ於テ會社契約トアルヘキハ本法凡テ之ヲ定欵ト改メタリ此定欵ハ屢々云フ如ク會社ノ憲法ニシテ其記載要項ノ如何ハ以テ會社ノ性質如何ヲ知悉スルニ足ル即チ株式合資會社ノ定欵ヲ見テ其性質ノ株式會社ト如何ナル點ニ相違アルカヲ比照セハ兩者ノ間大ナル異點アルヲ見ルニ足ルヘシ即チ立法者カ何故ニ己ニ株式會社ノ存立セルニ猶此株式合資會社ヲ創設セシヤヲ見ルヲ得ヘシ。株式會社ノ短所ハ其社員ノ責任其出資ニ止ルヲ以テ多クノ財産ヲ集ルヲ得ヘキモ其技能ト信用トニ至ツテハ多ク得ヘカラサルナリ本法ハ之ヲ補フ爲メ無限責任社員ヲ認メ此社員ハ當然發企人タラシメ且ツ其出資ノ如キモ金錢此他ノ財産外ニモ許シ且ツ其社員ノ氏名住所ヲ公示シテ信用ヲ維持セシムル如キハ株式會社ト大ニ異ル所ナリ

第二百三十八條　無限責任社員ハ株主ヲ募集スルコトヲ要ス

株式申込證ニハ左ノ事項ヲ記載スルコトヲ要ス

一　第百二十二條、第百二十六條第二項第一號、第四號及ヒ前條ニ掲ケタル事項

二　無限責任社員カ株式ヲ引受ケタルトキハ其各自カ引受ケタル株式ノ數

（説明）　本條ハ無限責任社員株主募集ノ義務及株式申込證ノ記載事項ヲ定メタルモノトス無限責任社員ハ必ス株主ヲ募集スルノ義務アリ株式會社ノ如ク其株式ヲ自ラ引受ケテ會社ヲ設立スル如キコトハ之ヲ許サス是其二者ノ性質相異レハナリ

又其株式申込證ニ記載スヘキ事項ハ一、會社ノ存立時期又ハ解散ノ事由二、株式ノ額面以上ノ發行三、發企人即チ無限責任社員ノ受クヘキ利益其氏名四、金錢以外ノ財産ヲ以テ出資ノ目的ト爲ス者ノ氏名其財産ノ種類價額之ニ對シテ與フル株ノ式數五、會社ノ負擔ニ歸スヘキ設立費用及ヒ發企人ノ受クヘキ報酬ノ額六、定欵作成ノ年月日七、第一回拂込ノ金額八、前條ノ定欵ニ掲ケタル事項九、無限責任社員カ株式ヲ引受ケタルトキハ其各自ノ引受株數等ナリ

第二百三十九條　創立總會ニ於テハ監査役ヲ選任スルコトヲ要ス
無限責任社員ハ監査役ト爲ルコトヲ得ス

（說明）本條ハ監査役選任ノ規定ニカヽル株式會社ノ創立總會ニ於テハ取締役監査役ヲ並セ選任セサルヘカラサルモ株式合資會社ノ取締役ハ已デニ無限責任社員ノ負擔スル所ナレハ創立總會ニ於テハ監査役ノミ選任セハ足ル併シ此ノ監査役ハ必ラス有限責任社員即株主ヨリ選出セサル可ラス是策ノ宜シキヲ得タルモノニテ無限責任社員如何ニ其全財産ヲ擧ケテ其責任ヲ負フト雖此ヲ理由トシテ不正ノ行

正ノ行動ヲ爲スカ如キ恐レナシトモ限ラス是レ一面ニハ株主ノ利益ヲ保護スル爲メ監査役ハ必ス有限責任ヨリ選出スヘキモノトナシタル所以ナリ

第二百四十條　無限責任社員ハ創立總會ニ出席シテ其意見ヲ述フルコトヲ得但株式ヲ引受ケタルトキト雖モ議決ノ數ニ加ハルコトヲ得ス

無限責任社員カ引受ケタル株式其他ノ出資ハ議決權ニ關シテハ之ヲ算入セス

前二項ノ規定ハ株主總會ニ之ヲ準用ス

（説明）　創立總會株主總會ヲ國會ト見レハ無限責任社員ハ政府委員ナリ政府委員ハ其原案説明者トシテ又意見ノ吐露者トシテ國會タル株主總會又ハ創立總會ニ出席シテ辯明スルコトヲ得ルモ其議決ノ數ニ加ハリ以テ其議案ニ贊否ヲ表スルコトヲ得ス若シ之ヲ許ストセンカ內ニハ其會社ノ成案ヲ贊シ外猶會社ノ總會ニ出テ其議決ニ加ハリ折角法律カ無限責任社員ノ一團ハ株主總會ト相對立セシメタル趣旨

ニ反スレハナリ故此結果自已カ株式ヲ引受クルモ亦同シ故ニ其無限責任社員ノ引受ケタル株式其他ノ出資ハ議決權ニ關シテハ之ヲ募入セサルコト當然ナリ。此規定ハ創立總會又ハ株主總會ヲ問ハス適用スヘキモノトス

第二百四十一條 監査役ハ第百三十四條及ヒ第二百三十七條第四號ニ掲ケタル事項ヲ調査シ之ヲ創立總會ニ報告スルコトヲ要ス

（說明） 本條ハ監査役ノ職務ヲ規定セルモノニテ監査役ハ第百三十四條第一項ノ（一）株込總數引受ノ有無（二）各株ニ付キ第一回ノ拂込ミアリタルヤ（三）第百二十二條ノ第三號ヨリ第五號ニ掲ケタル事項ノ正否（四）第二百三十七條四號ノ無限責任社員ノ株金以外ノ出資ノ種類及ヒ其價格及評價ノ標準ノ如キハ之ヲ調査シ創立總會ニ報告セサル可ラス

第二百四十二條 會社ハ創立總會終結ノ日ヨリ二週間內ニ其本店及ヒ支店ノ所在地ニ於テ左ノ事項ヲ登記スルコトヲ要ス

一 第百二十條第一號、第二號、第四號、第七號及ヒ第百四十一

條第一項第二號乃至第六號ニ掲ケタル事項
二　株金ノ總額
三　無限責任社員ノ氏名、住所
四　無限責任社員ノ株金以外ノ出資ノ種類及ヒ財産ヲ目的トスル出資ノ價格
五　會社ヲ代表スヘキ無限責任社員ヲ定メタルトキハ其氏名
六　監査役ノ氏名、住所
（說明）本條ハ株式合資會社ノ登記事項ニシテ別段說明ヲ要スヘキ點ナケレハ之ヲ略ス

第二百四十三條　會社ヲ代表スヘキ無限責任社員ニハ株式會社ノ取締役ニ關スル規定ヲ準用ス但第百六十四條乃至第百六十八條、第百七十五條及ヒ第百七十九條ノ規定ハ此限ニ在ラス
（說明）本條ハ會社ヲ代表スヘキ無限責任社員ノ職務權限ヲ明ニシタル法文ナリ

此株式合資會社ニアリテ會社ヲ代表スヘキ無限責任社員ニハ株式會社ノ取締役ニ關スル規定ヲ準用スヘキモノトス故ニ業務執行ノ別段ノ定メナキトキハ取締役ノ過半數ニヨリテ決シ又支配人ノ選任解任モ是ニヨル（第百六十九條）此他ハ定款又創立總會株主總會ノ決議錄ヲ本店支店ニ備ヘ置キ株主名簿及ヒ社債原簿ヲ本店ニ備ヘ置ク規定ノ如キ又第百七十四條ノ會社資本ノ半額ヲ失ヒ又債務ヲ定濟スル能ハサルトキノ規定ノ如キ又第百七十六條ノ取締役ハ監査役ノ承認ナクハ自巳又第三者ノ爲メニ會社ト取引ヲ爲スヲ得サル規定ノ如キ第百七十七條ノ取締役カ法令又ハ定款違反ノ行爲ヲ爲シタル塲合ノ規定ノ如キ又第百七十八條株主總會ヨリ取締役ニ對シテ訴ヲ提起スル規定ノ如キハ皆無限責任社員ニ準用セラルヘキモノトス但シ株式合資會社ノ無限責任社員ハ發企人直ニ其任ニ當ルモノナレハ第百六十四條ノ取締役選任ノ規定第百六十五條ノ取締役ノ員數又第百六十六條ノ取締役ノ任期第百六十七條ノ取締役ノ解任第百六十八條ノ株券ヲ監査役ニ供託スル規定及ヒ第百七十五條ノ取締役ハ會社ト同一部類ノ營業ヲ自己又第三者ノ爲メニ爲スヲ

得サル規定ハ此無限責任社員ニ適用セサルモノトス是レ其必要ナキカ爲メニアラス已ニ第二百三十六條ノ結果第六十條ノ適用アレハナリ又第百七十九條ノ取締役ノ報酬ノ規定ハ元ト株式會社ノ取締役ハ株式ニ對スル配當以外ニ利益ナキヲ以テ此報酬ヲ要スルモ此株式合資會社ノ無限責任社員ハ別ニ出資ニ應シテ利益ヲ受ケ又他ノ技量信用ニ應シテ定款又ハ總會ノ決議ヲ以テ報酬ヲ受ケ得ヘキモノナレハ本條ハ殊更ラニ適用スルノ必要ナシ

第二百四十四條 合資會社ニ於テ總社員ノ同意ヲ要スル事項ニ付テハ株主總會ノ決議ノ外無限責任社員ノ一致アルコトヲ要ス

第二百九條ノ規定ハ前項ノ決議ニハ之ヲ準用ス

（説明） 合資會社ニ於テ總社員ノ同意ヲ要スル事項ハ定款ノ變更會社ノ目的ノ範圍ニ屬セサル行爲ヲ爲シ又會社ヲ代表スヘキ無限責任社員ヲ定メ會社ノ合併解散ヲ爲シ又會社ノ財産處分ヲ定ムル如キ場合ナリ此等ノ場合ニハ此株式合資會社ニテハ株主總會ノ決議ヲ以テ定ムルモノトス此決議ハ第二百九條ノ規定ノ株式ヲ有

スル株主出席シテ決スルカ又其第二項ノ假決議ヲ爲シテ第二ノ總會ニテ承認スルノ手續ヲ爲シテ定ムルモノトス

併シ本條ノ規定ニヨレハ此合資會社ニテ總社員ノ同意ヲ表スル事項ハ猶此他無限責任社員ノ一致ヲ要スルモノトス是普通ノ規定ニ從ヒ單ニ其多數決ノミニヨルトキハ此株式合資會社ハ株主ト無限責任社員ヨリ組織セラルヽモノナレハ株主ハ常ニ多數ニシテ無限責任社員ハ少數ナリト云ハサル可ラス然ルトキハ此結果此多數ノ株主ハ少數ノ無限責任社員ヲ壓倒スルハ必然ナレハ本法ハ總會ノ決議ノ外猶無限責任社員ノ一致ヲ要スト爲シタル所以ナリ

第二百四十五條 監査役ハ無限責任社員ヲシテ株主總會ノ決議ヲ執行セシムル責ニ任ス

（說明） 此株式合資會社ハ監査役ノ株主即有限責任社員ヲ代表シテ會社ノ業務執行ヲ監査スルノ職ニアルハ株式會社モ此會社モ異ル所アラサル可シ本條ハ此會社ニ限リテ猶一ノ義務ヲ監査役ニ負擔セシメタルモノトス。株式會社ノ監査役ノ職務ハ單ニ取締役カ正當ニ其職務ヲ執行シタルヤ否ヤヲ監視シ之ヲ總會ニ報告セハ足ルモ。此株式合資會社ノ監査役ハ此外無限責任社員ヲシテ株主總會ノ決議ヲ執行セシムル責ヲ負ヒ單ニ其正否ヲ監視セシムルノミニテハ足ラサルナリ是レ總會ナルモノハ常設ノモノニアラス然ルニ此決議ヲ其自巳ノ監督ノ下ニ立タサル無限責任社員ニ効力アラシメントスルニハ猶執行ヲ强ユルノ機關ヲ必要トスレハナリ

第二百四十六條 株式合資會社ハ合資會社ト同一ノ事由ニ因リテ解散ス但第八十三條ノ場合ハ此限ニ在ラス

（說明） 本條ハ株式合資會社ノ解散ノ場合ヲ規定ス其事由ハ合資會社ノ解散ノ場合ト同一ナリ即チ合名會社ハ解散事由タル第七十四條ノ規定ハ合資會社ニモ準用スヘキモノナルヲ以テ第七十四條ト同一ノ場合ニハ株式合資會社モ解散スヘキモノトス

但シ合名會社ノ規定ニシテ合資會社ニモ準用セラルヽ第八十三條ノ巳ムヲ得サル事情アルトキハ社員ヨリ裁判所ニ請求シテ會社ノ解散ヲ乞フ規定ハ株式合資會社

ニハ準用セサルモノトス是一面此株式合資會社ニハ株式會社ノ規定ヲ準用スル結果カヽル請求ヲ許ス必要ナケレハナリ

第二百四十七條 無限責任社員カ退社シタル場合ニ於テ株主ハ第二百九條ニ定メタル決議ニ依リ株式會社トシテ會社ヲ繼續スルコトヲ得此場合ニ於テハ株式會社ノ組織ニ必要ナル事項ヲ決議スルコトヲ要ス

第百十八條第二項ノ規定ハ前項ノ場合ニ之ヲ準用ス

（說明） 株式合資會社ハ株主ト無限責任社員トヨリ組織セラルヽ丁ハ此會社カ他會社ト異ル特色ノ存スル所ナリ然ルニ若シ其組織ノ特色タル無限責任社員退社センカ此會社ハ最早株式合資會社ノ本質ヲ失フモノナリ故ニ此場合ハ解散スヘキハ當然ナルモ單ニ此故ヲ以テ社運隆盛ナル會社ヲ解散スルカ如キモ國家經濟上策ノ得タルモノニアラス是本條カ殘ル株主ハ株主總會ヲ開キ其決議（第二百九條ノ方法ニヨリテ議決セザル可ラス）ヲ以テ株式會社トシテ猶會社ヲ繼續スル丁ヲ許セシ所以ナリ此場合ハ凡テ株主ハ

取締役監査役ノ選任等株式會社組織ニ必要ナル事項ヲ決議セサル可ラス

此場合ハ第百十八條第二項ニ準シ。株式合資會社ニハ解散ノ登記ヲ爲シ株式會社ニハ設立ノ登記ヲ爲スヘキモノトス

第二百四十八條 會社カ解散シタルトキハ合併、破産又ハ裁判所ノ命令ニ因リテ解散シタル場合ヲ除ク外清算ハ無限責任社員ノ全員又ハ其選任シタル者及ヒ株主總會ニ於テ選任シタル者之ヲ爲ス但定款ニ別段ノ定アルトキハ此限ニ在ラス

無限責任社員カ清算人ヲ選任スルトキハ其過半數ヲ以テ之ヲ決ス

株主總會ニ於テ選任スル清算人ハ無限責任社員ノ全員若クハ其相續人又ハ其選任スル者ト同數ナルコトヲ要ス

（説明） 本條ハ株式合資會社解散ノ場合請算人選任ノ規定ニカヽル此株式合資會社ノ解散シタル片ハ合併破産又裁判所ノ命分ニテ解散シタル場合ヲ除キ無限責任社員ノ側ヨリ選任シタル清算人ト株主總會ニテ選任シタル清算人ト共同シテ清算

ヲ爲スヘキモノトス但無限責任社員ハ自ラ清算人タルト又自巳ヨリ選任シテ之ニ當ラシムルトハ随意ナリ尤モ選任スヘキ片ハ其過半數ニテ決スヘキモノトス（別段ノ規定ヲ定欵ニテ定ムルコヲ得ルハ勿論ナリ）尤モ株主總會ニテ選任スル清算人ハ有限責任社員若クハ其相續人又ハ其選任者ト同數ナルヲ要スルハ其平衡ヲ保ツ爲メニ外ナラサルナリ

第二百四十九條 無限責任社員ハ何時ニテモ其選任シタル清算人ヲ解任スルコトヲ得

前條第二項ノ規定ハ清算人ノ解任ニ之ヲ準用ス

（説明） 本條ハ無限責任社員ノ選任シタル清算人ハ其社員ノ何時ニテモ解任シ得ルコトヲ規定ス是選任ノ權アル者ハ又解任ノ權アルコトヲ明カニシタルニ過ス其解任議決ハ無限責任社員ノ過半數ニテ決スヘキモノトス然ラサレハ一二人ノ專恣ニテ良清算人ヲ失フコトアレハナリ

第二百五十條 第百二條ノ規定ハ株式合資會社ノ無限責任社員ニ之

ヲ準用ス

（說明）本條ハ無限責任社員ノ死亡セルトキ其相續人數名アルトキハ何人カ其社員タル權利ヲ行フヘキカヲ定メタル法文ニシテ此場合ハ第百二條ヲ準用シテ其中ノ一人ヲ此權利行使者ト定メテ會社ニ通知セサル可ラス

第二百五十一條 清算人ハ第二百二十七條第一項及ヒ第二百三十條第一項ニ定メタル計算ニ付キ株主總會ノ承認ノ外無限責任社員全員ノ承認ヲ得ルコトヲ要ス

（說明）清算人ハ就職後遲滯ナク會社財產ノ現況ヲ調査シ財產目錄貸借對照表ヲ調製シ又淸算事務ヲ終リタルトキハ遲滯ナク決算報告書ヲ調製シテ何レモ株主總會ニ提出シテ其承認ヲ求ムヘキコト株式會社ノ第二百二十七條第一項第二百三十條第一項ト同一ナルハ第二百三十六條第二項ノ結果勿論ナリト雖。此株式合資會社ヲハ株主總會ノ外猶無限責任社員ノ一團アレハ此會社員ノ承認ヲ求メサル可ラサルコトヲ規定セルモノトス

第二百五十二條 株式合資會社ハ第二百四十四條ノ規定ニ從ヒ其組織ヲ變更シテ之ヲ株式會社ト爲スコトヲ得

（說明）會社ハ其種類ニヨツテ其組織權限ヲ異ニスルヲ以テ一旦成立シタルトキハ容易ニ他ノ會社組織ニ變更ヲ許スヘカラストスルトキハ亦大ナル不便アリ故ニ此中間ノ制ヲ取リ或ル制限ノ下ニ其變更ヲ許スハ大害アラサルヘシ本條ノ趣旨ハ是ニ外ナラス株式合資會社モ第二百四十四條ノ規定ニ從ヒ株主總會ハ第二百九條ニ從ヒ特別ノ議決ヲ爲シ及無限責任社員ハ一致シテ之ヲ承認セシ場合ハ其組織ヲ變シテ之ヲ株式會社ト爲スコトヲ得ルナリ

第二百五十三條 前條ノ場合ニ於テハ株主總會ハ直チニ株式會社ノ組織ニ必要ナル事項ヲ決議スルコトヲ要ス此總會ニ於テハ無限責任社員モ亦其引受クヘキ株式ノ數ニ應シテ議決權ヲ行フコトヲ得第七十八條及ヒ第七十九條第一項、第二項ノ規定ハ前條ノ場合ニ之ヲ準用ス

（說明）前條ニヨリテ株式合資會社カ株式會社ニ其組織ヲ變更セシトキハ株式會社トシテ活動スルノ機關ヲ備ヘサル可ラサルヲ以テ取締役監査役ノ選任ヲ爲シ又無限責任社員ノ引受クヘキ株式ノ數ヲモ定メサル可ラス此引受株式定マリタルトキハ無限責任社員モ又其引受株式ニ應シテ議決權ヲ行フコトヲ得ルナリ

第二百五十四條　會社ハ組織變更ニ付債權者ノ承認ヲ得又ハ第七十九條第二項ニ定メタル義務ヲ履行シタル後二週間內ニ其本店及ヒ支店ノ所在地ニ於テ株式合資會社ニ付テハ解散ノ登記ヲ爲シ株式會社ニ付テハ第百四十一條第一項ニ定メタル登記ヲ爲スコトヲ要ス

（說明）會社ハ其株式會社ニ組織變更ノ決議ニ付債權者ノ承認アルカ又ハ異議アルトキハ其辨濟擔保ヲ供スル等ノ義務ヲ履行シタルトキハ其日ヨリ二週間內ニ其本店又支店ノ所在地ニテ株式合資會社ニテハ解散ノ登記ヲ爲シ又株式會社ニテハ第百四十一條ノ登記ヲ爲サヽル可ラス是レニテ初メテ第三者ニ對シテ株式會社トシ

テ對抗スルコトヲ得ルモノトス

第六章　外國會社

（説明）外國法人ハ之ヲ認許スヘキヤ否ヤハ立法上ノ一疑問タルモ民法已ニ外國人私權ノ享有ヲ認メ且ツ商事會社ノ設立モ認許セシ以上ハ最早事實上ノミ之ヲ認メ法律上之ヲ認メサル如キハ爲シ能ハサル所ナリ已ニ其設立ヲ認許スルトセハ其程度ハ如何ナルヘキカ内地ノモノト同一ナルヘシトセハ是其在立ヲ認メサルト同一ナリ又其外國存立ノマヽナランカ是放任ニ失シ日本ノ安寧秩序ヲ破ルコト必セリ。是本法カ折衷取捨或ル制限ノ下ニ其存立ヲ認ムルコト、ナシタル所以ナリ

第二百五十五條　外國會社カ日本ニ支店ヲ設ケタルトキハ日本ニ成立スル同種ノモノ又ハ最モ之ニ類似セルモノト同一ノ登記及ヒ公告ヲ爲スコトヲ要ス

右ノ外日本ニ支店ヲ設ケタル外國會社ハ其日本ニ於ケル代表者ヲ

定メ且支店設立ノ登記ト同時ニ其氏名、住所ヲ登記スルコトヲ要ス

第六十二條ノ規定ハ外國會社ノ代表者ニ之ヲ準用ス

（說明）外國ノ會社ハ外國ノ法制ノ下ニ設立セラレタルモノナレハ其組織必スシモ日本ノ合名、合資、株式、株式合資ノ四會社ト同一ナラサルハ勿論ナリ。故ニ其外國會社カ日本ニ支店ヲ設ケ之レカ設立ヲ登記スヘキモノトスルモ前四種ノ中何レニ準シテ登記スヘキカハ疑問ナリ故ニ法文ハ四種ト同種ノモノアレハ之ニヨリ又同種ノモノアラサルトキハ尤モ之ニ類似セルモノト同一ノ登記公告ヲ爲スヘキコトヽセリ是ニテ外國會社ハ日本ニ初メテ出生セルモノナリ

且又會社ハ一ノ無形人ナレハ外國會社トテ其代表者ハ本國ニアルヘキハ勿論ナルモ日本ニ生セシ取引ノ爲メ本國ノ代表者ヲ相手取ルヘキニモアラサレハ本法ハ日本ニ於ケル代表者ヲ定メ其支店設立ノ登記ト同時ニ其氏名住所ヲ登記スヘキモノトセリ

此代表者ハ日本ニテ裁判所裁判外ニ一切ノ代理權ヲ有スルハ勿論此代表者カ職務上加ヘタル損害ハ會社之ヲ負擔シ且ツ其代理權ノ制限ノ如キハ善意ノ第三者ニハ對抗スルコトヲ得サルナリ

第二百五十六條 前條第一項及ヒ第二項ノ規定ニ依リ登記スヘキ事項カ外國ニ於テ生シタルトキハ登記ノ期間ハ其通知ノ到達シタル時ヨリ之ヲ起算ス

（說明） 前條第一項及ヒ第二項ニヨリ登記スヘキ事項ハ或ハ外國ニ一旦生レタルモノヲ內地ニテ登記スヘキハ普通ノ情態ナルカ此場合ハ何レノ時期ヨリ登記ノ時間ヲ起算スヘキカハ疑問ナリ本條ハ云フ登記ノ期間ハ其通知ノ到達シタル時ヨリ起算スト。即チ設立ハ普通二週間。定款ノ變更ハ一週間ノ后登記スヘキ如キ其期間ノ起算ハ其同種及ヒ類似ノ會社ニヨリテ其期間ヲ定メサル可ラス

第二百五十七條 外國會社カ始メテ日本ニ支店ヲ設ケタルトキハ其支店ノ所在地ニ於テ登記ヲ爲スマテ第三者ハ其會社ノ成立ヲ否認

スルコトヲ得

（說明）本條ハ外國會社カ初メテ支店ヲ日本ニ設ケタル場合ニ其登記ヲ爲サヽル制裁ヲ定メタルモノトス即チ其支店ヲ設ケタル會社カ其設立登記ヲ爲サヽルトキハ他人ハ之ヲ會社ニアラストシテ之ヲ否認スルコトヲ得ヘシ故ニ會社ヨリ物品ヲ買ヒシ者ハ代價支拂ノ請求アルトキハ之ヲ會社ヨリ買ハサリシトシテ否認シ單ニ一個人ヨリ買入タルモノトシテ之ヲ拒ミ又賣リタル場合モ其一ケ人ニ賣却セルモノトシテ單ニ一ケ人ヲ相手取ルコトヲ得ヘシ

第二百五十八條　日本ニ本店ヲ設ケ又ハ日本ニ於テ商業ヲ營ムヲ以テ主タル目的トスル會社ハ外國ニ於テ設立スルモノト雖モ日本ニ於テ設立スル會社ト同一ノ規定ニ從フコトヲ要ス

（說明）狡猾ナル商人ハ日本ニ或ル會社ヲ設立セントスルモ其設立ニ當ツテ手續ノ面倒或ハ監督ノ嚴ヲ厭ヒ其名義丈其會社ヲ外國ニ設立シ而シテ日本ニ其支店ヲ設ケテ營業セント企ルモノナシトモ限ラス現ニ村井兄弟商會カ日本烟草製造ノ重

税ヲ避ケテ米國烟草製造ノ會社ヲ設立シ而シテ日本ニ之ヲ輸入スト聞ク。是多少其目的ヲ異ニスルモ此類ノ惡計ヲ廻ラシ名義丈ノ會社ヲ外國ニ設ケテ日本ニテ營業セントスル者將來ナシトモ限ラサルナリ此會社ハ外國ニ設立スト云フモ其實ハ日本ニ或ル目的ノ會社ヲ設立スルモノナレハ此場合此類ノ會社ハ日本ニ設立スル會社ト同一ノ規定ニ從フヘキモノト規定シ以テ日本ニ日本會社ノ新設ト同一ナラシメタルハ此奸策ノ防禦上至極當ヲ得タルモノナリ

第二百五十九條 第百四十七條、第百四十九條、第百五十條、第百五十五條第一項、第二百六條、第二百七條及ヒ第二百十七條第二項ノ規定ハ日本ニ於テスル外國會社ノ株式ノ發行及ヒ其株式若クハ社債ノ讓渡ニ之ヲ準用ス此場合ニ於テハ始メテ日本ニ設ケタル支店ヲ以テ本店ト看做ス

外國會社ト雖其株券ヲ發行スルモノハ第百四十七條ニヨリ其設立登記後ナラサル可ラス又株式ノ讓渡ハ亦第百四十九條ニ從ヒ其登記後ナラサル可ラス其記名株式

ノ讓渡ハ第百五十條ニヨラサレハ會社第三者ニ効力ナク記名株券ヲ無記名式トナスニハ第百五十五條ニヨラサル可ラス又記名社債ノ讓渡ハ第二百六條ニ從フヘク其債券ヲ無記名記名ト爲スハ亦第百五十六條ニヨルヘク又增資ノ結果新株ノ發行讓渡ハ第二百十七條ノ登記後ナラサル可ラス此塲合ハ日本ニ設ケタル支店ハ之ヲ本店ト看做サルヽモノトス故ニ本店ニ登記スヘキ事項ハ此支店所在地ニ登記セサル可ラス

第二百六十條　外國會社カ日本ニ支店ヲ設ケタル場合ニ於テ其代表者カ會社ノ業務ニ付キ公ノ秩序又ハ善良ノ風俗ニ反スル行爲ヲ爲シタルトキハ裁判所ハ檢事ノ請求ニ因リ又ハ職權ヲ以テ其支店ノ閉鎖ヲ命スルコトヲ得

（說明）　外國會社ノ日本支店ノ代表者カ會社ノ業務ニ付公ノ秩序又ハ善良ノ風俗ニ反スル行爲ヲ爲シタル塲合ノ如キハ如何ニ之ヲ處分スヘキカ元ヨリ日本ノ會社ナレハ第四十八條ニヨリ之レカ解散ヲ命スヘキモ外國ノ會社ハ之ヲ解散スルコト

能ハサル可シ故ニ此ノ場合ハ檢事ノ請求又職權ニヨリテ其支店ノ閉鎖ヲ命スルヨリ致方ナカルヘシ

第七章　罰則

（說明）商事會社ハ私法的行爲ニ屬スルヲ以テ法律ハ其行爲ニシテ公ノ秩序善良ノ風俗ニ反セル以上ハ之ヲ當事者ノ隨意ニ放任シ之レカ請求アルヲ待チテ初メテ裁斷ヲ下セハ足ルモ苟クモ其行爲ニシテ公安善風ヲ害スルトキハ之ヲ私人ノ任意ニ放棄スル能ハス。是レ本章カ過料ヲ付シテ其行爲ノ發生ヲ防キタル所以ナリ

第二百六十一條　發起人、會社ノ業務ヲ執行スル社員、取締役、外國會社ノ代表者、監査役又ハ清算人ハ左ノ場合ニ於テハ五圓以上五百圓以下ノ過料ニ處セラル

一　本編ニ定メタル登記ヲ爲スコトヲ怠リタルトキ

二　本編ニ定メタル公告若クハ通知ヲ爲スコトヲ怠リ又ハ不正

ノ公告若クハ通知ヲ爲シタルトキ

三　本編ノ規定ニ依リ閲覽ヲ許スヘキ書類ヲ正當ノ理由ナクシテ閲覽セシメサリシトキ

四　本編ノ規定ニ依ル調査ヲ妨ケタルトキ

五　第四十六條ノ規定ニ違反シテ開業ノ準備ニ着手シタルトキ

六　第百二十六條第二項及ヒ第二百三十八條第二項ノ規定ニ反シ株式申込證ヲ作ラス、之ニ記載スヘキ事項ヲ記載セス又ハ不正ノ記載ヲ爲シタルトキ

七　第百四十七條第一項又ハ第二百十七條第二項ノ規定ニ違犯シテ株券ヲ發行シタルトキ

八　株券又ハ債券ニ記載スヘキ事項ヲ記載セス又ハ不正ノ記載ヲ爲シタルトキ

九　定款株主名簿、社債原簿、總會ノ決議錄、財産目錄、貸借對照

表、營業報告書、損益計算書及ヒ準備金竝ニ利益又ハ利息ノ配當ニ關スル議案ヲ本店若クハ支店ニ備ヘ置カス、之ニ記載スヘキ事項ヲ記載セス又ハ之ニ不正ノ記載ヲ爲シタルトキ

十　第百七十四條第一項又ハ第百九十八條第二項ノ規定ニ反シテ株主總會ヲ招集セサルトキ

第二百六十二條　發起人、會社ノ業務ヲ執行スル社員、取締役、外國會社ノ代表者、監査役又ハ清算人ハ左ノ場合ニ於テハ十圓以上千圓以下ノ過料ニ處セラル

一　官廳又ハ總會ニ對シ不實ノ申立ヲ爲シ又ハ事實ヲ隱蔽シタルトキ

二　第七十八條乃至第八十條ノ規定ニ違反シテ合併、會社財産ノ處分、資本ノ減少又ハ組織ノ變更ヲ爲シタルトキ

三　檢査役ノ調査ヲ妨ケタルトキ

四　第百五十一條第一項ノ規定ニ反シテ株式ヲ取得シ若クハ質權ノ目的トシテ之ヲ受ケ又ハ同條第二項ノ規定ニ違反シテ之ヲ消却シタルトキ

五　第百五十五條第一項ノ規定ニ違反シテ株券ヲ無記名式ト爲シタルトキ

六　第百七十四條第二項又ハ民法第八十一條ノ規定ニ反シ破產宣告ノ請求ヲ爲スコトヲ怠リタルトキ

七　第百九十四條ノ規定ニ反シ準備金ヲ積立テス又ハ第百九十五條第一項若クハ第百九十六條ノ規定ニ違反シテ配當ヲ爲シタルトキ

八　第二百條ノ規定ニ違反シテ社債ヲ募集シタルトキ

九　第二百六十條ノ規定ニ依ル裁判所ノ命令ニ違反シタルトキ

十　民法第七十九條ノ期間內ニ或債權者ニ辨濟ヲ爲シ又ハ第九

二百四十二

十五條ノ規定ニ違反シテ會社財産ヲ分配シタルトキ

第三篇　商行爲

（說明）　商行爲トハ舊商法ノ商取引ノ意ナルモ商取引ノ語ハ其意味單ニ双務行爲タル契約ノ如キモノヽミヲ含ミ一方行爲ヲ包含セサル恐レアルヲ以テ法律ハ之ヲ商行爲ト改メ双方圧包含セシムルヿヽセリ此商行爲ノ何タルヤハ學問上ヨリ之レカ定義ヲ下スハ甚タ困難ナルヿ從來ノ商取引ノ定義ト同一ナルヘシ。併シ此商行爲ナル語ハ本來二樣ノ意味ヲ有スルヲ以テ一ノ定義ヲ下スハ甚タ煩雜ノ嫌ヒハ學問上ヨリニテモ免レサルヘシ。其二樣ノ意味トハ一ハ之ヲ其性質上ヨリ見タルモノト一ハ法律カ認定シテ商行爲ナリトスルモノニテ其性質ニヨルモノハ其行爲自身カ一定ノ性質ヲ有スルモノナレハ之ヲ說明スルニハ困難ナキモ其法律カ認メテ後然ルモノニ至ツテハ千差萬樣。昨日迄ハ商行爲ニアラサルモノモ今日ハ認メテ商行爲ト爲スモノハ續々出テ來ルニ相違ナケレハ之レニ一定ノ意義ヲ抽象的ニ與フルヿハ不能タルハ當然ナリ併シ仔細ニ觀察スレハ其性質ニ出ルトスルモノモ又法律ノ認定ニヨルモノナルヲ以テ嚴格ナル區別ハ到底出來サルヿナルヘシ。其性質上ノ商行爲ハ第二百六十三條ニ列記ノ第一號ヨリ第四號迄ノ行爲ニシテ其法定ニ屬スルモノハ第二百六十四條ニ列記ノモノナリト云ヘハ一見明瞭ナル如キモ此ノ如キハ商法トハ如何ナルモノナルカトノ問ニ對シテ商法記載ノ事項ナリト答フニ同シケレハ學問上ニモ通俗ニモ不明ノコトナルヘシ。故ニ予ハ此商行爲ノ解ヲ尤モ判明ナラシムル爲メ以下ノ如ク云ハントス商行爲トハ營業ノ爲メ又利益ヲ得ル目的ニテ動產不動產有價證券ヲ讓受ケ又借受ケ又ハ其讓受ケ借受ケタルモノヲ賣却賃貸スル行爲此他法律カ認メテ商行爲ト爲シタルモノヲ云フ更ラニ平タク云ヘハ商行爲トハ。貨物證券ノ轉換ヲ以テ利ヲ得又營業ノ爲ニスル行爲ヲ云フト云ハント欲ス

人間ノ行爲ハ千差ニシテ萬別ナリ元ヨリ一々此ハ民法行爲ナリ商行爲ナリト名稱ヲ付スルハ困難ナルニハ相違ナケレハ此等ノコトハ學者ノ本分ニ委ヲ只普通人トシテ尤モ心得ヘキ商行爲ノ標準ハ其行爲カ利ヲ得ル目的ニテ爲サレ

タルカ又其行爲ハ營業トシテ爲サレタルカハ之ヲ判別スル唯一ノ指針ナリヨシ學問上ニハ敢テ切實ノ標準タラサルモ普通ノ塲合ハ此二點ニ注意セハ大差ナカルヘシ

第一章　總則

第二百六十三條　左ニ掲ケタル行爲ハ之ヲ商行爲トス

一　利益ヲ得テ讓渡ス意思ヲ以テスル動産不動産若クハ有價證券ノ有償取得又ハ其取得シタルモノノ讓渡ヲ目的トスル行爲

二　他人ヨリ取得スヘキ動産又ハ有價證券ノ供給契約及ヒ其履行ノ爲メニスル有償取得ヲ目的トスル行爲

三　取引所ニ於テスル取引

四　手形其他ノ商業證券ニ關スル行爲

（説明）　本條ハ法律カ認メテ性質上ノ商行爲ト爲スモノナリ

第一號ハ利益ヲ得テ更ラニ之ヲ他ニ讓渡ス意思ニテ動産不動産有價證券ヲ有價的

ニ取得(買受讓受貸借)スル行爲。又ハ此取得シタルモノヲ更ラニ利ヲ得ル目的ニテ他ニ渡讓ス行爲モ共ニ商行爲ナリ更ラニ之ヲ平タク云ヘハ利ヲ得ル目的ニテ他日賣ル爲メ買フ行爲モ此買フタルモノヲ賣ル行爲モ共ニ商行爲ナリ故ニ實際ハ損シテ賣ルモ妨アラサルナリ併シカク云ヘハ商人カ實際損シテ見切賣リヲ爲ス如キハ商行爲ニハアラサル如キモ是レモ最初ノ利ヲ得ル爲メニ買フタル物ヲ賣ルモノナレハ商行爲タルニ妨ケナシ

第二號ノ他人ヨリ取得スヘキ動產又ハ有價證券ノ供給契約トハ現實ニ自巳カ占有スル物ヲ移轉スル契約ニアラスシテ現ニ他人ノ手ニアル契約ヲ爲スノ云ヒニシテ其履行ノ爲ニスル有償取得ヲ目的トスル物ヲ取得シテ他人ニ供給スル契約ノ謂ニシテ未來ニ或ル物品ヲ交付スヘキヿヲ約スル行爲ナリ此行爲ハ一ノ商行爲ニシテ此契約ヲ履行センニハ更ラニ第三者ニ向ツテ其同一物品ヲ取得セサル可ラス此取得スル行爲カ有償的ナラハ此行爲亦一ノ商爲行ナリ今本號ヲ例解スレハ甲カ乙ニ有價證券百枚ヲ乙ニ他日賣渡サンコトヲ約スル行爲モ一ノ商行爲ニシテ甲カ此乙

ニ對スル約束ヲ他日履行スルノ準備トシテ更ラニ丙ヨリ株券百枚ヲ買受タル行爲モ亦一ノ商行爲タリト云フニ外ナラス

第三號ハ取引所ノ取引ナリ此行爲ハ其性質上商行爲取引タルモノトス何トナレハ取引所ノ設立ハ商行爲ヲ目的トセサレハ之ヲ許サヽレハナリ

第四號ハ手形其他ノ商業證券ニ關スル行爲ニシテ此行爲ハ當然商行爲タルモノトス此ニ注意スヘキハ商業證券即チ指圖式ノ船荷證書運送狀保險證券送リ狀倉庫預證券等ハ勿論商行爲ヨリ生スルモノナレハ之ヲ商行爲トスル疑ノ存セサル所ナルモ手形ハ必スシモ商行爲ヨリ振出スモノニアラス故ニ本條ノ法文ニテ手形ノ振出引受裏書等ハ凡テ商行爲ナリトスレハ此ニ議論ナキモ若シ然ラス本條法文ノ讀ミ方上手形モ亦商業證券ノ一種トシ其手形ヲ行首ニ顯ハシタルハ其主ナルモノヲ特書シ此他ハ例書シタルニ過サルモノ之ヲ換言スレハ殺人其他ノ重罪ト云フト同一ニシテ殺人必スシモ重罪ニアラサルモ重罪中ノ主ナルモノヲ特書シタルニ過キサルト同一ナリトセハ商業證券タル手形ニアラサレハ商行爲ニアラス換言スレハ其

發行ノ趣旨カ商行爲ヨリ來ルモノニアラサレハヨシ手形ヲ發行スルモ商行爲ニアラスト云フヲ得ヘシシカシ反對ヨリ云ヘハ手形ニ關スル行爲ハ當然商行爲ニシテ此他ノ商業商劵ノ如キハ之ニ準シタルニ過キスト云ヒ得サルニアラス予ハ第一説タル商行爲ヨリ來ル手形即チ物品ノ代價等ノ爲メニ發行スル手形ニアラサレハ商行爲トセサル考ナルモ是學理上然ルノミニテ普通手形ノ發行ハ商行爲ノ場合多キト其引受裏書償還請求等ハ皆商法ノ規定ニカヽリ爲メニ其作用モ商法ニヨリテ而シテ全フセラルヽモノナレハ手形ニ關スル行爲ハ凡テ商行爲ナリトスル解釋ヲ至當ト信スシカシ手形ニ關ズル行爲ハ單ニ其發行スル塲合ノミナラス之ヲ割引スル銀行其他ノ營業者モ存スレハ是皆商行爲タルモノナリトス

第二百六十四條 左ニ掲ケタル行爲ハ營業トシテ之ヲ爲ストキハ之ヲ商行爲トス但專ラ賃金ヲ得ル目的ヲ以テ物ヲ製造シ又勞務ニ服スル者ノ行爲ハ此限ニ在ラス

一　賃貸スル意思ヲ以テ動産若クハ不動産ノ有償取得若クハ

賃借又ハ其取得若クハ賃借シタルモノノ賃貸ヲ目的トスル行爲

二　他人ノ爲メニスル製造又ハ加工ニ關スル行爲

三　電氣又ハ瓦斯ノ供給ニ關スル行爲

四　運送ニ關スル行爲

五　作業又ハ勞務ノ請負

六　出版、印刷又ハ撮影ニ關スル行爲

七　客ノ來集ヲ目的トスル場屋ノ取引

八　兩替其他ノ銀行取引

九　保險

十　寄託ノ引受

十一　仲立又ハ取次ニ關スル行爲

十二　商行爲ノ代理ノ引受

（説明）本條ハ前條ト異リテ法文ヲ待チテ初メテ商行爲タル者ニシテ其性質上ヨリノ商行爲ニアラス而シテ其要件ハ營業即チ之ヲ以テ生活ヲ立テ之ヲ常業トスルニアラサレハ本條列擧ノ行爲ヲ爲スモ商法ハ商行爲トセサルナリコレ又營業トスルモ自已ニ賃金ヲ得ル目的ニテ物ヲ製造シ又勞務ニ服スル者ノ行爲ハ商行爲ニアラス但シ此區別ハ商法實施上隨分異論ノ衝トナルヘケレハ今其標準ヨリ例示センニ此疑問ノ生スルハ第二號ト第四號ニシテ第五號ノ如キハ却テ疑問ノ外ニアルヘシ今第二號ノ塲合ヲ想像スルニ自已ヨリ材料ヲ出スト依頼者ヨリ之ヲ出ストヲ問ハス新ニ物ヲ形成スルハ製造ニシテ已ニ形成セル物ニ細工ヲ施スハ加工ナリ此製造加工ニテモ單ニ自己一人ノ賃金ヲ目的トシテ之ニ從事スルハ商行爲ニアラサルモ反之多クノ職人ヲ雇ヒ又ハ多ク材料ヲ仕入レ器械ヲ以テ一時ニ多數ノ物品ヲ製造スルカ如キハ商行爲トスルニ妨ケアラサル可シ又運送ノ方ニテモ單ニ自已カ小舟又ハ牛馬ヲ以テ一人ニテ行動シ其目的專ラ其賃金ヲ得ルニ過キサル如キハ商行爲トセサルモ大ナル船舶數十ノ牛馬荷車等ニテ此業ニ從事スルハ商行爲ト云ハサル可

ラス第五ノ請負ノ如キハオモニ一人ニテ爲ス者ニアラサレハ之レ商行爲タルニ疑ナカルヘキモ應々土方カ其地均ラシ又運搬ヲ一人數人ニテ請負ヒ此一人數人カ共ニ賃金ニ多少損益負擔ニテ之ヲ請負ヒ自ラ從事スル如キハ商行爲ニアラサルナリ第一號ハ他人ニ更ラニ賃貸スル意思ヲ以テ動產不動產ヲ代償(必スシモ代金ニアラス)ヲ拂フテ自巳ニ取得シ又ハ賃借スル行爲モ商行爲ナルト同時ニ又其取得シ賃借シタルモノヲ他人ニ賃錢ヲ得テ貸與スル行爲モ亦商行爲ナリ第二號ハ巳ニ說明セリ第三號ハ讀ンテ字ノ如シ第四號モ己ニ說明セル所ナリ第五號ノ作業トハ家屋ノ建築河海ノ堀割地均ラシ道路ノ開鑿等ノ一定ノ事業ヲ云ヒ勞務トハ人足車力等ノ勞役ナリ此等ノ請負ハ此ヲ營業トスレハ純然タル商行爲ナリ第六ノ出版トハ書籍ノ發行ニテ印刷トハ原稿ヲ木金ノ印字ニテ複寫スル行爲ニテ撮影ハ寫眞ナリ此等ハ皆營業トシテ從事セハ商行爲ナリ第七號ノ客ノ來集ヲ目的トスル塲屋トハ。芝居寄席揚弓店飲食店湯屋貸席新聞縱覽所見世物塲等ニテ此塲所ニテノ取引例之入塲劵ノ授受飲食物ノ供給其他此ニ關スル代價支拂ハ凡テ商行爲ナリ第八號第九號ハ兩替商ノ兩替銀行取引又保險業ノ其營業者ニ商行爲タルハ勿論ナルモ之レニ對スル一個人ノ行爲ハ必シモ商行爲ニアラス第十號第十一號第十二號モ同一ニテ一時他人ノ荷物ヲ預ルモ又他人ノ商業ヲ偶然媒介スルモ又一回他人ノ商業的代理ヲ爲スモ皆其目的カ營業トスルニアラサルトキハ商行爲ニアラサルナリ

第二百六十五條 商人カ其營業ノ爲メニスル行爲ハ商行爲トス

商人ノ行爲ハ其營業ノ爲メニスルモノト推定ス

（說明） 前二條ニ定ムル所ハ皆行爲ノ實質ヨリ規定シ商行爲ノ範圍ヲ定メタルモ商行爲ノ實質範圍ヲ實体的ニ又列擧的ニ定ムルハ立法上ヨリ之ヲ見ルモ甚タ策ノ得タルモノニアラス何トナレハ千態萬狀ナル商行爲ヲ一々列記スル如キハ到底其目的ヲ達シ得ヘキコトニアラサレハナリサリトテ又之ヲ抽衆的ノ定義ヲ與フル如キハ一層ノ困難ノ事爲ニ屬スルヲ以テ立法者ハ已ヲ得ス此列記主義ヲ採用セルニ外ナラサル可シ本條ハ即チ此列記主義ノ短所ヲ補フ爲ノ法文ニシテ所謂付屬商行爲ヲ定メタルモノトス法文ハ之ヲ商人カ其營業ノ爲メニスル行爲ハ商行爲トスト

サレハ苟クモ其目的ニシテ營業上ノ爲メニスルモノナレハ其相手カ商人タルト非商人タルトヲ問ハサルナリ併シ一營業上ノ爲メニ爲サレタルモノト決セハ商行爲タルニハ相違ナク又反證ヲ擧ケテ之ヲ商行爲ニアラスト云フヲ得サルモ營業ノ爲ニ爲シタルヤ否ヤハ疑問ノ起ルコト少ナカラサル可シ此疑ヲ決スル爲メ商人ノ行爲ハ凡テ其營業ノ爲メニスルモノト法律ハ推定シタレハ反證ヲ擧ケテ其然ラサルヲ證明セサル限リハ營業上ニテ爲サレタルモノト推定セラルレハ商人ノ行爲ハ商行爲タリト云フベキ場合ハ多カルヘシ

第二百六十六條　商行爲ノ代理人カ本人ノ爲メニスルコトヲ示ササルトキト雖モ其行爲ハ本人ニ對シテ其効力ヲ生ス但相手方カ本人ノ爲メニスルコトヲ知ラサリシトキハ代理人ニ對シテ履行ノ請求ヲ爲スコトヲ妨ケス

（說明）本條ハ民法ノ例外ヲ定メタルモノニシテ民法ニヨレハ他人ノ代理人タルモノハ必ス其本人ノ爲ニスルコトヲ示シテ其代理行爲ヲ實行スヘク（民法第五十九條）若シ之

ヲ示サヽル片ハ其効力ハ本人ニ對シテ生セス自已ノ爲メニスルモノト看做サルニ過キス只相手方カ本人ノ爲ニスルヿヲ知リ又知ルヿヲ得ヘカリシ片ノミ本人ニ効力アルニ過キス然ルニ何故ニ商法ハ此主義ニ例外ヲ設ケ商行爲ノ代理人カ本人ノ爲ニスルコトヲ示サヽルトキト雖其行爲ハ本人ニ對シテ効力ヲ生スト規定シタルカト云フニ是商業ノ敏活ヲ貴ヒ些々タル形式ノ爲メ其取引ヲ障碍セサルノ趣旨ニ外ナラサルヘシ。シカシ此法文ノ結果ヨリ代理人ノ行爲ハ眞實本人ノ爲ニスルモノナラハ其本人ノ爲ニスルコトヲ示サヽルモ必然其効力本人ニ及ンテ代理人ニ無關係ナリトスレハ狡猾ノ商人ハ無一物ノ本人ノ代理ナリトテ許多ノ取引ノ結果ヲ此無一物ノ本人ニ嫁シテ自已ニ責任ヲ免ルヽ如キ輩ナシトモ限ラサレハ法文ハ但書ヲ設ケテ相手方カ本人ノ爲ニスルコトヲ知ラサリシトキハ代理人ニ對シテ履行ノ請求ヲ爲スノ道ヲ與ヘ此奸策ニ陷ラサルノ術ヲ施セリ

第二百六十七條 商行爲ノ受任者ハ委任ノ本旨ニ反セサル範圍內ニ於テ委任ヲ受ケサル行爲ヲ爲スコトヲ得

（説明）委任トハ委託ノ意ニテ代理ト異ル代理トハ此受任者カ本人ヲ代表シテ第三者ニ對シテ商行爲ヲ爲スノ關係ナルモ委任ハ單ニ或ル行爲ヲ他人ニ委托シ他人之ヲ承諾スレハ足ルヲ以テ法律上當然ニ本人及ヒ代理人ノ關係ハ起ラス但シ此委托者カ第三者ニ向ツテ行動スルトキハ普通代理ナリ此委任ヲ受ケタル者ハ必スシモ委任通リニ其委托事項ヲ實行スヘキハ當然ナルモ其行爲カ委任ノ本旨ニ背カサルトキハ必スシモ此範圍ヲ守ラサルモ妨ケアラサルナリ是亦商業ノ機敏ヲ幇助シ其取引ヲ進捗セシムルノ趣旨ニ外ナラス故ニ是ヲ例言セハ其委任ノ本旨カ物ノ賣却ニアレハヨシ其代價ハ必ス一個五圓トアルモ其意思カ普通ノ標準ヲ示シタルニ外ナラスシテ必スシモ此價ニヨラサル可ラサルノ意見ヘス又他日機ヲ見テ賣却スルノ意ナラサル以上ハ之ヲ四圓ニ賣ルモ妨ケス何トナレハ其本旨ハ賣却ニアレハナリ又買入レニテ壹俵六圓ニテ玄米ヲ買フヘシト委任スルモ將來米價騰貴ノ見込アラハ七圓ニテ買入ルモ妨ケアラサルナリ

第二百六十八條 商行爲ノ委任ニ因ル代理權ハ本人ノ死亡ニ因リテ

消滅セス

（說明）代理ハ民法ニヨルモ必スシモ委任即チ本人ノ委托ノミニヨリテ發生セス後見人被後見人ノ關係親子ノ關係等ヨリ法律上當然發生スルモ少ナカラス本條ハ此委任ニヨル代理ノ消滅期ヲ定ム代理ノ消滅期ハ代理人ノ死亡期限條件ノ到來目的物ノ消滅其他委任事項ノ終了等少ナカラサルモ本條ハ其中ノ一タル本人ノ死亡ニ因リテハ消滅セサルモノトセリ。是民法ノ例外ヲ示シタルモノニテ商業ノ常態トシテ本人ノ死亡ト共ニ其取引ヲ終了スルモノニアラス若シ此場合必ス本人死亡セハ民法ノ如ク代理權消滅ストセハ大ナル損害ヲ生スルヲ以テ本人ノ死亡ハ代理權ノ消滅原因ト認メス强テ消滅ヲ欲セハ解任ノ手續ヲ以テ代理ヲ停止スヘキモノトセリ

第二百六十九條 對話者間ニ於テ契約ノ申込ヲ受ケタル者カ直チニ承諾ヲ爲ササルトキハ申込ハ其效力ヲ失フ

（說明）本條ハ對話者間ニ於ケル契約申込ノ効力ヲ定ム。契約ノ申込ハ一方行爲

ニ屬スルヲ以テ相手方カ之ニ向ツテ承諾セサルトキハ全然効力ナキカ如キモ決シテ然ラス此申込ノ行爲モ亦消滅スル迄ハ効力ヲ存スルモノナレハ本條ハ此効力ノ存續期ヲ定メタルモノナリ法文ハ云フ之ヲ受ケタル者ハ直ニ承諾セサル片ハ申込ハ効力ヲ失フト故ニ一旦申込ヲ受ケナカラ其際直チニ承諾ヲ爲サス後刻承諾ヲ表シ又ハ其申込ニ對スル行爲ヲ爲スモ（承諾ハ必スシモ明言ヲ要セス行爲ヲ以テスルモ妨ケス）其契約ハ成立セサルヘケレハ此承諾又行爲ハ効力ヲ有セサルヘシ是自巳カ直ニ其諾否ヲ決スヘキ地位ニアリナカラ默々ニ付スルハ之ヲ拒絶ト見ルモ妨ケサレハナリ若シ後日之ヲ決スルノ必要アラハ其承諾ヲ留保シ後日如何ヲ決答スヘキヲ約スルヨリ他アラサルナリ

第二百七十條 隔地者間ニ於テ承諾期間ノ定ナクシテ契約ノ申込ヲ受ケタル者カ相當ノ期間內ニ承諾ノ通知ヲ發セサルトキハ申込ハ其效力ヲ失フ

民法第五百二十三條ノ規定ハ前項ノ場合ニ之ヲ準用ス

（說明） 本條ハ有名ナル隔地者間ノ契約成立時期ニ關スル問題ヲ定メタル法文ナ

リ本條ニ付キ尤モ注意ヲ要スルハ民法トノ對照ナリ本條ハ云フ隔地者間ニ於テ承諾期間ノ定メナクシテ契約申込ヲ受ケタル者カ相當ノ期間內ニ承諾ノ通知ヲ發セサルトキハ申込ハ其効力ヲ失フト民法第五百二十四條ハ云フ承諾ノ期間ヲ定メスシテ隔地者ニ爲シタル申込ハ申込者カ承諾ノ通知ヲ受クルニ相當ナル期間之ヲ取消スコトヲ得ス何レモ一度申込アリタルトキハ相當ナル期間ニハ申込ハ取消スコトヲ得サルナリ併シ嚴密ニ比較スルトキハ商法ノ申込ハ民法ノ申込ヨリ早ク其効力ヲ失フ譯ナリ何トナレハ。民法ニヨレハ申込者カ承諾ノ通知ヲ受クル相當ナル期間ト云ヒテ其期間ノ定メ方申込者カ其承諾ヲ受クヘキ方ヨリ定メタレハ承諾者承諾ヲ發シタリトスレハ其郵便カ申込人ニ屆ク迄ノ期間ハ存スレナリ反之商法ニヨレハ契約申込ヲ受ケタル者カ相當ノ期間ニ承諾ノ通知ヲ發セサル𪜈ハト云ヒテ前例ニヨレハ申込ヲ受ケタル者カ承諾ヲ郵便ニテ發シ得ラルヽ期迄ニ發セサルトキハ申込ハ効力ヲ失フトアレハタシカニ之ヲ東京大阪間ノ郵便取引ト見レハ二日ノ差ハ生スル者トス即民法ナレハ一旦東京ヨリ契約ヲ申込ミ此申込二日間ニテ大阪商人ニ到着シ一日ノ勘考時間アリトシテ此ニ猶二日ノ東京商人カ承諾ヲ受クヘキ期間都合五日間ハ申込ハ効力存スルモ商法ニヨレハ此二日ノ申込到着期間ニ一日ノ勘考期間ヲ加ヘテ正サニ承諾ヲ發シ得ラルヽ期間三日ノ終リ迄申込ノ効力ヲ存スヘケレハ都合三日ニ過キスシテ此場合ハ契約ノ申込ヲ受ケタル者カ承諾セサル場合ノ期間ナレハ一旦此期間内ニ承諾アリタル片ハ契約此ニ成立スルモノナレハ最早申込人ハ之ヲ取消スコトヲ得ス故ニ東京ノ申込人ハ矢張五日間ハ待ツヲ安全ナリトス何ントナレハ三日目ニ承諾スルヤ否ヤハ不明ナレハナリ併シ相當期間ハ此場合三日目ナリトスレハヨシ四日目ニ電報ニテ承諾スルモ此申込ハ最早効力ナキモノナレハ東京商人カ他ト契約シ居ルモ之ヲ非難スル能ハサルナリ此ヲ民法ノ場合ナリトスレハ五日間ハ申込ノ効力存在スレハ此電報ノ承諾ハ効力アルヘシ本法モ民法第五百二十三條ニ倣ヒ遅延シテ來ル承諾ハ之ヲ新ナル申込ト看做シテ更ラニ諾否ヲ自分ヨリ之ヲ決スルコトヲ得ヘシ

第二百七十二條 商人カ平常取引ヲ爲ス者ヨリ其營業ノ部類ニ屬ス

ル契約ノ申込ヲ受ケタルトキハ遲滯ナク諾否ノ通知ヲ發スルコトヲ要ス若シ之ヲ發スルコトヲ怠リタルトキハ申込ヲ承諾シタルモノト看做ス

（說明）　普通ノ塲合ハコレ他人ヨリ契約ノ申込アルモ之ニ對シテ承諾ノ有無ヲ決答スヘキ義務ナク之ヲ欲スレハ默スルモ別ニ制裁アラサルナリ然ルニ商人カ平常取引ヲ爲ス者ヨリ其營業ニ屬スル契約ノ申込ヲ取ケタルトキハ遲滯ナク承諾スルカ又否ラサルカノ通知ヲ發セサル可ラス若シ發セサルトキハ申込ヲ承諾シタルモノト法律ハ看做セリ是酷ナルノ規定ニアラサル可シ何トナレハ其平常取引ヲ爲ス商人カ其得意先ヨリ買入又賣拂ヒノ申込ミアルトキ之ニ諾否ヲ決シ通知スル義務ノ如キハ今日習慣上實行スル所ナルノミナラス甚シキ重キ負担ニアラサレハナリ故ニ此通知ナキ塲合ハ承諾ト見ルモ不法ノ規定ニアラサルヘシ

第二百七十二條　商人カ其營業ノ部類ニ屬スル契約ノ申込ヲ受ケタル塲合ニ於テ申込ト共ニ受取リタル物品アルトキハ其申込ヲ拒絕

シタルトキト雖モ申込者ノ費用ヲ以テ其物品ヲ保管スルコトヲ要ス但其物品ノ價額カ其費用ヲ償フニ足ラサルトキ又ハ商人カ其保管ニ因リテ損害ヲ受クヘキトキハ此限ニ在ラス

（說明）　商人カ營業部類ニ屬スル契約ノ申込ミヲ受ケタルトキニ申込ミト同時ニ其見本又雛形等ノ送付ヲ受クルハ普通行ハルヽ所ノ慣例ナリ此場合ニ其物品ハ申込ヲ受ケタル者カ其契約ヲ拒絕シタルトキハ如何ニ處分スヘキカハ疑問ナリ本條ハ云フ此場合ハ申込者ノ費用ヲ以テ其物品ヲ保管スルコトヲ要スト然ルモ時ニ其物品ノ保管ニハ幾多ノ費用ヲ要シ且其費用其物品ノ價額ヲ以テ償フニ足ラサルコトアルヘク又其商人カ保管ニヨリテ却ツテ損害ヲ受クル如キ場合モ存スルヲ以テ此場合ハ保管ノ義務ナク之ヲ返送スルカ又ハ賣却シテ其損害ヲ避ケサル可ラス

第二百七十三條　數人カ其一人又ハ全員ノ爲メニ商行爲タル行爲ニ因リテ債務ヲ負擔シタルトキハ其債務ハ各自連帶シテ之ヲ負擔ス保證人アル場合ニ於テ債務カ主タル債務者ノ商行爲ニ因リテ生シ

タルトキ又ハ保證カ商行爲ナルトキハ主タル債務者及ヒ保證人カ各別ノ行爲ヲ以テ債務ヲ負擔シタルトキト雖モ其債務ハ各自連帶シテ之ヲ負擔ス

（說明）　本條ハ民法ノ例外ヲ設ケタルモノニシテ民法ニテハ數人カ同時ニ債務ヲ負擔スルモ連帶ヲ約セサル限リハ各自平等ニ負擔スルモノニシテ他人ノ債務ヲ負擔スル如キヿナキモ商法ハ反之數人ノ債務者其中ノ一人ノ商行爲ノ爲メナルトキ又全員ノ商行爲ノ爲メナルトヲ問ハス其債務ヲ負擔シタルトキハ其債務ハ各自連帶シテ之ヲ負擔スルモノトス此連帶ハ各自ニテ負擔スルモノナレハ一ノ訴ニ其全員カ被告タルノ責ニアラスシテ一人毎ニ其全部ヲ負擔スヘキモノトス之ヲ例言セハ千圓ノ負債ヲ五人ニテ負擔セハ何人ニ向フモ千圓宛ノ要求ヲ爲シ得ルモノトス第二項ハ保證行爲ノ規定ニテ是民法ノ例外ニ屬ス民法ハ凡テ保證ナルモノハ主タル債務カ履行セラレサル𪜈保證人カ第二位ニ履行スルニ過キサルモ商法ハ反之苟クモ主タル債務カ商行爲ヨリ生シタルカ又其保證ノミ商行爲ヨリ生シタル𪜈（例之問屋

營業等ハ保證スルヿアルヘシ）ハ先キニ主債務ハ獨立ニテ成立セルモノヲ後ニ保證人カ保證セル場合ナルト否トヲ問ハス共ニ連帶ノ責アレハ各全部負擔ノ義務アリ前項本項何レモ民法ニ比シテ酷ナル如キモ其商業ノ安全ヲ保チ取引ノ敏活ヲ尊フニハ却ッテ此レカ民法ノ各自義務ニ優ルコト萬々ナルヘシ

第二百七十四條　商人カ其營業ノ範圍内ニ於テ他人ノ爲メニ或行爲ヲ爲シタルトキハ相當ノ報酬ヲ請求スルコトヲ得

（說明）　本條又民法ノ例外ニ屬ス他人ノ爲ニ盡ス凡テノ行爲ニ對シテ一々報酬ヲ求ムル如キハ是レ本邦ノ慣例上未タ行ハレサル所ニシテ好意ヲ以テ隣閭ニ盡スハ却テ奬勵スヘキノ美風ナリ然ルモ是民法上ノ行爲ニ止リ商行爲ノ如キハ此レカ例外ノ規定ヲ取リ他人ノ爲メ殊ニ其營業ノ範圍内ニテ或ル行爲ヲ爲ス如キハ相當ノ報酬ヲ請求スヘキハ當然ト云ハサル可ラス是本法カ其營業行爲ニ限リ此原則ヲ認メタル所以ナリ

第二百七十五條　商人間ニ於テ金錢ノ消費貸借ヲ爲シタルトキハ貸

主ハ法定利息ヲ請求スルコトヲ得

商人カ其營業ノ範圍內ニ於テ他人ノ爲メニ金錢ノ立替ヲ爲シタルトキハ其立替ノ日以後ノ法定利息ヲ請求スルコトヲ得

（說明）本條亦民法ノ例外ナリ民法ハ他人ニ金錢ノ消費貸借ヲ爲スモ當然利息要求ノ權利ヲ認メサルモ。商行爲ニハ之ニ反スル大ナル理由アリ何トナレハ金錢ハ商人唯一ノ資本ニテ商人ノ利器金錢ニ優ルモノアラサルヘシ此利器ヲ無報酬ニ貸與スル如キハ商人ノ腦裏ニ浮ハサル所ナレハ別ニ明言ナキモ消費貸借ヲ爲シタル𪜈ハ法定利息（年六分即百圓ニ付六圓ナリ）ヲ請求スルコトヲ得ヘシ

以上明カニ消費貸借ヲ爲シタル場合ナルモ反之商人カ營業ノ範圍內ニテ他人ノ爲メニ金錢ノ立替ヲ爲シタルトキモ是レト同一ニテ其立替ノ日以後ノ法定利息ヲ請求スルコトハ得ルナリ第一項及本項トモ利息ヲ求メ得ルハ金錢ノミニテ物品ハ之ヲ他ニ融通シテ利ヲ得ルコト金錢ニ比シテ大ニ劣ルモノナレハ當然ノ要求權ヲ認メサルモ之ヲ欲セハ明言スルニ若カサルナリ

第二百七十六條　商行爲ニ因リテ生シタル債務ニ關シテハ法定利率ハ年六分トス

（說明）本條ハ法定利率ノ額ヲ定メタルモノニシテ別ニ說明ヲ要セス他人ニ消費貸借ヲ爲シ別ニ明言ナキハ年六分ノ額ヲ請求スルヲ得ヘシ

第二百七十七條　民法第三百四十九條ノ規定ハ商行爲ニ因リテ生シタル債權ヲ擔保スル爲メニ設定シタル質權ニハ之ヲ適用セス

（說明）民法第三百四十九條ハ質權設定者カ設定行爲又ハ債務ノ辨濟期前ノ契約ヲ以テ質權者ニ辨濟トシテ質物ノ所有權ヲ得セシメ又法律ニ定メタル方法ニヨラスシテ質物ヲ處分セシムルコトヲ約スルヲ禁スルノ法條ナリ然ルニ商行爲ヨリ生シタル債權ヲ擔保スル爲メ設ケタル質權ニモ此規定ヲ適用ストセハ甚シキ不便ヲ感スルヲ以テ商法ハ此不便ヲ避クル爲メ本條ヲ設ケタルニ過キス

第二百七十八條　商行爲ニ因リテ生シタル債務ノ履行ヲ爲スヘキ場所カ其行爲ノ性質又ハ當事者ノ意思表示ニ因リテ定マラサルトキ

ハ特定物ノ引渡ハ行爲ノ當時其者ノ存在セシ場所ニ於テ之ヲ爲シ其他ノ履行ハ債權者ノ現時ノ營業所、若シ營業所ナキトキハ其住所ニ於テ之ヲ爲スコトヲ要ス

指圖債權及ヒ無記名債權ノ辨濟ハ債務者ノ現時ノ營業所、若シ營業所ナキトキハ其住所ニ於テ之ヲ爲スコトヲ要ス

支店ニ於テ爲シタル取引ニ付テハ其支店ヲ以テ營業所ト看做ス

（說明）　本條ハ債務履行ノ場所ヲ定ム債務履行ノ場所ノ定マルハ第一ハ行爲ノ性質ニヨリ定ル例之祭禮ノ神社用ノ物品ノ如キハ其祭場ニトカ又演劇ノ假小屋建築ノ材料ハ其場所カ各其行爲ノ性質ニヨリテ定マリ第二其性質ニヨリテ不明ナルモノハ當事者ノ意思表示即明示默示ニヨリテ判知シ得ヘクンハ之ニヨル勿論ナルモ猶二者ニテモ不明ノ場合ハ特定物ノ引渡ナラハ行爲ノ當時其物ノ存在セシ場所其他ノ履行ハ債權者ノ現時ノ營業所此營業所ナキトキハ其住所ニテ爲スヘキモノトス

以上ハ指圖證劵又無記名證劵以外ノ債務ノ履行ナルモ此二者ノ履行ハ決シテ債權者ノ方面ニテ履行セシムル能ハサル性質ノ債務ナレハ此證劵ニ基ク債權ハ債權者ノ現時ノ營業所又營業所ナキトキハ其住所ニテ辨濟ヲ受クヘキモノトス

第二百七十九條 指圖債權又ハ無記名債權ノ債務者ハ其履行ニ付キ期限ノ定アルト雖モ其期限カ到來シタル後所持人カ其證劵ヲ呈示シテ履行ノ請求ヲ爲シタルトキヨリ遲滯ノ責ニ任ス

（說明） 本條ハ指圖債權及ヒ無記名債權ノ債務者遲滯ノ責ヲ規定ス民法上遲滯ノ責アリトシテ利息ヲ負擔シ又損害負擔ノ責アルハ確定期限アルモノハ其期限ノ到來ヨリ不確定期限ノアルモノハ債務者ノ其期限ノ到來ヲ知リタルトキヨリナルモ此指圖債權無記名債權ノ如キ受ケ身一方ノ債務者ハ何處ニ自己ノ債權者アルヤハ知ル能ハサルモノナレハ此證劵ハ來ル十二月二十日限リ持參ノ者ニハ米百俵引渡スト云フ無記名證劵ヲ發行スルモ此者ニ此十二月二十日以後ニハ直ニ遲滯ノ責アリトスルハ酷ナレハ此債權ニ限リ其期限到來後所持人カ其證劵ヲ呈示シテ履行ノ請

求ヲ爲シタルトキヨリ遲滯ノ責ハ生スヘキモノト規定セラレタリ

第二百八十條　第二百七十八條第二項及ヒ前條ノ規定ハ民法第四百七十一條ニ揭ケタル債權ニ之ヲ準用ス

（說明）　民法第四百七十一條ニハ證書ニハ明カニ債權者ノ何人ナルカヲ指名スルト同時ニ又其證書ノ所持人ニハ何人ニ辨濟ストモ云ヘル式ノ證券ヲ認メタリ此證券ハ記名證券ト無記名證券トヲ合併シタル如キモノニテ商法上ニモ利便ノモノナレハ第二百七十八條第二項ノ債務者ノ營業所又住所ニテ履行スヘキコト及ヒ其期限到來後呈示ヲ受ケサレハ遲滯ノ責ナキ點ハ此證券ニモ適用スヘキモノトス

第二百八十一條　金錢其他ノ物ノ給付ヲ目的トスル指圖證券又ハ無記名證券ノ所持人カ其證券ヲ喪失シタル場合ニ於テ公示催告ノ申立ヲ爲シタルトキハ債務者ヲシテ其債務ノ目的物ヲ供託セシメ又ハ相當ノ擔保ヲ供シテ其證券ノ趣旨ニ從ヒ履行ヲ爲サシムルコトヲ得

（說明）　此證券面ノ金何圓又米百俵ハ何某殿又其指圖人ヲ何月何日迄ニ引渡ストモ云フ指圖證券又此證券ノ持參人ニハ金千圓支拂フト云フ無記名證券ヲ所持スル者カ其證券ヲ喪失（紛失盜難トモ）シタル場合ニハ民事訴訟法ニテ其證券ヲ無効トスルハ公示催告ノ手續ヲ爲スコトヲ得此手續ヲ爲シタルトキハ勿論其手續ノ結了後愈々他ニ權利者ナキコトヲ確メ其債權ノ履行ヲ求ムヘキハ至當ノ順序ナルモ時ニ債務者ニ破産無資力旅行移轉ノ恐レアルトキハ後日履行ニ困難ヲ生スルヲ以テ此手續ヲ爲シタル者ハ債務者ニ其目的物ヲ供託セシメ又ハ相當ノ擔保ヲ供シテ其證券ノ趣旨即金錢ノ支拂ナケレハ金錢ノ支拂ヲ爲サシメ物品ノ供給ナレハ之ヲ引渡サシムルコトヲ得

第二百八十二條　第四百四十一條、第四百五十七條、第四百六十一條及ヒ第四百六十四條ノ規定ハ金錢其他ノ物ノ給付ヲ目的トスル指圖債權ニ之ヲ準用ス

（說明）　第四百四十一條ノ惡意又ハ重大ノ過失ナクシテ手形ヲ取得シタルモノハ

故ナク其返還ヲ求メラルヽコトナキ規定第四百五十七條ノ裏書ノ規定第四百六十一條ノ裏書人ノ署名ノミヲ以テ爲ス裏書即チ白地裏書ニ所持人カ自已ヲ被裏書人ト爲シ得ル規定第四百六十四條ノ裏書連續ノ規定ハ共ニ此手形以外ノ指圖證劵ニ準用スルモノトス

第二百八十三條 法令又ハ慣習ニ依リ取引時間ノ定アルトキハ其取引時間內ニ限リ債務ノ履行ヲ爲シ又ハ其履行ノ請求ヲ爲スコトヲ得

（說明） 本條ハ債務ノ履行ヲ求メ得ヘキハ取引時間內ニ限ルコトヲ定ム。勿論一日ノ時間ハ二十四時間ノ長キニ涉ルモ商人商行爲ノ時間ハカク長キモノニアラス必スヤ一定ノ取引時間內ナラサル可ラス故ニ債務ノ履行ヲ爲シ履行ノ請求ヲ爲スモ共ニ此取引時間內ニ於テセサル可ラス然ラサレハ商人ハ廿四時中始終其營業ニ從事セサル可ラサルニ至ル併シ自已ノ承諾上之ニ應スルハ妨ケアラサルモ苟クセ法律上其行爲ノ効力ヲ當然有セシメルニハ必スヤ一定ノ時間ナカル可ラス是本條カ法令ニテ一定ノ時間アルモノニハ之ニヨルヘク（銀行公證人ノ營業等ハ議會ニテ定ムルヿアリ）又慣習上ノ取引時間アルモノハ必ス此時間內ニ其履行ノ請求ハ爲サヽル可ラサルモノトセル所以ナリ

第二百八十四條　商人間ニ於テ其雙方ノ爲メニ商行爲タル行爲ニ因リテ生シタル債權カ辨濟期ニ在ルトキハ債權者ハ辨濟ヲ受クルマテ其債務者トノ間ニ於ケル商行爲ニ因リテ自已ノ占有ニ歸シタル債權者ノ所有物ヲ留置スルコトヲ得但別段ノ意思表示アリタルトキハ此限ニ在ラス

（說明）本條ハ留置權ニ關シテ從來ノ商法及ヒ民法ニ例外ヲ設ケタルモノナリ留置權ニ二種アリ一ハ一般留置ニシテ一ハ特別留置ナリ特別留置トハ其留置スルモノ即チ自已ノ占有ニ歸シタル物ニ關係シテ債權ヲ生シタル塲合ニシテ例之他人ノ物ヲ運送シ來リテ其運賃ノ支拂ナキ場合ニ其運送物ヲ留置スル如キヲ云フ此特別留置ニテハ前例ノ運送賃ノ不足ノ爲メニ其運送物ヲ留置スルハ妨ケサルモ更ラニ

自己保管ヲ托セラレシ物品又已ニ運賃ノ支拂濟ニナル物品ハ之ヲ留置スルヲ得サルナリ反之一般留置ナルモノハ一ノ債權アレハ此債權ノ爲メ債務者ノ物品自己ノ占有中ニアレハ何品ニテモ之ヲ留置スルヲ得ルヲ云フ。本條規定ノ留置物權ハ此一般留置ヨリ其範圍狹隘ナリ本條ノ留置權ハ其條件ヲ擧クレハ第一其債權ノ發生ハ双方即債權者ノ爲メニモ債務者ノ爲メニモ商行爲ニヨリタルモノナラサル可ラス故ニ一方民法上ノ行爲タル片ハ其要件トナラサルナリ第二其債權ハ辨濟期ニアラサル可ラス第三此債權ノ爲メニ留置スヘキ目的物ハ債務者トノ間ニ商行爲ニヨリテ自己ノ占有ニ歸シタル債務者ノ所有物ナラサル可ラス故ニ他人ノ物ハヨシ債務者ノ手ヨリ來ルモ之ヲ留置スルヲ得サルナリ但シ別段ノ意思表示アリテ此場合ニモ留置セサルコトヲ約セシ場合ハ之ヲ留置スルヲ得サルナリ

第二百八十五條 商行爲ニ因リテ生シタル債權ハ本法ニ別段ノ定アル場合ヲ除ク外五年間之ヲ行ハサルトキハ時效ニ因リテ消滅ス但他ノ法令ニ之ヨリ短キ時效期間ノ定アルトキハ其規定ニ從フ

（說明）本條ハ時効ヲ定メタルモノトス時効トハ一定ノ期間之ヲ行ハサレハ權利ハ法律ノ効力ニヨリテ消滅スルヲ云フ凡テ商行爲ニ因リテ生シタル債權ハ本法ニ別段ノ定メ（第三百二十八條第三百二十九條第三百四十九條第三百五十六條第四百十七條第四百四十條第五百七十五條第六百十八條）アル場合ヲ除キ五年間之ヲ行ハサルトキハ時効ニ因リテ消滅スルモノトス故ニ他人ニ預ケアル物品ヲ請求スル權利モ又賣掛代金モ共ニ五年間行ハサルトキハ消滅スルモノトス尤モ他ノ法令ニテ別段短カキ時効期間アルモノハ此短カキ時効ニヨルモノトス例之民法第百七十三條ノ生產者卸賣商人小賣商人カ賣却セシ商品產物ノ代價ノ如キハ二年ニシテ時効ニカヽリ居職人及ヒ製造人ノ仕事ニ關スル債權モ同一ナリ又同第百七十四條ノ勞力者藝人ノ賃金幷ニ其供給シタル物ノ代價及運送賃旅店料理貸席及ヒ娛遊場ノ宿泊料飮食料席料木戶錢消費物代價幷ニ立替金動產ノ損料ノ如キハ何レモ一年ノ時効ナリ

本條ニ注意スヘキハ此商法ヨリ長キ時効アルモノモ苟クモ商行爲ヨリ起ル債權ハ五年ニ短縮セラルヘキモノナルコト是ナリ

第二章　賣買

（説明）　賣買トハ一方カ或ル財產權ヲ一方ニ移轉スルコトヲ約シ一方ハ之ニ代價ヲ支拂フコトヲ約スレハ此ニ其契約成立スルモノトス此契約ヲ稱シテ賣買ト云フ此契約アルトキハ其目的物カ特定物ナルトキハ所有權ガ買主ニ移轉シ又其目的物カ不特定物ナルトキハ指定又荷造リ引渡シニヨリテ買主ニ移轉シ賣主ハ代價請求ノ權アルニ過キス然ルモ買主代價ヲ支拂フ迄ハ之ヲ留置スルノ權アリ一旦之ヲ運送ニ付スルモ買主支拂停止ノ情態ニ陷リシコトヲ知レハ途中ニテ之ヲ取戻スコトモ爲シ得ルナリ

第二百八十六條　商人間ノ賣買ニ於テ買主カ其目的物ヲ受取ルコトヲ拒ミ又ハ之ヲ受取ルコト能ハサルトキハ賣主ハ其物ヲ供託シ又ハ相當ノ期間ヲ定メテ催告ヲ爲シタル後之ヲ競賣スルコトヲ得此場合ニ於テハ遲滯ナク買主ニ對シテ其通知ヲ發スルコトヲ要ス損敗シ易キ物ハ前項ノ催告ヲ爲サスシテ之ヲ競賣スルコトヲ得

前二項ノ規定ニ依リ賣主カ賣買ノ目的物ヲ競賣シタルトキハ其代價ヲ供託スルコトヲ要ス但其全部又ハ一部ヲ代金ニ充當スルコトヲ妨ケス

（說明）　賣買ハ双務契約タルノ結果一旦其契約成立スルトキハ買主ハ第一代價支拂第二物品引取リ等ノ義務ヲ生シ賣主ハ第一其引渡シアル迄物ノ保存ノ義務第二其物引渡ノ義務アルモノトス此二ケノ義務モ際限ナク賣主負擔スヘシトセハ酷ナルヲ以テ法律ハ之ヲ制限スルノ規定ヲ取レリ本條即チ是ナリ商人間ノ賣買ニテ買主カ故意ニ其目的物ヲ受取ルコトヲ拒ミ又逃亡死去無能力其他ノ事由ニヨリテ之ヲ受取ルコト能ハサルトキハ賣主ハ其物ヲ供託スルカ又ハ相當ノ期間ヲ定メテ受取リ方ヲ買主ニ催告シ之ニテモ引取ラサルトキハ之ヲ競賣スルコトヲ得ルナリ但此場合ニハ遲滯ナク買主ニ此旨ヲ通知セサル可ラス尤モ其目的物カ魚肉野菜ノ如ク損敗シ易キ物ナルトキハ此催告ヲモ爲サスシテ競賣スルヲ得競賣シタルトキハ其代價ハ供託セサル可ラス是買主ノ爲メニ爲スモノナレハナリ但シ其代價（自己ニ受取ル

（ヘキ最初ノ代價）カ未タ拂ハレサルトキハ競賣代價ノ全部又一部ヲ自己ノ代價ニ充當スルハ妨ケサルナリ併シ此場合競賣代價カ其最初ノ代價ニ充タサルトキハ如何ニスヘキ此場合ハ其不足額及此費用ハ買主ニ對シテ要求スヘキハ勿論ナリ

第二百八十七條　賣買ノ性質又ハ當事者ノ意思表示ニ依リ一定ノ日時又ハ一定ノ期間內ニ履行ヲ爲スニ非サレハ契約ヲ爲シタル目的ヲ達スルコト能ハサル場合ニ於テ當事者ノ一方カ履行ヲ爲サスシテ其時期ヲ經過シタルトキハ相手方ハ直チニ其履行ヲ請求スルニ非サレハ契約ノ解除ヲ爲シタルモノト看做ス

（說明）　賣買ノ性質當事者ノ意思表示ニヨリテ一定ノ日時又ハ一定ノ期間內ニ履行ヲ爲スニアラサレハ契約ノ目的ヲ達スル能ハサルモノトハ例之或ル緣日ニアラサレハ賣却スル能ハサル物品ノ如キハ其賣買ノ性質カ一定ノ日時ニ履行セサレハ目的ヲ達シ得ラレサルモノニカヽリ又新年ノ客用ニ供スル物品ノ如キモ又或ル期間ニ履行セサレハ効力ナシ此他當事者ノ意思表示ニテ何月何日迄ニ到着セサレハ

契約ノ目的達セラレストカ又或ル期間内ニ履行ナクハ其契約ハ烏有ニ歸スルトカ約スルモノハ多々ナルヘシ此場合ニ其一方カ其時期又期間ヲ履行セスシテ經過セシ片ハ其相手方ハ直ニ履行ヲ請求スレハ格別然ラサルトキハ別ニ通知催告又裁判上ノ手續ナクシテ其契約ハ解除セラレタルモノトス此場合ニ一部分ノ履行アルトキハ如何ニスヘキカ之レ契約ハ解除セラレタルモノナレハ其物品ハ返還スヘキハ當然ナルモ若シ此不履行ニヨリテ損害アルトキハ之ヲ求ムルヲ得ヘキハ勿論ナレハ之レカ履行アル迄其目的物ヲ留置スルコトヲ得ヘシ

第二百八十八條 商人間ノ賣買ニ於テ買主カ其目的物ヲ受取リタルトキハ遲滯ナク之ヲ檢査シ若シ之ニ瑕疵アルコト又ハ其數量ニ不足アルコトヲ發見シタルトキハ直チニ賣主ニ對シテ其通知ヲ發スルニ非レハ其瑕疵又ハ不足ニ因リテ契約ノ解除又ハ代金減額若クハ損害賠償ノ請求ヲ爲スコヲ得ス賣買ノ目的物ニ直チニ發見スルコト能ハサル瑕疵アリタル場合ニ於テ買主カ六ケ月内ニ之ヲ發見

シタルトキ亦同シ

前項ノ規定ハ賣主ニ惡意アリタル場合ニハ之ヲ適用セス

（說明）本條ハ商人間ノ賣買ニ於テ其目的物ヲ撿査スヘキ規定ニカヽル商業ノ情態トシテ一日モ早ク其取引ヲ完結セシメ其關係ヲ離脫セシムヘキハ法律ニ於テモ亦奬勵スヘキ事爲ニ屬ス故ニ商人間ノ賣買ニテ其目的物ヲ買主受取リタル片ハ遲滯ナク之レヲ檢査シ若シ其目的物瑕疵アルカ又其數量ニ不足アルトセハ直チニ賣主ニ對シテ其通知ヲ發セサル可ラス然ラサルトキハ。買主カ其瑕疵又ハ數量不足ニヨリテ生スル權利即其目的物到底用ニ立タストシテ契約ヲ解除スルカ又其不足ノ割ニ應シテ代價ヲ減少セシムルカ又損害ノ賠償ヲ爲サシムル等ノ請求ハ爲スヲ得サルナリ併シナカラ之レ普通ノ場合ニシテ其目的物ノ瑕疵ハ直チニ發見セラレサルモノ例之牛馬ニ癖アルコト時計ノ（クルヒ）アルコト反物類ノ變色スルコト等ハ到底一朝一夕ニ發見スル能ハサルモノトス此等ハ六ケ月以內ニ發見セハ直チニ通知スルノ義務アルコト亦以上ト同シ併以上ノ規定ハ賣主ニ惡意ナキ場合ノ規定ニシテ賣主ニ惡意アル場合ハ不正ノ損害ヲ加ヘタルモノナレハ買主ハ民法第五百六十五條第五百七十條ノ規定ニヨリテ代金減少契約解除損害要求ヲ其一年以内ニ爲スコトヲ得

第二百八十九條 前條ノ場合ニ於テ買主ハ契約ノ解除ヲ爲シタルトキト雖モ賣主ノ費用ヲ以テ賣買ノ目的物ヲ保管又ハ供託スルコトヲ要ス但其物ニ付キ滅失又ハ毀損ノ虞アルトキハ裁判所ノ許可ヲ得テ之ヲ競賣シ其代價ヲ保管又ハ供託スルコトヲ要ス

前項ノ規定ニ依リ買主カ競賣ヲ爲シタルトキハ遲滯ナク賣主ニ對シテ其通知ヲ發スルコトヲ要ス

前二項ノ規定ハ賣主及ヒ買主ノ營業所、若シ營業所ナキトキハ其住所カ同市町村内ニ在ル場合ニハ之ヲ適用セス

(說明) 前條ノ場合ニ於テ買主ハ契約ヲ解除シタル場合ト雖賣主ノ費用ニテ賣買ノ目的物ヲ他ニ保管セシムルカ又供託セシメサル可ヲス併シ其物ニ付キ減少ノ虞

又毀損ノ虞アルトキハ裁判所ノ許可ヲ得テ之ヲ競賣シ代價ヲ保管シ又供託セサル可ラス此競賣ヲ爲シタルトキハ遲滯ナク賣主ニ其通知ヲ發スルノ義務アリ

以上ノ規定ハ賣主買主ノ營業所住所カ同市町村內ニアルトキニハ適用セサルモノトス此場合ハカヽル手段ヲ取ラサルモ賣主保管ノ義務ヲ盡スニ充分ナレハナリ

第二百九十條 前條ノ規定ハ賣主ヨリ買主ニ引渡シタル物品カ注文シタル物品ト異ナリタル場合ニ之ヲ準用ス其物品カ注文シタル數量ヲ超過シタル場合ニ於テ其超過額ニ付キ亦同シ

（説明） 本條ハ注文品カ其注文ト異リ又其數量カ注文以上ニ來リタル場合ニテ此場合ニモ買主ハ其目的物ノ保管又ハ供託ヲ爲サヽル可ラサルコト及ヒ其目的物カ滅失毀損ノ虞アルトキハ競賣シテ其代價ヲ保管又供託スヘキコト前條ニ同シ同町村內ニ買主賣主ノ住所アル場合ニ適用セサルコトモ同一ナルヘシ

第三章　交互計算

（説明） 交互計算トハ一口ニ云ヘハ差引勘定ノ意ニテ商人ト商人間及ヒ商

人ト非商人間ニ平素取引ヲ爲ス場合ニ一定ノ期間内ニ取引ヨリ生スル債權債務ノ相殺ヲ爲シ其殘額ノ支拂ヲ爲スコトヲ契約スルニヨリテ効力ヲ生スモノトス故ニ單ニ時々差引勘定ヲナスモ此契約ナキ場合ハ法律上云フ所ノ交互計算ニアラス此計算ハ契約ニヨリテ初メテ發生シ而シテ法律上特別ノ効力ヲ生シ。一旦此計算ニ組込ミタル債權債務ハ殘額ニアラサレハ其支拂要求ノ權ナク又其期間中ハ個々ノ債權ニ對シテハ支拂ヲ求ムルコトヲ得サルナリ

第二百九十一條 交互計算ハ商人間又ハ商人ト商人ニ非サル者トノ間ニ平常取引ヲ爲ス場合ニ於テ一定ノ期間内ノ取引ヨリ生スル債權債務ノ總額ニ付キ相殺ヲ爲シ其殘額ノ支拂ヲ爲スヘキコトヲ約スルニ因リテ其效力ヲ生ス

（説明） 第一交互計算ノ對手トナルヘキ者ハ商人ト商人間及ヒ商人ト非商人間ナリ第二其關係ハ平常取引ヲ爲ス者ノ間ナラサル可ラス第三此取引ヨリ生スル債權

債務ヲ互ニ相殺ヲ爲シ其殘額ノ支拂ヲ爲スコトヲ約セサル可ラス第四其相殺ヲ爲スヘキ取引一定ノ期間內ニ於テスルコト此四條件ヲ具備シテ初メテ交互計算ノ契約完全ニ成立スルモノトス

第二條九十二條 手形其他ノ商業證券ヨリ生シタル債權債務ヲ交互計算ニ組入レタル場合ニ於テ證券ノ債務者カ辨濟ヲ爲サヽリシトキハ當事者ハ其債務ニ關スル項目ヲ交互計算ヨリ除去スルヿヲ得

（說明） 手形其他ノ信用證券ハ商人間ノ通貨ナリ商業愈進ミ信用益鞏固ナルニ從ヒテ此信用證券ハ其數ヲ加ヘ眞正ノ通貨ハ次第ニ其跡ヲ商業界ニ少フスルニ至ルハ必然ノ勢ナリ故ニ交互計算ニ於テモ其双方カ手形其他ノ信用證券ヨリ生スル債權債務ヲ組入ルヘキハ當然ナリ然ルニ此ニ一方ハ常ニ石炭ヲ送付シ一方ハ之ニ對シテ或ハ米麥等ノ穀類ヲ送リ或ハ手形其他ノ信用證券ヲ送ル場合アリトセンニ此場合石炭ト米麥トハ互ニ其物自身カ實價ヲ有スルモノナレハ交互計算ノ目的トナリ其價格丈ノ相殺ヲ實行シ得ヘキモ此手形ハ必ス之ニ對スル債務者カ之ニ對スル

支拂ヲ實行セサルトキハ其計算ノ目的タルコトヲ得サルヘシ故ニ法文ハ此場合ヲ豫想シテ其債務者カ支拂ヲ爲サヽルトキハ當事者ハ此手形ニ關スル項目丈ハ交互計算ヨリ除去スルコトヲ得ヘキモノトセリ否ラサレハ一方ハ大ナル損害ヲ受クレハナリ然ルモ最初ヨリ危險負擔ニテ其不除去ヲ約スルハ妨ケサルナリ

第二百九十三條 當事者カ相殺ヲ爲スヘキ期間ヲ定メサリシトキハ其期間ハ之ヲ六ケ月トス

（說明） 交互計算ノ契約ハ之ヲ解除セサル間ハ勿論永續スルコトヲ得ヘシ然ルモ其相殺期ハ當事者隨意ニ定メサルトキハ法律之ヲ定メサレハ大ニ商業ノ進歩ヲ妨クヘシ。況ンヤ朝夕變動シ易キ商業界ノ情態ニ於テオヤ昨ノ富豪今日零落ヲ極ムルハ常ニ見ル所ナリ故ニ時々其差引計算ヲ行フテ一ハ其債權債務ヲ確定シ一ハ其事項ノ他日ノ紛雜ヲ防クハ當サニ務ムヘキコトヽ云ハサル可ラス是本條カ當事者カ相殺期ヲ定メサルトキハ其期間ハ六ケ月ナリトセル所以ナリ

第二百九十四條 當事者カ債權債務ノ各項目ヲ記載シタル計算書ノ

承認ヲ爲シタルトキハ其各項目ニ付キ異議ヲ述フルコトヲ得ス但錯誤又ハ脱漏アリタルトキハ此限ニ在ラス

（說明）本條ハ交互計算ノ効力ヲ定メタルモノナリ交互計算單ニ差引勘定ノ効力アルニ過キストセンカ是レ本法カ別ニ一章ヲ設ケテ其詳細ヲ規定スル必要ハ寸毫モアラサルヘシ。交互計算ハ此差引勘定ノ利益ノ外ニ互ニ記載セル計算書ノ各項目ヲ双方承認セルトキハ最早之ニ對シテ異議ヲ述フルコトヲ得サルノ効力ヲ有スルモノトス尤モ其錯誤ナリ又脱漏アルトキハ之ニ對シテ異議ヲ述ヘ訂正ヲ求メ得ヘキハ本條ノ明許スル所ナリ但此外ノ異議ハ一旦承認セルトキハ最早爲シ得サルナリ故ニ一旦承認シテ實行セル計算ニ對シテハ單ニ差引殘額ノミ新ナル債權トシテ主張シ得ヘキモ各債權ニ對シテ或ル債務ハ目的物ニ瑕疵アリトカ詐欺アリトカノ理由ニテ取消ハ許サヽルナリ

第二百九十五條 相殺ニ因リテ生シタル殘額ニ付テハ債權者ハ計算閉鎖ノ日以後ノ法定利息ヲ請求スルコトヲ得

前項ノ規定ハ各項目ヲ交互計算ニ組入レタル日ヨリ之ニ利息ヲ附スルコトヲ妨ケス

（說明） 差引殘額ハ此ニ初メテ發生セル新債權ナレハ其權利者ハ計算閉鎖後法定利息ヲ求メ得ヘキハ法ノ許ス所ナリ尤モ此計算前ニ於テモ互ノ契約ニテ各拂込金額（物品ノ代價等モ包含ス）ト對シテ其組入レノ日ヨリ利息ヲ付スルコトヲ得否ラサレハ一方ハ單ニ借リ方トナル者ノ如キハ大ナル利益ヲ得レハナリ

第二百九十六條 各當事者ハ何時ニテモ交互計算ノ解除ヲ爲スコトヲ得此場合ニ於テハ直チニ計算ヲ閉鎖シテ殘額ノ支拂ヲ請求スルコトヲ得

（說明） 交互計算ハ一定ノ時期ヲ限リテ爲シ得ルモノナルコトハ其性質上然ラサルヲ得サルモ是全ク双方ニ信用存スルヲ以テナリ一朝此信用ニシテ維持スルニ難キ狀況出顯センカ何時ニテモ其契約ヲ解除スルコトヲ得ル權能ヲ與ヘスンハ不測ノ損害ヲ被ル者アルヘシ故ニ本法ハ此解除ハ何時ニテモ許シ一旦解除セシトキハ

直チニ計算ヲ閉鎖シテ殘額請求ノ權ヲ一方ニ與ヘ此危害ヲ避クルノ道ヲ與ヘタリ

第四章　匿名組合

匿名組合トハ一方ノ商人ニ他ノ一方カ資本ヲ與ヘテ其所有ニ移シ一定ノ事業ヲ營マシメ之ヨリ生スル利益ヲ分配スル契約ヲ云フ此結果營業者ハ自己單獨ニテ營業スル者ナレハ第三者ニ對シテハ此匿名組合員ハ勿論責任ヲ負ハサルモノトス但第二百九十九條ノ場合ニ匿名員ノ氏名ヲ營業者ノ商號中ニ用ヒ又其匿名員ノ商號ヲ營業者カ使用セシ場合ノ如キハ連帶無限ノ責任ヲ負フモ此場合ハ眞正ニ言ヘハ最早匿名組合ニアラスシテ普通ノ組合タルモノナレハ其責任ヲ他人ニ對シテ負擔スルハ當然ナリ此匿名組合ノ普通貸金ト異ル點ハ一定ノ利息ヲ得スシテ損益ニ應シテ配當ヲ異ニシ又一定ノ事業ヲ契約ニ從ヒ履行セシムヘキ點ハ其主トシテ異ル點ナリ

第二百九十七條　匿名組合契約ハ當事者ノ一方カ相手方ノ營業ノ爲メニ出資ヲ爲シ其營業ヨリ生スル利益ヲ分配スヘキコトヲ約スル

ニ因リテ其効力ヲ生ス

（説明）本條ハ匿名組合ノ定義ニテ此契約ハ當事者ノ一方カ其相手方ノ營業ノ爲メニ資本ヲ投シ(一)其營業ヨリ生スル利益ヲ分配スルコトヲ約スレハ(二)此ニ其効力ヲ生シ此營業ヨリ生スル責任ハ匿名員ノ負擔スヘキ分ハ其出資額ニ止ルモノトス

第二百九十八條　匿名組合員ノ出資ハ營業者ノ財産ニ歸ス

匿名組合員ハ營業者ノ行爲ニ付キ第三者ニ對シテ權利義務ヲ有セス

（説明）本條ハ匿名員出資ノ性質ヲ定メタルモノニテ匿名員ノ出資ハ普通ノ組合ノ加ク共有ニ歸スヘキカ又ハ會社ノ如ク特ニ一ケノ人格者ノ所有タルヘキカト云フニ此場合ノ出資ハ共有ニモアラス又別個ナル人格者ノ所有トモナラス其營業者ノ財産ニ歸屬スヘキモノトス故ニ如何ナル動産不動産ヲ以テ出資トスルモ特別ノ契約ナキ以上ハ凡テ其處分權ハ營業者ニ移ルヲ以テ匿名員ハ此ニ對スル債權即チ契約解除ノ曉損失ヲ扣除セシ殘額ヲ請求スル權アルニ過キス此結果ヨリシテ凡テ

此營業者ヨリ起ル權利義務ハ皆營業者之ニ當リ匿名員ハ之ニ與ラサルモノトス

第二百九十九條 匿名組合員カ其氏若クハ氏名ヲ營業者ノ商號中ニ用ヰ又ハ其商號ヲ營業者ノ商號トシテ用ユルコトヲ許諾シタルトキハ其使用以後ニ生シタル債務ニ付テハ營業者ト連帶シテ其責ニ任ス

（說明） 本條ハ營業者カ匿名員ノ氏名ヲ自已ノ商號中ニ用ヒ又其匿名員ノ商號ヲ營業者自身ノ商號トシテ用ユルコトヲ許諾シタルトキノ第三者ニ對スル責任ヲ定ム此場合ハ一見已ニ營業者及ヒ匿名員ノ共同營業トナリテ最早匿名云々ヲ以テ論スヘキモノニアラサル如キモ是當ヲ得タルモノニアラス何トナレハコレ商號上ニ於テハ匿名員ノ氏名又其商號カ全然顯ハルヽニセヨ其營業ハ依然タル營業者自已ノ營業ナリ故ニ其財産及ヒ取引關係モ共同ノ性質ニ變スヘキ所謂ナシ併シ一旦之レカ氏名商號ノ使用ヲ匿名員カ營業者ニ明カニ許諾セシ以上ハ第三者ハ信シテ其營業ノ共同營業ナリトナスハ自然ノ結果ナレハ只第三者ニ對スル關係ノミハ其許

諸シテ使用セシ以後ハ其債務ニ對シテ匿名員モ營業者ト連帶ヲ以テ責ヲ盡スモノトス

第三百條 出資カ損失ニ因リテ減シタルトキハ其塡補後ニ非サレハ匿名組合員ハ利益ノ配當ヲ請求スルコトヲ得ス

（說明） 本條ハ配當利益ハ如何ナル性質ノモノナルヤヲ定ム利益不利益ノ問題ハ苟クモ其從事セシ取引ニ投セシ資本ト之ヨリ得タル收入ト差引キ殘ルモノハ利益タルニハ相違ナキモ此利益ハ直チニ以テ配當スヘキ利益ナリト云フ能ハス配當スヘキ利益ハ若シ前ニ其出資カ損失ニヨリテ減シタルコトアリトセハ之ニテ前ノ損失ヲ補充シ其殘額ニアラサレハ配當スヘキモノニアラス併シ其營業ノ利器ハ此出資ニアレハ此出資ノ保存ハ營業ノ永續上尤モ勤ムヘキ所ナレハナリ

第三百一條 組合契約ヲ以テ組合ノ存續期間ヲ定メサリシトキ又ハ或當事者ノ終身間組合ノ存續スヘキコトヲ定メタルトキハ各當事者ハ營業年度ノ終ニ於テ契約ノ解除ヲ爲スコトヲ得但六个月前ニ

其豫告ヲ爲スコトヲ要ス
組合ノ存續期間ヲ定メタルト否トヲ問ハス已ムコトヲ得サル事由アルトキハ各當事者ハ何時ニテモ契約ノ解除ヲ爲スコトヲ得

（說明） 此匿名組合モ一ノ契約ノ結果ナレハ如何ナル事情アルモ之ヲ解約セシメストスルカ如キハ社會ノ秩序ヲ害スルヲ以テ相當ノ事情アリ又一定ノ時期ニ其解約ヲ許スハ至當ノ規定ト云ハサル可ラス故ニ組合ノ存續期間ヲ定メサリシ片又或ル當事者ノ終身間組合ノ存續スヘキコトヲ定メタル如キ場合ハ各當事者ハ事業年度ノ終リニ於テ契約ノ解除ヲ爲スコトヲ得但シ六ケ月前ニ其豫告ヲ爲スヘキモノトス又組合ノ存續期間ハ終身ノ如キ永キ場合ナラス五三年ノ短時間ナルト否トヲ問ハス已ムヲ得サル事由アルトキハ各當事者ハ何時ニテモ契約ノ解除ヲ爲スコトヲ法律ハ許セリ是又其當ヲ得タル規定ニシテ一旦契約ヲ爲シタレハトテ如何ナル事情ノ下ニモ解約ヲ許サヽルカ如キハ大ニ人間ノ自由ヲ拘束スルモノナレハナリ

第三百二十一條 前條ニ掲ケタル場合ノ外組合契約ハ左ノ事由ニ因リテ

終了ス

一　組合ノ目的タル事業ノ成効又ハ其成効ノ不能

二　營業者ノ死亡又ハ禁治產

三　營業者又ハ匿名組合員ノ破產

（說明）　前條ハ契約ハ契約トシテ存立スルヲ當事者一方又双方ヨリ解約スル塲合ナルモ本條ハ法律ノ効果ニテ組合契約カ當然終了スヘキ塲合ナリトス第一號ハ組合ノ目的タル一定ノ事業ノ成功スルカ又其成功ノ不能タル塲合ニテ何レモ組合存立ノ必要ナキ塲合タリ第二號ハ營業者ノ死亡又ハ禁治產タル塲合ニシテ其終了ハ甚タ當ヲ得タルモノトス何トナレハ最初組合契約ノ成立ハ營業者ノ技倆ニ重キヲ置ケハナリ他人出資ヲ爲シテ其營業ニ從事セシメシナリ營業者一旦死亡又死亡ト同一ナル禁治產ノ如キニ至レハ最初ノ目的ハ此ニ消滅セシモノナレハナリ第三號ノ營業者又匿名組合員ノ破產ハ是レ云ヲ待タサル所ナリ

第三百三條　組合契約カ終了シタルトキハ營業者ハ匿名組合員ニ其

出資ノ價額ヲ返還スルコトヲ要ス但出資カ損失ニ因リテ減シタルトキハ其殘額ヲ返還スルヲ以テ足ル

（說明）匿名組合ナルモノハ前ニモ屢々說明セル如ク其財產關係ハ一ノ共有ニモアラス又特有ノ人格關係ヲモ組成スルモノニアラサレハ一旦組合契約ノ終了スルモ其財產ヲ分配スルカ又他ニ移轉スル等ノ必要ナク只其組合存立中ノ損益計算ヲ爲シ（一）損失シテ壹厘モ返還スヘキモノナクンハ勿論返還セス（二）多少殘額アレハ之ヲ出資ヨリ差引キ返還シ（三）損失ナクンハ其出資ノ價額ヲ全部返還スヘキモノトス

第三百四條

第百八條、第百十一條及ヒ第百十五條ノ規定ハ匿名組合員ニ之ヲ準用ス

（說明）本條ハ匿名員ノ出資ハ第百八條ニヨリテ金錢財產ノミヲ以テ其目的トシ勞力信用等ヲ以テスルコトヲ許サス又營業ニ關スル權利トシテ第百十一條ニヨリテ事業年度ノ終リニ於テ營業期間ニ限リテ財產目錄貸借對照表ノ閱覽ヲ求メ營業者營業上ノ業務及其財產ノ狀況ヲモ撿查シ重要ナル事由アルトキハ裁判所ニ其業

務財産ノ狀況ヲ撿査セシムルコトヲ得ル點又第百十五條ニヨリテ匿名員ハ組合ノ業務ヲ執行シ又組合代表ノ權ナキコトヲ定メタルニ過キス

第五章　仲立營業

（說明）仲立營業トハ他人間ノ商行爲ヲ媒介シテ其取引ヲ成立セシムルヲ職トスルモノニテ將來商業ノ進步ト共ニ此種ノ商業機關ノ必要ナルハ云フヲ待タサル所ナリ例之此ニ一ノ公債證書ヲ買入レ又賣却セント欲スルニ當リテモ其一經驗ナキ者カ相當ノ賣手買手ヲ求メテ奔走センヨリ此仲立人ノ如キモノニ托シテ恰好ナル賣手買手ニ賣買セシムルハ第一時間ノ節約第二危險ノ減少第三相場ノ高低ヲ知ル等大ニ得ル所アレハナリ況ンヤ此種ノ商人存スレハ何人モ其營業トスル目的物ハ此者ニ托シテ取引ノ媒介ヲ爲サシムルヲ以テ別ニ買手ヲ求メス賣手ヲ尋子ス一堂ノ下ニ此好對手ハ集合シテ需供刻下ニ辨スレハナリ

第二百五條　仲立人トハ他人間ノ商行爲ノ媒介ヲ爲スヲ業トスル者

ヲ謂フ

（説明）是レ仲立人ノ何タルヲ示シタル法文ニシテ仲立人ノ本職ヲ知ルニ足ル仲立人ハ法文ノ云フ如ク他人間ノ商行爲ノ媒介ヲ爲スヲ業トスルモノニシテ決シテ其依頼者ノ代理ヲ爲スモノニアラス換言スレハ代理機關ニアラスシテ單ニ媒介機關タルニ過キス故ニ取引ノ相手タルモノニアラス唯賣ル者ニハ買手ヲ引合ハセ買フ者ニハ賣手ヲ手引キ此價額ノ高低ヲ仲裁シ契約ノ條件ヲ調和シ引渡ノ時期代價支拂等凡テ其双方ノ主張ヲ折裁シテ互ニ讓合ヲ爲サシメ以テ圓滑ニ其取引ノ成立セシムルヲ職トスルモノトス此種ノ行爲ハ經濟上當事者ノ利益タルノミナラス又爭訟上其證據ニ大ナル効力ヲ與フルヲ以テ法律カ一定ノ規定ヲ以テ相當ノ保護取締ヲ爲スハ商業進歩ノ上ニ一大有益ヲ與フルモノナリ

第三百六條 仲立人ハ其媒介シタル行爲ニ付キ當事者ノ爲メニ支拂其他ノ給付ヲ受クルコトヲ得ス但別段ノ意思表示又ハ慣習アルトキハ此限ニ在ラス

（説明）　本條ハ又前條ニ云フ單ニ當事者ノ媒介ヲ爲シテ代理タラサルヨリ來ル法文ニシテ。代理ヲ爲サス單ニ媒介ヲ爲スニ止ルトスレハ其媒介行爲ニ付キ其當事者ノ支拂其他ノ給付ヲ受クルハ大ニ其趣旨ニ背クモノト云ハサル可ラス然ルモ當事者ノ方面ヨリ觀察スレハ其授受ヲ托スルハ大ニ利便アルヲ以テ之ヲ托スルハ別ニ有害ノ行爲ニアラサレハ法ノ禁スヘキ理由モナク又反對ノ慣習アルトキノ如キハ猶之ヲ制スヘキ理由ヲ存セサルヲ以テ法律ハ之ヲ許セリ只法ノ注意スル所ハ仲立人本然ノ性質ハ其取引ノ媒介ヲ本領トスルヲ以テ別段ノ契約又慣習ナクンハ支拂給付ヲ一方ニ代リテ爲ス權能ナキコトヲ明カニシタルニ過キス

第三百七條　仲立人カ其媒介スル行爲ニ付キ見本ヲ受取リタルトキハ其行爲カ完了スルマテ之ヲ保管スルコトヲ要ス

（説明）　取引ノ進歩ヲ速カナラシムル爲メ其見本ヲ仲立人ニ托シ之ニヨリテ相手方ノ購買力ヲ喚起シ取引ノ成立ヲ見ルハ商人間ノ常態ナリ併シ此見本ハ多少ノ紛爭上尤モ有力ナル證左ナレハ仲立人ハ其商行爲ノ完結迄之レカ保管ノ責ニ任セサ

ル可ラス是媒介ノ實ヲ完フスルモノナレハナリ

第三百八條　當事者間ニ於テ行爲カ成立シタルトキハ仲立人ハ遲滯ナク各當事者ノ氏名又ハ商號、行爲ノ年月日及ヒ其要領ヲ記載シタル書面ヲ作リ署名ノ後之ヲ各當事者ニ交付スルコトヲ要ズ

當事者カ直チニ履行ヲ爲スヘキ場合ヲ除ク外仲立人ハ各當事者ヲシテ前項ノ書面ニ署名セシメタル後之ヲ其相手方ニ交付スルコトヲ要ス

前二項ノ場合ニ於テ當事者ノ一方カ書面ヲ受領セス又ハ之ニ署名セサルトキハ仲立人ハ遲滯ナク相手方ニ對シテ其ノ通知ヲ發スルコトヲ要ス

（説明）　仲立人ハ當事者間ニ於テ其取引ノ成立シタルトキハ遲滯ナク何某ト何某（其商號ニテモ可ナリ）間ニ何々賣買ノ商行爲成立セリ此賣買代價ハ何圓ニシテ其手付金何圓ト直チニ賣主ニ支拂ヒタリ而シテ其引渡ハ何月何日ニシテ其代價ハ其當日全部又

幾分ヲ支拂ヒ其殘額ハ何月何日仕拂フモノトス若シ此契約ニ背キタルトキハ違約金何程ヲ賣主又買主ヨリ支拂フモノトス云々等ノ書面ヲ作リ之ニ行爲ノ年月日ヲ記入シ自已ノ氏ヲ書シ。各當事者ニ其一通宛ヲ交付スルモノトス

若シ直チニ其場ニテ履行スルニアラサル場合ニハ仲立人ハ各當事者ヲシテ其書面ニ記名セシメテ相手方ニ交付スルモノトス是合意ノ有無ヲ檢スルニ大ナル利益アレハナリ若シ此場合ニ其一方ノ相手方カ其書面ニ記名ヲ拒ミ又其書面ノ受領ヲ拒ムトキハ仲立人ハ直チニ其相手方ニ通知スヘキモノトス

第三百九條　仲立人ハ其帳簿ニ前條第一項ニ掲ケタル事項ヲ記載スルコトヲ要ス

當事者ハ何時ニテモ仲立人カ自已ノ爲メニ媒介シタル行爲ニ付キ其帳簿ノ謄本ノ交付ヲ請求スルコトヲ得

（説明）本條ハ別ニ解説ヲ要スヘキ點ナシ只前條第一項ノ事項ハ猶自已ノ帳簿ニモ記載シ又當事者ノ求メアレハ此帳簿ノ謄本ハ何時ニテモ其當事者ニ交付スヘキ

義務アルモノトス

第三百十條　當事者カ其氏名又ハ商號ヲ相手方ニ示ササルヘキ旨ヲ仲立人ニ命シタルトキハ仲立人ハ第三百八條第一項ノ書面及ヒ前條第二項ノ謄本ニ其氏名又ハ商號ヲ記載スルコトヲ得ス

（說明）　商行爲ハ何人ニテモ別ニ其能力ナキモノニアラサル以上ハ爲シ得ルコトナレハ。其氏名ヲ明示シテ從事スルハ其常態ナルモ時ニ其氏名ヲ祕シテ取引ヲ爲サント欲スル者ナキニアラス此塲合ニハ仲立人ハ其命ニ從ヒ其氏名商號ヲ相手方ニ秘スヘキハ其當然ノ義務タリト云ハサル可ラス然ルモ仲立人本然ノ職務タル其取引成立ノ書面及ヒ各當事者ニ交付スヘキ書面ハ作ラサル可ラス此塲合ニモ默秘ノ義務ヲ守ルヘキハ勿論タルヲ以テ其書面及ヒ當事者ノ求メアルトキノ帳簿ノ謄本ニハ其默秘者ノ氏名商號ハ明記スルヲ得サルナリ然ルモ後日ノ證左ニ供スル爲メ其自己ノ手元ニ存スル帳簿ニハ元ヨリ其氏名商號ハ明記セサルヲ得サルナリ

第三百十一條　仲立人カ當事者ノ一方ノ氏名又ハ商號ヲ其相手方ニ

示サザリシトキハ之ニ對シテ自ラ履行ヲ爲ス責ニ任ス

（說明）是レ前條ノ結果然ラサルヲ得ス其氏名商號ヲ知ラサル者ヲ相手トシテ取引セシ者ハ其行爲ノ履行ヲ求ム可ラサル結果ヲ生スルヲ以テ此場合ニハ其仲立人表面ノ履行者タル地位ニ立ツヘキハ當然ノコト、云ハサル可ラス

第三百十二條 仲立人ハ第三百八條ノ手續ヲ終ハリタル後ニ非サレハ報酬ヲ請求スルコトヲ得ス

仲立人ノ報酬ハ當事者雙方平分シテ之ヲ負擔ス

（說明）本條ハ仲立人ノ報酬ヲ定メタル法文ニシテ仲立人ノ報酬ハ當事者雙方平分シテ之ヲ負擔スヘキモノトス而シテ其要求期ハ第三百八條ノ書面ヲ作リテ各當事者ニ交付後ニアルヲ以テ夫レ以前ノ要求ハ當事者之ヲ拒ムコトヲ得ヘシ

第六章　問屋營業

（說明）問屋ナル名稱ハ從來本邦ノ慣習ニ存スル所ナルモ其實質ハ甚タ前章ノ仲立營業ニ類シテ雙方ノ取引ヲ媒介シテ口錢ヲ求ムルニ過キス然ルニ

本法ノ定メタル問屋營業ナルモノハ大ニ此舊來ノ問屋ナルモノト面目ヲ改メ一ノ委托販賣人ニシテ他人ノ代理人トナリテ物品ノ販賣交換等ノ取引ヲ爲スモノナルモ全ク自己ノ名ヲ用ヒテ其營業ニ從事スル者ナレハ相手ノ信用ハ其依賴者ニアラスシテ問屋營業者ニアルヲ以テ此營業者ハ其相手方ニ對シテ權利義務ノ主体トナリテ取引ヲ進捗スルノ權能アルモノトス之ヲ前章ノ仲立人ニ比スレハ其權限ノ大小廣狹日ヲ同フシテ語ル可ラサルナリ

第三百十三條 問屋トハ自己ノ名ヲ以テ他人ノ爲メニ物品ノ販賣又ハ買入ヲ業トスル者ヲ謂フ

（說明） 本條ハ所謂問屋ノ何タルヲ示シタル法文ニシテ其他人ノ爲メニ云々ヨリ見レハマサシク代理人ナリ然ルモ普通ノ代理ト異ル所ハ本人ノ何人タルヲ示サスシテ自已ノ名ヲ以テスルニアリ而シテ其行爲ノ範圍ハ物品ノ賣買及ヒ買入ノミニシテ他ノ行爲ハ問屋當然ノ職トシテハ爲スヲ得サルナリ然ルモ別ニ禁止ノ法文ナケレハ他ノ行爲モ自由ノ契約ニヨリテ之ヲ爲ス毫モ妨ケアラサルナリ

第三百十四條 問屋ハ他人ノ爲メニ爲シタル販賣又ハ買入ニ因リ相手方ニ對シテ自ラ權利ヲ得義務ヲ負フ

問屋ト委託者トノ間ニ於テハ本章ノ規定ノ外委任及ヒ代理ニ關スル規定ヲ準用ス

（說明） 本條第一項ハ問屋ト第三者トノ關係ヲ規定シ第二項ハ問屋ト委託者トノ關係ヲ定タルモノトス

前條ニヨリ問屋ハ自己ノ名ヲ以テ他人ノ代理ヲ爲スモノナレハ問屋ト取引スル第三者ハ其委托者ノ何人ナルヤヲ知ラサルハ當然ナレハ問屋カ其他人ノ爲メニ爲シタル販賣又買入ニ因リテ其相手方ニ對シテ自ラ權利ヲ得義務ヲ負フヘキハ當然ナリト云ハサル可ラス若シ然ラストセハ問屋ト取引スル第三者ハ意外ノ損失ヲ招クヘシ是本條アル所以ナリト然リト雖此規定ハ問屋ト委托者ノ關係ニ適用スヘカラス問屋ト委托者トノ關係ハ普通委任又代理ノ規定ヲ適用シ一旦委托者カ委任セシ範圍ヲ超ヘ以テ第三者ニ對シテ取引スル如キハ爲シ得ヘキコトニアラス

此ニ注意スヘキハ委任及ヒ代理ノ關係是ナリ此點ハ民法上ニハ明カナルモ此ニ一言セハ委任トハ本人ト代理人トノ關係ニシテ本人カ或ル事柄ヲ自已ニ代リテ爲サレンコトヲ委托スル行爲ヲ委任ト云ヒ此委托ニ基キ代理人カ本人ヲ代表シテ第三者ニ對シテ爲ス行爲ヲ代理ト云フナリ

故ニ本人ト代理人トノ間ニハ委任アリテ代理ナク代理人ト第三者間ニハ復代理ノ外代理ナシ此點ハ大ニ注意セサル可ラス

第三百十五條　問屋ハ委託者ノ爲メニ爲シタル販賣又ハ買入ニ付キ相手方カ其債務ヲ履行セサル場合ニ於テ自ラ其履行ヲ爲ス責ニ任ス但別段ノ意思表示及ハ慣習アルトキハ此限ニ在ラス

（說明）本條ハ第二項ノ倒外ヲ定メタルモノトス前條第二項ノ規定ニヨレハ問屋ト委托者トノ關係ハ委任及ヒ代理ノ規定ヲ準用ストアレハ若シ問屋ト相手方トノ間ニ成立セシ取引ニ付キ相手方カ履行セサルモ問屋ハ之ヲ履行スルヲ要セサル可シ何トナレハ代理ノ原則トシテ自已ノ代理セシ行爲ニ付キ自ラ履行スル理由ナケ

レハナリ然ルモ問屋營業ハ反之本條ニヨリテ別段ノ慣習又意思表示ナキ以上ハ委託者ノ爲メニ爲シタル販賣又買入ニ付相手方カ其債務ヲ履行セサル場合ニ於テハ自ラ其責ニ任スヘキモノトス是ハ現今吾國ノ問屋ニ行ハルヽ慣習ニ從ヒ問屋ヲシテ責任ヲ以テ其取引ニ從事セシメ充分ニ委託者ノ利益ヲ圖ラシムルノ精神ニ外ナラサルナリ此規定ノ存スル以上ハ問屋自身ニシテ確實ノモノタル以上ハ委託者ハ安心シテ是ニ取引ヲ委託スルヲ得ヘシ

第三百十六條 問屋カ委託者ノ指定シタル金額ヨリ廉價ニテ販賣ヲ爲シ又ハ高價ニテ買入ヲ爲シタル場合ニ於テ自ラ其差額ヲ負擔スルトキハ其販賣又ハ買入ハ委託者ニ對シテ其效力ヲ生ス

（說明） 委託者ハ一石拾圓ニ賣ルヘシトテ米ノ賣却ヲ委託シタルニ九圓ニ賣却シ又拾圓ニ買入ルヘシトテ委託シタルニ拾壹圓ニ買入ルヽ如キ場合ハ何レモ正當ニ委任ノ趣旨ヲ實行セサルモノトス故ニ正當ニ云ヘハ此場合ハ其買入レノ壹圓又賣却ノ壹圓ヲ自己ニ負担スルモ此行爲ハ委托者ニ關シテハ有効ナラストハサル可

ラス殊ニ賣却委任ノ如キハ。例之蜂印葡萄酒ノ如キヲ一ダース四圓ニ賣却ヲ委託シタルニ之ヲ貳圓五拾錢ニ賣却セシ塲合ノ如キハ其五拾錢丈ノミ問屋ニテ辨濟セハ委託者ニハ損ナキカ如キモ此賣崩レノ弊ハ品物一般ノ價格ヲ害シ大ナル損失ノ源タルヲ以テ其差額ヲ負担スルモ此行爲ハ無効トスルヲ至當ト見ルヘキカ如キモ又一面ヨリ見レハ此一般賣崩レノ弊ハ後日ニ矯正ノ道存スルノミナラス此差額丈負担セハ現實ノ損失ハ生セサルモノナルヲ以テ本條ハ有効トセリ

第三百十七條 問屋カ取引塲ノ相塲アル物品ノ販賣又ハ買入ノ委託ヲ受ケタルトキハ自ラ買主又ハ賣主ト爲ルコトヲ得此塲合ニ於テハ賣買ノ代價ハ問屋カ買主又ハ賣主ト爲リタルコトノ通知ヲ發シタル時ニ於ケル取引所ノ相塲ニ依リテ之ヲ定ム

前項ノ塲合ニ於テハ問屋ハ委托者ニ對シテ報酬ヲ求スルコトヲ得

（説明） 問屋ハ他人ノ委託ニヨリテ商品ノ買入又賣捌ニ從事スルモノナリ故ニ此委託ニ應シテ自已ニ商品ヲ買入レ又賣捌ク如キハ此問屋營業ノ性質ニ反スルモノ

ナリ故ニ此行爲ハ無効ト云ハサル可ラス然ルモ其目的物ニシテ取引所ノ相場アル物品ノ販賣又ハ買入ナランカ。必スシモ無効ト云フ可ラサル理由存ス何トナレハ問屋カ爲セシ此行爲カ一般ノ場合ニ無効タルハ其價額カ至當ナラストノ疑存スレハナリ然ルモ苟クモ取引所ノ相場アルモノナランカ此場合ハ一定ノ標準ヲ以テ取引セラルヽモノナレハ買賣トモニ何人ノ爲メニ爲スモ別ニ高低ノ存スヘキ所謂レナケレハ此疑ハ存セサルナリ併シ取引所ノ相場ナリトテ終始不動ノモノニアラサレハ其何レノ日ノ相場ニヨルヘキヤヲ定ムル必要アリ是本條ノ定ムル通知即チ自ラ賣主又買主タル通知ヲ發シタル時ノ取引所相場ニヨルヘキモノトス此場合ニテモ問屋ハ委託者ニ對シテ報酬ヲ請求スルヲ得ルナリ

第三百十八條　問屋カ買入ノ委託ヲ受ケタル場合ニ於テ委託者カ買入レタル物品ヲ受取ルコトヲ拒ミ又ハ之ヲ受取ルコト能ハサルトキハ第二百八十六條ノ規定ヲ準用ス

（説明）　問屋ニ買入レノ委託ヲ爲シナカラ其商品ノ受取ヲ拒ミ又受取ルコト能ハ

サルノ場合存スルコトナシトモ限ラス此場合ハ如何ニ處分スヘキカ法文ハ云フ第二百八十六條ヲ準用スト然ラハ此場合ハ問屋ハ同條ノ示スカ如ク其物ヲ供託スルナリ相當ノ期間ヲ定メテ催告ノ後競賣スルナリ又其物カ損敗シ易キモノナレハ催告ナクシテ競賣スルナリ以上ノ中ヲ撰擇シテ自由ニ處分スルヲ得ヘシ一旦之ヲ競賣シタルトキハ代金ハ之ヲ代金ニ充當セサルトキハ必ス之ヲ供託セサル可ラス

第三百十九條 第三十七條及ヒ第四十一條ノ規定ハ問屋ニ之ヲ準用ス

（說明） 第三十七條ハ代理商カ商行爲ノ代理又ハ媒介ヲ爲シタルトキハ遲滯ナク本人ニ對シテ其通知ヲ發スヘキ規定ニシテ第四十一條ハ代理商カ本人ノ爲メニ占有スル物ヲ留置スヘキ規定ニシテ共ニ問屋營業ニ準用スヘキモノトス

第三百二十條 前章ノ規定ハ自己ノ名ヲ以テ他人ノ爲メニ販賣又ハ買入ニ非サル行爲ヲ爲スヲ業トスル者ニ之ヲ準用ス

（說明） 問屋ノ本質ハ自己ノ名ヲ以テ他人ノ爲メニ販賣買入ヲ業トスルニアルモ

販賣買入ノミニ限ラス他ノ業務ヲ自已ノ名ヲ以テ他人ノ爲メニ爲スヲ業トスルモノニモ前六條ハ準用スヘキモノトス保險ノ申込手形ノ割引此他物品ノ修繕運送等モ自己ノ名ニテ他人ノ爲メニ爲シ得ルヲ以テ此場合ハ前六條ニ準據スヘキモノトス

第七章　運送取扱營業

（說明）運送取扱營業トハ從來ノ回漕店運送取扱店ト云フモノト同一ニシテ運送者ニアラスシテ運送業ト依賴者トノ中間ニアリテ運送ノ斡旋ヲ爲スヲ業トスルモノヲ云

第三百二十一條　運送取扱人トハ自已ノ名ヲ以テ物品運送ノ取次ヲ爲スヲ業トスル者ヲ謂フ

運送取扱人ニハ本章ニ別段ノ定アル場合ヲ除ク外問屋ニ關スル規定ヲ準用ス

（說明）第一項ハ運送取扱人ノ何タルヲ示セシ法文ニシテ即チ自已ノ名ヲ以テ物

品運送ノ取次ヲ爲スヲ業トスル者ハ此運送取扱人ナリ
此取扱人ハ本章以外問屋ノ規定モ準用セラルヽモノトス

第三百二十二條　運送取扱人ハ自已又ハ其使用人カ運送品ノ受取、引渡、保管、運送人又ハ他ノ運送取扱人ノ選擇其他運送ニ關スル注意ヲ怠ラサリシコトヲ證明スルニ非サレハ運送品ノ滅失、毀損又ハ延着ニ付キ損害賠償ノ責ヲ免ルルコトヲ得ス

（説明）　本條ハ運送取扱人ノ責任ニ關シ擧證ノ責ハ何人ニ存スルカヲ定ム運送取扱人ノ責任ハ運送品ノ滅失毀損又延着ヨリ起ルヲ常トス此滅失毀損延着ハ勿論物品ノ性質荷作リノ粗惡天災時變ニ關係ヲ有スルモ如何ナル原因ニヨリテ此結果ヲ來タセシカヲ證明スルハ容易ノ業ニアラス普通證據法ノ原則トシテハ其證明ノ爲メニ利益ヲ得ル者換言スレハ其自已ニ不利ナル點ヨリ來ル損害ヲ求ムルモノニ其原因ヲ證明スル義務アルモ此原則ヲ此場合ニ適用シテ此證明ヲ依賴者ヨリ爲ストセンカ此損害ハ常ニ求ムルノ時期ハ存セサルヘシ又運送取扱人ハ此證明ノ困難ニ

乘シテ其取扱ノ疎漏ニ至ルヘキハ自然ノ情弊ナリ故ニ此場合ハ取扱人カ自已又使用人カ運送品ノ受取引渡保管運送人又他ノ運送取扱人ノ撰擇其他運送ニ關スル注意ハ凡テ怠ヲサリシコトヲ證明セサレハ其滅失毀損延着ノ損害賠償ノ責ハ免ルヽヲ得サルナリ

第三百二十三條 運送取扱人カ運送品ヲ運送人ニ引渡シタルトキハ直チニ其報酬ヲ請求スルコトヲ得

運送取扱契約ヲ以テ運送賃ノ額ヲ定メタルトキハ運送取扱人ハ特約アルニ非サレハ別ニ報酬ヲ請求スルコトヲ得ス

（說明） 本條ハ運送人ハ其報酬ハ何時求メ得ヘキヤ一旦運送賃ヲ定メタルトキハ他ノ報酬ヲ求メ得ヘカラサルコトヲ規定シタルニ過キス此法文ナキトキハ運送賃ノ前拂ヲ求メ又一旦運送賃ヲ定メタルニ拘ハラス酒手又特別ノ掛リ物等ノ名稱ニテ種々ノ報酬ヲ求ムルノ惡弊アルヲ以テナリ

第三百二十四條 運送取扱人ハ運送品ニ關シ受取ルヘキ報酬、運送

賃其他委託者ノ爲メニ爲シタル立替又ハ前貸ニ付テノミ其運送品ヲ留置スルコトヲ得

（説明）本條ハ運送取扱人カ運送所ニ關シテ留置權ヲ施シ得ヘキ債權ノ種類ヲ列擧シタルモノニシテ其債權ハ運送所ニ關シ受取ルヘキ報酬運送賃其他委託者ノ爲メニ爲シタル立替金及ヒ前貸金ノ如キモノヽ爲メニハ留置權ヲ施シ其運送品ヲ留置スルコトヲ得ヘシ

第三百二十五條 數人相次テ運送ノ取次ヲ爲ス場合ニ於テハ前者ハ後者ニ代ハリテ其權利ヲ行使スル義務ヲ負フ

前項ノ場合ニ於テ後者カ前者ニ辨濟ヲ爲シタルトキハ前者ノ權利ヲ取得ス

（説明）數人相次ヒテ運送ノ取次ヲ爲スハ是レ社會日々相見ル所ノ實狀ナリ此場合ニ數次ノ運送取扱人各自ノ連絡ナク互ニ別個ノ契約ヲ爲サヽレハ運送業ハ行ハレストセンカ運送機關ハ此ニ停滯シ又圓滑ニ迅速ニ其ノ目的ヲ達スル能ハサルヘ

シ此不便アルヲ以テ本法ハ之ヲ補フ爲メ本條ヲ設ケ外ニ契約ナキモ數人相次ヒテノ運送取次ニハ後ナル者ハ前ナル者ニ代リテ前々條及ヒ前條ノ權利即チ報酬要求ノ權及ヒ留置權行使ヲ爲シ得ヘキモノトス否爲サヽル可ラサル義務アリ又後者カ前者ニ辨濟ヲ爲シタルトキハ前者ノ權利ハ別ニ代位ノ手續ヲ爲サスシテ後者ニ移ルモノトス

第三百二十六條 運送取扱人カ運送人ニ辨濟ヲ爲シタルトキハ前者ノ權利ヲ取得ス

（說明） 前條ハ運送取扱人相互ノ間ナルモ取扱人カ運送人ニ辨濟ヲ爲シタル場合モ取扱人ノ權利ヲ取得スルモノトス

第三百二十七條 運送取扱人ハ特約ナキトキハ自ラ運送ヲ爲スコトヲ得此場合ニ於テハ運送取扱人ハ運送人ト同一ノ權利義務ヲ有ス

（說明） 運送取扱人ナル者ハ運送人ト異ナリテ自ラ運送ヲ爲サヽル例規トスルモ是レ運送機關ノ發達セサル日初メテ見ルヘキ現象ニシテ其機關發達スルトキハ廣

大ナル組織ヲ以テ海外ニ迄其取扱店ヲ設ケテ運送ニ從事スル運輸會社ノ如キヲ見ルハ自然ノ勢ナレハ別ニ何會社ノ運送ニ關スル旨ノ特約ナキ限リハ自巳ノ運送機關ニ運送セシメ得ヘキハ當然ナリ然ルモ此塲合ニハ運送取扱人ハ運送人ト同一ノ權利義務ヲ有スルモノトス(運送業ノ部參照)

第三百二十八條　運送取扱人ノ責任ハ荷受人カ運送品ヲ受取リタル日ヨリ一年ヲ經過シタルトキハ時效ニ因リテ消滅ス

前項ノ期間ハ運送品ノ全部滅失ノ塲合ニ於テハ其引渡アルヘカリシ日ヨリ之ヲ起算ス

前二項ノ規定ハ運送取扱人ニ惡意アリタル塲合ニハ之ヲ適用セス

(說明)　本條ハ運送取扱人ノ責任ニ對スル時効ノ規定ニシテ此運送取扱人ノ責任ハ荷受人カ運送品ヲ受取リタル日ヨリ一年ヲ經過シタルトキハ最早其義務ヲ負ハサルモノトス

尤モ物品滅失ノ塲合ニハ此期間ハ引渡アリ得ヘカリシ日即チ滅失セサリシハ當然

引渡ヲ得ヘキ推測上ノ日ヨリ起算シテ一年ニシテ時効ニカヽルモノトス

尤モ此短期時効ハ運送人ニ惡意ナキ場合ノ規定ナレハ若シ惡意アルトキハ不法行爲ナレハ其時効ハ民法ニヨリ三年又三十年ナリトス（民法七百二十四條）

第三百三十九條　運送取扱人ノ委託者又ハ荷受人ニ對スル債權ハ一年ヲ經過シタルトキハ時效ニ因リテ消滅ス

（説明）前條ハ運送取扱人自巳ノ責任ノ時効ナルモ本條ハ自己ヨリ委托者又荷受人ニ對スル債權ノ時効ナリトス此債權タル荷物ヨリ來ル損害及立替金前貸及ヒ其報酬ニシテ此債權モ亦一年ニテ時効ニカヽルモノトス

第三百三十條　第三百三十八條及ヒ第三百四十三條ノ規定ハ運送取扱營業ニ之ヲ準用ス

（説明）貨幣有價證券其他ノ高價品ニ付テハ荷送人ヨリ其種類價額ヲ明告スルニアラサレハ其損害賠償ノ責ニ任セサル點及ヒ運送品カ到達地ニ達シタル後ハ荷受人ハ運送契約ニヨリテ生シタル荷送人ノ權利ヲ取得シ又荷受人一旦其荷物ヲ受取

リタルトキハ運送賃其他ノ費用ヲ支拂フ義務アル點ハ共ニ此運送取扱業ノ塲合ニモ準用セラルヽモノトス

第八章　運送營業

（説明）此運送營業ニハ物品ノ運送ト旅客ノ運送トノ二種アリテ塲所ハ陸上河川港灣ニシテ海上殊ニ遠洋ノ運送ハ第五篇海商ノ部ニ規定セラル

第三百三十一條　運送人トハ陸上又ハ湖川、港灣ニ於テ物品又ハ旅客ノ運送ヲ爲スヲ業トスル者ヲ謂フ

（説明）本條ハ續ンテ字ノ如ク運送人ノ何タルヲ示セシ法文ニ外ナラス

第一節　物品運送

第三百三十二條　荷送人ハ運送人ノ請求ニ因リ運送狀ヲ交付スルコトヲ要ス

運送狀ニハ左ノ事項ヲ記載シ荷送人之ニ署名スルコトヲ要ス

一　運送品ノ種類重量又ハ容積及ヒ其荷造ノ種類、個數並ニ記

號
二　到達地
三　荷受人ノ氏名又ハ商號
四　運送狀ノ作成地及ヒ其作成ノ年月日
（説明）本條ハ運送狀ノ規定ニカヽリ此運送狀ハ從來ノ慣例タル送リ狀ニシテ荷送人ヨリ之ヲ發行スヘキモノナルモ必スシモ當然之ヲ發行スルニアラス運送人ヨリ請求アリタル塲合ニ限ルモノトス而シテ其形式ハ本條第二項ノ定ムル所ニ從ハサル可ラス若シ此條件ヲ欠クトキハ運送狀トシテノ効力ヲ欠クモノトス

第三百三十三條　運送人ハ荷送人ノ請求ニ因リ貨物引換證ヲ交付スルコトヲ要ス
貨物引換證ニハ左ノ事項ヲ記載シ運送人之ニ署名スルコトヲ要ス
一　前條第二項第一號乃至第三號ニ掲ケタル事項
二　荷送人ノ氏名又ハ商號

三　運送賃

四　貨物引換證ノ作成地及ヒ其作成ノ年月日

（說明）本條ハ貨物引換證ノ規定ニシテ此貨物引換證ハ前條ト同シク請求ニヨリテ運送人之ヲ作成スルモノトス而シテ荷受人ハ此引換證ヲ提出シテ其荷物ノ引渡ヲ運送人ニ求ムヘキモノナラン而シテ其形式ハ第二項ニ從ヒテ作成セサレハ其効力ヲ有セサルモノトス今此運送狀及ヒ貨物引換證ノ雛形ヲ示セハ

運送狀

一砂糖　五樽
一此壹樽ノ重量五貫匁
一此荷造　菰包
一此到達地　神戸港何町何番地
一此荷受人　何ノ誰又何々商店

此運送狀ハ運送人誰ノ要求ニヨリ作成スルモノ也
明治何年月日
東京京橋區町
荷送人　何之誰

表

貨物引換證

一砂糖　五樽
一此壹樽ノ重量五貫匁
一此荷造　菰包
一到達地　神戸港何町
一荷受人　何ノ誰

此貨物引換證ハ荷送人誰ノ要求ニヨリ作成スルモノ也
年月日
運送人　何之誰
前記荷物ハ此證ト引換ニアヲサレハ引渡サヽルモノトス

裏

年月日	此引換證何之誰ニ讓渡スモノ也　某

第三百三十四條　貨物引換證ヲ作リタルトキハ運送ニ關スル事項ハ運送人ト所持人トノ間ニ於テハ貨物引換證ノ定ムル所ニ依ル

（說明）本條ハ貨物引換證ノ効力ヲ定メタルモノニシテ此引換證ハ殆ント運送品ト同ク轉々他人ニ讓渡サレ而シテ此讓受ハ運送品ノ讓受ケナルヲ以テ若シ此證券ハ其運送品ト符合セストセハ讓受人ハ大ナル損失ヲ受クルヲ以テ此引換證ノ定ムル所ハ其運送品ノ實狀ナリトセサル可ラス運送狀ハ此引換證ニハカク記載アルモ是ハ虛僞ニシテ其實カク〻〻ナリ是ハ荷送人ノ承認スル所ナリ云々ト云ヒテ其責ヲ免ルヽヲ得ス所持人ハ飽マテ其引換證通リノ履行ヲ求ムルコトヲ得ルナリ

第三百三十五條　裏書ニ依リテ貨物引換證ヲ讓渡シタルトキハ運送品ノ讓渡ト同一ノ効力ヲ有ス

（說明）本條ハ此貨物ノ引換證裏書讓渡ノ効力ヲ定メタルモノニシテ此引換證ノ裏書讓渡ハ運送品ノ讓渡ト同一ノ効力ヲ有スルモノトス故ニ若シ一人ハ此貨物引換證ヲ所持シ一人ハ荷送人ノ讓渡證ヲ有スルモノアル塲合ハ何レ此運送品ノ上ニ

ハ所有權ヲ有スレハ先キニ讓受ケタル者優先ノ權利ヲ有シ此者ヲ正當ノ所有者トスヘキカ如キモ是法理上ノ理論ニ止リ苟クモ此運送品ニ對シテ貨物引換證ヲ作リタルトキハ第三百四十四條ニヨリテ此證引換ニアラサレハ其運送品ハ引渡サヽレハ結局此證ノ所持者ノ所有ナランカ

第三百三十六條 運送品ノ全部又ハ一部カ不可抗力ニ因リテ滅失シタルトキハ運送人ハ其運送賃ヲ請求スルコトヲ得ス若シ運送人カ既ニ其運送賃ノ全部又ハ一部ヲ受取リタルトキハ之ヲ返還スルコトヲ要ス

運送品ノ全部又ハ一部カ其性質若クハ瑕疵又ハ荷送人ノ過失ニ因リテ滅失シタルトキハ運送人ハ運送賃ノ全額ヲ請求スルコトヲ得

（說明） 運送ハ一種ノ請負契約ナルヲ以テ其運送品ノ全部又一部カ不可抗力即チ運送ノ責ニ歸セサル天災時變ニヨリテ滅失シタル片ハ運送人ハ其滅失セサル部分ノ運送賃ヲ請求スルヿヲ得サルナリ此場合已ニ運送人カ運送賃ノ全部一部ヲ受取

リ居タルトキハ之ヲ返還セサル可ラス

然ルモ其滅失カ不可抗力ヨリ來ルニアラス其物ノ性質ニヨリ叉ハ其瑕疵ニヨリ叉荷造人ノ過失ニヨル塲合例之其運送品カ魚鳥ノ肉等ニテ自然ニ腐敗シ叉水入リノ鹽ニテ自然消滅セル如キ叉荷造不完全ナル如キ爲メ滅失セル如キ塲合ハ何レモ其過失ハ運送ニナクシテ荷送人ニアルモノナレハ運送人ハ運賃ノ全額ヲ請求スルコトヲ得

第三百三十七條 運送人ハ自己若クハ運送取扱人又ハ其使用人其他運送ノ爲メ使用シタル者カ運送品ノ受取、引渡、保管及ヒ運送ニ關シ注意ヲ怠ラサリシコトヲ證明スルニ非レハ運送品ノ滅失、毀損又ハ延着ニ付キ損害賠償ノ責ヲ免ルルコトヲ得ス

（說明） 本條ハ第三百二十二條ト同趣旨ニシテ運送品ノ滅失毀損叉延着ノ塲合ニハ運送人ハ自己叉ハ運送取扱人叉ハ其使用人其他運送ノ爲メニ使用シタル者カ運送品ノ受取引渡保管及ヒ運送ニ關シ注意ヲ怠ラサリシコトヲ證明スルニアラサレ

ハ滅失毀損又延着ヨリ來ル損害賠償ノ責ヲ免ル丶コトヲ得サルモノトス普通ノ法理ヨリ云ヘハ他人ニ向ツテ損害ノ要求ヲ爲スモノハ先ツ其損害ハ其要求セラル丶過失又惡意ヨリ來ルコトヲ證明スルニアラサレハ其要求立タサルモ此法理ヲ運送ノ塲合ニモ適用セントカ運送人ハ其責ニ任スヘキ塲合ハアラサル可シ何トナレハ運送人運送中ノ行爲ハ到底他人ノ知ルヲ得サルモノナレハナリ況ンヤ運送人ハ善良ナル管理人ノ注意ヲ以テ其物品ヲ保存スヘキ義務アルモノナレハ反對ノ證明ナキ以上ハ運送人ニ此責アリトスルハ至當ナレハナリ

第三百三十八條 貨幣、有價證券其他ノ高價品ニ付テハ荷送人カ運送ヲ委託スルニ當タリ其種類及ヒ價額ヲ明告シタルニ非サレハ運送人ハ損害賠償ノ責ニ任セス

（說明） 貨幣其他有價證券ノ如キ高價ノ物ハ其量ハ僅少ニシテ其價額ハ莫大ナルモノナレハ此物ノ一朝滅失セル如キ塲合ニ運送人ニ其價額ヲ辨償セシムルニハ必ス其價額ヲ明告セシ塲合ニアラサレハ運送人ハ意外ノ負擔ヲ負フモノト云フヘシ

何トナレハ若シ明告アリトセンカ至重ノ注意ヲ加フヘキ結果又多額ノ運送賃ヲ受クヘキニ之ヲ知ラストセハ其注意ヲ加ヘス爲メニ普通品ト同一ノ取扱ヲ爲スニ過キサレハナリ此場合此高價ノ損害ヲ賠ハシムルハ甚タ酷ナレハナリ是本條アル所以ナリ

第三百三十九條 數人相次テ運送ヲ爲ス場合ニ於テハ各運送人ハ運送品ノ滅失毀損又ハ延着ニ付キ連帶シテ損害賠償ノ責ニ任ス

（說明） 運送ハ數人相次ヒテ爲スヲ普通トスレハ此間滅失毀損延着ノ損害ヲ此數人連帶シテ負擔スルハ甚タ至當ナリ何トナレハ其數人間何人ノ過失ノ爲メニ此結果アリシカヲ證明スルハ甚タ難事ナレハナリ然ルモ運送人間ニハ其原因ヲ與ヘシモノ負擔セサル可ラス

第三百四十條 運送品ノ全部滅失ノ場合ニ於ケル損害賠償ノ額ハ其引渡アルヘカリシ日ニ於ケル到達地ノ價格ニ依リテ之ヲ定ム
運送品ノ一部ノ滅失又ハ毀損ノ場合ニ於ケル損害賠償ノ額ハ其引渡

アリタル日ニ於ケル到達地ノ價格ニ依リテ之ヲ定ム但延著ノ場合ニ於テハ前項ノ規定ヲ準用ス
運送品ノ滅失又ハ毀損ノ爲メ支拂フコトヲ要セサル運送賃其他ノ費用ハ前二項ノ賠償額ヨリ之ヲ控除ス

（說明） 本條ハ運送品ノ滅失ノ場合ニ於ケル損害ノ額ハ何レノ日ノ價額ニヨルヘキカヲ定ム
全部滅失ノ場合ハ其損害ノ賠償ノ額ハ其引渡アルヘカリシ日ノ到達地ノ價額ニヨルヘキモノナレハ横濱ヨリ桑港運送ノモノナレハ其物品カ無事ナレハ桑港ニ到着スヘキ日ノ桑港ノ價額ニヨリテ定メ
一部ノ滅失又毀損ノ場合ハ其殘部又ハ全部ハ實際到達港ニテ引渡スモノナレハ此日ノ價格ニヨルヘキハ云フヲ待タス
延着ノ場合ハ第一項ノ全部滅失ノ場合ト同一ナリ
尤モ全部又ハ一部ノ滅失毀損ノ場合ニハ之ニ應スル運送賃其他ノ費用ハ支拂フヲ

要セサルヘシ此支拂ヲ要セサル額ハ其賠償額ヨリ控除セサル可ラス然ラサレハ運送人ハ過重ノ負担ヲ爲セハナリ

第三百四十一條 運送品カ運送人ノ惡意又ハ重大ナル過失ニ因リテ滅失又ハ毀損シタルトキハ運送人ハ一切ノ損害ヲ賠償スル責ニ任ス

（說明） 前條ハ運送人ノ惡意重過失アリシ場合ノ法條ニアラス運送人ニ惡意重過失アリシ場合ノ損害ヨリ何レノ日ノ額ニヨルモ苟クモ此惡意過失カ直接ノ原因トナリテ來タリタルモノナルトキハ運送人ハ其責ヲ免ルヽヲ得ス

第三百四十二條 荷送人又ハ貨物引換證ノ所持人ハ運送人ニ對シ運送ノ中止、運送品ノ返還其他ノ處分ヲ請求スルコトヲ得此場合ニ於テハ運送人ハ既ニ爲シタル運送ノ割合ニ應スル運送賃、立替金及ヒ其處分ニ因リテ生シタル費用ノ辨濟ヲ請求スルコトヲ得

前項ニ定メタル荷送人ノ權利ハ送運品カ到達地ニ達シタル後荷受

人カ其引渡ヲ請求シタルトキハ消滅ス

（説明）荷造人及ヒ貨物引換證ノ所持人ハ運送貨物ニ對シテ殆ント全權ヲ有スルモノナリ故ニ運送人ニ對シテハ運送ノ中止又運送品ノ返還其他途中ニテノ賣却又陸揚等ノ處分ヲ要求スルコトヲ得此場合ハ運送人ハ已ニ爲シタル運送ノ割合ニ應スル運送賃及ヒ立替金其他此處分ニヨリテ生シタル費用ノ辨濟ヲ請求スルコトヲ得ヘキハ勿論ナリ唯此ニ疑トナルハ荷造人ハ已ニ貨物引換證ヲ讓渡シタル場合モ猶此權利ヲ行フヲ得ヘキヤ否ヤノ點是ナリ法文ヲ一讀スルトキハ亦然リト云フヲ得ヘキガ如キモ一旦引換證ヲ讓渡ストキハ其讓渡ハ現品讓渡ト同一ノ効力ヲ生スルモノナレハ此場合ニハ其權利ヲ有セサルヘキヤ勿論ナリ

而シテ此權利ハ運送品カ到達地ニ達シ荷受人其引渡ヲ要求セシトキハ最早行フヲ得サルナリ

第三百四十三條 運送品カ到達地ニ達シタル後ハ荷受人ハ運送契約ニ因リテ生シタル荷送人ノ權利ヲ取得ス

荷受人カ運送品ヲ受取リタルトキハ運送人ニ對シ運送賃其他ノ費用ヲ支拂フ義務ヲ負フ

（說明）本條第一項ハ荷受人ヲシテ運送品ノ到達地ニ達シタル後ハ運送契約ニヨリテ生シタル荷送人ノ權利ヲ取得セシムル規定ナリ此結果荷受人ハ其物品ノ引渡及ヒ之ニ伴フ運送品ノ滅失毀損延着ヨリ生スル損害ハ共ニ荷受人ヨリ請求スルヲ得ヘシ

又第二項ハ此反面タル運送品ヲ受取リタルトキハ運送人ニ對シテ其運送賃其他ノ費用ヲ支拂フ義務ヲ負ハサル可ラサルノ規定ナリ是殆ント言ヲ要セサルノ規定ナリ

第三百四十四條 貨物引換證ヲ作リタル場合ニ於テハ之ト引換ニ非サレハ運送品ノ引渡ヲ請求スルコトヲ得ス

（說明）本條ハ別ニ說明スヘキ點ナシ

第三百四十五條 荷受人ヲ確知スルコト能ハサルトキハ運送人ハ運

送品ヲ供託スルコトヲ得
前項ノ場合ニ於テ荷送人カ荷送人ニ對シ相當ノ期間ヲ定メ運送品ノ處分ニ付キ指圖ヲ爲スヘキ旨ヲ催告スルモ荷送人カ其指圖ヲ爲ササルトキハ遲滯ナク運送品ヲ競賣スルコトヲ得
運送人カ前二項ノ規定ニ從ヒテ運送品ノ供託又ハ競賣ヲ爲シタルトキハ遲滯ナク荷送人ニ對シテ其通知ヲ發スルコトヲ要ス

（說明） 運送人ハ運送ノ義務コソアレ其物ニ對シ保管ノ義務ヲ有スルモノニアヲサレハ何時果シモナク之ヲ保管スヘキモノニアラス故ニ到達地ニテ荷受人ノ確知スル能ハサルトキハ運送人ハ其運送品ヲ供託スルヲ得此場合ニ運送人ハ荷受人ニ對シテ相當ノ期間ヲ定メテ運送品ハ如何ニ處分スルカニ付キ指圖ヲ求メテ其期間內ニ指圖ナキトキハ運送品ヲ競賣スルヲ得

此供托又競賣ハ何レモ遲滯ナク荷送人ニ通知スヘキモノトス

第三百四十六條 前條ノ規定ハ運送品ノ引渡ニ關シテ爭アル場合ニ

之ヲ準用ス

運送人カ競賣ヲ爲スニハ豫メ荷受人ニ對シ相當ノ期間ヲ定メテ運送品ノ受取ヲ催告シ其期間經過ノ後更ニ荷送人ニ對シ相當スル催告ヲ爲スコトヲ要ス

運送人ハ遲滯ナク荷受人ニ對シテモ運送品ノ供託又ハ競賣ノ通知ヲ發スルコトヲ要ス

（説明）　運送品ノ引渡ニ付キ荷送人荷受人間又荷受人運送人間又荷送人ヨリ直接ニ讓渡タル者ト貨物引換證ノ所持人間トニ爭アルコト少シトセス此場合ニハ運送人ハ其運送品ヲ如何ニ處分スヘキ此場合トテ際限ナク保管ノ義務ヲ盡スヘキモノニアラサレハ運送人ハ之ヲ供託シ又ハ之レカ受取リ方ヲ相當期間ニ定メテ催告シテ猶引受人ナキトキハ競賣スルコトモ爲シ得ルナリ但シ此競賣ヲ爲スニハ前條ト異リテ第一ニ荷受人ニ其受取方ヲ催告シ其期間內ニ受取ラサルトキハ更ラニ荷送人ニ催告シタル後ニアラサレハ爲スヲ得サルナリ

此供託又競賣ヲ爲シタルトキハ荷送人ハ勿論又荷受人ニ對シテモ通知ヲ發セサル可ラス

第三百四十七條 第二百八十六條第二項及ヒ第三項ノ規定ハ前二條ノ場合ニ之ヲ準用ス

（說明） 本條ノ趣旨ハ第二百八十六條第二項第三項ノ規定ヲ前二條ニ準用スト云フニアレハ若シ其物品ニシテ損敗シ易キモノハ催告ナクシテ之ヲ競賣シ又競賣シタルトキハ其代金ハ供託セサル可ラス然ルモ其代價ノ全部一部中ヨリ運送賃ハ立替金ニ充ルモ妨ケアラサルナリ

第三百四十八條 運送人ノ責任ハ荷受人カ留保ヲ爲サスシテ運送品ヲ受取リ且運送賃其他ノ費用ヲ支拂ヒタルトキハ消滅ス但運送品ニ直チニ發見スルコト能ハサル毀損又ハ一部滅失アリタル場合ニ於テ荷受人カ引渡ノ日ヨリ二週間內ニ運送人ニ對シテ其通知ヲ發シタルトキハ此限ニ在ラス

前項ノ規定ハ運送人ニ惡意アリタル場合ニハ之ヲ適用セス

（説明）本條ハ運送人ノ責任ノ消滅期ヲ定メタルモノニシテ此責任ハ荷受人カ留保即チ異議ヲ申述セスシテ運送品ヲ受取リ且ツ運送賃其他ノ費用ヲ支拂ヒタルトキハ消滅スルモノトス併シ是運送人ニ惡意ナキ場合又運送品ニ直ニ發見スルコト能ハサル毀損又一部ノ滅失ナキ場合ノ規定ニシテ若シ後日ニアラサレハ發見セラレサル毀損又一部ノ滅失アルトキハ其受取リ後二週間内ニ其毀損滅失アリタルコトヲ通知タニ爲シ置ケハ此運送人ノ責任ハ之ヲ問フコトヲ得ヘシ是此法文存セサルトキハ不知ノ事實ニ異議ヲ留メ置カサル可ラサル如キ奇怪ノ結果ヲ生スヘシ

併シ前段ノ規定ハ運送人ニ惡意ナキ場合ニ適用スヘキモノナレハ若シ惡意アルトキハ民法ニ從ツテ其事ヲ知テヨリ三年間其事實發生後三十年間ハ其責任ヲ問フコトヲ得ヘシ

第三百四十九條　第三百二十四條、第三百二十五條、第三百二十八條

及ヒ第三百二十九條ノ規定ハ運送人ニ之ヲ準用ス

（說明）運送品ニ對シテ留置權ヲ行フヲ得ヘキ第三百二十四條相次ヒテ爲ス運送ノ塲合ニハ前者ノ權利ヲ後者行使セサル可ラサル第三百二十五條ノ規定運送取扱人ノ責任ノ時効ヲ定メタル第三百二十八條ノ規定又運送取扱人ノ荷送人荷受人ニ對スル債權ノ時効ヲ定メタル第三百二十九條ノ規定ハ共ニ此運送人ニ準用スヘキモノトス

第二節　旅客運送

此運送モ陸上湖川港灣ニ於テ爲ス塲合ノミニシテ單ニ其目的物カ人タルノミ。而シテ此運送機關ハ滊車滊船此他日本形ノ渡航船馬車。牛馬等モ包含シ苟クモ人ヲ運送スルモノハ凡テ此節ニ規定セラルヽモノトス

第三百五十條　旅客ノ運送人ハ自已又ハ其使用人カ運送ニ關シ注意ヲ怠ラサリシコトヲ證明スルニ非サレハ旅客カ運送ノ爲メニ受ケタル損害ヲ賠償スル責ヲ免ルルコトヲ得ス

損害賠償ノ額ヲ定ムルニ付テハ裁判所ハ被害者及ヒ其家族ノ情況ヲ斟酌スルコトヲ要ス

（說明）旅客ノ運送ハ貴重ナル人間ノ生命身體ノ安危ニ大ナル關係ヲ有スルモノナレハ運送人ハ特ニ至重ノ注意ヲ加フヘキハ當然ノ義務ナリト云ハサル可ラス故ニ萬一此運送ノ爲メ損害ヲ生セシトキハ運送人ハ自巳又其使用人カ運送ニ關シ注意ヲ怠ラサリシコトヲ消極的ニ證明セサルトキハ積極的ニ反對ヨリ其損害ノ原因ハ運送人ニアラサルコトヲ證明セサルモ之レカ賠償責任ハ免レサルナリ一度其責任運送人ニアリト決セハ其損害賠償額ヲ定ムルニハ裁判所ハ被害者及ヒ其家族ノ情況ヲ斟酌シテ此被害者一人ノ爲メニ家族ノ衣食スル如キ塲合ニハ從ツテ其補償額モ衣食ノ資ニ窮セサルノ程度ニ於テシ且ツ其衣食ノ程度モ各身分相應ノ生活ニ應スル等裁判所ヘ機宜ノ處置ヲ爲シ其實害ト補償トヲ平衡セシムルノ趣旨ヲ取ラサル可ラス

第三百五十一條 旅客ノ運送人ハ旅客ヨリ引渡ヲ受ケタル手荷物ニ

付テハ特ニ運送賃ヲ請求セサルトキト雖モ物品ノ運送人ト同一ノ責任ヲ負フ

手荷物カ到達地ニ達シタル日ヨリ一週間內ニ旅客カ其引渡ヲ請求セサルトキハ第二百八十六條ノ規定ヲ準用ス但住所又ハ居所ノ知レサル旅客ニハ催告及ヒ通知ヲ爲スコトヲ要セス

（說明） 旅客ノ手荷物ハ多クハ旅客一身ノ必要品タルヘキヲ以テ又運送人ハ至重ノ注意ヲ以テ之ヲ取扱ハサル可ラス之ニ對シテ特ニ運送賃ヲ請求スルト否トヲ問ハサルナリ故ニ其滅失毀損延着紛失ヨリ來ル損害ハ其使用人又自已カ注意ヲ怠ラサルコトヲ證明スルニアラサレハ其賠償責任ヲ免レサルナリ

尤モ手荷物カ到達地ニ到達シタル後一週間內ニ受取ラサルトキハ第二百八十六條ニヨリテ之ヲ供託シ又相當期間ヲ定メテ催告ノ後之ヲ競賣スルコトヲ得損敗シ易キモノハ催告ナクシテ之ヲ競賣スルヲ妨ケス此競賣金ハ供託シ此中ヨリ又運送賃ヲ引去ルコトハ妨ケサルナリ又其荷主ノ住所居所ノ知レサル片ハ受取ノ催告又競

賣ノ通知ハ爲スヲ要セサルナリ

第三百五十二條　旅客ノ運送人ハ旅客ヨリ引渡ヲ受ケタル手荷物ノ滅失又ハ毀損ニ付テハ自已又ハ其使用人ニ過失アル場合ヲ除ク外損害賠償ノ責ニ任セス

（說明）　手荷物ハ旅客必需ノ品ナレハ之レカ滅失毀損ニ關シテハ損害賠償ノ責アルハ勿論ナルモ其手荷物ハ運送人引渡ヲ受ケタルモノナラサル可ラス何所ニ何品ノ存スルヤモ知ラサル運送人ニ滅失毀損ノ責アリト云フハ甚タ酷ナレハナリ尤モ此滅失毀損ニ運送人自身又使用人ノ過失アルトキハ其賠償ノ責任アルハ云フヲ要セサル所ナリ

第九章　寄託

（說明）　寄託ハ一ノ實踐契約ニシテ單ニ一方カ相手方ノ或ル物ヲ保管スルコトヲ契約スルモ相手方カ其目的物ヲ引渡サヽル間ハ未タ以テ寄託ト云フヲ得ス其目的物ヲ引渡シタルトキハ此ニ初メテ委託ノ契約成立シテ受寄者

ハ何時ニテモ之レカ返還ニ應スル條件ニテ其物ヲ保管スルノ義務ヲ負フモノトス

第三百五十三條 商人カ其營業ノ範圍内ニ於テ寄託ヲ受ケタルトキハ報酬ヲ受ケサルトキト雖モ善良ナル管理者ノ注意ヲ爲スコトヲ要ス

（說明） 商人ハ別ニ其寄托ヲ營業トセサルモ其他ノ營業ノ範圍内ニテ寄托ヲ受クルハ應々見ル所ナリ例之運送業者ノ運送ノ爲メ寄托ヲ受クル如キ又問屋營業者ノ如キモ此類ニ屬スルモノトス此場合ハ別ニ此レカ爲メニ報酬ヲ受ケサルトキモ善良ナル管理者ノ注意ニテ保管セサル可ラス善良ナル管理者トハ最上ノ注意ヲ加フルノ謂ニシテ其注意ノ程度ハ事實問題ニシテ之ヲ明示スル能ハスト雖要スルニ其時ト場所ト其保管者ノ身分トニ照ラシ普通注意ヨキ者ノ誤マラサル點ト見ラルヘキ處置ヲ施セハ足ルモノトス

第三百五十四條 旅店、飲食店、浴場其他客ノ來集ヲ目的トスル場屋ノ主人ハ客ヨリ寄託ヲ受ケタル物品ノ滅失又ハ毀損ニ付キ其不可抗力ニ因リタルコトヲ證明スルニ非サレハ害損賠償ノ責ヲ免ルルコトヲ得ス

客カ特ニ寄託セサル物品ト雖モ場屋中ニ携帶シタル物品カ場屋ノ主人又ハ其使用人ノ不注意ニ因リ滅失又ハ毀損シタルトキハ場屋ノ主人ハ損害賠償ノ責ニ任ス

客ノ携帶品ニ付キ責任ヲ負ハサル旨ヲ告示シタルトキト雖モ場屋ノ主人ハ前二項ノ責任ヲ免ルルコトヲ得ス

（說明）　本條ハ客ノ來集ヲ目的トスル場屋主人ノ寄託物件ニ對スル責任ヲ定ム此客ノ來集ヲ目的トスル場屋旅店飲食店浴場新聞紙ノ縱覽所揚弓店寄席等ニテハ寄託物品ト攜帶物品トノ二種アリ寄託物品ハ現實ニ客ヨリ主人ニ寄託セシモノナレハ其責任モ輕カラス此場合ハ滅失毀損ハ自已ノ過失ニヨラサルコト換言スレハ不可抗力ニヨリタルコトヲ證明スルニアラサレハ損害賠償ノ責ハ免ルヽヲ得サルナ

リ反之攜帶物品ハ決シテ主人ノ見知ラサル物品即チ寄托ヲ受ケサル物品ナレハ自巳又使用人ノ不注意アルトキニアラサレハ主人ハ滅失毀損ノ責ハ存セサルナリ此攜帶品ニ對シテハ應〻責任ヲ負ハサルノ告示ヲ爲スモノアリト雖寄託物品ニ付テハ第一項ニヨリ然ラサルトキハ第二項ニヨリテ過失アルトキハ共ニ責任ヲ免ルヽヲ得サルナリ

第三百五十五條 貨幣、有價證劵其他ノ高價品ニ付テハ客カ其種類及ヒ價額ヲ明告シテ之ヲ前條ノ塲屋ノ主人ニ寄託シタルニ非サレハ其塲屋ノ主人ハ其物品ノ滅失又ハ毀損ニ因リテ生シタル損害ヲ賠償スル責ニ任ス

（說明） 貨幣有價證劵其他ノ高價品ハ客ハ其種類及ヒ價額ヲ明告シテ其主人即客ノ來集ヲ目的トスル塲屋ノ主人ニ寄托セサルトキハ其主人ハ此ニ對スル責任ナキヤ明カナリ。應〻懷中ノミヲ預ケテ中ノ金員不足セリト云フ如キ惡漢少ナカラサレハナリ

第三百五十六條　前二條ノ責任ハ塲屋ノ主人カ寄託物ヲ返還シ又ハ客カ携帯品ヲ持去リタル後一年ヲ經過シタルトキハ時效ニ因リテ消滅ス
前項ノ期間ハ物品ノ全部滅失ノ塲合ニ於テハ客カ塲屋ヲ去リタル時ヨリ之ヲ起算ス
前二項ノ規定ハ塲屋ノ主人ニ惡意アリタル塲合ニハ之ヲ適用セス
（說明）前二條ノ普通品又高價品ニ對スル主人ノ責任ハ寄托物ヲ一旦返還シ又携帯品ヲ持去リタル後一年ヲ經過シタルトキハ時効ニヨリテ消滅スルモノトス是等ノ法律關係ハナルヘク短期ニ終了セシメサレハ日ヲ經ルニ從ツテ其證跡不明ニ屬シ易キモノナレハナリ尤モ一年ノ期間ハ其物品カ全部ノ滅失ノ塲合ハ返還携帯ノ事實ナケレハ客ノ其塲屋ヲ去リタル時ヨリ起算セサル可ラス
以上ハ塲屋ノ主人ニ惡意ナキ塲合ノ規定ナルモ惡意アルトキハ普通民法ノ知リテヨリ三年其事實ヨリ三十年ノ時効ニヨラサル可ラス

第二節　倉庫營業

（說明）倉庫營業トハ大ナル倉庫ヲ設立シ他人ノ物品ヲ預カルコトヲ其營業トスルモノニテ商業ノ發達ト共ニ此營業ハ甚タ商業上ニ重キ關係ヲ有スルモノナリ目下開港場港灣等ニ多ク見ル所ナルモ爾後ハ一般ノ市場ニ開設ヲ見ルヘキカ

第三百五十七條　倉庫營業者トハ他人ノ爲メニ物品ヲ倉庫ニ保管スルヲ業トスル者ヲ謂フ

（說明）本條ハ倉庫營業者ノ何タルヤヲ示セシ法文ニ外ナラサルナリ

第三百五十八條　倉庫營業者ハ寄託者ノ請求ニ因リ寄託物ノ預證券及ヒ質入證券ヲ交付スルコトヲ要ス

（說明）本條ハ倉庫營業者ハ寄託者ノ請求アルトキハ寄託者ノ預證券及ヒ質入證券ヲ交付スルコトヲ得ル點ヲ定ム此證券ハ何ノ必要存スルカ預證券ハ自身是ヲ以テ預入レノ證ト爲シ得ルハ勿論又此證券ニ裏書シテ其預品ヲ他ニ讓渡スコトモ得

ヘシ而シテ其質入證券ハ此證券ヲ以テ在庫品ヲ他ニ質入スルノ用ニ供スルニ外ナラサルナリ

第三百五十九條 預證券及ヒ質入證券ニハ左ノ事項及ヒ番號ヲ記載シ倉庫營業者之ニ署名スルコトヲ要ス

一 受寄物ノ種類、品質、數量及ヒ其荷造ノ種類、個數並ニ記號

二 寄託者ノ氏名又ハ商號

三 保管ノ塲所

四 保管料

五 保管ノ期間ヲ定メタルトキハ其期間

六 受寄物ヲ保險ニ付シタルトキハ保險金額、保險期間及ヒ保險者ノ氏名又ハ商號

七 證券ノ作成地及ヒ其作成ノ年月日

（説明） 本條ハ預證券及ヒ質入證券ニ記載スヘキ要件ヲ定メタルモノトス

其要件ハ一々説明スヘキ點ナシ但タ第六ノ受寄物ヲ保險ニ付スル塲合トハ。此受寄者即チ倉庫營業者カ預主ノ爲メニ其在庫品ヲ保險ニ付スル塲合アル可シ此場合ハ保險金額其期間及ヒ保險者ノ氏名又商號ヲ其證書ニ掲ケ置クヘキモノトス然ルトキハ其證券ノ融通上ノ効力モ少ナカラサルナリ

第三百六十條 倉庫營業者カ預證券及ヒ質入證券ヲ寄託者ニ交付シタルトキハ其帳簿ニ左ノ事項ヲ記載スルコトヲ要ス

一 前條第一號、第二號及ヒ第四號乃至第六號ニ掲ケタル事項

二 證券ノ番號及ヒ其作成ノ年月日

（説明） 本條ハ倉庫營業者カ巳レノ帳簿ニ證券發行ノ塲合ニ記入スヘキ要件ヲ定メタルモノトス其要件ハ前條ト對照スレハ判明ナルニ付別ニ説明セス但此帳簿ノ必要ハ預證券及ヒ質入證券ハ一ノ融通證券ナレハ他人ノ間ニ轉々スルモノナレハ其間自然亡失破損ノ憂ナシトセス此塲合ニハ其在庫品ノ形狀ヲ明記セシモノハ存セサルヘケレハ此帳簿ナカリセハ後日再交付ヲ預ケ主ヨリ求ムル塲合ニ甚タ困難

ヲ感スヘシ是レ此法條アル所以ナリ

第三百六十一條 預證劵及ヒ質入證劵ノ所持人ハ倉庫營業者ニ對シ寄託物ヲ分割シ且其各部分ニ對スル預證劵及ヒ質入證劵ノ交付ヲ請求スルコトヲ得此場合ニ於テハ所持人ハ前ノ預證劵及ヒ質入證劵ヲ倉庫營業者ニ返還スルコトヲ要ス

前項ニ定メタル寄託者ノ分割及ヒ證劵ノ交付ニ關スル費用ハ所持人之ヲ負擔ス

（說明） 預證劵及ヒ質入證劵ノ所持人ハ其證劵ハ在庫品全部ノ證劵ナレハ之ヲ分割シテ返還ヲ要求シ又ハ其一部分ノ質入讓渡ニハ甚タ不便ヲ感スヘケレハ其寄托物ヲ分割シ其各部分ニ對スル預證劵及ヒ質入證劵ノ交付ヲ請求スルコトヲ得此場合ハ其證劵ヲ二重ニ交付スルニ到ルヲ以テ后ノ交付ヲ得ハ前ノ證劵ハ返還セサル可ラス又此寄托物ノ分割及ヒ證劵交付ノ費用ハ全ク此ノ要求者ノ便利ノ爲メ交付スルモノナレハ此要求者ノ負担タルヘキハ勿論ナリ

第三百六十二條　預證劵及ヒ質入證劵ヲ作リタルトキハ寄託ニ關スル事項ハ倉庫營業者ト所持人トノ間ニ於テハ其證劵ノ定ムル所ニ依ル

（説明）預證劵及ヒ質證劵ハ必ス作ラサル可ラサルモノニアラス只倉庫營業者ノ帳簿ニ記入シ又常ニ此預入ヲナス平常ノ取引者間ニハ通ヒノ如キモノヲ製シ之ニ預リノ記入ヲ爲シ以テ此營業者ノ署名ヲ爲スモ可ナリ然ルモ一旦預證劵及ヒ質入證劵ヲ作リタルトキハ倉庫營業者ト此證劵所持人ノ間ハ寄託事項ハ凡テ此證劵記載ノ趣旨ニヨリテ決セサル可ラス此證劵ニハカク記載アルモ其實ハカクカク々々ナリ其證ハ預主ノ了知スル所ナリ又預主ヨリカヽル申込ノ證アリ抔其證劵以外其趣旨ニ反スル事項ノ申立ヲ爲スモ之ヲ以テ所持人ニ對抗スルコト能ハス何トナレハ所持人ハ現品ヲ一見シテ其證劵ヲ手ニ入レタルニアラス全ク其證劵ニ重キヲ置キ之レヲ讓受ケタルニ外ナラサレハナリ然ルモ預主ト倉庫營業者間ノ關係ハ必スシモ其證劵ノミニヨルヲ要セサルナリ

第三百六十三條　預證券及ヒ質入證券ヲ作リタルトキハ寄託物ニ關スル處分ハ其證券ヲ以テスルニ非サレハ之ヲ爲スコトヲ得ス

（說明）　本條ハ當然ノコトヲ規定セルニ過キス只疑ヲ決スル爲メ此ニ明示セシモノトス一旦双方間ニ此手數ヲ要スル證券ヲ作成セシ以上ハ其處分即チ其寄托物ノ賣買質入等ノ行爲ハ此證券ヲ以テスルニアラサレハ爲スヲ得ス然ラサレハ一方ニハ此證券ヲ賣却シテ他ニ利ヲ得及一方ニハ其現品ヲ賣却スル如キ不德義ノ行爲ヲ爲スモノナシトモ限ラサレハナリ

第三百六十四條　預證券及ヒ質入證券ハ其記名式ナルトキト雖モ裏書ニ依リテ之ヲ讓渡シ又ハ之ヲ質入スルコトヲ得但證券ニ裏書ヲ禁スル旨ヲ記載シタルトキハ此限ニ在ラス

預證券ノ所持人カ未タ質入ヲ爲ササル間ハ預證券及ヒ質入證券ハ各別ニ之ヲ讓渡スコトヲ得ス

（說明）　本條ハ預證券及ヒ質入證券ノ融通性ヲ定メタルモノナリ此證券ハヨシ記

名式ナルトキト雖裏書ヲ爲シテ之ヲ讓渡シ又質入スルコトヲ得ベシ尤モ裏書禁止ノ明文アルトキハ之レカ裏書質入讓渡ハ爲スヲ得ス然ルモ。此證券ヲ交付シテ其寄託物ノ質入又讓渡ヲ爲スヲ得只其證券ノ融通ヲ止ルノミ

又預證券質入證券ハ二ケヲ發行スルモノナレハ二ケ各別ノ効用アルハ勿論ナリ故ニ二ケ各別ニ讓渡スモ自由ナリ然ルモ之ヲ讓渡スニ當リテ未タ質入レセサル以上ハ之ヲ各別ニ讓渡スモ自由ナリ然ルニ之ヲ讓渡スニ當リテ未タ質入セサル以上ハ之ヲ各別ニ讓渡ス如キハ其効用少キノミナラス甚タ煩雜ナル關係ヲ生スヘシ何トナレハ甲ハ預證券ノ讓渡ヲ受ケタリトセンカ之ヲ更ニ他ニ讓渡ヲ爲スヲ得ヘク之ヲ質入スルヲ得ス又乙ハ質入證券ノミヲ讓受ケタリトセンカ質入ノミヲ爲スヲ得ヘキ効力アルニ過キサレハ更ラニ之ヲ讓渡スモ其代價モ少ク結局何人カヽ質入スルノ權能ノ讓渡ニ過キサル可シカヽル行爲ヲ許ストキハ一方ノ預證券ノ讓受人ハ其物品ヲ受取ラントスルモ其物品ハ已ニ質入レアリタルヤ否ヤモ不明ニシテ倉庫營業者モ其質入ノ有無判明セサル迄ハ之ヲ容易ニ引渡サヽル可シ是レ本條カ各別

ノ讓渡ハ其所持人ノ質入前ハ許サヽル所以ナリ一旦之ヲ質入スルトキハ質債權者ハ一方ノ預證券ニモ第三百六十七條ニヨリテ其債權額利息辨濟期ヲ記入スルモノナレハ預リ證券ノ讓受人モ此寄托物ハ質權ノ付帶スルモノナルヲ知リ又質取人モ已ニ預證券ニ記入セシ以上ハ安心シテ其證券ヲ他人ニ讓渡シ又自ラ其債權ヲ實行シテ其寄托品ヲ競賣セシムルト其權能自由ナレハナリ

第三百六十五條 第三百三十五條ノ規定ハ預證券ニ之ヲ準用ス

（説明） 本條ハ此預證券ノ裏書ノ効力ヲ定メタルモノニシテ第三百三十五條ト同シク此裏書讓渡ハ在庫品ノ讓渡ト同一ノ効力アルモノトス故ニ他ニ直接ニ預主ヨリノ讓渡證ヲ有スル者出現スルモ此者ハ證書所持者ニ對抗スルノ權能アラサルヘシ何トナレハ此預證券ノ交付ヲ受ケタル者ハ此證券ニヨラサレハ處分ノ權利ナキモノナレハ此權利ナキ者ノ行爲ハ無効タレハナリ

第三百六十六條 預證券又ハ質入證券カ滅失シタルトキハ其所持人ハ相當ノ擔保ヲ供シテ更ニ其證券ノ交付ヲ請求スルコトヲ得此場

合ニ於テハ倉庫營業者ハ其旨ヲ帳簿ニ記載スルコトヲ要ス

（説明）一度證劵ヲ發行セシ以上ハ其受取讓渡及其他ノ處分ハ必ス之ニヨラサル可ラス然ルニ之ヲ紛失センカ其所持人ハ其物品ヲ紛失セシト同一ノ不便ヲ見ルヘシ故ニ此塲合ハ相當ノ擔保ヲ供スルトキハ更ラニ其證劵ノ交付ヲ請求スルコトヲ得ヘシ担保ヲ供セシメサレハ其證劵ヲ提出シテ要求スル者アルトキハ其眞僞判明セサルノミナラス有効ニ讓渡サレタルヤモ知ル可ラサレハナリ其證劵ヲ再交付ノ塲合ニハ其旨ヲ倉庫營業者ハ帳簿ニ記入スヘキモノトス

第三百六十七條　質入證劵ニ第一ノ質入裏書ヲ爲スニハ債權額、其利息及ヒ辨濟期ヲ記載スルコトヲ要ス

第一ノ質權者カ前項ニ掲ケタル事項ヲ預證劵ニ記載シテ之ニ署名スルニ非サレハ質權ヲ以テ第三者ニ對抗スルコトヲ得ス

（説明）質入證劵ニ第一ノ質入裏書ヲ爲スニハ債權額及ヒ其利息及ヒ辨濟期ヲ記載セサル可ラス然ラサレハ裏書ノ効力ハ有セサル可シ

第一ノ債權者ハ此債權額利息及ヒ辨濟期ヲ預證券ニ記載シテ署名スルニアラサレハ債權ノ改定ハ第三者タル倉庫營業者及預證券所持人ニハ對抗スルヲ得サルナリ

第三百六十八條 質入證券ノ所持人カ辨濟期ニ至リ支拂ヲ受ケサルトキハ手形ニ關スル規定ニ從ヒテ拒絶證書ヲ作ラシムルコトヲ要ス

（説明） 質入證券ノ所持人ハ其債權カ辨濟期迄支拂ハレサルトキハ如何ニ之ヲ處置スヘキカ此場合結局物品ヲ競賣セシメテ其權利ヲ完フスルヨリ外アラサルモ其前ノ手續トシテハ先ツ第一着ニ其最初ノ質入主ニ其支拂ヲ要求セシメ其支拂ハレサルトキハ爲替手形ノ規定ニ從ヒ其滿期又其後二日內ニ拒證書ヲ公證人又執達吏ニ作成セシムヘキモノトス是レ一面ニハ其預證券ノ所持人ニモ此趣旨ヲ知ラシムル間接ノ手段タルモノトス一度其質入證券ノ質入アルトキハ預證券ハ別個ニ他人ニ讓渡サルヘキモノナレハ其後ハ何人ノ手ニ入リ那所ニアルヤハ何人モ知ラサル所ナリ然ルモ此證券ニハ質入ノ事實ハ記入シアレハ其滿期日ノ情態ハ知ルヲ得ヘ

ク又最初ノ質入主ニ問合スルコトヲ得ヘシ故ニ此場合ノ情況ハ多少ノ時日ノ後ハ知了スルコトヲ得ヘシ是次條アル所以ナリ

第三百六十九條　質入證券ノ所持人ハ拒絶證書作成ノ日ヨリ一週間ヲ經過シタル後ニ非サレハ寄託物ノ競賣ヲ請求スルコトヲ得ス

（說明）前條說明ノ必要ヨリ預證券ノ所持人ハ其質權ヲ辨償シテ其寄托物ノ返還ヲ求ムル場合アレハ直ニ其滿期日ニ拒證書ヲ作成シタリトテ其寄托物ノ競賣ヲ求ムヘカラス然ルトキハ預證券ノ所持人カ其返還ヲ求メタルトキハ已ニ其物ハ競賣セラレタル如キ場合存スレハナリ故ニ質入證券ノ所持人ハ其拒證書作成ノ日ヨリ一週間ヲ經サレハ其競賣ヲ求ムルヲ得サルナリ

第三百七十條　倉庫營業者ハ競賣代金ノ中ヨリ競賣ニ關スル費用、受寄物ニ課スヘキ租稅、保管科其他保管ニ關スル費用及ヒ立替金ヲ控除シタル後其殘額ヲ質入證券ト引換ニ其所持人ニ支拂フコトヲ要ス競賣代金ノ中ヨリ前項ニ掲ケタル費用、租稅、保管料、立替金及ヒ質入證劵所持人ノ債權額、利息、拒絕證書作成ノ費用ヲ控除シタル後餘剩アルトキハ倉庫營業者ハ之ヲ預證劵ト引換ニ其所持人ニ支拂フコトヲ要ス

（說明）一度其寄托物ノ競賣セラレタルトキハ倉庫營業者ハ如何ニ處分スヘキカ是本條ノ定ムル所ニシテ倉庫營業者ハ競賣代價中ヨリ第一競賣費用受寄物ニ課スヘキ租稅アレハ其租稅保管料其他保管ニ關スル費用及ヒ立替金ヲ引去リ其殘額ヲ質入證劵ト引換ニテ其所持人ニ支拂ハサル可ラス猶其殘額即質債權者ノ受取ルヘキ其債權ノ元本利息拒證書作成ノ費用ヲ引去リタル餘金アレハ之ハ預證劵ノ引換ニ其所持人ニ支拂フヘキモノトス

第三百七十一條　競賣代金ヲ以テ質入證劵ニ記載シタル債權ノ全部ヲ辨濟スルコト能ハサリシトキハ倉庫營業者ハ支拂ヒタル金額ヲ質入證劵ニ記載シテ其證劵ヲ返還シ且其旨ヲ帳簿ニ記載スルコト

ヲ要ス

（説明）質入證券ノ所持人ハ其寄托物競賣セラレタルトキハ其代價ヨリ其債權ノ仕拂ヲ受ケラレサル如キ塲合ハ稀ナルヘキモ寄托物ノ滅失毀損物價ノ下落ニヨリ時ニカヽル災害ニ遭遇スルコトナシトセス此塲合トテ全ク支拂ハレサル部分ハ損失ニ歸スルニアラス最初ノ質入主ニ向ツテ其殘額ヲ請求スルコトヲ得ヘシ併シ此塲合トテモ最初ノ質入主ハ全ク其事情ハ有ラサルモノナレハ之ヲ知了スルハ質入證券ヲ一見スルニ若カサレハ倉庫營業者ハ其支拂ヒタル丈ノ全額ヲ其質入證券ニ記載シテ之ヲ質入證券ノ所持人ニ返還スヘキモノトス然ルトキハ此所持人ハ次條ニヨリ其權利ヲ行フヘキモノトス此塲合ハ倉庫營業者其旨ヲ帳簿ニ記載スヘキモノトス

第三百七十二條 質入證券ノ所持人ハ先ツ寄託物ニ付キ辦濟ヲ受ケ尚ホ不足アルトキハ債務者其他ノ裏書人ニ對シテ其不足額ヲ請求スルコトヲ得

（説明）本條ハ質入證券ノ所持人カ寄托物ニテ辨濟ヲ受ケタル後ノ權利ヲ記載シタル、モノニテ此場合ハ第一其質入ヲ爲シタル債務者ニ殘額ノ支拂ヲ求メ猶支拂ハレサル部分ハ其裏書人アルトキハ之ニ向ツテ要求スヘキモノトス

第三百七十三條　質入證券ノ所持人カ辨濟期ニ至リ支拂ヲ受ケサリシ場合ニ於テ拒絶證書ヲ作ラシメサリシトキ又ハ拒絶證書作成ノ日ヨリ二週間內ニ寄託物ノ競賣ヲ請求セサリシトキハ裏書人ニ對スル請求權ヲ失フ

（説明）本條ハ質入證券ノ所持人カ質債務者ヨリ其債權ニ對スル支拂ヲ受ケサル片拒證書ヲ作ラス又拒證書ヲ作ルモ其日ヨリ二週間內ニ寄托物ノ競賣ヲ請求セサルトキノ制裁ヲ規定シタルモノトス元來ハ質入證券ノ所持人ハ以下ノ擔保ヲ有ス第一ハ其債務者及ヒ預證券所有者ヨリ其支拂ヲ受クルコト是ナリ第二此二者支拂ハサル片ニ其寄托物ノ競賣ヲ請求スルヿ是ナリ以上二ケノ擔保ニテモ辨濟ヲ全セサルトキハ裏書人ニ對シテ其殘額ヲ要求スルモノトス此二ケノ擔保アルヲ以テ裏

書人モ其證券ヲ他人ニ讓渡シ其擔保ノ責ヲ負ヒシモノトス然ルニ此質證券所持人ニテ第一ノ債務者仕拂ハサルモ拒證書ヲ作ラスヨシ作リシモ二週間内ニ其寄托物ノ競賣ヲ求メサル如キハ此二ケノ擔保ヲ無視シタルモノナレハ此裏書人ニ其債權ヲ償還スルノ義務ナシトスルモ亦不當ニアラス是本條ノ規定アル所以ナリ

第三百七十四條　債務者其他ノ裏書人ニ對スル質入證券所持人ノ請求權ハ辨濟期ヨリ一年間之ヲ行ハサルトキハ時效ニ因リテ消滅ス

（說明）本條ハ質入證券ノ所持人ノ請求權ノ時効ヲ定タルニ過キス別ニ說明スヘキコトナシ

第三百七十五條　寄託者又ハ預證券ノ所持人ハ營業時間內何時ニテモ倉庫營業者ニ對シテ寄託物ノ點檢若クハ其見本ノ摘出ヲ求メ又ハ其保存ニ必要ナル處分ヲ爲スコトヲ得

質入證券ノ所持人ハ營業時間內何時ニテモ倉庫營業者ニ對シテ寄託物ノ點檢ヲ求ムルコトヲ得

（說明）寄託者及ヒ預證券ノ所持人ハ寄托物ニ對スル唯一ノ債權者ナルノミナラス其物品ノ狀態如何ニヨリテハ大ナル利害ノ關係ヲ有スルモノナレハ營業時間內ハ何時ニテモ倉庫營業者ニ對シテ其寄托物ノ點檢若クハ其見本ノ摘出ヲ求メ又保存ニ必要ナル處分例之非常ニ濕氣多ク腐敗ノ恐レアルモノハ之ヲ乾燥セシメ近傍ニ其寄托物ノ有害物アレハ之ヲ遠ケサスル等ノ所置ヲ求ムルヲ得又倉庫營業者ハ善良ナル管理人ノ義務ヲ負フモノナレハ充分ナル保存ヲ盡サヽル可ラス又質入證券ノ所持人モ此寄托物ニハ大ナル利害ヲ有スルモノナレハ寄托物ノ點檢ヲ求ムルコトヲ得ヘキハ當然ナリ

第三百七十六條 倉庫營業者ハ自己又ハ其使用人カ受寄物ノ保管ニ關シ注意ヲ怠ラサリシコトヲ證明スルニ非サレハ其滅失又ハ毀損ニ付キ損害賠償ノ責ヲ免ルルコトヲ得ス

（說明）本條ハ倉庫營業者ノ責任ヲ定メタルモノニシテ此倉庫營業者ハ第三百五十三條ニヨリ善良ナル管理人ノ責任ヲ盡サヽル可ラサルモノナレハ滅失毀損ノ場

合ニハ特ニ不注意ノ行爲ナキモ自己又使用人カ保管ニ對シテ注意ヲ怠ラサルコトヲ證明セサレハ其滅失毀損ノ責任ヲ免ル丶コトヲ得サルナリ

第三百七十七條 倉庫營業者ハ受寄物出庫ノ時ニ非サレハ報酬及ヒ立替金其他受寄物ニ關スル費用ノ支拂ヲ請求スルコトヲ得ス但受寄物ノ一部出庫ノ場合ニ於テハ割合ニ應シテ其支拂ヲ請求スルコトヲ得

（説明）本條ハ倉庫營業者ノ報酬及ヒ立替金其他受寄物ニ對スル費用ノ支拂ヲ求ムル時期ヲ定メタル法文ニシテ此時期ハ受寄物出庫ノ時ナリトス尤モ一部出庫ノ場合ニハ割合ニ應シテ其支拂ヲ請求スルコトヲ得

第三百七十八條 當事者カ保管ノ期間ヲ定メサリシトキハ倉庫營業者ハ受寄物入庫ノ日ヨリ六ケ月ヲ經過シタル後ニ非サレハ其返還ヲ爲スコトヲ得ス但已ムコトヲ得サル事由アルトキハ此限ニ在ラス

（說明）本條ハ受寄物返還ノ時期ヲ定メタルモノトス受寄物返還ノ時期アルトキハ是ニヨルヘク又時期前モ已ムヲ得サル塲合ニハ其返還ヲ求メ得ヘキカハ民法第六百六十三條ノ定ムル所ナリ然ラハ時期ノ定メナキハ何レニヨルカ是本條ノ定ムル所ニシテ庫入ヨリ六ケ月ヲ經過シタル後ニアラサレハ返還ヲ爲スヲ得サルナリ此塲合ニテモ已ヲ得サル塲合ニハ其以前ニ爲スヲ得ヘキハ當然ナリ

第三百七十九條 預證劵及ヒ質入證劵ヲ作リタル塲合ニ於テハ之ト引換ニ非サレハ寄託物ノ返還ヲ請求スルコトヲ得ス

（說明）本條ハ別ニ云フヘキコトナシ

第三百八十條 預證劵ノ所持人ハ質入證劵ニ記載シタル債權ノ辨濟期前ト雖モ其債權ノ全額及ヒ辨濟期マテノ利息ヲ倉庫營業者ニ供託シテ寄託物ノ返還ヲ請求スルコトヲ得

前項ノ規定ニ從ヒテ供託シタル金額ハ質入證劵ト引換ニ之ヲ所持人ニ支拂フコトヲ要ス

（說明）預證券ノ所持人ハ一度其寄託物ノ質入セラレタルトキハ何人ヨリカ其債務ノ辨濟ナキ間ハ其寄託物ノ返還ヲ求メ得ヘカラサルハ當然ナルモサリトテ轉々何レニアルモ知レサル質債權ヲ披出シテ其辨濟ヲ了ヘサレハ其寄托物ノ返還ヲ求メ得ストセハ大ナル不利不便ナルヲ以テ本條ハ此ニ此不便不利ヲ避クル爲メ預證券ノ所持人ハ質證券ニ記載シタル債權ノ辨濟期前ト雖其債權ノ全額及ヒ辨濟期迄ノ利息ヲ倉庫營業者ニ供託スルトキハ寄托物ノ返還ヲ請求スルコトヲ得ルナリ供此託金ハ質入證券ト引換ヘニテ倉庫營業者其所持人ニ支拂フヘキモノトス

第三百八十一條 第二百八十六條ノ規定ハ寄託者又ハ預證券ノ所持人カ寄託物ヲ受取ルコトヲ拒ミ又ハ之ヲ受取ルコト能ハサル場合ニ之ヲ準用ス

（說明）寄托者及ヒ預證券ノ所持人カ其寄托物ノ受取ヲ拒ミ又受取ル能ハサルトキハ如何ニスヘキカ此場合ハ第二百八十六條ヲ準用シテ之ヲ供托シ又相當期間ノ催告ヲ爲シテ競賣シ又其品質ノ如何ニヨリテ損敗ノ虞アルトキハ催告ナクシテ之

ヲ競賣シ又其競賣金ヨリ保管料立替金費用ヲ引去ルコトヲ得ヘキコト同條ト同シ

第三百八十二條 第三百四十八條ノ規定ハ倉庫營業者ニ之ヲ準用ス

（說明）本條亦第三百四十八條ヲ參照セハ別ニ說明スヘキノ點ナシ

第三百八十三條 寄託物ノ滅失又ハ毀損ニ因リテ生シタル倉庫營業者ノ責任ハ出庫ノ日ヨリ一年ヲ經過シタルトキハ時效ニ因リテ消滅ス

前項ノ期間ハ寄託物ノ全部滅失ノ塲合ニ於テハ倉庫營業者カ預證券ノ所持人若シ其所持人カ知レサルトキハ寄託者ニ對シテ其滅失ノ通知ヲ發シタル日ヨリ之ヲ起算ス

前二項ノ規定ハ倉庫營業者ニ惡意アリタル塲合ニハ之ヲ準用セス

（說明）本條ハ寄托物ノ滅失毀損ノ責任ニ對スル時効ヲ定メタルモノニシテ此時効ハ一部ノ滅失毀損ノトキハ殘部出庫ノ時ヨリ一年ナリ而シテ全部滅失ノトキハ出庫ナキヲ以テ倉庫營業者カ預證券ノ所持人ニ其滅失ヲ通知セシ日ヨリ又此所持

人不明ナルトキハ寄托者ニ其通知ヲ發セシ日ヨリ何レモ一年ナリトス

併シ此塲合ハ倉庫營業ニ惡意ナキトキノ規定ニシテ惡意アルトキハ不法行爲ナレハ民法ノ第七百二十四條ニヨリ三年又三十年ナリトス

第十章　保險

（説明）　保險トハ一言ニ云ヘハ或ル事物カ偶然ノ事故ニヨリテ損害ヲ受ケタル𪜈之ヲ補償スルノ意ニ外ナラサルモ。是通俗ノ意義ニシテ其法律上ノ觀察ニ於テハ多少異ラサルヲ得ス然ルモ精密ナル學理上ノヿハ本書ノ避クル所ナレハ之ヲ省キ單簡ニ其意義ヲ摘述スレハ保險ニハ二種アリテ人ノ保險ト損害保險トニ分ル人ノ保險トハ人ノ生死ニ關シテ一方之ニ一定ノ金額ヲ支拂フヿヲ約シ一方ハ之ニ對スル報酬（保險料）ヲ與フルヿヲ約スルモノニテ此ニハ何ニモ損害ト云フヿヲ基礎トセス勿論人ノ生命ノ安危ハ社會ノ組織ニ大關係ヲ有シ決シテ損害ナキニアラス戶主ノ下ニ生活スル者ノ如キハ其人ノ死亡ハ殆ント糊口ノ道ヲ奪ハレタルト同一ナレハ損害モ大ナルヘシ然ルモ仔細ニ看ルトキハ人ノ死亡ハ必スシモ金錢上ノ損害ヲ與フルモノニアラス最早生産能力ナキ者ノ死亡ノ如キハ却テ損失ヲ減少コソスレ生スルコトハアラサルナリ故ニ人ノ保險ニハ損害ノ觀念ハ必要ニアラス何トナレハ人ノ生命ハ金錢ニ見積ルヘキモノニアラサレハナリ故ニ人ノ保險ノ基礎ハ他ニ求メサル可ラス今日ノ學說ニ於テハ人ノ保險ハ一ノ貯蓄ニ外ナラストスルモ純然タル貯蓄ニモアラサル點存スレハ其眞相ヲ究ムルハ困難ノ事業ニ屬ス故ニ新商法ニテモ此等ノ定解ハ學說ニ一任シテ敢テ決定セサルカ如シ併シ此事柄タルヤ之ヲ約シテ秩序ヲ害セス治安ヲ妨ケス却ツテ之ヲ保護シ奬勵スルハ今日社會ノ進歩ニ益スル所アルヲ以テ之ヲ法典ニ規定シ以テ其取締ノ用ニ供セシニ外ナラサルヘシ反之第二種ノ損害保險ハ純然タル損害ノ補償ナリ或ル偶然ノ事故ヨリ生スル或ル事物ノ損害ヲ一方之ヲ補償スルコトヲ約シ一方ハ之ニ對シテ其事故ノ發生前報酬ヲ與フルコトヲ約スルハ之レ損害保險ノ眞相ナリ損害保險ノ趣旨此ニアリトセハ。僥倖ノ利益若クハ利益ノ希望ノ如キハ此ノ保險ノ目的トナラス此利益トテモ自巳ノ主觀的ニ信スル利益ニアラス必スヤ客觀上金錢ニ見積リ得ヘキ利益ニアラサレハ以テ此損害保險ノ利益トスヘカラサルナリ

第一節　損害保險

第一欵　總則

第三百八十四條　損害保險契約ハ當事者ノ一方カ偶然ナル一定ノ事故ニ因リテ生スルコトアルヘキ損害ヲ塡補スルコトヲ約シ相手方カ之ニ其報酬ヲ與フルコトヲ約スルニ因リテ其效力ヲ生ス

（說明）本條ハ損害保險ノ定解ヲ與ヘタルモノナリ此損害保險契約ハ當事者ノ一方カ偶然ナル一定ノ事故ニヨリ生スルコトアルヘキ損害ヲ塡補スルコトヲ約シ相手方カ之ニ報酬ヲ與フルコトヲ約シテ効力ヲ生スルモノトス。此ニ注意スヘキハ此條文中ノ偶然ナル一定ノ事故（一）損害ノ補償（二）等ノ語句ノ意義ヲ知ルニアリ

（一）偶然ナル一定ノ事故トハ。偶然即チ人爲タルト天爲タルトヲ問ハス自己ノ意思

ヲ以テ左右シ得ヘカラサル出來事ハ皆此範圍ニ入ルモノトス然ルモ其目的物ニ損害ヲ與フルモノハ偶然ノ事故タニアラハ何ニテモ妨ケスト云フニアラス此ニ家屋ノ火災保險ニ付シタリトセンカ此家屋ニ損害ヲ與フル偶然ノ事故ハ震災風害水難等其數一ニシテ足ラサルヘシ然ルモ保險契約ノ偶然ノ事故ハ其種類ハ一定セサル可ラス火災保險ナレハ其一定セル事故ハ火災ノミニシテ震災風害ハ之ニ加ハラス故ニ其來否コソ偶然ナレ其損害ヲ惹起ス事故ハ水難トカ火災トカ一定セサル可ラス

(二)損害ヲ塡補スルトハ其偶然ノ事故ニヨリテ受ケシ實害ヲ塡充補償スルノ意ナレハ是ニヨリテ利益ヲ得ル如キハ保險ニアラス故ニ五十圓ノ器具ノ保險ニ百圓ヲ受クル契約ノ如キハ一種ノ賭博ニシテ其實害塡補ヲ趣旨トスル保險ニアラス宜シク法律ハ此等ノ行爲ハ禁壓スヘク保護スヘキモノニアラス一旦其事故ノ爲メ損害タニアラハ之ヲ塡補スルノ方法ハ必スシモ金錢ヲ以テスヘキコトヲ約スルニ及ハス之ニ或ル行爲ヲ以テスルモ其他ノ物品ヲ以テスルモ其欲スル所ニ從ツテ契約セハ

足ル又其契約ノ爲ニ與フル報酬ノ如キモ必スシモ金錢タルヲ要セス何ニテモ金錢上ノ利益ナレハ双互ノ契約タニ成ラハ妨アラサルナリ

第三百八十五條　保險契約ハ金錢ニ見積ルコトヲ得ヘキ利益ニ限リ之ヲ以テ其目的ト爲スコトヲ得

(說明)　本條ハ損害保險ノ目的ヲ規定セシモノニテ。其如何ナルモノニアラサレハ目的タラサルカハ大ニ研究ノ必要アリ。苟クモ保險ハ偶然ノ事故ニヨリテ被ル損害ヲ塡補スルニアリトセハ其損害ヲ被ルヘキ容体換言セハ一定ノ利益ナカルヘカラス此利益ナクシテ損害アリト云フヘカラサレハナリ故ニ其事故ト此利益トハ相關連スルモノナラサル可ラサルコトハ保險ノ性質上當然ノコト、云ハサル可ラス何トナレハ陸上ノ或ル地方ノ家屋カ海水ノ爲メニ被ル損害ト云フ如キハ關係ナク又想像ノ外ニアルコトアレハナリ故ニ保險ニ付スル利益ハ必ス其偶然ノ事故ニ關係アルモノナラサル可ラス換言スレハ之レカ爲メニ損害ヲ被ルヘキ利益ナラサル可ラス夫然リ然ルモ此利益ハ如何ナル利益ナラサル可ラサルカ民法上債權債務ノ目的タル利益ハ必スシモ金錢ニ見積リ得ヘキコトヲ要セス保險ノ目的モ然ルカ即チ自己カ見ヲ以テ利益ナリト信スルモノハ如何ナルモノニテモ保險ノ目的トナシ得ヘキカ何ソ夫レ然ラン保險ノ眞趣ハ損害ノ塡補ニアリ損害ノ塡補ナルモノハ金錢ニテ見積リ得ヘキモノニアラサレハ精確ニ知ルヲ得サルナリ故ニ法律ハ其利益ハ制限シテ必ス保險ノ目的トスルニハ金錢ニ見積リ得ヘキモノナラサルヘカラストセリ

第三百八十六條 保險金額カ保險契約ノ目的ノ價額ニ超過シタルトキハ其超過シタル部分ニ付テハ保險契約ハ無效トス

（說明） 保險ノ原則ハ前ニモ屢々云フ加ク其實害補償ニアルヲ以テ其目的カ有スル利益以上ノ契約換言セハ其目的ノ價額以上ノ保險金即塡補金ヲ受取ルヘキ契約ハ無効ト云ハサル可ラス是損害ノ塡補ニアラスシテ僥倖ノ利益ノ獲得ナレハナリ

第三百八十七條 同一ノ目的ニ付キ同時ニ數個ノ保險契約ヲ爲シタル場合ニ於テ其保險金額カ保險價額ニ超過シタルトキハ各保險者

ノ負擔額ハ其各自ノ保險金額ノ割合ニ依リテ之ヲ定ム

數個ノ保險契約ノ日附カ同一ナルトキハ其契約ハ同時ニ爲シタルモノト推定ス

（説明）保險ハ其目的ヲ超過セサル限リハ何人ト契約スルモ自由ナリ例之千圓ノ家屋ヲ其一回ニ五百圓ノ契約ヲ爲シ第二回ニ三百圓ヲ爲シ其次ニ二百圓ノ保險ニ付スルモ其目的物ノ價額限リハ法律上咎ムル所アラサルノミナラス又實際有効ノ契約ナリ又其價額ハ超過スルモ前例ノ千圓ノ目的物ニ第一回カ五百圓ノ保險ニシテ第二回カ七百圓ナル片ハ其價額ヲ超過スルモ其無効ナルハ第二回ノ千圓ヲ超過スル部分貳百圓ノミニシテ殘部五百圓ハ有効ナリト云ハサル可ラス然ヲハ千圓ノ目的物ニ對シテ甲保險者トモ七百五十圓ノ契約ヲ爲シ乙保險者トモ七百五十圓ノ契約ヲ爲シタルトキハ如何ニ處スヘキカ此場合ハ本條ノ定ムル所ニシテ所謂重複保險ナリ此場合ハ二ケノ契約同時ナレハ甲ヲ無効トシ乙ヲ有効トスル能ハスサリトテ二者何レモ無効トシ又何レモ有効トスル能ハサルヲ以テ本法ノ定ムル如ク其

各自負擔額ヲ割合ニヨリテ定ムルニ若カサルナリ即チ双方共五百圓宛負擔スルモノトス若シ前例ト異リ甲ハ九百圓乙ハ七百圓ナレハ千二百圓ニ對スル千圓ナレハ百圓ニ對シテ六十二圓五十錢ノ負擔ナレハ甲ハ五百六十二圓五十錢ノ負擔ニシテ乙ハ四百三十七圓五十錢ヲ負擔スヘキモノトス

第二項ハ「同時」ノ解釋ニシテ日附ノ同一ナルモノハ同時ト推定セラルヽモノトス併シ其反證ヲ擧ケテ甲ノ先キナルヲ證セハ先キナルモノハ完全ノ契約ニシテ後ナルモノハ殘額ノミ有効ノ契約トナルモノトス

第三百八十八條

相次テ數個ノ保險契約ヲ爲シタルトキハ前ノ保險者先ツ損害ヲ負擔シ若シ其負擔額カ損害ノ全部ヲ塡補スルニ足ラサルトキハ後ノ保險者之ヲ負擔ス

（説明） 本塲ハ數ケノ有効ナル契約ヲ相次ヒテ爲シタル塲合ニ其損害ノ負擔額ヲ定メタルモノニシテ例之此ニ壹萬圓ノ目的物ノ保險ニ甲ハ八千圓乙ハ二千圓ノ保險契約ヲ相次ヒテ爲シタルトキ其損害六千圓ヲ生セシトキハ甲ハ全部ヲ負擔スルモ

九千圓ノ損害アルトキハ甲ハ八千圓ヲ負擔シ乙ハ千圓ニ止ルモノトス是甲ハ先キニ八千圓迄ハ何等ノ條件ナク其損害ヲ負擔スヘキコトヲ約シタルモノナレハ其範圍内ハ他人ニ關係ナク之ヲ辨償スヘキハ當然ナレハナリ

第三百八十九條 保險價額ノ全部ヲ保險ニ付シタル後ト雖モ左ノ場合ニ限リ更ニ保險契約ヲ爲スコトヲ得

一 前ノ保險者ニ對スル權利ヲ後ノ保險者ニ讓渡スコトヲ約シタルトキ

二 前ノ保險者ニ對スル權利ノ全部又ハ一部ヲ拋棄スヘキコトヲ後ノ保險者ニ約シタルトキ

三 前ノ保險者カ損害ノ塡補ヲ爲ササルコトヲ條件トシタルトキ

（説明） 保險ハ危險ニヨリテ損害ヲ被ルヘキ目的物ヲ有セサレハ其契約無効ト云ハサル可ラス故ニ已ニ一定ノ人ト其目的物ノ全價額ニ充ル迄ノ契約ヲ爲シタルト

キハ最早其危險ニ對シテハ被ルヘキ損害ハ有セサルモノナリ尤モ其危險異レハ何回何人ト契約スルモ決シテ妨ケサルナリ例之甲ハ火災ノ保險契約ヲ爲シ乙トハ水災丙トハ震災ト云フ如キハ決シテ同一危險ニアラサレハ毫モ咎ムヘキコトニアラス然ラサル以上ハ已ニ全額ニ對シテ爲シタル以上ハ最早其次後ノ契約ハ無効ト云ハサル可ラス然ルモ左ノ場合ハ有効ナリ

一前ノ保險者ニ對スル權利ヲ後ノ保險者ニ讓渡スコトヲ約シタル場合本來全部契約后ノ再契約ノ無効ナルハ二重ニ損害ニ補塡ヲ受クルヲ以テナルモ先キニ約セシ契約上ヨリ生スル權利即チ損害アリタルトキノ要求權ヲ后ノ保險者ニ讓渡ストキハ毫モ二重ニ受クルノ恐レナク損害アリタルトキハ後ノ契約者ハ其被保險者ニ塡補スルト同時ニ前キノ保險者ニ對シテ要求權アレハ自巳ニハ又故ナク損失ヲ負擔セサルヲ以テ此契約ハ有効ナリ

二前ノ保險者ニ對スル要求權ノ全部又ハ一部ヲ抛棄スルコトヲ後ノ保險者ニ約セシトキモ再保險ハ有効ナリ

三前ノ保險者カ若シ其損害ノ塡補ヲ爲サヽルトキハ後ノ保險者カ塡補スヘキコトヲ約セシトキモ又有效ト云ハサル可ラス

第三百九十條 同時ニ又ハ相次テ數個ノ保險契約ヲ爲シタル場合ニ於テ保險者ノ一人ニ對スル權利ノ拋棄ハ他ノ保險者ノ權利義務ニ影響ヲ及ホサス

（說明） 同時ニ相次ヒテ數個ノ保險ヲ爲ストキハ其保險者ノ權利義務ハ前數條ノ規定ニヨリテ定マレリ例之六千圓ノ物ノ保險ヲ同時ニ甲乙二人ノ保險ニ付シ甲ハ四千圓ノ負擔乙ハ二千圓ノ負擔トスルトキハ甲乙トモニ一朝ニ損害ノ生セシ場合ノ負擔額ハ定マレリ又先キニ甲ニ四千圓乙ニ二千圓トスルモ又其損害アリタルトキノ負擔額ハ定レリ即チ此二例ニ於テ三千圓ノ損害アリトセハ同時ノ場合ハ各自割合ナレハ甲ハ二千圓ノ負擔ニシテ乙ハ千圓ナリ相次ヒテ爲シタル場合ナレハ甲カ契約額丈ヲ負擔シタル後ニアラサレハ乙ハ負擔セサレハ甲ハ四千圓迄ハ自己單獨負擔ノ義務アルモノナレハ三千圓ノ損害ハ乙ノ全部負擔ナリ此場合甲ニ對スル

三千圓ノ要求權ヲ被保險人拋棄スルモ乙ハ之ヲ負擔スルノ義務ナキナリ換言スレハ甲乙保險者ノ權利義務ニハ影響ヲ與ヘサルナリ

第三百九十一條　保險價額ノ一部ヲ保險ニ付シタル塲合ニ於テハ保險者ノ負擔ハ保險金額ノ保險價額ニ對スル割合ニ依リテ之ヲ定ム

（說明）保險價額ノ一部例之三千圓ノ物ヲ千五百圓ノ保險ニ付シタルトキハ保險者ノ負擔ハ其損害アリタルトキハ價額ニ對スル割合ニヨツテ定ムルモノナレハ全部ノ損害ノトキハ千五百圓之ヲ負擔スルモ二千圓ノ損害アルトキハ千圓負擔スルニ過キサルナリ

第三百九十二條　保險價額カ保險期間中著シク減少シタルトキハ保險契約者ハ保險者ニ對シテ保險金額及ヒ保險料ノ減額ヲ請求スルコトヲ得但保險料ノ減額ハ將來ニ向テノミ其效力ヲ生ス

（說明）凡テ保險ハ其通則トシテ其目的ニ對シテ起リシ實害ヲ塡補スルヲ本旨トセサル可ラス其保險金額ニシテ其目的物ノ實價ヨリ大ナルトキハ其損害起ラスト

センカ保險者ハ高キ保險料ヲ得テ不當ノ利得ヲ得ルモノナリ其損害起ランカ其契約者ハ其價額以外ノ不當ノ利得ヲ獲得スルモノナリ是レ保險ヲ驅ツテ賭事ノ一種タラシムルモノナレハ法律ハ之ヲ禁セサル可ラス故ニ保險期間中保險價額ハ著シク減少シタルトキハ保險契約者ハ保險金額及ヒ保險料ノ減額ヲ請求スルコトヲ得併シ之ヲ成スト否トハ契約者ノ自由ナルモ其損害アリタルトキハ其減少セル實價ノ塡補ヲ受クルニ過キサレハ高キ保險料ヲ拂フ丈損ナレハナリ尤モ保險料ノ減額ハ將來ニ向ツテノミ効力アルニ過キス是レ既往ハ已ニ其危險ヲ擔任シタルモノナレハナリ

第三百九十三條 保險者カ塡補スヘキ損害ノ額ハ其損害カ生シタル地ニ於ケル其時ノ價額ニ依リテ之ヲ定ム

前項ノ損害額ヲ計算スルニ必要ナル費用ハ保險者之ヲ負擔ス

（說明） 保險ハ其損害ヲ塡補スヘキノ契約ニ外ナラサルモ其損害トハ何レノ時何レノ場所ニテ定ムヘキモノナリヤハ疑ノ存スル所ナリ此損害額ハ其損害カ生シタ

ル地ニ於ケル其時ノ價額ニ依リテ定ムヘキモノトス是レ其損害ヲ計ルニ尤モ切實ナル方法ナレハナリ

此損害計算ニ要スル費用ハ何人之ヲ負担スヘキカ法律ハ保險者ノ之ヲ負担スヘキモノトセリ

第三百九十四條 當事者カ保險價額ヲ定メタルトキハ保險者ハ其價額ノ著シク過當ナルコトヲ證明スルニ非サレハ其塡補額ノ減少ヲ請求スルコトヲ得ス

（說明） 本條ハ當事者ニ保險物ノ價額ヲ任意ニ定メタル場合ノ規定ナリ抑モ物ノ價額ナルモノハ之ヲ主觀的ニ見レハ醜陋ノ古椀之ヲ祖先ノ用器トシテ千金之ヲ換フルヲ欲セサルモ他ノ無關係ノ人ニ評價セシメハ半錢猶惜シトスル者アリ然ルモ是レ其ノ物ニ特別ノ事情存シ此事情ニ對スル高價ノ如キハ其物ノ眞價ニアラスシテ其特別ノ事情ノ然ラシムル者ナリ物ノ眞價ハ普通需用アル者ハ何人ニテモ拂フヘキ相場之ヲ普通價額ト云ハサル可ラス此後ノ理論ヨリスレハ客觀的ノ價額ヲ眞

ノ價額トセサル可ラサル如キモ猶此ニモヨリ難キ場合存スレハ双方合意上ノ價格即チ折衷上ノ價額モ亦法律上排斥スヘキニアラス是レ一旦双方其價額ヲ定メタルトキハ著シキ過當ヲ證明スルニアラサレハ其塡補額ノ減少ヲ許サヽルナリ

第三百九十五條　戰爭其他ノ變乱ニ因リテ生シタル損害ハ特約アルニ非サレハ保險者之ヲ塡補スル責ニ任セス

（說明）　本條ハ危險ノ制限ヲ爲シタルモノトス危險トハ損害ヲ原因ヨリ見タルモノニシテ損害ハ危險ノ結果ナリ此損害ヲ生シ得ヘキ危險ナルモノハ千種萬樣一々指示ス可ラサルモ普通危險トハ其目的ニ對スル一ノ變体ニシテ當事者ノ意思ヲ以テ左右シ得ヘカラサルコト（一）其物ノ性質ヨリ當然來ルモノニアラサルヿ（二）ヲ要件トス併シ此二要件ダニ備ヘ其目的物ニ損害ヲ與フルモノハ皆然ルカト云フニ亦然ラサルモノアリ即チ普通社會ノ秩序ノ整ヒ居ル間ニ來ル危險ニアラサレハ保險ノ要素タル眞ノ危險ニアラサルナリ何トナレハ戰爭其他ノ變亂ノ際ノ如キハ社會ノ秩序破レタル場合ハ事々物々皆損害ノ原因タラサルナキ程ヲ擧ケテ危險中ニアル

者ナレハ此等ノ損害ヲ塡補セシカ一トシテ塡補セサルモノナキニ至ラン故ニ此戰爭變亂ニヨリテ生スル損害ハ特約ナキトキハ法律ハ其危險トスルヲ許サストセリ

第三百九十六條　保險ノ目的ノ性質若クハ瑕疵其自然ノ消耗又ハ保險契約者若クハ被保險者ノ惡意若クハ重大ナル過失ニ因リテ生シタル損害ハ保險者之ヲ塡補スル責ニ任セス

（說明）　前條ハ危險ノ制限ナルモ本條ハ損害ノ制限ナリ保險者ハ損害ヲ塡補スルモ其損害ハ危險ヨリ來ルモノナラサル可ラス危險ヨリ來ラサルモノ即チ保險ノ目的ノ性質ヨリ來ル損害例之魚類ノ自然ニ腐敗スル如キ又其目的ノ瑕疵ヨリ來ル損害例之病馬ノ此レカ爲メニ斃ル丶如キ又自然ノ消耗即チ器物ノ漸次ニ破滅スル如キ又保險契約者（問屋營業者カ其委託者ノ爲メニ保險契約スルトキハ此問屋契約者ニシテ委託者ハ被保人ナリ）又此契約ニヨリテ保險金額ヲ受取ルヘキ者ノ惡意若クハ重大ナル過失ニ因リテ生スル損害ハ保險者ノ塡補スヘキ損害ニアラス何トナレハ之レ其危險ヨリ來ラス故意又ハ自然ヨリ來リタルモノナレハナリ

第三百九十七條 保險契約ノ當時當時者ノ一方又ハ被保險者カ事故ノ生セサルヘキコト又ハ既ニ生シタルコトヲ知レルトキハ其契約ハ無效トス

（說明） 本條ハ保險ノ二要素タル偶然ノ事故ノ定解ヲ與ヘタルモノトス偶然ノ事故ハ之ヲ客觀的即チ世上ヨリ見スシテ主觀的即チ其當事者ヨリ見ルヘキモノトス之ヲ客觀的ニ視察セハ世上何物カ偶然ナルモノアラン天災時變皆來ルヘキ原因アツテ一定ノ秩序ヲ以テ來否ヲ豫定セルモノトス唯吾人ノ知ラサルノミ故ニ其危險トセル事故モ當事者又被保險者カ其契約ノ當時其生セサルコト又生シタルコトヲ知レルトキハ又以テ偶然ノ事故ト云フ能ハス故ニ此契約ハ無効ト云ハサル可ラス是レ意思ノ錯誤アリタルモノナレハナリ例之米國桑港發ノ船舶ニ積込メル石炭ノ保險ヲ爲シタルニ其當時一方ノ契約者ハ其石炭ハ其船舶太平洋ニテ難破セル爲メ流失セシヲ知リテ保險契約ヲ爲セシモノトセハ是全ク一方ヲ詐僞セント欲セシニ外ナラサレハ其契約ヲ有効トスヘカラサルヤ論ナキ所ナリ

第三百九十八條　保險契約ノ當時保險契約者カ惡意又ハ重大ナル過失ニ因リ重要ナル事實ヲ告ケス又ハ重要ナル事項ニ付キ不實ノ事ヲ告ケタルトキハ其契約ハ無效トス但保險者カ其事實ヲ知リ又ハ之ヲ知ルコトヲ得ヘカリシトキハ此限ニ在ラス

（說明）保險ハ被保險利益カ危險ノ爲メニ被ル損害ヲ塡補スヘキ契約ニ外ナラス然ルニ此危險ナルモノハ全ク其目的タル其事物ノ性質情態ニヨリテ大小輕重來否ヲ決スヘキモノナレハ保險者ハ其調査ノ上ニアラサレハ完全ナル契約ヲ取結ヒ得サルヤ明カナリ然ルモ保險者ハ之ヲ知悉セサルヲ通態トスレハ其保險者ノ調査ヲ容易ナラシムルハ此事物ノ性質ニ尤モ利害ノ關係アル契約者ノ智識ヲ保險者ニ移スニ若クハナシ之ヲ開陳責任ト云フ此手段ヲ全フスルニハナルヘク契約者ヲシテ其事實ニ對シテ知リ得ル丈ヲ保險者ニ告知スルノ義務ヲ負ハシムルニ若クハナシ本條ハ此義務ヲ認メタルモノトス故ニ契約者カ此被保險利益ノ性質情態ヲ保險者ヨリ問ハルヽニ當リテ惡意重過失ニテ重要ナル事實ヲ告ケス又重要ナル事實ニ付

キ不實ノ事ヲ告ケタル片ハ契約者ハ此開陳責任ニ背キタルモノナレハ此契約ハ無効ナリ但シ保險者ハ其事實ヲ知リ又知ルニ敢テ困難ナキ片ノ如キハ別ニ保險者ノ調査ヲ妨ケタルニアラサレハ無効ト云フヲ得ス舊商法及ヒ外國商法ニハ凡テ知ルヿヲ善意ニ陳述スルモ其陳述カ事實ニ反スル片ハ無効ト云フモ是苛酷ノ規定ト云ハサル可ラス本法ハ此開陳責任ニ背ク場合ハ其陳述者ニ惡意重過失アリ且ツ其事項カ重要ナル場合ニ問ハシテ告ケス告ケテ不實ナル片ニ限レリ是至當ノ規定カ

第三百九十九條　保險契約ノ全部又ハ一部カ無効ナル場合ニ於テ保險契約者及ヒ被保險者カ善意ニシテ且重大ナル過失ナキトキハ保險者ニ對シテ保險料ノ全部又ハ一部ノ返還ヲ請求スルコトヲ得

（説明）　契約ノ全部一部無効ナル場合ハ其數少ナカラス民法上無効ナル場合ハ勿論之ヲ除クノ理由ナキモ此外ニテモ其價額以上ノ保險ノ如キ正當被保險利益ヲ有セサル如キ又已ニ其危險タル事故ノ發生ヲ知リ居ル場合ノ如キ重要ナル事實ヲ默秘スル場合ノ如キ是ナリ此場合ニ一旦支拂ヒシ保險料ハ如何ニ決スヘキカ法文ハ

契約者ト被保險者ノ二者トモ善意ニシテ重大ナル過失ノ存セサルトキハ保險者ニ對シテ保險料全部ノ返還ヲ一部無効ノ塲合ニハ一部ノ返還ヲ求メ得ヘキモノトセリ

以上ハ無効ノ塲合ナルモ勿論取消原因存スルトキハ民法第百二十一條ニヨリテ其現ニ受ケタル利益ノ限度ニ於テ返還ヲ求メ得ヘキモノナランカ

第四百條 保險契約ノ當事者カ特別ノ危險ヲ斟酌シテ保險料ノ額ヲ定メタル塲合ニ於テ保險期間中其危險カ消滅シタルトキハ保險契約者ハ將來ニ向テ保險料ノ減額ヲ請求スルコトヲ得

（説明） 本條ハ特別ノ危險ヲ豫想シテ其保險料ヲ高價ニ定メタル塲合ニ其危險カ消滅シタルトキハ將來保險料ノ減額ヲ求メ得ヘキ規定ナリ此ヲ例示スレハ未成年者カ日清戰爭中保險契約ヲ爲スニ當リテ萬一兵役ニ從事セサル可ラサルヤト掛念シテ其保險料ヲ定メタルニ已ニ其戰役モ総了セシ如キ塲合ハ此保險料ノ幾分ノ減少ヲ求ムルコトヲ得ルモノトス

第四百一條　保險契約ハ他人ノ爲メニモ之ヲ爲スコトヲ得此場合ニ於テハ保險契約者ハ保險者ニ對シ保險料ヲ支拂フ義務ヲ負フ

（說明）本條ハ別ニ說明ヲ要セス只注意スヘキハ保險契約ニハ常ニ保險契約者ト被保險者トハ別人ナルコトヲ念頭ニ置カサル可ラサルコト是ナリ被保險者ハ此場合ニハ契約ノ當事者ニアラスシテ民法第五百三十七條ニヨリテ損害ノ塡補ヲ受クヘキ債權者ニ外ナラサルナリ

第四百二條　保險契約者カ委任ヲ受ケスシテ他人ノ爲メニ契約ヲ爲シタル場合ニ於テ其旨ヲ保險者ニ告ケサルトキハ其契約ハ無効トス若シ之ヲ告ケタルトキハ被保險者ハ當然其契約ノ利益ヲ享受ス

（說明）保險ハ他人ノ爲メニ爲シ得ルハ前記ノ如シト雖委任ナクシテ爲ス場合ニハ之ヲ保險者ニ告知セサル可ラサル義務ヲ有ス若シ然ラストセンカ是純然タル賭事ナレハナリ一旦之ヲ保險者ニ告ケタルトキハ此被保險者ハ當然其契約ヨリ生スル利益ヲ受クルモノトス若シ之ヲ契約者受クヘキモノトセンカ是レ損害ナクシテ

塡補ヲ受クルモノナレハナリ

第四百三條　保險者ハ保險契約者ノ請求ニ因リ保險證劵ヲ交付スルコトヲ要ス

保險證劵ニハ左ノ事項ヲ記載シ保險者之ニ署名スルコトヲ要ス

一　保險ノ目的

二　保險者ノ負擔シタル危險

三　保險價額ヲ定メタルトキハ其價額

四　保險金額

五　保險料及ヒ其支拂ノ方法

六　保險期間ヲ定メタルトキハ其始期及ヒ終期

七　保險契約者ノ氏名又ハ商號

八　保險契約ノ年月日

九　保險證劵ノ作成地及ヒ其作成ノ年月日

（說明） 保險證券ハ從來ノ商法ノ如ク必ス作成シテ交付セサル可ラサルモノニアラス然ルモ亦證明ノ具トシテ重要ノモノナレハ保險契約者ノ請求アルトキハ之ヲ交付セサル可ラサルモノトセリ今其一號ヨリ九號迄ノ列記事項中ノ重要ナルニ付キ多少ノ解説ヲ試ミンニ一號ノ保險ノ目的ハ危險ニカヽル其利益ナリ物ナルアリ事ナルアリ家屋船舶ハ物ニシテ人間ノ生命ノ如キハ物ニモ事ニモアラス兵役ニ就クヲ保險スルノ如キハ事ナリ第三號ノ保險價額トハ其事物ノ預定價額ノ謂ナリ此他ニモ被保險人ノ氏名ノ如キハ當然此ニ加ルモノナラン

第四百四條 被保險者カ保險ノ目的ヲ讓渡シタルトキハ同時ニ保險契約ニ因リテ生シタル權利ヲ讓渡シタルモノト推定ス

前項ノ場合ニ於テ保險ノ目的ノ讓渡カ著シク危險ヲ變更又ハ增加シタルトキハ保險契約ハ其效力ヲ失フ

（說明） 保險契約者ハ同時ニ被保險人タルコトアリ又別ニ被保險人ノ存スルコトアリ何レノ場合タルヲ問ハス其目的ニ付キ利害ヲ有スル者ハ被保險人ナリ然ルモ

一旦其目的ヲ他ニ讓渡サンカ最早其利害ハ有セサルモノナリ從ツテ保險契約ハ其被保險人ノ爲メニ爲シタルモノニアラサルヲ以テ無効ニ屬スルニ至ル可シ是法律カ此塲合ハ當然保險契約ヨリ生スル權利モ亦讓渡シタルモノト推定セル所以ナリ然ルモ是一應ノ推定ナリ若讓渡サヽルモノトノ反證擧ランカ此契約ハ其目的ハ讓渡シタルモ其危險ハ讓渡人負擔スルモノトセサル以上ハ其被保險利益ヲ有スルモノナキ賭事契約ニ屬スレハ無効ナリト云ハサル可ラス

此讓渡ノ塲合ニ其目的ノ移轉セル爲メ危險ノ變更增加シタルトキハ契約ハ其効力ヲ失フモノトス是當然ノ規定ナリ例之從來呉服商ヲ爲シタル家屋ヲ讓渡シテ湯屋又ハ火藥販賣店ト爲サンカ其危險ノ度ハ著シキ變更ナレハナリ

第四百五條 保險者カ破產ノ宣告ヲ受ケタルトキハ保險契約者ハ相當ノ擔保ヲ供セシメ又ハ契約ノ解除ヲ爲スコトヲ得

前項ノ塲合ニ於テ保險契約者カ契約ノ解除ヲ爲シタルトキハ其解除ヲ將來ニ向テノミ其效力ヲ生ス

前二項ノ規定ハ保險契約者カ破產ノ宣告ヲ受ケタル塲合ニ之ヲ準用ス但保險契約者カ既ニ保險料ノ全部ヲ支拂ヒタルトキハ此限ニ在ラス

（說明）破產ハ其人ヲシテ無能力ダラシメ且ツ將來ノ信用ヲ滅却スルモノナレハ一度此宣告ヲ受ケタル者ト將來ノ取引ヲ解除セシムルハ又至當ノコトナリトス故ニ保險契約者ニシテ破產センカ相當ノ擔保ヲ供シテ其信用ヲ維持スルカ然ラサレハ其契約ノ解約セシムルハ當然ノ處置ナリ保險契約者ノ破產ノ塲合ニモ亦之ニ準スヘキハ勿論ノコトナリトス併シ契約者カ已ニ保險料ノ全部ヲ仕拂ヒタル如キ塲合ハ擔保ヲ供セシメ又解除セシムルノ必要ナケレハ法文ハ之ヲ除外セリ

第四百六條 他人ノ爲メニ保險契約ヲ爲シタル塲合ニ於テ保險契約者カ破產ノ宣告ヲ受ケタルトキハ保險者ハ被保險者ニ對シテ保險料ヲ請求スルコトヲ得但被保險者カ其權利ヲ拋棄シタルトキハ此限ニ在ラス

（説明）前條ニヨリテ保險契約者破產セシ場合ハ已ニ保險料全部支拂ノ場合ヲ除ク外保險者ハ其擔保ヲ供セシメテ其契約ヲ維持スルカ然ラサレハ之ヲ解除スヘキモノトス然ルモ此處分ヲ施スハ全ク將來ノ保險料ノ支拂ノミノ點ニ關シテノ救濟策ナレハ此契約カ他人ノ爲メニ爲サレタル契約ナルトキハ被保險者ニシテ將來保險料ノ支拂ニ應スルトキハ此處分ヲ施スノ要ナキナリ故ニ此場合ハ一應被保險人ニ其保險料ノ支拂ヲ求メシメ之ニ應セサルトキハ前條ノ處置ヲ施スモノトス尤モ被保險者其權利ヲ拋棄シタルトキハ此要求ヲ爲スヲ得ス

第四百七條　保險者ノ責任カ始マル前ニ於テハ保險契約者ハ契約ノ全部又ハ一部ノ解除ヲ爲スコトヲ得

（説明）保險契約締結後其危險ノ始マリシトキハ保險者責任ノ開始ナリトス一旦此責任ノ開始シタル片ハ已ニ契約一部ハ實行サレタルモノトス然ルモ此責任開始前ハ其契約ハ預備中ニアルモノナレハ保險契約者ハ其全部一部ノ解除ヲ求メ得ヘキモノトス例之他ニ運送スヘキ物品ノ保險ニ於テ未タ運送ノ開始セサル以前ニハ

其契約ノ解除ヲ求メ得ヘキモノトス是レ當事者双方ニ何レモ損失ナケレハナリ

第四百八條 保險者ノ責任カ始マル前ニ於テ保險契約者又ハ被保險者ノ行爲ニ因ラスシテ保險ノ目的ノ全部又ハ一部ニ就キ保險者ノ負擔ニ歸スヘキ危險カ生セサルニ至リタルトキハ保險者ハ保險料ノ全部又ハ一部ヲ返還スルコトヲ要ス

（說明） 保險ハ危險ノ擔保ニ過キサレハ其保險者ノ責任開始前當事者ノ行爲ニヨラスシテ保險ノ目的ノ全部又ハ一部ニ保險者ノ負擔ニ歸スヘキ危險カ生セサルニ至リタルトキハ保險料ノ全部又ハ一部ヲ返還スヘキハ至當ナリ何トナレハ最早危險ノ生セサルコト確定セハ保險ニ付スルノ必要ナケレハナリ此場合ハ戰時禁制品ヲ運送スル場合ニ運送中敵ノ捕穫ヲ保險セシニ最早其責任開始前ニ戰時禁制品タラサルニ至ル如キ場合ハ本例ニ適當ス併シカヽル物品ノ運送ハ初ヨリ其契約無効トセハ勿論本例ニ入ラサルナリ

第四百九條 前二條ノ場合ニ於テハ保險者ハ其返還スヘキ保險料ノ

半額ニ相當スル金額ヲ請求スルコトヲ得

（説明）本條ハ前二條ノ場合ニ保險料ヲ返還スヘキトキハ保險者ニモ一應ノ費用即チ契約取結ヒノ費用又目的物實視ノ費用等ヲ要シタルモノナルヲ以テ其返還スヘキ保險料ノ半額ニ相當スル金額ハ之ヲ契約者ニ請求スルコトヲ得

第四百十條　保險期間中危險カ保險契約者又ハ被保險者ノ責ニ歸スヘキ事由ニ因リテ著シク變更又ハ増加シタルトキハ保險契約ハ其效力ヲ失フ

（説明）保險ナルモノハ危險ニヨリテ生スル損害塡補ノ契約ナルモ此危險ナルモノハ決シテ確定不動ノモノニアラス其度合ハ時々刻々浮沈シテ己マサルモノナリ然ルニ此期間中少許ノ變更又ハ増加アリトシテ保險者ハ契約ノ解除ヲ爲スモノトセンカ保險契約ハ殆ント解除ノ否運ニ遭際シ其完キモノヲ有セサル可シ然ルモ亦翻ツテ一方ヨリ見レハ其危險ノ變更又增加ノ著シキモノ例之家屋ノ火災危險ニシテ到ル處放火ノ犯人橫行シテ亦行政警察上其制止ヲ爲ス能ハサルニ至ラシカ從來

ハ近隣皆棟瓦屋ナリシニ故アッテ取拂ハレ矮少ナル茅屋比隣スルガ如ニ至レハ其危險ノ度非常ニ增加變更セシモノナレハ保險者ニ契約ノ解除ヲ許スモ亦非理ナヲサルナリ但シ其効力ハ將來ニ向ッテ存スルノミナリ

第四百十一條 保險期間中危險カ保險契約者又ハ被保險者ノ責ニ歸スヘカラサル事由ニ因リテ著シク變更又ハ增加シタルトキハ保險者ハ契約ノ解除ヲ爲スコトヲ得但其解除ハ將來ニ向テノミ其效力ヲ生ス

前項ノ場合ニ於テ保險契約者又ハ被保險者カ危險ノ著シク變更又ハ增加シタルヿヲ知リタルトキハ遲滯ナク之ヲ保險者ニ通知スルコトヲ要ス若シ其通知ヲ怠リタルトキハ保險者ハ危險ノ變更又ハ增加ノ時ヨリ保險契約カ其效力ヲ失ヒタルモノト看做スコトヲ得

保險者カ前項ノ通知ヲ受ケ又ハ危險ノ變更若クハ增加ヲ知リタル後遲滯ナク契約ノ解除ヲ爲ササルトキハ其契約ヲ承認シタルモノ

ト看做ス

（説明）前條ノ規定ニヨリテ保險者ハ危險ノ著シキ變更增加ニハ契約解除ノ權アルモ此危險ノ移動ハ契約者及被保險者ノ了知シ易キ所ニシテ保險者ノ之ヲ知ルニ便宜少キモノナリ然ルニ法律カ一旦此著シキ危險ノ變動ニ對シテ解約ノ權ヲ認メタル以上ハ之ヲ了知セシムルノ便宜ヲ與フヘキハ勿論ノコトヽ云ハサル可ラス此便宜ハ契約者又被保險者ニ其變更增加ヲ遲滯ナク通知セシムルニ若クモノアラサルナリ

本條ハ此義務ヲ契約者及ヒ被保險人ニ命セシモノトス此通知ヲ怠リタルトキハ其變更增加ノ時ニ遡リテ其時ヨリ契約ハ無効ト看做サルヽモノトス

又此通知ヲ受ケタル保險者カ遲滯ナク契約ノ解除ヲ爲サヽルトキハ其契約即チ此危險ノ增加變更ノ契約ハ承認セシモノト看做サルヽモノトス

第四百十二條　保險者ノ負擔シタル危險ノ發生ニ因リテ損害カ生シタル塲合ニ於テ保險契約者又ハ被保險者カ其害ノ生シタルコトヲ

知リタルトキハ遅滯ナク保險者ニ對シテ其通知ヲ發スルコトヲ要ス

（說明） 本條ハ單ニ契約者被保險者ニ通知義務アルコトヲ定メタルニ外ナラサルナリ

第四百十三條 保險ノ目的ニ付キ保險者ノ負擔スヘキ損害カ生シタルトキハ其後ニ至リ其目的カ保險者ノ負擔セサル危險ノ發生ニ因リテ滅失シタルトキト雖モ保險者ハ其損害ヲ塡補スル責ヲ免ルヽコトヲ得ス

（說明） 本條ハ重要ナル法文ナレハ須ラク愼重ノ解釋ヲ試ミサル可ラス保險ノ目的ハ必シモ契約ニ預定セル危險即チ保險上ノ危險ニヨリテノミ損害ヲ被ルモノニアラス其目的ヲ圍繞セル百種ノ事物ハ多少ノ危險ノ種子ナラサルハナシ。カヽル情態存スルヲ以テ此ニ壹萬圓ノ家屋ヲ火災保險ニ付シタルニ其家屋ノ一部價額貳千圓ニ當ル部分燒失セシ後間モナク其家屋ハ震災ノ爲メニ被壞セリ併シ此震災ノ結果ニヨレハヨシ最初火災ノ危險ニカヽラサルモ又破壞ノ虞ハ免レサルモノトノ鑑定ハ確實ナリカヽル場合ニ其結果ヨリノミ觀察スレハ其家屋ハ到底破壞ハ免レサルモノニテ火災ノ有無ニハ關係ナキモノトス然レハ其火災ノ損害ハ之ヲ補塡スルヲ要セサルカ如シ然ルモ法律ハカヽル結果論ノ爲メニ其保險ノ性質ヲ動サシメス最初ノ貳千圓ハ後ノ震災アリタル爲メニ塡補ノ責ハ免レシメサルナリ

第四百十四條 被保險者ハ損害ノ防止ヲ力ムルコトヲ要ス但之カ爲メニ必要又ハ有益ナリシ費用及ヒ塡補額カ保險金額ニ超過スルトキト雖モ保險者之ヲ負擔ス

第三百十一條ノ規定ハ前項但書ノ場合ニ之ヲ準用ス

（說明） 被保險者ハ一旦其目的ヲ保險ニ付シアリトテ其危險ノ到來セル場合ニ其防止ニ盡力セサルカ如キコトアランカ保險ナルモノハ甚タ有害ナルモノト云ハサル可ラス何トナレハ此保險アルカ爲メ其物ノ持主ハ災害ヲ預防セス又其防止ヲ努メサルニ至レハナリ此ノ如キハ保險ノ趣旨ニアラス保險ハ偶然ノ事故ニヨリ已ム

ヲ得スシテ被リタル損害ヲ多數ノ人カ塡補スルノ組織ニ外ナラスシテ防止シ得ヘキモノヲ防止セスシテ來ル損害ヲ塡補スル如キハ全ク其趣旨ト相反スルモノナリ故ニ危險到來セハ其損害ノ防止ニ力ムルノ義務ヲ有ス併シ此レカ爲メニ必要ナルカ有益ナル費用ハヨシ其契約額ヲ超過スルモ保險者之ヲ支拂フノ義務アリ反之防止シ得ヘキニ之ヲ防止セスシテ被ル損害ノ如キハ之ヲ塡補スルノ義務ナキモノトス

尤モ其目的ノ一部ヲ保險ニ付セシ如キ場合ハ其防止ノ利害ハ双方ニ存スルモノナレハ其費用ハ其價額ニ割合ヒ支出スヘキモノトス

第四第十五條 保險ノ目的ノ全部カ滅失シタル場合ニ於テ保險者カ保險金額ノ全部ヲ支拂ヒタルトキハ被保險者カ其目的ニ付キ有セル權利ヲ取得ス但保險價額ノ一部ヲ保險ニ付シタル場合ニ於テハ保險者ノ權利ハ保險金額ノ保險價額ニ對スル割合ニ依リテ之ヲ定ム

（說明）　保險ノ目的全部滅失セシ場合ハヨシ其殘片零端ハ多少ノ價額ヲ有スルモ是其舊物ノ價額ヲ以テ見ル可ラサルモノ多シ故ニ保險者ハ其全部ノ價額ヲ塡補スヘキモノトス然ルモ一旦其全部ヲ塡補セハ保險ハ損害塡補ノ趣旨ヲ貫徹セシメ苟クモ契約者又被保險者ニ是レカ爲メニ利益スル所アル可ヲス故ニ其殘存目的ノ權利ハ當然保險者ニ移ルモノトス
但タ一部保險ノ場合ハ其割合ヲ其舊保險價額ニ比例シテ定ムルヨリ他アラサルナリ故ニ千圓ノ物ヲ五百圓保險ニ付セシ場合ニ三百圓其損害ヲ塡補セシ場合ニハ其殘存價額ニモ猶双方半額宛ノ權利ハ有スルモノトス

第四百十六條　損害カ第三者ノ行爲ニ因リテ生シタル場合ニ於テ保險者カ被保險者ニ對シ其負擔額ヲ支拂ヒタルトキハ其支拂ヒタル金額ノ限度ニ於テ保險契約者又ハ被保險者カ第三者ニ對シテ有セル權利ヲ取得ス
保險者カ被保險者ニ對シ其負擔額ノ一部ヲ支拂タルトキハ保險契

約者又ハ被保險者ノ權利ヲ害セサル範圍內ニ於テノミ前項ニ定メタル權利ヲ行フコトヲ得

（說明）保險ノ目的ヲ害スル危險ハ必スシモ天然ヨリ來ルモノニ限ラス人爲ヨリ來ルモノモ少ナカラス人爲ノ塲合ハ其加害者ハ其損害ヲ賠償スヘキヤ論ヲ待タス然ルモ此加害者ニ責任アルヲ理由トシテ保險者ハ之ヲ塡補セサルヲ得ス併此塲合保險者カ被保險者ニ其塡補額ノ支拂ヲ爲セシ以上ハ此契約者及ヒ被保險者カ第三者即チ此加害行爲ノ責任者ニ對シテ有セル權利ハ保險者カ支拂セシ限度ニ於テ保險者ニ移ルモノトス

尤モ其一部支拂ノ塲合ハ保險者ハ契約者及ヒ被保險者ノ權利ヲ害セサル範圍內ニ於テノミ其權利ヲ行使スルコトヲ得ルニ過キサルナリ併シ害セサル以上ハ其拋棄和解ノ處分行爲其他管理保存ノ行爲ハ獨立シテ爲シ得ヘキモノナラン

第四百十七條 保險金額支拂ノ義務ハ二年保險料支拂ノ義務ハ一年ヲ經過シタルトキハ時效ニ因リテ消滅ス

（説明） 本條單ニ保險者ノ支拂フヘキ保險金即塡補金又契約者ノ支拂フヘキ保險料ニ對スル時効期ヲ定メタルモノニ過キス

第四百十八條 本節ノ規定ハ相互保險ニ之ヲ準用ス但其性質カ之ヲ許サヽルトキハ此限ニ在ラス

（説明） 本條ハ相互保險ニモ此節ヲ準用スヘキコトヲ定メタルモノトス

相互保險トハ。此ニ十人ノ團体カ互ニ契約ヲ結ヒ其團体内ノ或ル目的物カ或ル一定ノ偶然ノ事故ニヨリテ損害ヲ被リタルトキハ之ヲ團体内ヨリ塡補スヘキコトヲ約スルモノニテ元ヨリ利益ヲ得ントスルモノニアラサレハ商行爲ニアラサル可シ然ルモ其一定ノ被補險利益ヲ有スルモノニアラサレハ之ヲ保險ニ付スルヲ得サル點又其目的物ノ價格以上ノ保險ヲ許サヽル點其他損害ノ塡補戰爭ノ危險開陳ノ責任目的ノ讓渡當事者ノ破產等相互保險ニ適用シテ妨ケサル可シ但シ保險證劵ノ作成ノ如キ其他人ノ爲メニ爲ス契約ハ無効保險ノ塲合ニ保險者カ請求スル手數料ノ如キ其性質ヨリ許サヽルモノハ準用ス可ラサル論ヲ待タス

第二款　火災保險

第四百十九條　火災ニ因リテ生シタル損害ハ其火災ノ原因如何ヲ問ハス保險者之ヲ塡補スル責ニ任ス但第三百九十五條及ヒ第三百九十六條ノ場合ハ此限ニ在ラス

（說明）本條ハ火災保險ノ何タルヲ示シタルモノトス苟クモ火災ニ原因シテ生シタル損害ハ其防禦ノ爲メ取除ケタルト喞筒ノ爲メ破壞セシモノタルト又其持出ノ爲メ破損セシトヲ問ハス火災保險者之ヲ塡補スル義務アルモノトス併シ其火災ノヨツテ起リタル原因如何ハ火藥ノ破裂ヨリ來ルト電雷又震災等ニ原因スルトヲ問ハサルモノトス然ルモ第三百九十五條ノ兵火又第三百九十六條ノ其契約ノ性質瑕疵又被保險者契約者ノ故意ヨリ來ルモノハ此限ニアラス

第四百二十條　消防又ハ避難ニ必要ナル處分ニ因リ保險ノ目的ニ付キ生シタル損害ハ保險者之ヲ塡補スル責ニ任ス

（說明）消防避難ヨリ來ル損害ハ之ヲ火災ニ因リテ生シタル損害ト云フニ妨ケア

ヲサレハ前條ニ包含セラレ又別ニ云フヲ要セサルモ只本條ハ其疑ヲ明カニシタルト又盗難等ノ如キ火災ニ當然包含スヘキモノニアラサル類似ノ損害ヲ除外スル爲メ本條ヲ置キタルニ外ナラサル可シ

第四百二十一條 賃借人其他他人ノ物ヲ保管スル者カ支拂フコトアルヘキ損害賠償ノ爲メ其物ヲ保險ニ付シタルトキハ所有者ハ保險者ニ對シテ直接ニ其損害ノ塡補ヲ請求スルコトヲ得

（說明） 賃借人其他他人ノ物ヲ保管スル者カ火災ノ爲メニ起リシ損害ニ付キ責任ヲ負フハ現今其慣例少キモ將來此責任ヲ以テ物ノ賃貸借ヲ爲シ他人ニ物ノ保管ヲ委スル者起ラサルトモ限ラス此場合ハ所有者ハ其保險者ニ對シ何等ノ權利ヲ有セサルハ其純理ナルヘキモカヽル迂遠ノ道行ヲ蹈マサルモ直接ニ所有者ヨリ保險者ニ要求セシムルモ亦利便ナルノミナラス却ツテ其目的ヲ達スルニハ此法ヲ全キモノト認メ本條ハ規定セラレタルモノナラン

第四百二十二條 火災保險證劵ニハ第四百三條第二項ニ揭ケタル事

項ノ外左ノ事項ヲ記載スルコトヲ要ス

一　保險ニ付シタル建物ノ所在、構造及ヒ用方

二　動產ヲ保險ニ付シタルトキハ之ヲ納ルル建物ノ所在、構造及ヒ用方

（說明）本條ハ別ニ說明ヲ要スヘキ點ナシ

第三欵　運送保險

第四百二十三條　保險者ハ特約ナキトキハ運送人カ運送品ヲ受取リタル時ヨリ之ヲ荷受人ニ引渡ス時マテニ生スルコトアルヘキ損害ヲ塡補スル責ニ任ス

（說明）本條ハ運送保險ノ時期ヲ定メタルモノトス運送保險ハ其性質ハ何モ普通ノ保險ニ異ルニアラス只其塲所ト時期ニ異ル所アルニ過キス例之火災保險ノ如キハ其危險ノ性質カ普通ト異ナルニアリ即チ其原因ヲ火災ニ限ルモノトス本條ハ此運送保險ノ特質ナル時期ト塲所トノ規定ナリ法文ハ云フ特約ナキ以上ハ保險者ノ

塡補責任ハ運送人カ運送品ヲ受取リタル時ヨリ荷受人ニ引渡ス時マテニ生スルコトアルヘキ損害ニアルモノトス尤モ保險ノ通則トシテ其危險ハ一定スヘキモノナルモ之ヲ定メサルトキハ其間ニ起ル偶然ノ事故即チ火災水災其他風雨ノ天災ヨリ盜難等ニ至ル迄之ヲ補償スヘキモノトス

第四百二十四條 運送品ノ保險ニ付テハ發送ノ地及ヒ時ニ於ケル其價額及ヒ到達地マテノ運送賃其他ノ費用ヲ以テ保險價額トス
運送品ノ到達ニ因リテ得ヘキ利益ハ特約アルトキニ限リ之ヲ保險價額中ニ算入ス

（說明） 本條ハ運送保險ニ於テ常ニ疑論ノ種子タル保險價額ヲ定メタル法文ナリトス運送品ノ其保險價額ハ何レノ地何レノ時ノ相場ニヨルヘキカ本條ハ云フ發送ノ地及ヒ時ニ於ケル其價額（必シモ買入價額ニアラス其時ニ有スル普通價額ナリ）及ヒ之ニ到達地迄ノ運送賃其他海關税港灣税積込費用等ヲ加算セルモノ即チ保險價額ナリト此法文ニヨレハ其運送委託者カ得ヘキモノハ其實價ニ過キサレハ其到達地ニ得ヘキ利益ノ如キハ特約

ナキ場合ハ塡補ヲ受ケサルモノトス

第四百二十五條　運送保險証券ニハ第四百三條第二項ニ揭ケタル事項ノ外左ノ事項ヲ記載スルコトヲ要ス

一　運送ノ道筋及ヒ方法

二　運送人ノ氏名又ハ商號

三　運送品ノ受取及ヒ引渡ノ場所

四　運送期間ノ定アルトキハ其期間

（說明）本條ハ運送保險證券ノ作成方法ヲ定メタルニ過キス凡テノ要件ハ第四百三條第二項ニヨルヘキ。勿論ナルモ猶左ノ事項ヲ加フヘキモノトス一ハ運送ノ道筋ニシテ即經路ハ何地ヲ經過スヘキカヲ明ニスヘキモノニシテ此經路ノ如何ハ危險ニ關係大ナルヲ以テ是ニハ尤モ注意スヘキモノトス是ニ其運送方法即チ滊車送リカ滊船送リカノ如キヲ云フ之ニ第二ノ運送人ノ氏名又ハ商號第三ハ運送品引渡ノ場所四ハ運送期間ノ定メアルトキハ其期間ナリ此ハ定メナキトキハ第四百二十

三條ニヨルヘキモノトス

第四百二十六條　保險契約ハ特約アルニ非サレハ運送上ノ必要ニ因リ一時運送ヲ中止シ又ハ運送ノ道筋若クハ方法ヲ變更シタルトキト雖モ其效力ヲ失ハス

（説明）本條ハ彼ノ保險學者カ喋々論難スル其徑路其他ノ運送方法變更ノ問題ヲ定メタルモノトス本條ハ云フ特約ナキ限リハ運送上ノ必要ヨリ一時運送ヲ中止シ又運送ノ道筋又方法ヲ變更スルモ其保險契約ノ効力ニハ影響ヲ與ヘサルモノトス

第二節　生命保險

（説明）本節ハ生命保險ノ規定ニカヽル此保險ノ性質ハ已ニ章首ニ於テ詳述セル所ナリ本節ノ生命保險中ニハ彼ノ死亡ノトキ或ル一定ノ金額ヲ受取ル死亡保險モ又或ル年齢ニ達シタルトキハ一定ノ金額ヲ受ル養老保險又ハ養育學資保險トカ又或ル年齢以上ニハ其生存間一定ノ年金ヲ得ヘキ年金保險モ共ニ包含スルモノトス此三者ヲ一ノ生命保險ト

云フハ奇異ノ感アル如キモ何レモ皆其一定ノ事故到來スル迄ノ生存ヲ條件トスルモノニテ養育ニテモ養老ニテモ年金ニテモ其契約年限間ハ生存ヲ必要條件トス又近來ノ契約ハ其事故ノ到來ニヨリ死亡スルモ保險金ヲ仕拂フモノナレハ何ヨリ見ルモ生命保險ノ中ニ數フルモ不可ナルナカルヘシ只病傷保險ハ之ヲ除外スルモ之ヲ禁スルニアラサレハ適宜ノ契約ヲ爲スモ妨ケサルヘシ

第四百二十七條 生命保險契約ハ當事者ノ一方カ相手方又ハ第三者ノ生死ニ關シ一定ノ金額ヲ支拂フヘキコトヲ約シ相手方カ之ニ其報酬ヲ與フルコトヲ約スルニ因リテ其效力ヲ生ス

（說明） 本條ハ生命保險契約ノ何タルヲ示セシ法文ナリ其要件ハ當事者即チ保險者ト此契約者トカ此契約者自身又其他ノ第三者ノ生死ニ關シテ（死亡セハ又或ル年限迄生存セハ其間ハ年金ヲ與フトカ又或年限迄生存セハ一時金何程ヲ支拂フノ類ナリ）一定ノ金額ヲ支拂フコトヲ約シ相手方ハ其報酬ヲ與フルコトヲ約スレハ其効力生スルモノトス

第四百二十八條　保險金額ヲ受取ルヘキ者ハ被保險者、其相續人又ハ親族ナルコトヲ要ス
保險契約ニ因リテ生シタル權利ハ被保險者ノ親族ニ限リ之ヲ讓受クルコトヲ得
保險金額ヲ受取ルヘキ者カ死亡シタルトキ又ハ被保險者ト保險金額ヲ受取ルヘキ者トノ親族關係カ止ミタルトキハ保險契約者ハ更ニ保險金額ヲ受取ルヘキ者ヲ定メ又ハ被保險者ノ爲メニ積立テタル金額ノ拂戻ヲ請求スルコトヲ得
保險契約者カ前項ニ定メタル權利ヲ行ハスシテ死亡シタルトキハ被保險者ヲ以テ保險金額ヲ受取ルヘキモノトス
（說明）　舊商法ニ於テハ他人ノ生命ニ付キ財產上ノ利益ヲ有スルモノハ之ヲ保險ニ付スルコトヲ規定シタリシモカクスルトキハ彼ノ保險詐欺ナルモノ行ハル、ヲ以テ本法ハ之ヲ禁シ本條ハ保險金額ヲ受取ルコトヲ得ルモノハ被保險者及其相續

人又其親族ナルコトヲ要ストシ其裏面ヨリシテ被保險者ニ無緣ノ者ヲシテ其保險金ヲ受取ル如キコトナカラシメタリ

然ルモ一旦其預定事故ノ發生シタルトキ其權利ヲ他ノ債權ノ如ク自由ニ讓渡スコトヲ得セシメハ第一項ノ趣旨ハ烏有ニ歸スルヲ以テ其發生權利ノ讓受ハ被保險者ノ親族ニ限ルコトヽセリ

保險金額ヲ受取ルヘキ者ハ被保險者及ヒ其相續人又ハ其親族ニ限ルモ此等ノ者カ被保險者ニ先チテ死亡シタルトキ又其親族カ受取ルヘキ塲合ニ其親族關係カ止ミタルトキハ保險契約者ハ更ラニ保險金額ヲ受取ルヘキ者ヲ定メテ通知スルカ又自ラ爲メニ其積立タル金額ノ拂戻ヲ請求スルコトモ爲シ得ルナリ又保險契約カ此權利ヲ行ハスシテ死亡シタルトキハ被保險者ヲ以テ保險金ヲ受取ルヘキモノトス此者ノ死亡ヲ以テ保險金受取リノ事故トスルトキハ其受取人ハ其相續人ナランカ

第四百二十九條 保險契約ノ當時保險契約者又ハ被保險者カ惡意又ハ重大ナル過失ニ因リ重要ナル事實ヲ告ケス又ハ重大ナル事項ニ

付キ不實ノ事ヲ告ケタルトキハ其契約ハ無效トス但保險者カ其事實ヲ知リ又ハ之ヲ知ルコトヲ得ヘカリシトキハ此限ニ在ラス

（說明）本條ノ規定ハ損害保險ノ節ニ存スル第三百九十八條ノ規定ヲ生命保險ニ移用セルニ過キス其理由ハ已ニ同條下ニ詳述シタレハ又之ヲ復演セス

第四百三十條 生命保險證券ニハ第四百三條第二項ニ掲ケタル事項ノ外左ノ事項ヲ記載スルコトヲ要ス

一 保險契約ノ種類

二 被保險ノ氏名

三 保險金額ヲ受取ルヘキ者ヲ定メタルトキハ其者ノ氏名及ヒ其者ト被保險者トノ親族關係

（說明）本條ハ生命保險證券條件ヲ定メタルモノニテ第四百三條第二項ノ外左ノ事項ヲ記載セサル可ラス

一ハ保險契約ノ種類ニシテ生存保險ナルカ死亡保險ナルカ年金保險ナルカヲ定メ

ニハ被保險者ノ氏名ニシテ三ハ保險金額ヲ受取ルヘキ者ヲ定メタルトキハ其者ノ氏名及ヒ其者ト被保險者トノ親族關係ニシテ此等ヲ記載セサルトキハ如何ナル者カ受取人カヲ知ル可ラサルノミナラス又第四百二十八條第一項ノ規定以外ノ者受取ルニ至レハナリ

第四百三十一條　左ノ場合ニ於テハ保險者ハ保險金額ヲ支拂フ責ニ任セス

一　被保險者カ自殺、決鬪其他ノ犯罪又ハ死刑ノ執行ニ因リテ死亡シタルトキ

二　保險金額ヲ受取ルヘキ者カ故意ニテ被保險者ヲ死ニ致シタルトキ但其者カ保險金額ノ一部ヲ受取ルヘキ場合ニ於テハ保險者ハ其殘額ヲ支拂フ責ヲ免ルルコトヲ得ス

前項第一號ノ場合ニ於テハ保險者ハ被保險者ノ爲メニ積立テタル金額ヲ拂戻スコトヲ要ス

（說明）死亡保險ノ場合ニ於テハ其被保險者ト其保險金受取人ハ異ルヲ以テ應々其被保險者自ラ子孫ヲ思フノ情ニ迫リテ其生命ヲ損ス又其保險金受取人カ之ヲ殺害シテ自ラ利セントスル如キコトナシトモ限ラス是等ノ行爲ハ保險ノ趣旨ニ反スルヲ以テ保險者ハ保險金支拂ノ義務ナキモノトセリ殊ニ社會ノ害惡ヲ以テ視ラルヽ決鬪其他ノ犯罪即チ殺人犯ノ場合正當ニ防禦ノ爲メニ殺害セラレ又死刑ノ執行ニヨリテ死亡シタル如キモ亦同一ナリ

併シ被保險者ノ死亡ニヨリテ保險金ノ一部ヲ受取ルヘキ場合ニ此者カ被保險者ヲ死ニ致シタルトキハ其者ノ受取部分ヲ支拂ハサルハ至當ナルモ其殘額受取人ノ爲メニハ他ノ天災ニテ死亡セシト同一ナレハ此者ノ受取部分ハ支拂ハサル可ラス

又本條第一項第一號ノ場合ニハ其保險金額ノ支拂ヲ要セサルモ爲メニ保險者ヲシテ不當ノ利益ヲ得セシムヘキニアラサレハ積立金丈ハ其契約者ニ拂戻スヲ至當トス是損害保險ト異ル要點ナリ

第四百三十二條　保險契約者又ハ保險金額ヲ受取ルヘキ者カ被保險

者ノ死亡シタルコトヲ知リタルトキハ遲滯ナク保險者ニ對シテ其通知ヲ發スルコトヲ要ス

（說明）本條ハ別ニ說明ヲ要セス只其被保險者ノ死亡セルトキハ何人カ之ヲ保險者ニ通知スヘキ義務アルカヲ定メタルニ過キス

第四百三十三條 第三百九十五條、第三百九十七條、第三百九十九條乃至第四百一條、第四百三條第一項、第四百五條乃至第四百七條、第四百十條、第四百十一條、第四百十七條及ヒ第四百十八條ノ規定ハ生命保險ニ之ヲ準用ス

第三百九十五條、第四百五條、第四百七條、第四百十條及ヒ第四百十一條ノ場合ニ於テ保險者カ保險金額ヲ支拂フコトヲ要セサルトキハ被保險者ノ爲メニ積立テタル金額ヲ拂戾スコトヲ要ス

（說明）本條ハ第三百九十五條ノ戰爭變亂ニ因リテ生シタル事故ノ特約アルニアヲサレハ其保險金ヲ支拂ハサル點及第三百九十七條ノ契約事故ノ生セサルヿ及已

ニ生シタルヿヲ當事者又被保險者ノ知レル場合ニ契約ノ無効ナル點第三百九十九條ノ保險契約ノ全部一部無効ナルトキ保險契約者及ヒ被保險者カ善意又重大ナル過失ナキトキ保險料ノ全部一部ノ返還ヲ請求スル場合第四百條ノ當事者カ特別ノ危險ヲ斟酌シテ保險料ノ額ヲ定メタルトキ其期間中其危險カ消滅シタルトキハ契約者ハ保險者ニ將來ニ向ツテ保險料ノ減額ヲ請求スルヲ得ル點第四百一條ノ保險契約ハ他人ノ爲メニモ爲シ得ル點第四百三條第一項ノ保險證券ハ請求ニヨリテ交付スヘキ點第四百五條第四百六條ノ破產宣告ノ場合ニ處スヘキ點第四百七條ノ危險者ノ責任カ始マル前ニハ契約ノ全部一部ヲ解除スヘキ點第四百十一條ノ危險カ著シク變更增加ノトキハ契約ノ解除ヲ爲シ得ル點第四百十一條ノ危險カ保險契約者及ヒ被保險者ノ責ナキ事由ニテ著シク變更增加ノトキハ保險者ハ契約ヲ解除シ得ル點又此場合ハ遲滯ナク保險者ニ通知スヘキ點又通知シテ解除セサルトキハ承認ト看做サルヽ點第四百十七條ノ保險金及ヒ保險料支拂ノ時効第四百十八條相互保險ニモ此規定ヲ準用スヘキ點ハ何レモ此生命保險ニ移シテ以テ準用シ得ヘキモノ

トス

又第三百九十五條ノ戰爭變亂ノ爲メニ損害ノ生セシ場合ニ第四百五條ノ破產宣告ノ爲メニ契約解除セシトキ第四百七條ノ保險者責任開始前ニ契約解除セラレタル場合第四百十條ノ保險期間中危險ノ著シク變更增加ノ爲メニ契約ノ解除セラルヽトキ第四百十一條當事者ニ責ナキ事由ニテ危險ノ著シク增加變更セシ場合契約解除セラレ又ハ契約効力ヲ失ヒタル𪜈等ハ何レモ保險者ハ保險金ヲ支拂フヲ要セサルモ然ルトキハ不當ノ利得ヲ得ルヲ以テ積立金丈ハ契約者ニ拂戻サヽル可ラス

第四篇　手形

（説明）　手形トハ本法ノ爲替手形約束手形小切手ノ三者ヲ云フ此手形ノ商取引ニ及ホス影響ハ實ニ宏大ナルモノナレハ今便宜上手形ノ法理ノ觀察ヲ離レテ其商業界ニ及ホス實用ヲ畧説セントス第一手形ハ現金ノ授受ヲ省畧スルモノナリ今此ニ東京ノ米商甲ハ大坂ノ丙ヨリ壹萬圓ノ玄米ヲ買入レタリトシ大坂ノ呉服商乙ハ東京ノ丁ヨリ羅紗地ヲ買入レタリトセンニ普通ナラハ東京ノ米商甲ハ大坂ノ丙ニ壹萬圓ヲ送リ大坂ノ呉服商乙ハ東京ノ丁ニ壹萬圓ヲ送ラサル可ラス即チ都合貳萬圓ノ現貨ハ授受セラレサル可ラス此塲合東京ノ丁ハ其羅紗代壹萬圓ノ爲替手形ヲ大坂ノ乙ニ宛テヽ發行センカ東京ノ甲ハ別ニ現金ヲ送ルヨリ此丁ヨリ乙ニ宛テタル爲替手形ヲ買受ケ大坂ノ丙ニ送ル片ハ東京ノ丁ハ此手形ヲ甲ニ賣リタル爲メ其壹萬圓ヲ得（實際ハ其送金手數料ヲ見込ミ一萬圓以内ニテ賣ルモ）自己ノ債權ヲ充タシ大坂ノ丙ハ此手形ヲ甲ヨリ得テ滿期日ニ乙ニ呈示シ壹萬圓ノ支拂ヲ受ケタリトセンニ此ニ貳萬圓ノ授受ハ一枚ノ紙片ニテ結了スヘシ。第二手形ハ信用ノ媒介ナリ甲ハ乙ニ千圓ノ貸金アルモ其期限前ハ之ヲ得ルニ由ナキモ自身己ムヲ得スシテ期限迄待ツ能ハサレハ一ノ爲替手形又約束手形ヲ發行センカ此手形ヲ他人ニ賣却スルトキハ其貸金ヲ期限前ニ使用スルヲ得ヘク又甲ハ一金モ有セス又信用モ存セサルトキ乙ハ信用存スルトキハ乙ニ依賴シテ丙宛ノ爲替手形又約束手形ヲ振出サシメ自己之ヲ讓受ケ之ヲ裏書シヲ他人ニ讓渡スルトキハ此ニ資金ヲ得テ其急場ノ融通ヲ助クルヲ得ヘシ。第三又一面亂費ヲ防キ貯畜ヲ奬勤ス裏心亂費ヲ欲セハ何物カ消費セラレサルモノアラサルモ現貨ニテ所持スルト手形ニテ所持スルトハ此消費ヲ防クハ勿論ナリ云切手ノ如キハ銀行及他ノ預主ノ預券ナレハ全然之ヲ預置ニセサルモ必要ノ塲合ハ引出サント思フ者ハ此小切手ニ爲シ置クトキハ自然貯畜ヲ奬勵スルハ云フヲ待タサル處ナリ何トナレハ此小切手ハ銀行其他ノ預主ヨリ現貨ヲ受取ラスシテ又自己ノ預金ニ引直ス者多ケレハナリ

此他運送ノ手數ヲ省キ紛失盜難ノ塲合ニ貨幣ヨリ幾分カ其損失ヲ少クスル等

ノ利益ヲ擧クレハ其効用ノ著大ハ言説ノ外ニアルヘシ此ニ一言スヘキハ手形ニハ其當事者ノ尤モ多數ナルコト是レナリ此多數ノ當事者ハ皆其關係者ナルヲ以テ夫々異趣ノ義務ヲ生スレハ常ニ此者ノ位置ヲ念頭ニ置カサレハ完全ニ此規定ヲ解釋シ得サルヘシ

普通爲替手形ノ關係者ニテモ第一振出人アリ第二手形ノ所持人アリ第三此所持人ヨリ讓渡受人アルコトモ想豫セサル可ラス第四此手形ノ支拂人アリ此ニ引受又支拂ノ塲合ニ參加人アリ此他保證人ナル者存シテ其裏書ノ塲合ニ其讓渡ヲ擔保スルコトアリ此振出人ヨリ支拂人ニ至ル迄萬一此支拂人支拂ハサルトキ此際ノ所持人ヨリ元ノ振出人ニ還ル迄ヲ手形上ノ關係ト云フ

約束手形モ爲替手形モ異ナラサルモ約束手形ハ振出人ト支拂人トハ同一ニシテ小切手ノ支拂人ハ必ス銀行其物ノ預金ノ預主ナリ此點ハ性質上ノ大差ナク猶詳細ナル點ハ各法文ノ下ニ至リテ明瞭ナルヘシ

第一章　總則

第四百三十四條 本法ニ於テ手形トハ爲替手形、約束手形及ヒ小切手ヲ謂フ

（說明） 本條ハ手形ノ種類ヲ明示シ又一面ニ限定シタルモノナリ故ニ此以上ニハ手形ハ發行スルヲ許サヽル精神ナラン

第四百三十五條 手形ニ署名シタル者ハ其手形ノ文言ニ從ヒテ責任ヲ負フ

（說明） 手形ハ其篇首ニ說示セシ如ク多數ノ人ヲ要スルモ是皆無責任ノ地位ニアル者ニアラス苟クモ其手形ニ署名セシ者ハ多少ノ責任ハ免レサルヘシ本條ハ其手形ノ文言ニ從ヒテ責任ヲ負フトアレハ其責任ノ程度ハ文言ノ趣旨ニヨリテ同一ナラサルヘシ故ニ裏書ノ塲合ニ署名スル讓渡人ハ手形ノ支拂ハサルトキハ之ヲ支拂フノ責任アルモ此塲合ノ保證人トシテノ署名ハ其裏書人ノ不仕拂ヲ擔保スルニアルヘシ。此等責任ノ內容ハ區々ナルヘケレハ各塲合ニ硏究セサル可ラス

第四百三十六條 代理人カ本人ノ爲メニスルコトヲ記載セスシテ手

形ニ署名シタルトキハ本人ハ手形上ノ責任ヲ負フコトナシ

（說明）本條ハ前條ノ手形ノ署名者ハ其文言ニ從ヒテ其責任ヲ負フトノ原則ノ適用上第二百六十六條ノ例外ヲ示セシ法文ナリ

普通代理ノ塲合ハ其代理人ハ本人ノ爲ニスルコトヲ相手方ニ示サヽルモ其行爲ハ本人ニ對シテ効力ヲ生スルコトハ第二百六十六條ノ定ムル所ナリ然ルモ此塲合モ亦然リトスルトキハ第一前條ノ原則ニ基キ叉手形ノ融通ヲ害スルヲ以テ代理ノ塲合ニモ例外ヲ設ケ本人ハ其署名ナキ限リハ手形上ノ責任ヲ負ハサルコトヽセリ然ルモ是手形上ノ責任ニ止リ事實代理ヲ委任シタルモノナレハ代理人ハ普通民法上ノ賠償ヲ本人ニ求ムルコトヲ得ヘキハ之ヲ要セサル所ナリ

第四百三十七條 僞造又ハ變造シタル手形ニ署名シタル者ハ手形ノ文言ニ從ヒテ責任ヲ負フ

變造シタル手形ニ署名シタル者ハ變造前ニ署名シタルモノト推定ス

僞造者、變造者及ヒ惡意又ハ重大ナル過失ニ因リ僞造又ハ變造シタル手形ヲ取得シタル者ハ手形上ノ權利ヲ有セス

（說明）本條ハ僞造變造手形ノ効力及ヒ此ニ署名シタルモノノ責任ヲ定ム僞造變造シタル手形ト雖手形ハ手形ナリ之ヲ知ラサル者ノ間ニハ純然タル信用證券ナリ故ニ之ニ署名シタル者ハ知ルト知ラサルトヲ問ハス其手形記載ノ文言ニ從ヒテ責任ヲ負ハサル可ラス

此ニ僞造ノ場合ノ一例ヲ示サンニ此ニ澁澤榮一ヲ振出人トシテ岩崎彌之助ヲ裏書人トシ三井八郎右衞門ヲ支拂人トセル手形ヲ僞造シタルモノアリトセンニ今日手形トシテハ信用無限ノ手形ナルヘシ此手形ノ善意ノ讓受人ヲ保護スル爲メニ此手形不渡リトナリタルトキハ澁澤岩崎ニ責任アリトスルハ勿論ナルヘシ然リト雖元是僞造ニ出ルモノナレハ其僞造ナルコト判明セハ無責任ナルハ云フヲ待タサルヲ以テ善意ノ讓受人又參加人ノ如キハ犯罪者ニ私訴ヲ求ムルヨリ外アラサル可シ尤モ其以前ニ正當ノ署名者アレハ此者ハ其文言ニ從ヒテ其責任ヲ負フモノトス本文。

ハ此點ヲ明ニシタルモノトスヨシ其手形ハ僞造ナルモ變造ナルモ其手形ニ正當ニ署名シタル以上ハ責任ハ免レサルモ此反面正當ニ署名セサル者ナレハ無責任ナリト云フニ過キス

然ルニ變造手形ハ此ニ多少ノ異ル點アリ變造手形ハ一旦正當ニ成立スル手形ヲ其分量即チ千圓ノモノヲ一萬圓トスルノ多數ナレハ此手形ノ署名者ハ變造前即チ其金額ノ低キトキニ署名シタルモノト法律ハ推定セシナルヘク變造ヨリ來ル害ヲ避クルコトニ注意セリ然ルモ此推定ハ反證ヲ擧ケテ之ヲ破リ其權利者ハ其署名者ニ變造後ノ責任ヲ負ハシムルコトヲ得ヘシ

第三項ノ僞造者變造者又惡意重過失ニヨリテ其僞造變造ノ手形ヲ取得セシ者ノ如キハヨシ其以前ニ善意ニ其手形ニ署名シタル者アルモ之ニ向テ手形上ノ權利ヲ要求スルヲ得ス

本條ノ重過失ノ手形取得者トハ其平常カヽル取引又資力ナキヲ知リ居ル者ヨリ千圓ニ千圓ノ手形ヲ讓受ケタル者又名前ヲ知ラサル者ヨリ非常ノ低價ニテ讓受クル

如キハ重大ナル過失ナリ

第四百三十八條 無能力者カ手形ヨリ生シタル債務ヲ取消シタルトキト雖モ他ノ手形上ノ權利義務ニ影響ヲ及ホサス

（說明） 無能力即チ未成年者妻（法律上登記シテ商業ヲ許ス場合ハ無能力ニアラス）又禁治産者ハ法律上其義務ヲ負フコトナク一旦負フモ之ヲ取消シ得ルモノナリ併シ取消迄ハ有効ノ義務者タルコト勿論ナリ故ニ手形ニモ署名スルコトヲ得サルニアラス署名後取消スコトヲ得ルニ過キス此取消アリトスルモ他ノ者ノ手形上ノ權利義務ニハ影響ナキモノトス故ニ能力者之ヲ振出シ無能力者ノ裏書シタル手形ヲ所持スル者ハヨシ其手形ヨリ無能力者ヲ除カルヽモ其支拂人ニ支拂ヲ求メ支拂ハレサルトキハ振出人ニ償還ヲ求ムル毫モ妨ケサルナリ

第四百三十九條 本編ニ規定ナキ事項ハ之ヲ手形ニ記載スルモ手形上ノ效力ヲ生セス

（說明） 手形ニ記載スヘキ事項ハ振出トシテハ爲替手形ノ第四百四十五條約束手

形ノ第五百二十五條小切手ノ第五百三十條ニ制限セラレ此他裏書及ヒ參加モ各條文ノ下ニ記載シ得ヘキ條件ハ明記シアレハ是以上ノ事項即チ本篇ニ規定ナキ事項ヲ記載スルモ其効力ヲ生セサルモノトス勿論規定ナキ事項ノ脱漏モ効力ヲ失スルハ當然ナリ故ニ此手形ノ所持人ニハ金百圓ト米百俵トヲ與フト記載スルハ一定ノ金額ヲ記載セサルモノニテ無効タリ又振出人裏書人ハ此手形支拂ハレサルトキハ田地一反歩ヲ引渡ストカ米百俵ヲ與フト記載スルモ何レモ無効ナリ然レモ此無効ハ手形上ノ効力ヲ生セサルヲ以テ其記載者支拂ハサルヲ以テ更ニ讓渡人其他振出人ニ要求スル等手形ノ通行ヲ蹈ミテ其權利ヲ行使スル能ハスト云フニ止リ民法上ノ權利ハ妨ケサレハ手形以外ノ證書トシテ其履行ヲ求ムルハ妨ケサルハリ

第四百四十條 手形ノ債務者ハ本編ニ規定ナキ事由ヲ以テ手形上ノ請求ヲ爲ス者ニ對抗スルコトヲ得ス但直接ニ之ニ對抗スルコトヲ得ヘキ事由ハ此限ニ在ラス

（說明）手形上ノ債務者即チ支拂人又參加人ノ如キハ其權利者即手形所持人ニ對

抗スルニハ宜シク本篇ニ規定セラレタル事由即チ此手形ハ滿期后ナリトカ又時効ニカヽレリトカ又紛失又盜難ノ爲メ公示催告ノ手續中ナリト云フ事項ヲ以テ之ヲ拒絕スルハ至當ナルモ此手形ニハ振出人ト特別ノ關係アリトカ又振出人資金ヲ送ラストカノ理由ニテハ一旦引受ケタル手形ハ支拂ヲ拒ムヲ得ス然ルモ其所持人ト特別ノ關係アル爲メ之ヲ拒ムヲ妨ケス即チ所持人ニハ貸金アリテ期限經過后ナレハ當然相殺セルモノナリトカ又此手形ハ一旦支拂免除ヲ受ケタルモノナリト云フ如キハ手形上ノ拒絕ニアラスシテ其所持人ト特別ノ關係ヲ有スルヨリ拒ムモノナルモ此相互間ニハ妨ケサルナリ

第四百四十一條

何人ト雖モ惡意又ハ重大ナル過失ナクシテ手形ヲ取得シタル者ニ對シ其手形ノ返還ヲ請求スルコトヲ得ス

（說明）手形ハ流通證劵ナリ故ニ其流通ノ結果何人ノ手ニ渡ルヤモ知ル可ラス故ニ惡意又ハ重大ナル過失ナクシテ手形ヲ取得シタル者ニ對シテハ之レカ返還ヲ請求スルヲ得サルナリ然ルモ盜取騙取ハ惡意ナリ裏書ノ經續セサル如キ手形ノ取得

ハ重大ノ過失ナリ故ニ此等ノ者ニハ正當ノ手續ヲ以テ其返還ヲ求メ得ヘシ又其所持ノ原因消滅セルトキ例之其手形ヲ代理取立ノ爲メ裏書セシ塲合ニモ代理權消滅セハ其手形其代理人ノ手ニアル塲合ニ返還ヲ求ムルハ本條ノ爲メニ妨ケサルナリ

第四百四十二條 手形ノ引受又ハ支拂ヲ求ムル爲メニスル呈示、拒絶證書ノ作成其他手形上ノ權利行使又ハ保全ニ付利害關係人ニ對シテ爲スヘキ行爲ハ其營業所、若シ營業所ナキトキハ其住所又ハ居所ニ於テ之ヲ爲スコトヲ要ス但其者ノ承諾アルトキハ他ノ塲所ニ於テ之ヲ爲スコトヲ妨ケス

利害關係人ノ營業所、住所又ハ住所カ知レサルトキハ拒絶證書ヲ作ルヘキ公證人又ハ執達吏ハ其地ノ官署又公署ニ問合ヲ爲スコトヲ要ス若シ問合ヲ爲スモ營業所、住所又ハ居所カ知レサルトキハ其役塲又ハ官署若クハ公署ニ於テ拒絶證書ヲ作ルコトヲ得

（説明）本條ハ手形ノ引受支拂ノ爲ニスル呈示拒絶證出ノ作成此他手形上ノ權利

ノ行使又保全ノ爲メニ利害關係人ニ對シテ爲スヘキ行爲ノ場所ノ定メニ外ナラサルナリ

第四百四十三條 引受人又ハ約束手形ノ振出人ニ對スル債權ハ滿期日ヨリ三年所持人ノ其前者ニ對スル償還請求權ハ支拂拒絕證書作成ノ日ヨリ六ケ月裏書人ノ其前者ニ對スル償還請求權ハ償還ヲ爲シタル日ヨリ六ケ月ヲ經過シタルトキハ時效ニ因リテ消滅ス

（說明） 本條ハ時効ヲ定メタルモノトス此時効ハ二ケニ區別セラル一ハ手形本然ノ義務者ニ對スル時効ニシテ一ハ償還上ノ時効ナリ手形本然ノ時効ハ手形ヲ債務者タル引受人又約束手形ノ振出人ニ對スル債權ニシテ此時効ハ滿期日ヨリ三年ナリトス反之償還請求權ニ對スル時効ハ所持人ノ其前者ニ對スル者ハ支拂拒絕證書作成ノ日ヨリ六ケ月裏書人ノ其前者ニ對スルモノハ償還ヲ爲シタル日ヨリ六ケ月ナリトス

第四百四十四條 手形ヨリ生シタル債權カ時效又ハ手續ノ欠缺ニ因

リテ消滅シタルトキト雖モ所持人ハ振出人又ハ引受人ニ對シ其受ケタル利益ノ限度ニ於テ償還ノ請求ヲ爲スコトヲ得

（説明）本條ハ手形法ノ嚴格ヲ融和スルノ規定ニシテ手形ヨリ生シタル債權時効又手續ノ欠缺ニヨリテ消滅シタルトキハ法理上ヨリ云ヘハ勿論所持人ハ其權利ヲ失フヘキハ當然ナルモ手形上ノ規定ハ形式ヲ主トスルヲ以テ此形式ニ違ヒタルヲ以テ其權利ヲ失ハシメタルモノナレハ多少融和ノ規定ヲ設ケ本條ハ此失權ノ爲メニ不當ノ利益ヲ得タル者ヲシテ其受ケタル限度丈ヲ此失權者ニ支拂ハシムルコトヽセリ

今之ヲ例解スレハ甲ナル爲替手形ノ振出人ヨリ乙ナル支拂人ニ宛テヽ振出シタル手形ヲ乙引受ケタリトセンニ此手形ノ所持人ノ爲ス行爲ハ第一乙ニ支拂ヲ求メ支拂ハサルトキハ拒絶證書ヲ作成シテ其償還ヲ其裏書人又振出人ニ求ムヘキモノトス然ルニ此所持人カ時効ノ爲メ又作ルヘキ拒絶證書ヲ作ラサル爲メ其權利ヲ失ヒタリトセンカ此場合ハ支拂人ハ一旦引受ケタルモノナレハ此支拂ヲ爲スヘキ義務

ヲ先キニ民法上ヨリシテ振出人ニ向ツテ負ヒ居ルカ又振出人ノ送金ヲ受ケ居ルカ又支拂人ヨリ支拂後請求スル考ナリシニ相違ナシ然ルニ此ニ所持人ノ怠慢又手續欠缺ノ爲メニ支拂ヲ求ムル權利ヲ失ヒタリトセンカ此支拂人カ己ニ義務ヲ負ヒ居リタルカ又送金ヲ受ケ居レハ支拂フヘキモノヲ支拂ハサル爲メ此金額丈ハ自己ニ利益シタルモノナリ又其後振出人ニ請求スル考ヘナリシナラハ此振出人ハ送金セサレハ最初其手形ヲ讓渡シテ得タル金額丈ハ利益セシモノナリ此金額丈ハ所持人ヨリ請求スルヿヲ得ルモノトス故ニ其金額ハ爲替額ヨリ少キモ已ムヲ得サルナリ

第二章　爲替手形

（説明）　本章ハ手形中ノ重ナル爲替手形ノ規定ニカヽル此手形ノ他ノ約束手形及ヒ小切手ト異ル點ハ此手形ニハ形式上（實際二者相兼ヌルヿアリ）振出人所持人支拂人ノ三者併存スルモ約束手形ニハ此振出人ト支拂人トハ同一ナリ反之小切手ノ支拂人ハ必ス銀行又ハ預ケ金ノ預主ニ限ルモノトス此差異ヨリ種々ノ規定ヲ異ニスルモノトス

第一節　振出

第四百四十五條　爲替手形ニハ左ノ事項ヲ記載シ振出人之ニ署名スルコトヲ要ス

一　其爲替手形タルヘキコトヲ示スヘキ文字
二　一定ノ金額
三　支拂人ノ氏名又ハ商號
四　取人ノ氏名又ハ商號
五　單純ナル支拂ノ委託
六　振出ノ年月日
七　一定ノ滿期日
八　支拂地

（說明）　本條ハ爲替手形ノ要件ヲ定メタルモノニシテ爲替手形ニハ左ノ事項ヲ記載シ且ツ振出人之ニ署名スヘキモノトス

一ハ其爲替手形タルコトヲ示スヘキ文字ヲ用ヒサル可ラス是レ他ノ手形ト區別スルニ必要ナレハナリ二ハ一定ノ金額ニシテ金何圓ト書スルモノニテ單ニ數字ヲ書シ又物件ノ數量ヲ記シ金額ト物件トヲ並記スル如キハ無効ナリ三四兩號ハ別ニ疑ナシ五號ハ單純ナル支拂ノ委托ニシテ此證書所持人又受取人其指圖セル者ニ支拂アルヘシトノ意ニテ其單純ナルトハ條件ヲ付スルコトヲ禁スルノ意ナリ例之持參人或行爲ヲ爲サハ支拂アルヘシトカ又持參人ノ身元取調ノ上支拂アルヘシト書スル如キハ單純ナル委托ニアラサルナリ六ハ振出地ニシテ七ハ一定ノ滿期日ニシテ一覽ノ日ナルト一覽後一定ノ日ナルト又或ル期間ナルトヲ問ハサルナリ八ハ支拂地ニシテ此八條件ハ一ヲ欠クトキハ爲替手形トシテ無効ナリ

表面

金五千圓也　5000

（此所切斷保存ス）

何號	支拂人	受取人	振出月日	滿期日

何號　　爲替手形

一金五千圓也　5000

右之金額受取人何之誰又ハ其指圖人ヘ來ル何月何日（一覽ノ上一覽後何日間）御地（又ハ何地ニテ）ニ於テ御支拂被成度候也

明治三十二年　月　日

東京何區何町何番地

振出人　何之誰（又何屋）

大阪何區何町何番地

何之誰（又何商店）殿

裏面

第一例

表面之金額何之誰殿又同指圖人ヘ御仕拂可被成候也

年月日　裏書人　何之誰

第二例

表面之金額　　殿又同人指圖人ヘ御仕拂可被成候也

年月日　裏書人　何之誰

第二ニテハ其被裏書人ノ氏名ハ記入セサルモノナリ

第四百四十六條　爲替手形ノ主タル部分ニ記載シタル金額カ他ノ部分ニ記載シタル金額ト異ナルトキハ主タル部分ニ記載シタル金額ヲ以テ手形金額トス

（說明）本條ハ本文手形ヲ金五百圓ト記載スル外猶五〇〇又500ト記スル場合ニ又六〇〇ト記載アルトキハ何レニヨルヘキカノ疑アリ本條ハ此場合ニハ主タル部分即チ本文ノ五百圓ニヨルヘキモノトスルノ規定ニ外ナラサルナリ505

第四百四十七條 振出人ハ自己ヲ受取人又ハ支拂人ト定ムルコトヲ得

（說明）爲替手形ニハ振出人又受取人支拂人ノ三者ヲ必要トスルモ此三者ハ必ス別人ナルコトヲ要セス振出人自身ヲ受取人トスルヲ得即チ自己拂ノ手形ナリ又自己ヲ支拂人トモ爲スヲ得此場合ニハ恰カモ手形ヲ振出ス必要ナキカ如キモ本店及ヒ支店ヲ有スル者ハ大倉喜八郎東京本店ハ振出人トナリテ大坂ノ大倉喜八郎ヲ支拂人トスルコトヲ得ヘシカクスルトキハ普通ノ場合ト同一ノ實用ヲ存スヘシ

第四百四十八條 振出人ハ爲替手形ニ其支拂地ニ於ケル豫備支拂人ヲ記載スルコトヲ得

（說明）爲替手形ハ自己ヲ支拂人トシテ振出ス場合ナキニアラサルモ其多クハ他

支拂人ヲ定ルモノトス然ルモ此支拂人萬一支拂ハサルトキハ此振出人ハ大ナル費用ノ辨償ヲ爲サヽル可ラサルニ至ルヲ以テ此豫備トシテ豫備支拂人ヲ記載スルコトヲ得ルナリ若支拂人支拂ハサルトキハ此者支拂フモノトス

第四百四十九條 爲替手形ハ其金額三十圓以上ノモノニ限リ之ヲ無記名式ト爲スコトヲ得

（說明） 爲替手形ハ其方式上ハ或ハ記名アリ無記名アリ其無記名ハ其流通上非常ニ便宜ナルモ盜難紛失變造等ノ塲合ニ其發覺容易ナラサルト一ハ小額ノ爲替手形ハ紙幣發行ト同一ノ効果ヲ生スルヲ以テ其金額ハ三十圓以上ハ制限セラレタリ

第四百五十條 滿期日ハ左ニ揭ケタル種類ノ一ナルコトヲ要ス

一 確定セル日

二 日附後確定セル期間ヲ經過シタル日

三 一覽ノ日

四 一覽後確定セル期間ヲ經過シタル日

（說明）本條ハ滿期日ノ種類ヲ示セルモノトス其種類ハ本條ニ示セル四種ニ限ルモノトス一確定セル日トハ例之十一月廿五日ト云フ如ク二日附後確定セル期間ヲ經過セル日トハ十一月廿五日二週間ノ當日ト云フ類ニテ其滿期日ハ十二月九日ナリ三ハ一覽ノ日ニテ何日ニテモ支拂人一見セル日滿期日ナリ四一覽後確定セル期間ヲ經過セル日トハ一覽后一週間ノ當日トカ又三十日ト云フ類ナリ

第四百五十一條　振出人カ爲替手形ニ滿期日ヲ記載セサリシトキハ一覽ノ日ヲ以テ其爲替手形ノ滿期日トス

（說明）本條ハ振出人カ爲替手形ニ滿期日ヲ記載セサリシトキハ一覽ノ日カ滿期日タル旨ヲ定メタルモノトス但シ純理ヨリ云ヘハ滿期日ナキ爲替手形ハ第四百四十五條ニヨリテ無効タルヘキハ此爲ニ無効ニスルハ多少酷ニ失スルヲ以テ本條ハ之ヲ補充セリ

第四百五十二條　振出人カ爲替手形ニ支拂地ヲ記載セサリシトキハ爲替手形ニ記載シタル支拂人ノ住所地ヲ以テ其支拂地トス

（說明）本條モ第四百四十五條ノ補充文ナリ振出人何地ヲ問ハス勝手ニ支拂地ヲ定ムルヲ得ルモ若シ記載セサルトキハ其爲替手形ニ記載シタル支拂人ノ住所地ヲ以テ其支拂地トスルハ至當ナリト云ハサル可ラス

第四百五十三條　支拂地カ支拂人ノ住所地ト異ナルトキハ他人ヲ以テ支拂擔當者トシテ爲替手形ニ記載スルコトヲ得

（說明）支拂人ハ其支拂地ノ何地タルヲ問ハス一旦其爲替手形ヲ引受ケタルトキハ其地ニ至リ支拂ハサル可ラサルモ此支拂人ノ住所ト其支拂地ト異ナルトキハ他人ヲ以テ支拂擔當人トシテ爲替手形ニ記載スルコトヲ得ルナリ所持人ハ此支拂擔當者ニ支拂ヲ求メ若シ支拂ハレサルトキハ拒絕證書ヲ作成スヘキモノトス此支拂擔當者カ豫備支拂人ト異ナル者ハ彼ハ其支拂人ノ支拂ハサルトキニ支拂フモノナルモ是ハ只他所ニテ支拂ヲ擔當スル者タルニ過キス之ヲ例セハ甲ハ乙ニ爲替手形ヲ振出シタルニ乙ハ更ラニ丁地ニ丙ナル債務者ヲ有スルトキハ更ラニ此手形ヲ丁地乙拂トシテ振出サシメ支拂擔當者ヲ丙トスルコトヲ得ルナリ

第四百五十四條 振出人ハ爲替手形ニ其支拂地ニ於ケル支拂ノ場所ヲ記載スルコトヲ得

（說明）第四百三十九條ノ結果本法規定事項以外ハ之ヲ手形ニ記載スルモ効力ナキヲ以テ本條ハ此規定ヲ以テ此支拂地ニ於ケル支拂地ノ塲所ハ記載スルモ妨ケサルコトヽセリ

第二節 裏書

（說明）裏書トハ普通其受取人カ其權利ヲ他人ニ讓渡ス方式ノ謂ヒニシテ其方式讓渡人ノ氏名商號ニ加ヘテ讓受人ノ氏名商號ヲ記載スルモノト又單ニ讓渡人ノ氏名ノミ書スルモノ又代理質入ノ爲メニスル裏書ノ區別アリ代理質入ノ爲メノ裏書ハ其權利ハ移轉スル爲メニアラス

第四百五十五條 爲替手形ハ其記名式ナルトキト雖モ裏書ニ依リテ之ヲ讓渡スコトヲ得但振出人カ裏書ヲ禁スル旨ヲ記載シタルトキハ此限ニ在ラス

（説明）本條ハ爲替手形ハ記名式ナルモ裏書ニヨリテ之ヲ讓渡シ得ル點ヲ明ニシタルモノトス尤モ之ヲ禁シタルトキハ爲スヲ得サルナリ

第四百五十六條　振出人、引受人又ハ裏書人カ裏書ニ依リテ爲替手形ヲ讓受タルトキハ更ニ裏書ニ依リテ之ヲ讓渡スコトヲ得

（説明）本條ハ振出人引受人又裏書人カ裏書ニ依リテ爲替手形ヲ讓受ケタルトキハ更ラニ裏書ニ依リテ之ヲ讓渡スコトヲ得ル點ヲ定ム之ヲ皮想スルトキハ振出人ハ自己ニテ振出シ引取人ハ自己ニ支拂ヲ承諾シタルモノナレハ更ラニ之ヲ裏書讓受クル如キハ實際アリ得ヘカラス又アリ得ルモ効用ナキカ如キモ是深ク考ヘサルノ論ナリ一旦東京ノ甲カ在大坂ノ乙ニ宛テ手形ヲ振出シ已ニ丙ニ讓渡シタルモ自己急ニ大坂行ノ用事出來タル場合ノ如キハ自己ニ受取ルノ必要存スレハ更ラニ之ヲ讓渡クヘク又引受人モ自己宛ノ手形ニテモ其割引大ナレハ之ヲ讓受クルコトアルヘク二者更ラニ之ヲ他ニ讓渡スヲ得ヘシ之レ民法上混同（債權者ト債務者ハ一人ニ歸シタルトキ債權債務消滅スルヲ混同ト云フ）ニテ其權利義務消滅スル如キモ苟クモ手形上ノ關係ハ其滿期日ニ正當ニ

支拂アルカ又ハ支拂拒絶ナキ間ハ消滅セサル可ケレハ他ニ讓渡スモ妨ケアラサルヘシ

第四百五十七條 裏書ハ爲替手形、其謄本又ハ補箋ニ被裏書人ノ氏名又ハ商號及ヒ裏書ノ年月日ヲ記載シ裏書人署名スルニ依リテ之ヲ爲ス

裏書ハ裏書人ノ署名ノミヲ以テ之ヲ爲スコトヲ得此場合ニ於テハ爾後爲替手形ハ引渡ノミニ依リテ之ヲ讓渡スコトヲ得

（說明） 本條ハ裏書方法ヲ定メタルモノトス裏書ハ普通其手形ノ權利ヲ他人ニ讓渡ス場合多キモ必スシモ然ルニアラス質入ノ爲メニモ代理ノ爲メニモ裏書スル場合ハ存スルナリ故ニ被裏書人ハ必スシモ讓受人ニアラサルコトハ注意セサル可ラス故ニ本條ハ從來ノ讓受人ナル語ヲ避ケタルモノトス而シテ其裏書方法ハ爲替手形ノ本紙ニモ又謄本ニモ又其補箋ニモ爲シ得ルモノトス其補箋ニ爲ス場合ハ手形本紙ハ已ニ被裏書人ノ欄ナキニ至ルトキ之ニ補箋ヲ張付ケ之ニ裏書ヲ爲スモノス

又謄本ニ爲ス場合ハ本紙ト謄本ト各別ニ讓渡ス場合ニ爲ス者トス其詳細ハ謄本ノ節ニ明カナルヘシ而シテ其書式ハ此爲替手形ハ何之誰(又商號何屋ノ類)ニ讓渡(又質入代理ノ爲メ裏書ス)スモノナリト書シテ自已ニ署名シ又商號ヲ記シ其上ニ年月日ヲ記スモノナルモ讓渡ノ場合ニハ單ニ讓受人ノ氏名又商號ヲ記セハ足ルモノトス只代理質入ノ爲メノ裏書ニハ其目的即チ質入又代理ノ爲メニ裏書スル旨ヲ書セサル可ラス

又手形ハ單ニ讓渡人即裏書人ノ署名ノミニシテ被裏書人ノ氏名商號ヲ記サス裏書スルコトモ爲シ得ルナリ此ヲ舊來白地裏書ト稱ヘタリ此場合ハ別ニ其後ノ人ハ裏書セス單ニ引渡ノミニヨリテ之ヲ讓渡スコトヲ得ルナリ此白地裏書ハ無記名ト異ル所アラサルモ此ハ后ニ所持人自已ノ名ヲ記入シテ自已ヲ彼裏書人ト爲シ得ル點丈異レリ

第四百五十八條 裏書人ハ裏書ヲ爲スニ當タリ支拂地ニ於ケル豫備支拂人ヲ記載スルコトヲ得

(説明) 第四百四十八條ハ振出人カ其支拂地ニ豫備支拂人ヲ手形ニ記載スル例ナ

ルモ裏書人モ此權利ヲ有シ其手形ノ仕拂困難ナリト思惟セハ後日償還ノ費用ヲ避クル爲メ自巳モ亦其豫備支拂人ヲ記載スルコトヲ得ナリ

第四百五十九條 裏書人ハ裏書ヲ爲スニ當タリ手形上ノ責任ヲ負ハサル旨ヲ記載スルコトヲ得

（説明） 本條ハ元來手形ノ性質ニ反スルモノトス何トナレハ手形ナルモノハ其支拂人カ支拂ハサルトキハ其裏書讓渡人ヲ漸次ニ其償還ヲ求メ得ヘケレハコソ其流通證券タル實ヲ全フスレ其裏書人カ手形上ノ責任ヲ負ハストスレハ被裏書人ハ其支拂ノ有無ノ確マラサルモノニ代價ヲ拂フテ讓受クル必要存セサレハナリ然ルモ是普通ノ塲合ニ然ルヘクシテ其手形ノ性質アマリ純然タルモノニシテ裏書人モ其確實ヲ證セサルトキ其危險擔任ニテ讓渡ス如キ塲合ハ其責ニ任セストスル裏書人ノ表示ハ强テ無効トスル必要ナカルヘシ併シ其無責任ナルハ其者一人ニ限リ他ハ是カ爲メニ責任ヲ負ハサルニアラサルナリ

第四百六十條 裏書人カ裏書ヲ爲スニ當タリ爾後裏書ヲ禁スル旨ヲ

記載シタルトキハ其裏書人ハ被裏書人ノ後者ニ對シテ手形上ノ責任ヲ負フコトナシ

（說明）本條ハ第四百五十五條ノ振出人又裏書人カ裏書禁止ノ記載ヲ爲シタル場合ノ効力ヲ定メタルモノトス裏書禁止ノ手形モ又手形タルニハ相違ナシ故ニ更ニ裏書スルハ禁止スル所ニアラス只其禁止記載ノ手形ヲ第一ニ讓受ケタル者ヨリ更ラニ裏書讓受ケタル者ニ對シテハ償還ノ責任ナシト云フニ外ナラサルナリ故ニ此裏書禁止ノ記載ヲ爲シタル振出人裏書人ヨリ第一ニ讓受ケタル者ハ其支拂ハレサル場合ニ償還ノ請求ヲ爲スモ妨ケサルナリ法文ノアル所ハ此第一ノ被裏書人以後ノ讓受人ニ對シテ責ヲ負ハストノ意ニ外ナラサルナリ必竟裏書ノ禁止ハ其物自身ノ裏書禁止ヲ恐ルヽニアラスシテ其責任ヲ恐ルヽモノナレハ此責任タニ負ハサルコトヽセハ其目的ハ達シタルモノナレハナリ

第四百六十一條　裏書人カ其署名ノミヲ以テ裏書ヲ爲シタルトキハ所持人ハ自己ヲ其被裏書人ト爲スコトヲ得

（說明）裏書人ノ署名ノ之ヲ以テ爲シタルヲ手形ハ引渡ノミニシテ轉々自在ナルモ紙幣同樣盜難紛失ノ危險モ少ナカラサルヲ以テ此所持人ハ自己ヲ被裏書人トナシ此危險ヲ防クヲ得ルナリ

第四百六十二條 支拂拒絕證書作成ノ期間經過ノ後所持人カ裏書ヲ爲シタルトキハ被裏書人ハ裏書人ノ有シタル權利ノミヲ取得ス此場合ニ於テハ其裏書人ハ手形上ノ責任ヲ負フコトナシ

（說明）爲替手形ハ滿期日ヲ經過スルモ直チニ手形トシテノ効力ヲ失フモノニアラス未タ支拂拒絕證書ヲ作成スル點ハ手形上ノ効力ヲ有スルモノナレハ。之ヲ裏書スルモ被裏書人ハ完全ナル權利即チ支拂拒絕證書ヲ作成シテ其前者ニ對スル償還請求ノ權利ヲ讓受クルコトヲ得ヘシ然ルモ此第四百八十七條ノ支拂拒絕證書ヲ作成期間后ノ所持人ヨリ裏書讓受ケタル者ハ手形カ有スル權利ヲ讓受クル能ハスシテ單ニ其所持人カ有スル權利即チ第四百四十四條ノ權利ヲ讓受ケタルニ過キス此權利ハ手形上ノ權利ニアラスシテ民法上ノ權利ナリ故ニ法文ニ手形上ノ責任ヲ

負ハストアル場合ニテモ此民法上ノ義務ハ負ハサル可ラサルナリ

第四百六十三條　所持人ハ裏書ニ依リテ爲替手形ノ質入ヲ爲シ又ハ其取立ノ委任ヲ爲スコトヲ得此場合ニ於テハ裏書ニ其目的ヲ附記スルコトヲ要ス

前項ノ場合ニ於テ被裏書人ハ同一ノ目的ヲ以テ更ニ裏書ヲ爲スコトヲ得

（説明）　本條ハ取立又質入ノ場合ノ代理裏書ヲ規定ス自己ノ手形ヲ持參セシメ別ニ委任狀ヲ交附スルヨリ此手形ニ質入ノ爲メ又其取立ノ爲メニ裏書スト記載シテ交付スレハ非常ニ煩雜ヲ防クヲ以テ本條ハ此爲メニモ裏書スルコトヲ得ル點ヲ明ニシタルモノトス尤モ此場合ハ其目的ヲ記入セサレハ普通ノ裏書ト同一ノ効力アルニ過キサルナリ故ニ其目的ハ必ス記入セサル可ラス

尤モ此場合ニハ被裏書人ハ更ラニ同一ノ目的ヲ以テ裏書ヲ爲スハ妨ケサルナリ是一ノ複代理ナリ

第四百六十四條 裏書アル爲替手形ノ所持人ハ其裏書カ連續スルニ非サレハ其權利ヲ行フコトヲ得ス但署名ノミヲ以テ爲シタル裏書アルトキハ次ノ裏書人ハ其裏書ニ因リテ爲替手形ヲ取得シタルモノト看做ス

（說明） 本條ハ裏書ノ効力ヲ定メタルモノトス裏書ナルモノハ手形ノ授受ノ證蹟ヲ明確ナラシムヘキノ規定ニ過キサレハ苟クモ其手形カ裏書アルモノタランカ其手形ノ所持人ハ其裏書ヲ甲ヨリ乙乙ヨリ丙ト連續スルニアラサレハ其權利ヲ行フコトヲ得サル可シ併シ此原則ハ裏書人署名ノミヲ以テ爲ス裏書ニハ適用出來サルヘシ之ヲ適用センカ其本旨ヲ貫クヲ得サレハナリ故ニ此場合ハ自己ノ氏名ヲ手形ニ記入シタルトキハ裏書ニヨリテ爲替手形ヲ取得シタルモノト看做シテ其權利ヲ行フコトヲ得セシムルモノトス

第三節　引受

第四百六十五條 所持人ハ何時ニテモ爲替手形ヲ支拂人ニ呈示シテ

其引受ヲ求ムルコトヲ得

（說明）爲替手形ハ完全ニ振出サレ又裏書セラルヽモ未タ以テ爲替上ノ權利ハ完カラサルナリ其爲替上ノ權利ハ其支拂人カ其滿期日ニ至レハ必ス支拂フヘキノ承諾引受ケアリテ始メテ效力ヲ完フスルモノトス故ニ所持人ハ何時ニテモ爲替手形ヲ支拂人ニ呈示シテ其引受ヲ求ムルコトヲ得ルナリ

第四百六十六條　一覽後定期拂ノ爲替手形ノ所持人ハ其日附ヨリ一年內ニ爲替手形ヲ支拂人ニ呈示シテ其引受ヲ求ムルコトヲ要ス但振出人ハ之ヨリ短キ呈示期間ヲ定ムルコトヲ得

所持人カ拒絕證書ニ依リ前項ニ定メタル呈示ヲ爲シタルコトヲ證明セサルトキハ其前者ニ對スル手形上ノ權利ヲ失フ

（說明）一覽後定期拂ノ手形ナルモノハ一度支拂人呈示シ其後ニアラサレハ期間ハ始マラサルヲ以テ從ツテ時效ノ起算モ起ラサルヲ以テ必ス此手形ノ所持人ハ其日附ヨリ一年內ニ爲替手形ヲ支拂人ニ呈示シテ其引受ヲ求メサル可ラス尤モ此一

年ノ期間ハ是ヨリ短カキ呈示期間ヲ振出人ノ定メサル場合ニ限レハ此ヨリ短カキ期間アレハ此期間ニ呈示セサル可ラス若シ此呈示ノトキ支拂人カ引受ヲ爲サヽルトキハ所持人ハ引受拒絶證書ニ依リ其呈示セシコトヲ證明セサルトキハ其前者即チ自己以前ノ裏書人又ハ振出人ニ對スル手形上ノ權利即チ支拂フ迄ノ擔保請求權又支拂ヒナキノ償還請求權ヲ失フナリ

第四百六十七條 所持人カ一覽後定期拂ノ爲替手形ヲ呈示シタル場合ニ於テ支拂人カ其引受ヲ爲サス又ハ引受ノ日附ヲ爲替手形ニ記載セサリシトキハ所持人ハ呈示期間內ニ拒絶證書ヲ作ラシムルヿヲ要ス此場合ニ於テハ其拒絶證書作成ノ日ヲ以テ呈示ノ日ト看做ス所持人カ拒絶證書ヲ作ラシメサリシトキハ其前者ニ對スル手形上ノ權利ヲ失フ

引受人カ引受ノ日附ヲ記載セサリシ場合ニ於テ所持人カ拒絶證書ヲ作ラシメサリシトキハ呈示期間ノ末日ヲ以テ呈示ノ日ト看做ス

（說明）一覽後定期拂ノ爲替手形ナルモノハ已ニ述ヘシ如ク或ル一定ノ期間ニハ必ス呈示セサル可ラサルモノナルヲ以テ所持人ハ必ス振出人カ一年以内ノ期間ヲ定メサルトキハ一年內ニハ呈示セサル可ラス然ルニ呈示スルモ支拂人カ支拂ノ引受ヲ爲サス又引受ヲ爲スモ其日附ヲ手形ニ記載セサリシトキハ所持人ハ此呈示ヲ爲シタルコトヲ證スル爲メニ呈示期間內ニ拒絕證書ヲ作ラシムヘキモノトス此塲合ニハ拒絕證書作成ノ日ハ呈示ノ日ト看做スモノトス

所持人カ此拒絕證書ヲ作ラサリシトキハ前者即チ裏書人振出人ハ其期間內ニ呈示セシヤ否ヤハ明確ニ知ラサルモノナルヲ以テ手形上ノ權利ハ失フモノトス但シ此ニ注意スヘキハ其呈示ノ塲合ニ引受ヲ爲サス併セテ日附ヲ爲サヽル塲合ト單ニ引受ノミ爲シタル塲合ノ區別是ナリ引受併セテ日付ヲ爲サヽル塲合ニ拒絕證書ヲ作成セサルトキハ所持人手形上ノ權利ハ前者ニ對シテ失フノミナラス又支拂人ニモ其權利ナキモノトス然ルモ單ニ引受ノミ爲シテ日附ナキトキハ拒絕證書ハ作ラサルモ所持人ハ單ニ前書ニ對シテ爲替上ノ權利ナキノミニシテ支拂人ニ對シテハ權

利ナキニアラス故ニ其呈示期間后一定ノ時期來レハ其支拂ヲ要求スルヲ得ヘシ然ルモ其呈示ハ拒絶證書ナキ結果事實上呈示ノ日ニアラスシテ呈示期間ノ末日ヲ以テ其呈示ノ日ト看做スモノトス

第四百六十八條 引受ハ爲替手形ニ其旨ヲ記載シ支拂人署名スルニ依リテ之ヲ爲ス

支拂人カ爲替手形ニ署名シタルトキハ其引受ヲ爲シタルモノト看做ス

（説明） 本條ハ引受ノ形式ヲ定メタルモノニシテ別ニ説明スヘキ點ナシ

第四百六十九條 支拂人ハ手形金額ノ一部ニ付キ引受ヲ爲スコトヲ得

前項ノ場合ヲ除ク外支拂人カ爲替手形ノ單純ナル引受ヲ爲サヽリシトキハ其引受ヲ拒絶シタルモノト看做ス但引受人ハ其引受ノ文言ニ從ヒテ責任ヲ負フ

（說明）本條ハ支拂人ハ其爲替金額ノ一部ニ付テモ有効ニ引受ヲ爲シ得ルカ又單純ニ引受ヲ爲サヽルコトヲ得ルヤノ疑問ヲ決シタルモノニテ本條ハ之ニ對シテ支拂人ハ一部即チ千圓ノ內五百圓ノ引受ヲ爲シ得ルモノトセリ併シ其引受ナキ部分ハ拒絶シタルモノナレハ拒絶證書ヲ作リ得ヘキハ當然ナリ又單純ナラサル引受即チ條件ヲ付シテノ引受例之爲替資金ヲ領收セハ支拂フヘシトカ又振出人カ自巳注文ノ物品ヲ送付セハ支拂フヘシトカ云フ引受ハ法律ハ之ヲ拒絶シタルモノト看做セリ然ルモ此文言ニハ責任ヲ負ハサル可ラサルヲ以テ其條件到來セハ此支拂人ハ支拂ヲ爲サヽル可ラス

第四百七十條 支拂人ハ爲替手形ノ引受ニ因リ滿期日ニ於テ其引受ケタル金額ヲ支拂フ義務ヲ負フ

（說明）本條ハ引受ノ効力ヲ定メタルモノトス支拂人ハヨシ爲替手形面ニ支拂人トシテ記載アルモ未タ手形面上ノ當事者タルニアラス故ニ其手形ノ流通ハ全ク支拂人ノ信用ニヨルニアラスシテ其前者タル振出人裏書人ノ信用ニヨルモノトス支

拂人カ其手形ノ當事者タルハ全ク其爲替手形ヲ引受ケタル后ニアルモノトス一旦引受ケタルトキハ其時期ヨリ支拂人ハ滿期日ニ其引受ケタル金額ハ全部ト一部トヲ論セス支拂義務ヲ負フモノトス此義務ハ手形ニ關スル義務ナレハ受取人ノ其何人タルカハ論セサルモノトス

第四百七十一條 引受人カ爲替手形ノ支拂ヲ爲サヽリシ場合ニ於テ其所持人又ハ償還ヲ爲シタル裏書人若クハ振出人ニ對シテ支拂フヘキ金額ハ第四百九十一條又ハ第四百九十二條ノ規定ニ依リテ之ヲ定ム

（說明） 本條ハ一旦其手形ヲ引受ケタル片ハ前條ニヨリテ其支拂義務ヲ負フヘキモ若シ其引受人支拂ハサル片ハ所持人ハ拒絕證書ヲ作リテ其前者タル裏書人ニ其滿期日以後ノ法定利息及ヒ拒絕證書作成ノ費用其他ノ雜費ヲ請求スヘキハ當然ナリ此要求額ヲ支拂ヒシ裏書人ハ更ラニ前者タル裏書人振出人ニ漸次ニ要求スルコトヲ得ヘキモノトス然ルモ翻ツテ考フレハ此裏書人振出人カヽル支拂ヲ爲スニ至

リタル原因ハ全ク其支拂人カ其支拂義務アルコトヲ承認シナカラ其義務ヲ履行セサルニ基クモノナレハ更ニ其支拂ヲ引受人ニ要求スルニ至ルハ自然ノ道理ナリ本條ハ此塲合引受人ノ負擔スル責任ノ度ヲ定メタルモノニシテ其額ハ第四百九十一條及ヒ第四百九十二條ニヨリテ(一)其手形金額(二)其滿期日以後ノ法定利息(三)拒絶證書ニ關スル費用(四)此他戻爲替ヲ振出シタルトキハ其相塲ノ差額(五)此他之レカ爲メニ必然ニ支出セシ費用ハ負擔スヘキモノトス

併以上ハ所持人以外ノ者支拂人ニ求ムル塲合ナルモ所持人モ此引受ヲ爲セシ支拂人ニ此額ヲ求ムルコトヲ得ルナリ

第四百七十二條　支拂地カ支拂人ノ住所地ト異ナル塲合ニ於テ振出人カ爲替手形ニ支拂擔當者ヲ記載セサリシトキハ支拂人ハ其引受ヲ爲スニ當タリ之ヲ記載スルコトヲ得若シ支拂人カ之ヲ記載セサリシトキハ支拂地ニ於テ自ラ支拂ヲ爲ス責ニ任ス

前項ノ塲合ニ於テ振出人ハ爲替手形ニ其引受ヲ求ムル爲メ之ヲ呈

示スヘキ旨ヲ記載スルコトヲ得此場合ニ於テ所持人カ拒絶證書ニ依リ其呈示ヲ爲シタルコトヲ證明セサルトキハ其前者ニ對スル手形上ノ權利ヲ失フ

（說明）爲替手形ハ普通支拂人ノ住居地ニテ支拂ハルヽモノナルモ時ニ其住居地以外ニテ支拂ハルヽコトナシトセス此場合ニハ普通振出人其支拂擔當者ヲ定ムルヲ例トスルモ萬一之ヲ定メサルトキハ支拂人之ヲ定メテ其爲替手形ニ記載スルコトヲ得ルナリ若シ其支拂人之ヲ記載セサルトキハ自ラ其地ニ赴キ之ヲ支拂ハサル可ラス

此場合振出人ハ其手形ヲ必ス支拂人ニ呈示スヘキ旨ヲ手形ニ記載スルコトヲ得是自ラ其地ニ出張シテ支拂フカ又支拂擔當ヲ定ムルカヲ支拂人ニ促ス目的ニ外ナラサルナリ若シ此場合ニ所持人其呈示シタルコトヲ拒絶證書ニテ證明セサルトキハヨシ事實呈示スルモ其前者ニ對スル手形上ノ權利ヲ失フモノトス

第四百七十三條 支拂人ハ引受ヲ爲スニ當タリ爲替手形ニ其支拂地

ニ於ケル支拂ノ塲所ヲ記載スルコトヲ得

（説明）爲替手形ニハ其要件トシテ其支拂地ハ掲ケアルモノナルモ單ニ其地名ヲ東京市トカ大坂市トカ掲クルモ其内ノ何地ニテ實際支拂カ判然セサレハ所持人ハ甚タ不便ヲ免レサル可シカヽル不便ヲ補フタメ支拂フ人ハ引受ノ際爲替手形ニ其支拂地ニ於ケル支拂ノ塲所ヲ記載スルコトヲ得ルナリ併シカヽルコトハ當然云ハサルモ爲シ得ヘキカ如キモ第四百三十九條アル結果明文ナキコトハ効力ヲ生セサルヲ以テ其爲シ得ル點ヲ明カニ爲シタルニ過キサルナリ

第四節　擔保ノ請求

（説明）擔保ノ請求トハ其爲替手形ヲ支拂人カ引受ナキ塲合ニ其所持人カ其前者即チ裏書人振出人等ニ對シテ其手形金額及ヒ費用ニ對スル引當ヲ求ムルノ謂ヒナリ猶其詳細ハ次條ニ説明セン

第四百七十四條　支拂人カ爲替手形ノ引受ヲ爲サヽリシトキハ所持人ハ其前者ニ對シ手形金額及ヒ費用ニ付キ相當ノ擔保ヲ請求スル

コトヲ得

支拂人カ手形金額ノ一部ニ付キ引受ヲ爲シタルトキハ所持人ハ其殘額及ヒ費用ニ付キ相當ノ擔保ヲ請求スルコトヲ得

（說明）本來手形ノ圖滿ニ流通スル所以ハ一ノ信用アルニ過キサルナリ故ニ其手形ハ支拂人引受迄ハ其振出人裏書人ノ信用ノミカ基礎トナリテ融通セラルヽモ其融通セラルヽ所以ハ滿期日ニ支拂ハルヽト云フコトモ又其目的ナリ然ルニ其手形ハ支拂人ノ支拂ヲ承諾セサルモノ換言スレハ滿期日ノ支拂ヲ支拂人カ引受ケサルモノニ至ツテ空シク其滿期日ノ至ルヲ待ツモ効ナキモノナレハ所持人ハ其前者即振出人又ハ裏書人ニ對シテ相當擔保即爲替金額及ヒ其費用ニ付キ引當ヲ求ムルコトヲ得ルモノトス勿論其費用ニハ引受拒絕證書作成ノ費用其他ノ郵稅滿期日ニ作ル拒絕證書作成ノ費用等モ見込ニテ要求スルコトヲ得

以上ハ手形金額ノ全部ヲ引受サルモノナルモ其一部ニ付引受ヲ爲シタルトキハ所持人ハ其殘額及ヒ其費用ニ付キ相當擔保ヲ請保スルコトヲ得

第四百七十五條　爲替手形ノ所持人カ前條ノ請求ヲ爲サント欲スルトキハ引受拒絶證書ヲ作ラシメ且擔保ヲ供セシメント欲スル者ニ對シ遲滯ナク擔保請求ノ通知ヲ發スルコトヲ要ス

（説明）所持人ヲシテ手形ヲ支拂人カ引受ケサルモ必スシモ前者ニ擔保ノ請求ヲ爲サヽル可ラサルモノニアラス其滿期日ニ愈支拂ハサルニ至ツテ其償還ヲ求ムルモ妨ケアラサルナリ故ニ此場合ハ別ニ何等ノ行爲ヲモ要セサルモ若シ所持人カ反之前條ノ請求ヲ爲サント欲スルトキハ引受拒絶證書ヲ作ラシメ且ツ擔保ヲ供セシメント欲スル者ニ對シテ遲滯ナク擔保請求ノ通知ヲ發セサル可ラス此拒絶證書ノ作成ノ如キハ別ニ規定アラサレハ滿期日前ナラハ何時ニテモ妨ケスト云ハサル可ラス

第四百七十六條　裏書人カ其後者ヨリ前條ノ通知ヲ受ケタルトキハ其前者ニ對シ其擔保スヘキ金額及ヒ費用ニ付キ相當ノ擔保ヲ請求スルコトヲ得

前者ノ場合ニ於テ裏書人ハ擔保ヲ供セシメント欲スル者ニ對シ遲滯ナク擔保請求ノ通知ヲ發スルコトヲ要ス

（說明）本條ハ前條ノ請求ヲ受ケタル裏書人ノ權能ヲ定ム前條ノ請求ヲ受ケタル裏書人ハ自己モ亦前者ニ對シテ其請求ヲ爲ス必要アルヲ以テ又自巳カ擔保スヘキ金額及ヒ其費用ニ付キ相當擔保ヲ前者ニ對シテ求ムルコトヲ得此場合ニハ滯遲ナク其擔保請求ノ通知ヲ其求メントスル者ニ發セサル可ラス

第四百七十七條 前三條ノ規定ニ依リテ擔保ノ請求ヲ受ケタル者ハ遲滯ナク引受拒絕證書ト引換ニ相當ノ擔保ヲ供スルコトヲ要ス但擔保ニ代ヘテ相當ノ金額ヲ供託スルコトヲ得

（說明）本條ハ其擔保請求ヲ受ケタル者ノ爲スヘキコトヲ定メタルモノニシテ前三條ニ依リテ擔保ノ請求ヲ受ケタル者ハ遲滯ナク引受拒絕證書ト引換ニ相當ノ擔保ヲ供セサル可ラス此擔保ハ別ニ制限ナケレハ或ハ保證ヲ立テ有價證券ヲ交付シ置ク等自由ナルヘキモ其金額ヲ支拂フテ當然義務ヲ免ルヽコトハ法ノ許サヽル所

ナリ故ニ此變体トシテ擔保ニ代ヘテ相當ノ金額ヲ供託所ニ供託スルコトハ許スモノトス

第四百七十八條 前者カ擔保ヲ供シ又ハ供託ヲ爲シタルトキハ其後者全員ノ爲メ且其後者全員ニ對シテ之ヲ爲シタルモノト看做ス所持人又ハ裏書人カ第四百七十五條又ハ第四百七十六條第二項ノ通知ヲ發シタルトキハ其通知ヲ受クル者ノ後者全員ノ爲メニシタルモノト看做ス

（説明） 本條ハ担保ハ何人ノ爲メニ効力アルカヲ定メタルモノトス此ニ注意スヘキハ手形ハ幾十人ノ當事者アルコトアルヲ以テ其關係ヲ詳知セサレハ亦注文ノ趣旨モ了解スルニ困難ヲ感スレハ左ニ其一點ヲ圖解センニ

前者：（一）振出人　（二）甲
後者：（三）乙　（四）丙　（五）丁　（六）所持人
（七）支拂人

前圖ノ所持人カ其担保ヲ求ムルニ當リテ自己ノ直接前者タル丁ニ求ムルノ順序ナルモ丁ハ貧困ナレハ其資力アル丁ニ求ムルニ若カスト考ヘ直チニ乙ニ求メタルニ乙ハ之ニ擔保又供托ヲ爲シタリトセン此塲合ニハ乙ノ爲シタル擔保供托ハ單ニ其要求者タル所持人ニ爲シタルノミナラス其乙ヨリ以下ノ後者即丙丁及所持人此所持人カ其手形ヲ又他ニ讓渡シタルトキハ其凡テノ後者ノ爲メニ其金員ニ關シテ爲シタルモノト爲ルモノトス故ニ其他ノ者ハ最早ヤ乙ニ向テ要求スルヲ得サルナリ

第二項ハ擔保請求ノ通知ノ効力ヲ定メタルモノニテ其所持人又其裏書人カ一度其通知ヲ發セハ其通知ヲ受クルモノトノ後者全員ノ爲メニ爲シタルモノト看做サルレハ前圖ノ所持人ノ爲シタル通知ハ乙以下ノ後者全員ノ爲シタルモノトナル者トス

第四百七十九條 左ノ塲合ニ於テハ第四百七十七條ノ規定ニ依リテ供シタル擔保ハ其効力ヲ失ヒ又供託シタル金額ハ之ヲ取戻スコトヲ得

一　後日ニ至リ爲替手形ノ單純ナル引受アリタルトキ
二　手形金額及ヒ費用ノ支拂アリタルトキ
三　擔保ヲ供シ若クハ供託ヲ爲シタル者又ハ其前者カ償還ヲ爲シタルトキ
四　手形上ノ權利カ時效又ハ手續ノ欠缺ニ因リテ消滅シタルトキ
五　擔保ヲ供シ又ハ供託ヲ爲シタル者カ滿期日ヨリ一年內ニ償還ノ請求ヲ受ケサリシトキ

（說明）　本條ハ第四百七十七條ノ規定ニヨリテ供シタル擔保ノ効力ヲ失ヒ供託ノ取戾シ得ヘキ塲合ヲ定ム本來擔保及ヒ供託ハ有効ニ手形義務ノ存在スル塲合ニ其義務ノ不履行ヲ預防スルモノタルニ過キサレハ一度ヒ其手形權利者カ權利ヲ失ヒ又有効ニ支拂ハレタル塲合ノ如キハ其供託ノ取戾サレ擔保ノ効力ヲ失スルハ當然ナリ本條ハ此塲合ヲ列記セルモノトス

第一號ハ後日ニ至リ爲替手形ノ單純ナル引受アルトキニテ此擔保ハ元引受ナキヨリ來ルモノナレハ引受アル場合ニ擔保ノ不用ニ歸スルハ云フヲ待タス第二號モ當然ナリ第三號モ亦當然ノ場合ニシテ擔保ヲ供シタル者又其前者カ其手形カ滿期日ニ支拂ハレサルヲ以テ償還ヲナシタル𪜈ハ其擔保ノ用ナキニ至ルハ云フヲ待タス第四號ハ所持人カ手形上ノ權利ヲ失フヘキ場合ニシテ其擔保ノ必要ナキハ勿論ニシテ第五號ハ手形關係ヲ永ク不確定ノ地位ニ置クヲ防ク爲メ設ケラレタル本法特別ノ規定ニシテ其擔保者ノ不利ヲ減スルニハ尤モ適切ナル段タリ然ラサレハ擔保ハ時効ノ到來迄空シク待タサル可ラサレハナリ

第四百八十條 引受人カ破產ノ宣告ヲ受ケタル場合ニ於テ相當ノ擔保ヲ供セサルトキハ所持人ハ豫備支拂人ノ引受ヲ求ムルコトヲ得但拒絕證書ヲ作ラシメ且遲滯ナク豫備支拂人ニ對シテ其通知ヲ發スルコトヲ要ス

豫備支拂人ナキキ又ハ豫備支拂人カ單純ナル引受ヲ爲ササリシト

キハ所持人ハ其前者ニ對シテ相當ノ擔保ヲ請求スルコトヲ得此場合ニ於テハ第四百七十四條乃至第四百七十八條ノ規定ヲ準用ス

（說明）　引受人ハ其滿期日ニハ支拂ヲ約セルモノナルモ破產ノ宣告ヲ受ケタル場合ハ最早信用滅盡セシモノナレハ空シク此一言ヲ楯トシテ其期日ノ至ルヲ待ツモ効ナキモノタレハ此場合ハ相當ノ擔保ヲ求メシメ擔保ヲ別段ニ供セサルトキハ此擔保拒絕證書ヲ作リテ其旨ヲ豫備支拂人ニ通知シテ其引受ヲ求ムルコトヲ得此場合猶其豫備支拂人カ引受ヲ爲サヽルトキハ第四百七十四條以下ノ例ニ倣ヒ所持人ハ其前者ニ擔保ノ要求ヲ爲スモノトス

第四百八十一條　左ノ場合ニ於テハ前條第二項ノ規定ニ依リテ供シタル擔保ハ其効力ヲ失ヒ又供託シタル金額ハ之ヲ取戻スコトヲ得

一　豫備支拂人カ後日ニ至リ單純ナル引受ヲ爲シタルトキ

二　引受人カ後日ニ至リ相當ノ擔保ヲ供シタルトキ

三　第四百七十九條第二號乃至第五號ノ場合

（說明）前條ニヨリテ所持人ノ前者カ供シタル擔保供託ハ第四百七十九條ノ第二號ヨリ第五號ノ塲合及ヒ豫備支拂人カ單純ノ引受ヲ爲シ又引受人即破產者カ相當ノ擔保ヲ供セシトキハ効力ヲ失スルハ當然ナリ

第五節　支拂

（說明）本節ハ爲替手形ノ支拂ヲ定メタルモノニシテ手形ノ本領ハ此ニ存スルヲ以テ此點ノ硏磨ハ大ニ努メサレハ毫釐ノ差千里ノ懸隔ヲ生セン

第四百八十二條　一覽拂ノ爲替手形ノ所持人ハ其日附ヨリ一年內ニ爲替手形ヲ呈示シテ其支拂ヲ求ムルコトヲ要ス但振出人ハ之ヨリ短キ呈示期間ヲ定ムルコトヲ得

所持人カ拒絕證書ニ依リ前項ニ定メタル呈示ヲ爲シタルコトヲ證明セサルトキハ其前者ニ對スル手形上ノ權利ヲ失フ

（說明）本條ハ一覽拂ノ爲替手形ノ支拂要求期ヲ定メタルモノニシテ此一覽支拂

手形ハ一覽ノトキ滿期日タルモノナレハ其呈示期ヲ制限セサルトキハ此手形ハ無期限ノ手形ナルヲ以テ法律ハ振出人カ別ニ短カキ呈示期間ヲ定メタルトキハ此ニヨルヘキハ勿論ナルモ此定メナキトキハ其日附ヨリ一年以内ニ呈示シテ其支拂ヲ求ムヘキモノトセリ

其期間內ニ呈示シタルコトハ其手形ノ支拂ヒナキトキハ拒絕證書ニテ證明セサルトキハ前者ニ對シテ償還請求ヲ爲スヲ得サルナリ

第四百八十三條 支拂ハ爲替手形ト引換ニ非サレハ之ヲ爲スコトヲ要セス

支拂ヲ爲ス者ハ所持人ヲシテ爲替手形ニ其支拂ヲ受ケサル旨ヲ記載セシメ且之ニ署名セシムルコトヲ得

（說明） 手形ハ支拂ヒニヨリ其効力消滅スルモノナルモ其手形ノ存在スル間ハ種々ノ弊害ヲ後日生スルモノナレハ必スヤ其手形引換ヘニアラサレハ支拂人ハ支拂フコトヲ要セサルナリ

又支拂ヲナス者ハ後日何人ニ支拂フタルカヲ明ナラシムル爲メ所持人ニ其手形ノ支拂ヲ受ケタルコトヲ記載セシメ且ツ之ニ署名ヲ求ムルヲ得

第四百八十四條　手形金額ノ全部ニ付キ引受アリタルトキト雖モ所持人ハ其一部ノ支拂ヲ拒ムコトヲ得ス

一部ノ支拂アリタルトキハ所持人ハ其旨ヲ爲替手形ニ記載シ且其謄本ヲ作リ署名ノ後之ヲ交付スルコトヲ要ス

（說明）　爲替手形ハ一部ヲ引受ケテ一部ヲ支拂又全部引受ケスシテ其一分ヲ仕拂フ場合アルノミナラス全部引受ケテ猶一部ノ支拂ヲ爲ス場合モ存スルモ所持人ハ之ヲ拒ムヲ得キルナリ尤モ此場合ハ支拂ハサル部分存スルモノナレハ其手形支拂人ニ交付スルコトヲ得ス然ルモ支拂人モ又其一部支拂ノ證書ヲ要スルヲ以テ其手形ニハ一部支拂アリタル旨ヲ記載シ其謄本ヲ作リテ署名ノ後之ヲ支拂人ニ交付スヘキモノトス

第四百八十五條　爲替手形支拂ノ請求ナキトキハ引受人ハ支拂拒絕

證書ヲ作成ノ期間經過ノ後手形金額ヲ供託シテ其債務ヲ免ルルコトヲ得

（說明）爲替手形ノ支拂人ハ一度其手形ニ引受ノ旨ヲ記載セシトキハ爲替當事者トナリテ其滿期日ニハ支拂ノ義務ヲ負フヘキモノナルモ自ラ進ンテ支拂ヲ爲スモノニアラス故ニ必スヤ所持人支拂ノ請求ヲ待タサル可ラス然ルモ若シ所持人ノ支拂請求ナキトキハ如何ニ處スヘキカ此塲合ハ時効ノ至ル迄之ヲ抛棄スルモ敢テ妨ケアラサルモ支拂人ニシテ早ク此手形關係ヲ離脱セント欲セハ滿期日ヨリ二日ノ後即チ支拂拒絕證書作成期間經過ノ後手形金額ヲ供託シテ其債務ヲ免ルヽコトヲ得ルナリ一度有効ニ供託セハ其爲替金額ノ所有權ハ所持人ニ移リ其金額ヨリ來ル危險ハ所持人ノ負擔スヘキモノトス

第六節　償還ノ請求

（說明）本節ハ所持人カ支拂人ヨリ支拂ヲ受ケサルトキ其前者タル裏書人又振出人ニ對シテ其手形金額及ヒ拒絕證書作成費其他ノ費用ノ償

還ヲ求メ得ヘキ塲合ノ規定ニカヽル

第四百八十六條 支拂人カ爲替手形ノ支拂ヲ爲ササリシトキハ所持人ハ其前者ニ對シテ償還ノ請求ヲ爲スコトヲ得

（說明） 本條ハ別ニ說明ヲ要セス只滿期日ニ支拂人カ其手形ノ支拂ヲ爲ササルトキハ其手形ハ已ニ引受アルト否トニ拘ハラス所持人ハ其前者タル振出人裏書人ニ對シテ債還ノ請求ヲ爲シ得ル權能アルコトヲ示シタル法文ニ外ナラサルナリ

第四百八十七條 所持人カ前條ノ請求ヲ爲サント欲スルトキハ支拂ヲ求ムル爲メ爲替手形ヲ支拂人ニ呈示シ若シ手形金額ノ支拂ナキトキハ滿期日又ハ其後二日內ニ支拂拒絕證書ヲ作ラシメ且償還ヲ爲サシメント欲スル者ニ對シ拒絕證書作成ノ翌日マテニ償還請求ノ通知ヲ發スルコトヲ要ス

所持人カ前項ニ定メタル手續ヲ爲サヽリシトキハ其前者ニ對スル手形上ノ權利ヲ失フ

（說明）本條ハ償還請求ヲ爲スニ付テノ要件ヲ定メタルモノトス。所持人ハ償還請求ヲ爲サント欲セハ先ツ支拂ヲ求ムル爲メ爲替手形ヲ支拂人ニ呈示シ此支拂ナキトキハ其滿期日ニテモ其次日ニテモ其又翌日ニテモ結局滿期日ヨリ後二日內ニ公證人又執達吏ニ支持拒絕證書ヲ作ラシメ且ツ償還ヲ爲サント欲スル者ニ對シテ此拒絕證書作成ノ翌日迄ニ償還請求ヲ爲ス通知ヲ發スルコトヲ要ス此手續ヲ怠リテ爲サヽルトキハ其前者タル裏書人振出人ニ對スル手形上ノ權利ヲ失フモノトス然ルモ其手形ニシテ引受アルモノナランニハ其支拂人ニ向ツテ時效期間內支拂ノ要求ヲ爲シ得ヘキハ勿論ナリトス

第四百八十八條 裏書人カ其後者ヨリ前條第一項ノ通知ヲ受ケタルトキハ其前者ニ對シテ償還ノ請求ヲ爲スコトヲ得

前項ノ場合ニ於テ裏書人ハ償還ヲ爲サシメント欲スル者ニ對シ自己カ通知ヲ受ケタル日ノ翌日マテニ償還請求ノ通知ヲ發スルコトヲ要ス

（說明）裏書人ニシテ其後者ヨリ前條第一項ノ還償請求ヲ爲ス通知ヲ受ケタルトキハ其前者アラハ之ニ向ツテ更ラニ償還請求ヲ爲シ得ヘキハ當然ナリ此塲合ニハ裏書人ハ償還請求ヲ爲サント欲スル者ニ對シ自巳カ通知ヲ受ケタル翌日迄ニ償還請求ノ通知ヲ發セサル可ラス

第四百八十九條　爲替手形ノ所持人ハ支拂拒絶證書ヲ作ラシメサリシトキト雖モ其作成ヲ免除シタル者ニ對シテハ手形上ノ權利ヲ失フコトナシ

（說明）支拂拒絶證書ナルモノハ自由ニ自巳ニテ作成シ得ヘキモノニアサラレハ其費用モ容易ニアラサルヘシ其支拂人ノ住所ニシテ執達吏公證人ノ住所ト遠隔ナランカ其旅費ヲ手數料ニ加フルヲ以テ償還額ハ倍々大ナルヘシ故ニ裏書人ハ此塲合負擔ノ大ナランコトヲ恐レテ其自巳以後ノ後者ニハ支拂拒絶證書ノ作成ヲ免除スルコトアリ此免除ハ手形ニ記載セラルヽコトアリ又記載セラレサルコトアルモ只記載ノ塲合ハ其効力凡テノ後者ニ及ヒ否ラサル塲合ハ之ニ反シ其明言セヲレタ

ル者ノミニ及フ迄ノ差アルノミニテ何レノ場合ニテモ其免除ヲ受ケタルトキハ其作成ナクシテ償還ノ請求ヲ爲スモ其免除シタル者ニ對シテハ手形上ノ權利ヲ失フコトナシ

尤モ此免除ノ効力ハ只支拂拒絶證書ヲ作成セサルトキモ償還請求權ヲ失ハサルニ止リ其作成ノ權利ヲ奪フモノニアラス故ニ一度之ヲ作成シタルトキハヨシ其免除者ニ對スルモ其作成費用ノ償還ヲ求ムルニ妨ケアラサルナリ

第四百九十條 支拂地カ支拂人ノ住所地ト異ナル場合ニ於テ所持人カ償還ノ請求ヲ爲サント欲スルトキハ支拂擔當者ニ、若シ爲替手形ニ支拂擔當者ノ記載ナキトキハ支拂地ニ於テ支拂人ニ爲替手形ヲ呈示シテ其支拂ヲ求ムルコトヲ要ス此場合ニ於テ支拂擔當者又ハ支拂人カ支拂ヲ爲ササリシトキハ所持人ハ支拂地ニ於テ第四百八十七條第一項ノ規定ニ從ヒ支拂拒絶證書ヲ作ラシメ且償還請求ノ通知ヲ發スルコトヲ要ス

爲替手形ニ支拂擔當者ノ記載アル場合ニ於テ所持人カ前項ニ定メタル手續ヲ爲サヽリシトキハ引受人ニ對シテモ手形上ノ權利ヲ失フ

（說明）　支拂地カ支拂人ノ住所ト異ル場合ニハ所持人ハ若シ其地ニ支拂擔當者アルトキハ之ニ向ツテ支拂ヲ請求シ擔當者ナキトキハ其地ニ於テ支拂人ニ呈示シテ支拂ヲ求ムヘキモノトス此場合ニ此擔當者又支拂人カ支拂ヲ爲サヽルトキハ所持人ハ支拂地ニ於テ第四百八十七條ノ規定ニ從ヒ支拂拒絕證書ヲ作ラシメ且ツ償還請求ノ通知ヲ其請求ヲ爲サントスル者ニ發スヘキモノトス此場合其支拂ヲ求ムヘキモノカ支拂擔當者ナルトキハ以上ノ手續ヲ爲サヽルトキハ引受人ニ對シテ手形上ノ權利ヲ失フモノトス此場合支拂人ハ殆ント讓渡人ト同一ノ地位ニアルモノナレハナリ

第四百九十一條　爲替手形ノ所持人ハ左ノ金額ニ付キ償還ノ請求ヲ爲スコトヲ得

一　支拂アラサリシ手形金額及ヒ滿期日以後ノ法定利息
二　拒絶證書作成ノ手數料其他ノ費用
前項ノ金額ハ償還ノ請求ヲ受クル者ノ住所地カ支拂地ト異ナル場合ニ於テハ支拂地ヨリ償還ノ請求ヲ受クル者ノ住所地ニ宛テ振出シタル一覽拂ノ爲替手形ノ相場ニ依リテ之ヲ計算ス若シ支拂地ニ於テ其相場ナキトキハ償還ノ請求ヲ受クル者ノ住所地ニ最モ近キ地ニ宛テ振出シタル一覽表ノ爲替手形ノ相場ニ依ル

（說明）　本條ハ支拂ハレサル爲替手形ノ所持人カ其償還ヲ受クヘキ金額ノ高ヲ定メタルモノトス

一ハ支拂アラサリシ手形金額ナリ此金額ハ一部ノ支拂ヒアリシトキハ其支拂殘額ナリ又第二百七十六條ノ年六分ノ法定利息ハ滿期日以後ノ日數ニ應シテ求メ得ヘキモノトス二ハ拒絶證書作成ノ手數料及ヒ其他ノ費用ニシテ自巳日當旅費等モ執達吏ヲ雇フ爲メ遠地ニ旅行セシ場合ハ求ムルヲ得ヘシ此他印紙代郵便代ハ勿論此

用中ニ包含スルモノトス

以上ノ金額ハ之ヲ合算シテ要求スヘキハ當然ナルモ之ヲ要求スル爲メ遠地ニ態々出張スル如キハ法ノ許サヽル所ナリ否許サヽルニアラサルモ此出張費ノ請求ハ許サヽルナリ故ニ此場合ニハ其全額ハ支拂地ヨリ其償還ヲ求ムル者ノ住所地ニ宛テ振出シタル一覽拂ノ爲替手形ノ相場ニヨリテ之ヲ計算スヘキモノトス今之ヲ例示スレハ爲替金額百圓ニ諸費用五圓トシテ合計百五圓ノ償還ヲ求メントセハ其償還要求地迄ノ爲替相場額面以下ニシテ百圓ニ付二分引ケトスレハ百五圓ノ金額ヲ得ントスルニハ二圓拾錢ヲ減スルヲ以テ百七圓餘ノ爲替額トセサル可ラス又額面以上ノ相場アリトセハ其差額ハ額面ヨリ減セサル可ラス即チ百圓ノ額ヲ得ンニハ百二三圓ニテ振出サヽル可ラス但シ場所ニヨリテ此相場ナキコトアルヲ以テ此場合ハ其近傍即其償還ヲ爲サント欲スル者ノ住所地ニ尤モ近キ地ニ宛テヽ振出シタル一覽拂ノ爲替手形ノ相場ニヨルヘキモノトス

第四百九十二條 償還ノ請求ヲ受ケタル裏書人ハ左ノ金額ニ付キ償

還ノ請求ヲ爲スコトヲ得

一　其支拂ヒタル金額及ヒ支拂ノ日以後ノ法定利息

二　其支出シタル費用

前條第二項ノ規定ハ前項ノ場合ニ之ヲ準用ス

（說明）　本條ハ一旦償還ノ請求ヲ受ケタル者カ更ラニ償還請求ヲ爲シ得ヘキ金額ノ範圍ヲ定メタルモノトス

一ハ其支拂ヒタル金額及ヒ支拂ノ日以後ノ法定利息ニシテ二ハ自己カ更ラニ通知ヲ爲シ其必然ニ支出セシ費用ナリ凡テ爲替當事者ハ其振出人引受人以外ハ其償還ヲ爲ス場合トテ是レカ爲メニ更ラニ利得スヘカラサルト同時ニ又損失ヲモ受クヘキモノニアラサレハ其支出費用ノ如キハ更ラニ要求スヘキハ勿論ナリ此償還請求ヲ受クヘキ者カ其裏書人ト同住所ニアラサルトキハ其要求金額ハ其地迄ノ一覽拂手形ノ相場ニテ定ムヘキコト前條第二項ト同一ナリ

第四百九十三條　爲替手形ノ所持人又ハ裏書人ハ償還ノ請求ヲ爲ス

爲メ其前者ヲ支拂人トシテ更ニ爲替手形ヲ振出スコトヲ得

（說明）本條ハ舊商法ノ戾爲替ト稱スルモノト同一ニシテ本條ハ此名稱ヲ避ケタリ是レ只其振出人支拂人カ舊所持人裏書人又振出人タリト云フノミニシテ毫モ普通ノ爲替ニ異ナル所アラサレハナリ只其金額ハ前々條前條ニテ制限ヲ受ケタレハ之ヲ直接ニ請求スルト又更ラニ爲替ニ振出ストハ其者撰擇ニ任スルヨリ他アラサルナリ是レ本條カ其支拂ヒナキ手形ノ所持人又ハ裏書人ハ償還請求ヲ爲ス爲メ其前者ヲ支拂人トシテ更ラニ爲替手形ヲ振出スコトヲ得トセシ所以ナリ

第四百九十四條 所持人又ハ裏書人カ前條ノ規定ニ依リテ振出ス爲替手形ハ償還ノ請求ヲ受クル者ノ住所地ヲ以テ其支拂地ト定メタル一覽拂ノモノタルコトヲ要ス

所持人カ振出ス爲替手形ニハ本爲替手形ノ支拂地ヲ以テ振出地ト定メ裏書人カ振出ス爲替手形ニハ其住所地ヲ以テ振出地ト定ムルコトヲ要ス

（說明）本條ハ所持人又ハ裏書人カ前條ノ規定ニヨリ振出ス爲替手形ノ支拂地及ヒ振出地ヲ定メタルモノニ過キサレハ別ニ說明セス

第四百九十五條　償還ハ爲替手形支拂拒絕證書及ヒ償還計算書ト引換ニ非サレハ之ヲ爲スコトヲ要セス

償還ヲ爲ス者ハ之ヲ受クル者ヲシテ償還計算書ニ償還ヲ受ケタル旨ヲ記載セシメ且之ニ署名セシムルコトヲ得

（說明）償還ヲ爲ス者ハ其戾爲智ニヨリテ支拂ノ場合ト否ラサル場合トヲ問ハス爲替支拂拒絕證書及償還計算書（即其費用ノ內譯書ナリ）ト引換ニアラサレハ之ヲ爲スヿヲ要セス猶此地償還ヲ爲ス者ハ之ヲ受クル者ニ償還計算書ニ償還ヲ受ケタル旨ヲ記載セシメ且ツ之ニ署名セシムルコトモ求ムルヲ得

第四百九十六條　第四百七十八條第二項ノ規定ハ償還ノ請求ニ之ヲ準用ス

（說明）本條ハ償還請求ノ通知ニモ第四百七十八條第二項ノ規定ヲ準用スヘキコ

トヲ定メタルニ過キス故ニ其償還請求ヲ爲サントスル者ニ爲シタル通知ハ其者ヨリ後者全員ノ爲メニモ効力アルモノトス例之甲振出シテ丙丁裏書セシ手形ニ乙ニ對シテ償還請求ノ通知ヲ爲シタルトキハ丙丁ニモ効力存スルモノトス

第七節　保證

（説明）　保證ハ普通ノ保證ト同一ニシテ明示ナルアリ默示ナルアルモ默示ノモノハ手形上敢テ之ヲ論スルノ必要存セサレハ之ヲ省キ手形上論スヘキ保證ハ本節ノ規定スル所ニシテ一面ニハ之レアルカ爲メ却テ主タル債務者ノ資力ノ不確實ヲ推測セシムルモ亦一面ニハ大ニ信用ヲ増進セシメ其融通ヲ助クルコト少シトセス是本法カ特ニ一節ヲ置キタル所以ナリ併シ其實質ハ一ノ保證ナルモ單ニ手形面ニハ裏書人ニ過キサル場合ハ其保證者被保證者間ノ干係ハ別ニ本法ノ關與スル所ニアラサル可シ何トナレハ手形ハ其文言ニヨリテ流通セラルヽモノナレハ其實質ノ如何ハ問ハサレハナリ

第四百九十七條　爲替手形ヨリ生シタル債務ヲ保證スル爲メ爲替手形、其謄本又ハ補箋ニ署名シタル者ハ其債務カ無効ナルトキト雖モ主タル債務者ト同一ノ責任ヲ負フ

（說明）　本條ハ保證ノ何タルヲ定メタルモノナリ爲替手形ヨリ生シタル債務ハ振出人ハ其後者ニ對シテ債務アリ裏書人モ亦同一ナリ支拂人モ亦引受ニヨリテ債務ヲ負フモノナレハ此債務ハ何レモ保證スルコトヲ得故ニ此債務ヲ保證スル爲メニ爲替手形其謄本及ヒ補箋ニ署名シタル者ハ普通民法ノ債務ト異リテ主タル債務カ無効ナルトキモ主タル債務者ト同一ノ責任ヲ負擔セサル可ラス是手形ハ文言ニ重キヲ置ク結果然ラサルヲ得サルモノトス

保證ハ都テ民法上ノ保證ト異ナリテ其主債務者ト連帶ナルヘキコトハ本法第二百六十三條四號第二百七十三條第二項ノ規定ニヨル勿論ナリトス

第四百九十八條　何人ノ爲メニ保證ヲ爲シタルカ分明ナラサルトキハ其保證ハ引受人ノ爲メニ之ヲ爲シタルモノト看做ス但未タ引受

アラサリシトキハ振出人ノ爲メニ之ヲ爲シタルモノト看做ス

（説明）本條ハ手形ニ保證ノ爲メニ署名シタル者アルモ何人ノ爲メニ保證セシカ不明ナルトキハ其手形カ引受アルトキナレハ其主タル債務者支拂人即引受人ノ爲メニ爲シタル者ト看做シ未タ引受アラサルトキハ振出人ノ爲メニ爲シタルモノト法律ハ看做セリ是至當ノ認定ニシテ其手形義務者ノ中主タル債務ヲ負フ者ノ爲メニスルト見ルハ敢テ不當ニアラサルナリ

第四百九十九條 保證人カ其債務ヲ履行シタルトキハ所得人カ主タル債務者ニ對シテ有セシ權利及ヒ主タル債務者カ其前者ニ對シテ有スヘキ權利ヲ取得ス

（説明）本條ハ保證人其債務ヲ履行セシ場合ハ如何ナル權利ヲ有スルカヲ定メタルモノトス保證人一旦其保證セシ債務ヲ支拂ヒシ以上ハ代位ニヨリ其債務者ノ權利ヲ取得スヘキハ民法ノ認ムル所ナルモ此保證人ハ手形上ノ如何ナル權利ヲ有スルカハ不明ナリ是本條ノ始メテ明示スル所ニシテ所持人カ主タル債務者ニ對シテ

有セル權利及ヒ主タル債務者カ其前者ニ對シテ有スヘキ權利ヲ取得スルモノトス今之ヲ例示スレハ保證人カ其一ノ裏書人ヲ保證セシ場合トスレハ一旦保證人其債務ヲ拂ヘハ保證人ハ其所持人カ此裏書人ニ對シテ有セシ權利即償還ヲ求ムル權利ヲ取得セシモノナレハ此場合ニハ其主タル債務者ニ支拂ヲ求ムルハ勿論猶此主タル債務者タル裏書人カ前者ニ對シテ有スル權利モ取得スルモノナレハ此裏書人ヨリ前者ナラハ此者ニ向ツテ更ラニ償還ヲ求ムルコトヲ得ルモノトス

第八節　參加

（説明）　本節ハ支拂ヒ又引受ケノ義務ナキ者即手形面ニ支拂人トシテ指名セラレサル者カ其手形ニ參加シテ引受又ハ支拂ヒスル場合ノ規定ニシテ其手形ニシテヨシ支拂又引受ナキモ自己ハ其振出人又裏書人ヲ知リ且其人ヲ信用スルトキハ故ラニ其引受支拂ヲ拒絶スル爲メ意外ノ冗費ヲ負擔セシムルヲ欲セサルトキハ自已之ヲ引受又支拂ヒ以テ此冗費ヲ省クコトヲ得之ヲ參加引受又參加支拂ト云フ但シ豫備支拂人ノ參

加モ本法ハ亦參加ノ一ニ數ヘタレハ參加ハ純粹ノ第三者ノミノ引受支拂ノミニアラサルナリ

第五百條 爲替手形ノ所持人カ引受拒絶證書ヲ作ラシメタル場合ニ於テ豫備支拂人アルトキハ其豫備支拂人ニ引受ヲ求メタル後ニ非サレハ其前者ニ對シテ擔保ヲ請求スルコトヲ得ス

豫備支拂人カ引受ヲ爲サヽリシトキハ所持人ハ其旨ヲ引受拒絶證書ニ記載セシムルコトヲ要ス

（說明）所持人ハ其支拂人カ其手形ヲ引受ケサルトキハ擔保ヲ求ムルコトヲ得ヘキハ法ノ認ムル所ナルモ豫備支拂人アルトキハ此ニ引受ヲ求メタル後ニアラサレハ其前者ニ對シテ擔保ヲ請求スルコトヲ得サルナリ若シ豫備支拂人引受ヲ爲サヽルトキハ其旨ヲ引受拒絶證書ニ記載セシムヘキモノトス

第五百一條 爲替手形ノ所持人ハ豫備支拂人ニ非サル者ノ參加引受ヲ拒ムコトヲ得

（說明）本條ハ豫備支拂人以外ノ參加ハ其諾否ハ所持人ノ任意ニ一任セリ若シ之ヲ承諾スルモ支拂滿期日ニハ猶支拂人ニ支拂ヲ求ムヘキモノナレハ別ニ所持人ニ損スル所アラサルヘケレハ之ヲ許スモ敢テ妨ケアラサルヘシ

第五百二條　參加引受ヲ爲サントスル者數人アルトキハ所持人ハ其選擇ニ從ヒ其一人ヲシテ引受ヲ爲サシムルコトヲ得

（說明）參加引受ハ其人ノ如何ニヨリテ大ニ其支拂義務ノ確否ヲ決スルモノナレハ其引受クル義務ノ廣狹（其參加人カ目的トスル人ノ前後ニヨリ義務ニ廣狹アレハナリ即チ振出人ノ爲メニ參加スルト裏書人ト同一ナラサレハナリ）ニ拘ハラス若シ參加引受人數人アレハ其撰擇ハ一ニ所持人ニ一任セリ

第五百三條　參加引受ハ爲替手形ニ其旨ヲ記載シ參加引受人署名スルニ依リテ之ヲ爲ス

參加引受人カ爲替手形ニ被參加人ヲ定メサリシトキハ其引受ハ振出人ノ爲メニ之ヲ爲シタルモノト看做ス

（說明）本條ハ參加引受ノ形式ヲ定メタルモノトス即チ手形ニ其參加引受ノ旨ヲ

記載シ且署名スルモノトス尤モ其引受ハ何人ノ爲メニスルカハ大ニ義務ノ負擔ニ影響存シ裏書人ノ爲メニスルモノナレハ自已之ヲ支拂フモ猶其裏書人ヨリ前者ニハ債還請求ノ權アルモノナレハ其何人ノ爲メニ參加スヘキハ手形面ニ明記スヘキモノナルモ若シ明記セサルトキハ尤モ大ナル義務者振出人ノ爲メニ參加シタルモノト法文ハ云ヘリ

第五百四條 所持人ハ引受拒絕證書ニ參加引受アリタル旨ヲ記載セシメ且其證書作成ノ費用ノ支拂ト引換ニ之ヲ參加引受人ニ交付スルコトヲ要ス

參加引受人ハ遲滯ナク前項ノ拒絕證書ヲ被參加人ニ送付スルコトヲ要ス

（說明） 參加引受ノ存スルハ必ス主タル支拂人カ引受ヲ拒絕セシ場合ナルヲ以テ所持人ハ參加引受アリタルトキハ其引受拒絕證書ニ參加引受アリタル旨ヲ記載セシメ且ツ其證書作成ノ費用ノ支拂ト引換ニ之ヲ參加引受人ニ交付スヘキモノトス

併シ以上ノ如ク參加引受アルモ其參加人カ其參加ノ目的トスル振出人裏書人ハ此事ハ知ラサルヘケレハ參加引受人ハ遲滯ナク此拒絕證書ヲ被參加人ニ送付セサル可ラスカクセサルトキハ右被參加人ハ自巳ノ損害ヲ豫防スル爲メ第五百七條ニヨリテ更ラニ其前者ニ對シテ擔保ノ請求ヲ爲ス機會ヲ失フヘケレハナリ

第五百五條 參加引受人ハ支拂人カ支拂金額ノ支拂ヲ爲ササル場合ニ於テ被參加人ノ後者ニ對シ支拂アラサリシ手形金額及ヒ費用ヲ支拂フ義務ヲ負フ但所持人カ滿期日又ハ其後二日間ニ支拂ヲ求ムル爲メ爲替手形ヲ參加引受人ニ呈示セサルトキハ其義務ヲ免ル

（說明） 本條ハ參加引受人ノ義務ヲ規定セルモノトス參加引受ハ其本旨支拂人ノ支拂ナキトキ之ヲ支拂フ義務ヲ負フモノナレハ若シ支拂人其手形ノ支拂ナキトキハ其手形ニ對シテ手形金額及ヒ費用ヲ支拂ハサル可ラス而シテ此義務ハ全ク被參加人ノ後者ニ對シテ負フモノナレハ全ク自己カ被參加人トセル者カ償還義務ヲ盡セシ如キ塲合ハ更ラニ支拂ノ義務存セサルモノトス何トナレハ此支拂ハ其支拂人

以後ノ後者ハ己ニ其義務ナキモノナレハナリ然ルモ其第一所持人ニ一旦償還ヲ爲セシ裏書人モ猶其ノ被參加人以后ノ者ナルトキハ此參加人ニモ支拂ヲ要求スルコトヲ得ルモノトス此場合ハ參加人被參加人トハ償還順位同一位ニアリト見ルモ妨ケサレハナリ尤モ所持人カ滿期日又ハ其后二日內ニ支拂ヲ求ムル爲メ爲替手形ヲ參加人ニ呈示セサルトキハ參加引受人ハ義務ヲ免ルモノトス

第五百六條 爲替手形ノ所持人其他被參加人ノ後者ハ參加引受ニ因リテ擔保ヲ請求スル權利ヲ失フ

（說明） 手形ノ引受ナキトキハ支拂人ハ支拂ヲ承諾セサルモノナレハ所持人ハ其前者ニ對シテ擔保ノ請求ヲ爲シ得ヘキハ己ニ法ノ規定セル所ナルモ一旦參加引受アルトキハ此被參加人以後ノ裏書人及ヒ所持人ハ擔保請求ヲ爲スノ權利ナキモノトス然ルモ其前者ハ更ラニ其自巳ヨリ以前ノ者ニ對シテ擔保請求ヲ爲ス妨ケアラサルナリ

第五百七條 被參加人ハ其前者ニ對シテ擔保ヲ請求スルコトヲ得此

場合ニ於テハ第四百七十五條乃至第四百七十九條ノ規定ヲ準用ス

（說明）本條ハ被參加人ノ權利ヲ定メタルモノニシテ被參加人ハ自巳ノ爲メニ參加セシ者アレハ擔保ノ要求ニ應セサル可ラサルノ義務ナキモ自巳ハ更ラニ擔保要求ノ必要ハ存スルモノナレハ其前者ニ對シテ擔保ヲ求ムルコトハ爲シ得ルナリ此場合ハ第四百七十五條乃至第四百七十九條ノ規定ニヨルヘキモトノス

第二欵 參加支拂

（說明）前欵ハ其引受ノ參加ナルモ本欵ハ支拂ノ參加ナレハ純然タル保證義務ノ實行ナリ

第五百八條 爲替手形ノ所持人カ支拂拒絕證書ヲ作ラシメタル場合ニ於テ預備支拂人又ハ參加引受人アルトキハ所持人ハ滿期日又ハ其後二日內ニ參加引受人ニ若シ參加引受人ナキトキ又ハ參加引受人カ支拂ヲ爲ササリシトキハ豫備支拂人ニ爲替手形ヲ呈示シテ其支拂ヲ求メタル後ニ非サレハ其前者ニ對シテ償還ノ請求ヲ爲スコ

トヲ得ス

參加引受人又ハ豫備支拂人カ支拂ヲ爲サヽリシトキハ所持人ハ其旨ヲ支拂拒絕證書ニ記載セシムルコトヲ要ス

所持人カ前二項ニ定メタル手續ヲ爲サヽリシトキハ豫備支拂人ヲ指定シタル者又ハ被參加人及ヒ其後者ニ對スル手形上ノ權利ヲ失フ

（說明）　爲替手形ハ其支拂人カ支拂ヲ爲サヽルトキハ所持人ハ其前者ニ對シテ償還ノ請求ヲ爲スヘキハ當然ノ順序ナルモ此手形ニ豫備及支拂人又ハ參加引受人アルトキハ此手形ハ又一種ノ支拂保證人ヲ有スルモノナレハ支拂人ニ對シテ支拂拒絕證書ヲ作ラシメタル後所持人ハ其滿期日又其後二日內ニ第一參加人ニ呈示シテ支拂ヲ求メ參加人ナキトキ又參加人カ支拂ハサルトキハ豫備支拂人アルトキハ之ニ呈示シテ其支拂ヲ求メタル後ニアラサレハ其前者ニ對シテ償還ノ請求ヲ爲スコトヲ得サルナリ

若シ引受參加人又ハ豫備支拂人カ支拂ヲ爲サヽルトキハ所持人ハ其旨ヲ支拂拒絕

證書ニ記載セシメサル可ラス

前二段ニ掲タル手續ヲ爲サヽリシトキハ豫備支拂ヲ指定シタル者（即チ裏書人カ指定セシトキハ此裏書ノ一ナリ）又ハ被參加人及ヒ其後者ニ對スル手形上ノ權利ヲ失フ者トス若シ然ラストセハ折角豫備支拂人ヲ指定シ又參加引受ヲ爲シタル効力毫モ存セサルニ至レハナリ

第五百九條　爲替手形ノ所持人ハ豫備支拂人又ハ參加引受人ニ非サル者ノ參加支拂ト雖モ之ヲ拒ムコトヲ得ス若シ之ヲ拒ミタルトキハ被參加人及ヒ其後者ニ對スル手形上ノ權利ヲ失フ

（說明）　爲替手形ノ本旨ハ其滿期日ニ手形面ノ金額ノ支拂ヲ得ルニアリ故ニ支拂人支拂ハサル場合ニハ豫備支拂人又參加引受人以外ノ者ト雖之ニ參加支拂ヲ望ム者アルトキハ之ヲ許サヽル可ラス若シ之ヲ拒ムトキハ其被參加人其後者ニ對スル手形上ノ權利ヲ失フモノトス

第五百十條　參加支拂ヲ爲サントスル者數人アルトキハ所持人ハ最モ多數ノ者ヲシテ債務ヲ免レシムル効力ヲ有スル支拂ヲ受クルコ

トヲ要ス

（説明）支拂ノ參加ハ引受ノ參加ト異リテ其資力ノ有無ヲ問ハサレハ所持人ニ撰擇ノ自由ヲ與ヘサルモ妨ケス要ハ多數ノ者ノ債務ヲ免レシムル效力ヲ有スル支拂ヲ受クルコトヲ要ス是手形關係ヲ一人ニテモ早ク落着セシムルモノナレハナリ故ニ振出シテ乙丙丁戊巳ト裏書シタル手形ナレハ巳ノ爲メヨリ戊戊ノ爲メヨリ丁丁ノ爲メヨリ丙ト成ル程其多クノ債務ヲ消滅セシムルモノナレハナルヘク此多ク其債務ヲ免レシムルモノ爲メニ參加スル者ノ支拂ヲ受ケサル可ラス

第五百十一條 豫備支拂人又ハ參加引受人ニ非サル參加支拂人カ被參加人ヲ示ササリシトキハ其支拂ハ支拂人ノ爲メニ之ヲ爲シタルモノト看做ス

（説明）凡テ參加支拂ハ必ス何人カノ爲メニアラサレハ支拂フモノナカルヘシ然ルニ參加人カ其被參加人ニ示サヽルトキハ豫備支拂人ノ支拂ハ其支拂人ヲ指定セル者ノ爲メニ爲シタリト見又引受參加人カ爲ス支拂ハ別ニ示サヽルトキハ先キニ

引受ノトキ爲シタル被參加人ノ爲メニ爲シタル者ト見ルハ至當ナルモ此以外ノ參加人カ爲ス支拂ニ其被參加人ヲ示サヽルトキハ其支拂人ノ爲メニ爲シタルモノト法律ハ看做セリ

第五百十二條 所持人ハ支拂拒絶證書ニ參加支拂アリタル旨ヲ記載セシメ且手形金額及ヒ費用ノ支拂ト引換ニ其拒絶證書及ヒ爲替手形ヲ參加支拂人ニ交付スルコトヲ要ス

（說明） 所持人ハ參加支拂アルトキハ其者ノ權利保全ヲ便利ニスル爲メ支拂拒絶證書ニ參加支拂アリタル旨ヲ記載セシメ且ツ手形金額及ヒ費用ノ支拂ト引換ヘニ其拒絶證書及ヒ爲替手形ヲ參加人ニ交付スヘキモノトス

第五百十三條 參加支拂人カ支拂ヲ爲シタルトキハ引受人、被參加人及ヒ其前者ニ對スル所持人ノ權利ヲ取得ス

（說明） 本條ハ參加支拂人ノ權利ヲ規定シタルモノトス抑モ參加支拂ハ其被參加人以後ノ者ニ對シテ償還ノ請求ヲ受ケサラシムルニアルヲ以テ自已カ支拂ヲ爲シ

タリトテ更ラニ此者ニ向テ償還ヲ要求スルモノトセハ寧ロ最初ヨリ所持人ニ要求セシムルノ手數ト費用トヲ省クニ若カス故ヲ以テ此參加人ニハ其所持人ノ權利ヲ承繼セシムルハ普通ノ立法例ナルモ引受人以外ハ被參加人及ヒ前者ニ對シテノミ所持人ノ權利ヲ取得セシメタレハ其後者ニハ所持人ノ權利ヲ實行スルヲ得サルナリ然ルモ引受人ハ一旦其義務ヲ負ヒシモノナレハ時効內ハ之ニ向ツテ要求スル妨ケアラサルナリ

第九節　拒絕證書

（說明）拒絕證書トハ已ニ引受支拂又償還請求ノ部ニ於テ屢々散見セシ引受又支拂ノ拒絕ノ場合ニ其事實ヲ證スル爲メ作成スル公正證書ニシテ公證人又執達吏ノ作成スヘキモノトス

第五百十四條　拒絕證書ハ爲替手形ノ所持人ノ請求ニ因リ公證人又ハ執達吏之ヲ作ル

（說明）本條ハ讀ンテ字ノ如ク拒絕證書ノ作成者ハ公證人執達吏ナルコトヲ示シ

而シテ此等ノ吏員ハ職權ヲ以テ此作成ヲ爲スニアラスシテ所持人ノ要求ニヨリテ作成スヘキモノナルコトヲ明カニシタルニ過キス

第五百十五條　拒絕證書ニハ左ノ事項ヲ記載シ公證人又ハ執達吏之ニ署名スルコトヲ要ス

一　爲替手形、其謄本及補箋ニ記載シタル事項
二　拒絕者及ヒ被拒絕者ノ氏名又ハ商號
三　拒絕者ニ對シテ爲シタル請求ノ趣旨及ヒ拒絕者カ其請求ニ應セサリシコト又ハ拒絕者ニ面會スルコト能ハサリシ理由
四　前號ノ請求ヲ爲シ又ハ之ヲ爲スコト能ハサリシ地及ヒ年月日
五　拒絕者ノ營業所、住所又ハ居所カ知レサル場合ニ於テ其地ノ官署又ハ公署ニ問合ヲ爲シタルコト
六　法定ノ場所外ニ於テ拒絕證書ヲ作ルトキハ拒絕者カ之ヲ承諾シタルコト

七　參加引受又ハ參加支拂アルトキハ參加ノ種類及ヒ參加人並ニ被參加人ノ氏名又ハ商號

（說明）　本條ハ拒絕證書ノ要件ヲ定メタルモノトス此要件ハ作成者タル公證人執達吏ノ署名スル外猶左ノ要件ヲ具備セサル可ラス
第一號ハ爲替手形其謄本及ヒ補箋ニ記載セシ事項ヲ逐一之ヲ記載シ第二號ハ拒絕者タル支拂人又豫備支拂人又參加人ノ氏名商號又被拒絕者タル所持人ノ氏名商號ヲ記載スヘキモノトス第三號ハ拒絕者ニ對シテ爲シタル請求ノ趣旨ニシテ例之引受支拂又擔保ノ請求ヲ爲シタルコ及ヒ拒絕者ハ之ニ應セサリシコ又面會スルコト能ハサリシ理由ヲ明カニシ第四號ハ前號ノ請求ヲ爲シタル地又爲ス能ハサリシ地及ヒ年月日ヲ記シ第五號拒絕者ノ營業所住所又居所ノ知レサリシ場合ニ於テハ其地ノ警察署又町村役場等ノ官署又公署ニ問合セヲ爲シタルコトヲ記スヘキモノトス第六號ハ法定ノ場所外ニ於テ拒絕請求書ヲ作ルトキハ拒絕者ノ承諾セシコトヲ記スヘキモノトス本來此證書ハ第四百四十二條ニヨリテ其拒絕者ノ營業所又住所

居所ニテ作ルヲ本則トスルモノ其但書ニヨリ承諾アルトキハ何地ニテモ作成スルコトヲ得第七號ハ參加引受又參加支拂アルトキノ場合ニシテ此場合ニハ支拂參加又引受參加カ又豫備支拂人ノ引受支拂カ又第三者ノ引受支拂カヲ明カニシ其參加人及ヒ被參加人ノ氏名商號モ明示セサル可ラス

第五百十六條 數人ニ對シテ手形上ノ請求ヲ爲スヘキトキハ其請求ニ付一通ノ拒絶證書ヲ作ラシムルヲ以テ足ル

（説明） 爲替手形ハ引受ニアレ又支拂ニアレ其義務者ハ數人ナルコトアリ例之支拂人引受ケサルトキ參加人引受ケタルトキハ滿期日ニハ支拂人ニ呈示シ支拂人支拂ハサルトキハ豫備支拂人又ハ參加人又ハ參加引受人ニ呈示シ而シテ此最後ノ支拂ナキトキハ數通ノ拒絶證書ヲ作成スルヲ要セス只此最後ノ一通ニテ足ルモノトス但シ數通毎ニ作成セシムルモ敢テ妨ケアラサル可シ又數人ノ支拂人アルトキノ如キモ其最后ノ一人分ニテ妨ケアラサル可シ

第五百十七條 公證人又ハ執達吏カ拒絶證書ヲ作リタルトキハ其帳

簿ニ其證書ノ全文ヲ記載スルコトヲ要ス

拒絶證書カ滅失シタルトキハ利害關係人ハ其謄本ノ交付ヲ請求スルコトヲ得此謄本ハ原本ト同一ノ効ヲ有ス

（説明）本條ハ公證人執達吏ニ命令セシ法文ニシテ公證人執達吏ハ拒絶證書ヲ作リタルトキハ其帳簿ニ其證書ノ全文ヲ記載セサル可ラス此其原本ハ被拒絶者ニ交付スレハナリ此拒絶證書カ滅失セシトキハ利害關係人即所持人裏書人及ヒ支拂人參加人等ハ其謄本ノ請求ヲ前諸吏ニ要求スルコトヲ得此謄本ノ効力ハ原本ト同一ナリ是便宜上ヨリ出タル規定ニ外ナラサルナリ若シカクセサレハ已ニ原本ハ一通ニ止ルヲ以テ此ヲ滅失シタルトキハ他ハ殆ント證據力ナキモノヽミナレハナリ

第十節　爲替手形ノ複本及ヒ謄本

（説明）本節ハ複本及ヒ謄本ノ規定ニカヽル此二者ハ何レモ爲替手形ノ原本ニアラス皆云ハヽ謄本ノ類ナルモ大ニ其目的効用ヲ異ニスル點アリ之ヲ概括シテ云ヘハ複本ハ必ス振出人カ受取人又其後ノ所持人ノ

請求ニヨリテ作成スルモノニシテ此レカ請求者ハ全ク一面ニハ此複本ヲ以テ原本ノ滅失ノ塲合ニ原本ニ代用セシムルノ用ニ供シ又ハ其原本ヲ支拂人ニ引受ノ爲メニ送付シ他ノ一面ニハ裏書讓渡スノ用ニ供スル爲メニ求ムルモノトス故ニ此複本ハ原本ノ代用ヲ爲ス効力アルモノトス反之謄本ハ全ク所持人之ヲ作成シ矢帳一面ニハ其原本ヲ引受ルノ爲メニ送付シ一面ニハ之ニ裏書讓渡シ又保證ヲ爲サシムル必要存スルモ何レノ塲合ヲ問ハス此謄本ハ原本ニ代用ノ効力ナク原本滅失スルトキハ此謄本ニテ引受又支拂ヲ求ムルヲ許サヽルナリ

第五百十八條 爲替手形ノ所持人ハ振出人ニ對シテ其爲替手形ノ複本ノ交付ヲ請求スルコトヲ得但所持人カ受取人ニ非サルトキハ順次ニ其前者ヲ經由シテ之ヲ請求スルコトヲ要ス
振出人カ爲替手形ノ複本ヲ作リタルトキハ各裏書人ハ各通ニ其裏書ヲ爲スコトヲ要ス

（說明）爲替手形ノ所持人ハ振出人ニ對シテ其手形ノ複本ノ交付ヲ請求スルコトヲ得ルナリ尤モ此所持人カ手形振出ノ際ノ受取人即チ第一着ノ所持人ナルトキハ自巳直チニ振出人ニ求ムルヲ得ヘキモ此以後ノ所持人即讓受人ナルトキハ順次ニ其前者ヲ經由セサレハ之ヲ請求スルヲ得ス此請求アリテ振出人三通ナリ四通ナリノ複本ヲ作成シテ交付スルトキハ各裏書人ハ其各通ニ皆原本通リニ甲ヨリ乙乙ヨリ丙ト各自更ラニ其裏書ヲ爲サヽル可ラス是複本ハ何通作成スルモ皆義務ハ一ケニ過キサレハ數通分働ノ憂ヒナキ樣各裏書其他ヲ原本所持人ニ至ル迄ノ手續ヲ同一ナラシムルノ趣旨ニ外ナラサルナリ

第五百十九條 爲替手形ノ複本ニ其複本タルコトヲ示サヽルトキハ其各通ハ獨立ノ爲替手形トシテ其効力ヲ有ス

（說明）手形ノ複本ナルモノハ原本ノ滅失セシトキ代用ヲナスノ性質ヲ有スルニ過キサレハ初ヨリ其複本タルコトヲ明示セサレハ手形ハ文言ニヨリ効力ヲ定ムルモノナレハ各獨立ノ手形トシテ効力ヲ有スルハ當然ナリ故ニ其一方ハ引受ノ爲メ

ニ送リ一方ハ讓渡シタル塲合ニモ此一方ハ各獨立シテ流通セラルヽモノナレハ署名者其責ヲ免ルヽ能ハサルナリ

第五百二十條 爲替手形ノ複本ヲ作リタル塲合ニ於テ其一通ノ支拂アリタルトキハ他ノ各通ハ其効力ヲ失フ但引受アルトキハ此限ニ在ラス

二人以上ニ各別ニ數通ノ爲替手形ノ裏書ヲ爲シタル者又ハ數通ノ爲替手形ニ引受ヲ爲シタル者ハ支拂ノ時ニ於テ返還アラサリシ各通ニ付キ手形上ノ責任ヲ免ルヽコトヲ得ス

（說明） 複本ハ何通製セラルヽモ其手形ハ一通ナレハ一通ノ効力存スルニ過キス故ニ一通ニ支拂アレハ勿論他ハ其効力ヲ失フハ當然ナリ然ルモ手形ノ引受ハ無論一通ノミニ爲シ又引受ナキモノニハ支拂ヒノ義務ナキモノナルモ一旦引受ケタル手形ハ其義務アルコトヲ表示シタルモノナレハヨシ他ノ引受ケサル手形ニ支拂ヒタルヲ理由トシテ此引受ケタル手形ノ支拂ヲ拒ムヲ得ス勿論此塲合其一方ノ仕拂

ハ振出人又複本ノ所持人ニ向ツテ後日取戻シ得ルハ當然ナリ

以上ハ手形ノ原本ト複本トハ同一人ニ裏書シ又其一通ニ引受セシ場合ノ例ナルモ此場合數通ノ手形（原本ニ複本ヲ並セテ）ヲ各別ノ人ニ裏書セシ者又各別ニ引受ケヲ爲シタル者アリトセンカ前段ト異リ此裏書人又引受人ハ共ニ其責ヲ免ルヽヲ得ス故ニ此裏書人（是以上ノ裏書人ニハ此責ナシ）ハ其一方ノ手形支拂ヒナキハ償還ノ責ヲ免ルヽ能ハス又支拂人ハ數通ノ手形中一通ノミ支拂フトキハ殘リ數通ハ返還セシムヘキモノナルモ若シ返還ナキトキハ此殘餘ノ手形ヲ所持スル者ヨリ支拂ノ要求アルトキハ此ヲ拒ム能ハサルナリ

第五百二十一條 爲替手形ノ複本ノ所持人カ引受ヲ求ムル爲メ其一通ヲ送付シタルトキハ他ノ各通ニ其送付先ヲ記載スルコトヲ要ス

前項ノ記載アル爲替手形ノ所持人ハ引受ヲ求ムル爲メニ送付シタル一通ノ爲替手形ヲ受取リタル者ニ對シテ其返還ヲ請求スルコトヲ得若シ其者カ之ヲ返還セサルトキハ拒絶證書ニ依リ其事實及ヒ

他ノ一通又ハ數通ノ爲替手形ヲ以テ引受又ハ支拂ヲ受クルコト能ハサリシコトヲ證明スルニ非サレハ其前者ニ對シテ擔保又ハ償還ノ請求ヲ爲スコトヲ得ス

（說明）複本製定ノ本旨ハ其紛失滅失ノ場合ニ他ノ一通ニテ其代用ヲ爲サシムルト又他ノ一通ハ引受ノ爲メニ支拂人ニ呈示シ他ノ一通ハ讓渡ノ用ニ供スル便宜ヨリ製定スルモノナレハ一通ヲ引受ケノ爲メ送付シタルトキハ他ノ各通ニハ其送付先即引受ノ爲メ何人ニ送付シアル旨ヲ記載セサル可ラス否ラサレハ讓受人ハ各別ニ裏書アリタルモノノ信スルニ至レハナリ

此送付先ヲ記載アル手形ノ所持人ハ其引受ノ爲メニ送付セシ手形ヲ受取リタルモノニ對シテ其返還ヲ要求スルコトヲ得此者カ若シ返還セサルトキハ拒絕證書ニテ此返還ナキ事實ヲ證明シ又他ノ拒絕證書ニテ支拂人カ引受支拂ヒナキコトヲ證スルニアラサレハ其擔保又ハ償還ノ請求ヲ爲スヲ得サルモノトス

第五百二十二條　爲替手形ノ所持人ハ其謄本ヲ作ルコトヲ得爲替手

形ノ謄本ニ或事項ヲ記載シタルトキハ其事項ト原本ニ記載シタル事項トヲ區別スルコトヲ要ス

（說明）　爲替手形ノ所持人ハ自身自ヲ其手形ノ謄本ヲ作ルコトヲ得ルモノトス此謄本ハ又複本ノ如ク一面ニハ其正本ノ引受ヲ求メ一面ニハ裏書讓渡ノ用ニ供スルモノトス

又謄本ニハ或ル事項ノ記載ヲ原本ヨリ離シテ許スコトアリ此場合ニハ原本ニ記載シタル事項トハ區別セサル可ラス例之第四百五十七條及ヒ第四百九十七條ノ裏書及ビ保證ヲ謄本ニ爲セシ場合ノ如キ是レナリ

第五百二十三條　所持人カ爲替手形ノ引受ヲ求ムル爲メ其原本ヲ送付シタル場合ニ於テ其謄本ヲ作リタルトキハ之ニ其原本ノ送付先ヲ記載スルコトヲ要ス

前項ノ記載アル謄本ノ所持人ハ原本ヲ受取リタル者ニ對シテ其返還ヲ請求スルコトヲ得

(説明) 所持人カ爲替手形ノ引受ヲ求ムル爲メ其原本ヲ送付シタル場合ニ於テ其謄本ヲ作リタルトキハ之ニ其原本ノ送付先キヲ記載セサル可ラス又此送付先キノ記載アル謄本ノ所持人ハ原本ヲ受取リタル者ニ對シ其返還ヲ請求スルヲ得否ラサレハ謄本ノミハ獨立シテ引受又支拂ヲ求ムル能ハサレハナリ

第五百二十四條 引受ヲ求ムル爲メニ送付シタル爲替手形ヲ受取リタル者カ之ヲ返還セサル場合ニ於テ其謄本ノ所持人カ拒絶證書ニ依リテ其事實ヲ證明スルトキハ謄本ニ署名シタル者ニ對シテ擔保ノ請求ヲ爲シ又謄本ニ記載シタル滿期日カ到來シタル後ハ償還ノ請求ヲ爲スコトヲ得

(説明) 前條第二項ノ返還ヲ請求シタル場合ニ於テ其所持人カ返還セサルトキハ其謄本ノ所持人ハ拒絶證書ニ依リテ其事實ヲ證明スルトキハ謄本ニ署名シタル者(裏書人又保證人)ニ對シテ擔保ノ請求ヲ爲シ又謄本記載ノ滿期日カ到來シタル後ハ償還ノ請求ヲ爲スコトヲ得ルモノトス

第三章　約束手形

（說明）此約束手形ト爲替手形トノ差ハ已ニ屢々說明セシ如ク振出人ト支拂人トヲ區別セス同一人振出人即チ支拂人タルコト是レナリ勿論爲替手形ニモ同一ナルコトアリ又約束手形ニモ同一人ナラサルコトハ存スルモ性質上トシテ此二者ヲ以テ區別ノ標準トセサル可ラス其他ノ差ハ此點ヨリ自然湧出スルモノタルニ過キス例之約束手形ニハ引受ヲ要セサル如キ又複本謄本ノ必要ナキ如キ皆此點ヨリ來レル結果ナリ

第五百二十五條　約束手形ニハ左ノ事項ヲ記載シ振出人之ニ署名スルコトヲ要ス

一　其約束手形タルコトヲ示スヘキ文字
二　一定ノ金額
三　受取人ノ氏名又ハ商號
四　單純ナル約束

五　振出ノ年月日

六　一定ノ滿期日

七　振出地

（說明）今條文ニ入ルニ先チテ其約束手形ノ雛形ヲ示セハ

表面

一金千圓　1000

番號

受取人

振出月日

滿期日

何號　約束手形

一金千圓　1000

右之金額來ル何月何日（此手形一覽ノ時又一覽後何日內）貴殿又ハ貴殿ノ指圖人ヘ此手形引換ニ仕拂可申候也

年月日

東京何區何町

振出人　何之誰

何之誰殿

裏面

表面之金額何之誰殿又ハ同人指圖人ヘ御仕拂可被成候也

年月日

振出人　何之誰

本條ハ約束手形ノ要件ヲ記載シタルモノトス其要件ハ振出人署名ノ外左ノ點ヲ具備セサル可ラス

第一號ハ爲替手形ト區別スル爲メ必要ナリ第二號ヨリ第六號迄ハ爲替手形ノ塲合ト同一ナレハ之ヲ略ス爲替手形ト同一ナラサル點ハ其支拂人ヲ掲クルノ要ナキヲ以テ之ヲ掲ケサルコト、又第七號ノ振出地ヲ掲ケ支拂地ヲ掲ケサヽルハ普通振出地ハ支拂地ナルニヨル

第五百二十六條　振出人カ約束手形ニ支拂地ヲ記載セサリシトキハ振出地ヲ以テ其支拂地トス

（說明）本條ニヨレハ支拂地ハ振出人ノ隨意ニ定メ得ル所ナルモ定メサルトキハ振出地ニテ支拂ハサル可ラス別ニ定メタルトキハ手形ニ記載スヘキモノトス

第五百二十七條　一覽後定期拂ノ約束手形ノ所持人ハ其日附ヨリ一年內ニ振出人ニ約束手形ヲ呈示スルコトヲ要ス但振出人ハ之ヨリ短キ呈示期間ヲ定ムルコトヲ得

所持人カ拒絶證書ニ依リ前項ニ定メタル呈示ヲ爲シタルコトヲ證明セサルトキハ振出人以外ノ前者ニ對スル手形上ノ權利ヲ失フ

（說明）一覽後定期拂ノ約束手形ハ振出人ニ呈示シテ其日附ヲ記入セシムル必要アルヲ以テ（爲替手形ノ場合ハ此呈示ハ引受ノ爲メナリ）別ニ振出人ノ定メタル一年以内ノ短カキ期間ナキトキハ一年以内ニ呈示セサル可ラス

若シ振出人カ日附ヲ記入セサルトキハ拒絶證書ニヨリテ呈示セシコトヲ記ゼサレハ振出人以外ノ前者即裏書人ニ對シテ手形上ノ權利ヲ失フモノトス此點ハ大ニ爲替手形ト異ル所ナリ爲替手形ノ場合ハ其失權ハ振出人ニ及フモ約束手形ハ振出人以外ノ前者ニ對シテ失フノミ

第五百二十八條 所持人カ一覽後定期拂ノ約束手形ヲ呈示シタル場合ニ於テ振出人カ呈示ヲ受ケタル旨又ハ其日附ヲ約束手形ニ記載セサリシトキハ所持人ハ呈示期間内ニ拒絶證書ヲ作ラシムルコトヲ要ス此場合ニ於テハ其拒絶證書作成ノ日ヲ以テ呈示ノ日ト看做

ス

所持人カ拒絶證書ヲ作ラシメサリシトキハ振出人以外ノ前者ニ對スル手形上ノ權利ヲ失フ

振出人カ呈示ノ日附ヲ記載セサリシ場合ニ於テ所持人カ拒絶證書ヲ作ラシメサリシトキハ呈示期間ノ末日ヲ以テ呈示ノ日ト看做ス

（說明）前條及ヒ本條ハ外觀甚タ似タルモ前條ハ一覽後定期拂ノ約束手形ハ一定ノ期間内ニ呈示セサレハ効力ナキコトヲ示シ本條ハ前條ニ云フ其期間内ニ呈示シテ拒絶證書ヲ作リタルトキハ如何ナル効力ヲ存スルカヲ定メタルモノトス本條ハ此手形ニ振出人カ呈示セシコト及ヒ日附ヲ記載セサルトキ拒絶證書ヲ作成セルトキハ此證書作成ノ日ヲ以テ呈示ノ日ト看做スト此拒絶證書不作成ノ場合ニ被ル失權ハ前條ト同一ナリ

振出人カ單ニ呈示ノ記載ヲ爲シテ日附ノ記載ヲ爲サヽルトキハ呈示期間ノ末日ヲ以テ呈示ノ日ト看做スモノトス

第五百二十九條　第四百四十六條、第四百四十九條乃至第四百五十一條、第四百五十三條乃至第四百五十七條、第四百五十九條乃至第四百六十四條、第四百七十一條、第四百八十條乃至第四百九十九條、第五百八條乃至第五百十七條及ヒ第五百二十二條ノ規定ハ約束手形ニ之ヲ準用ス

（說明）　手形面主タル部分ノ金額ト他ノ部分ノ金額ト異ルトキハ主タル部分ニヨルコト第四百四十六條ト同シク三十圓以上ナラサレハ無記名ヲ許サヽルコト及ヒ滿期日ノ定メ方又滿期日ノ定メナキトキノ規定ハ何レモ第四百四十九條ヨリ第四百五十一條迄ヲ準用シ又支拂地ノ支拂人ノ住所地ト異ル場合ノ規定及ヒ振出人ハ手形ニ支拂地ニ於ケル支拂場所ヲ記載スルヿヲ得ル點、手形記名式ナルトキハ特ニ禁止ナキ以上裏書讓渡ヲ爲シ得ル點裏書人モ更ラニ裏書讓渡ヲ爲シ得ル點、及ヒ裏書方法ノ定メ方等ハ何レモ第四百五十三條ヨリ第四百五十七條ヲ準用スルモノトス又裏書人ハ其以后ノ裏書ニハ手形上ノ責任ヲ負ハサル旨ヲ記載シ得ル點又

裏書禁止ノ記入ヲ爲セシ者ノ負フ效果裏書人カ其署名ノミヲ爲ス裏書ニ對スル所持人ノ權利支拂拒絕證書作成期間後ノ手形讓渡ノ效力質入取立ノ爲メニモ裏書ヲ爲シ得ル點裏書ハ連續セサレハ效力ナキ點ハ何レモ第四百五十九條ヨリ第四百六十四條ヲ準用スルモノトス振出人カ支拂ハサル場合ニ裏書人ノ償還スヘキ額ハ第四百七十一條ニヨリ振出人破產ノ場合ノ規定裏書人カ供セシ擔保ノ效力ヲ失フ場合ノ規定一覽拂ノ手形呈示期間ノ規定支拂ハ手形ト引換ニアラサレハ爲スヲ要セサル規定手形金額ハ一部ノ支拂ト雖モ拒ム能ハサル規定手形ノ支拂請求ナキトキハ其金額ヲ供託シテ債務ヲ免ルヽ規定振出人支拂ハサルトキハ前者ニ償還ヲ求メ得ヘキ規定其償還ヲ爲サントスル前ニ要スル手續ノ規定其償還請求ヲ受ケタル者モ更ラニ前者ニ要求ヲ得ル規定支拂拒絕證書免除者ニ對スル規定ハ何レモ第四百八十條ヨリ第四百九十九條ヲ準用シ參加支拂拒絕證書ニ關スル規定ハ第五百八條ヨリ第五百十七條ヲ準用シ手形ノ謄本ニ關スル規定ハ第五百二十二條ヲ準用スヘキモノトス

第四章　小切手

（説明）従來ノ商法ニハ小切手ハ銀行カ支拂ヲ爲ス塲合ニ限リタルモ本法ハ必スシモ其支拂ヲ銀行ニ限ラス然ルトキハ一見爲替手形ニ異ラサルモ通常爲替手形ノ手續ハ稍嚴格ニ失シ小額ノ支拂ヲ短期ニ求ムル塲合ニハ却ツテ其便宜ヲ欠クコト少シトセス是レ別ニ此小切手ノ制ヲ設ケ凡テ引受ノ手續等ヲ要セス其期間モ必ス一週間内ニ限リ凡テ一覽拂トシテ爲替ノ煩密ナル規定ニ從ハスシテ其發行ヲ爲サシムル趣旨ニ出テタルモノトス併シ爲替手形ト同シク振出人支拂人所持人ノ三者ハ常ニ併存スルヲ原則トス

第五百三十條　小切手ニハ左ノ事項ヲ記載シ振出人之ニ署名スルコトヲ要ス

一　小切手タルコトヲ示スヘキ文字

二　一定ノ金額

三　支拂人ノ氏名又ハ商號

四　受取人ノ氏名若クハ商號又ハ所持人ニ支拂フヘキコト

五　單純ナル支拂ノ委託

六　振出ノ年月日

七　支拂地

（説明）本條ハ小切手ニ要スル記載條件ヲ定メタルモノニシテ振出人ノ署名外左ノ七號迄ノ條件ヲ具備セサル可ラス

第一號ハ小切手タルコトヲ示ス文字ニシテ他ノ手形ト區別スル便ニ供シ第二號ハ其金額ニシテ第三號ハ支拂人ノ氏名又ハ商號ナリ第四號ハ受取人ノ氏名若クハ商號又ハ所持人拂ノ旨ヲ記シ第五號ハ單純ナル支拂ノ委託ニシテ或ル行爲條件ヲ充タセハ支拂アリタシ等ノコトヲ記スルトキハ小切手タル要件ヲ欠クモノトシ第六號ハ振出ノ年月日ニシテ第七號ハ支拂地トス一定ノ滿期日ナキハ小切手ハ凡テ一覽拂ナルニヨル

第五百三十一條　小切手ノ振出人ハ自己ヲ受取人ト定ムルコトヲ得

（說明）本條ハ小切手ノ振出人ハ自巳ヲ受取人ト爲スコトヲ得ル規定ニシテ是レ必スシモ讓渡ノ手續ヲ要セスシテ之レカ支拂ヲ受クルコトヲ得ル便宜ニ基タニ外ナラサルナリ但タ本條ハ第四百四十七條ニヨリ振出人ト支拂人ト同一ナラシメサルハ爲替手形ハ遠隔ノ地ニ向ツテ振出スヲ常トスレハ自巳ノ本店支店ノ關係アルヲ以テ同一人カ振出人支拂人トナルモ妨ケサルモ小切手ハ主トシテ同一地內ニ於テ振出スヲ常トスルヲ以テカヽル規定ハ必要少ナキヲ以テ之ヲ省キタルモノナラン

第五百三十二條　小切手ハ一覽拂ノモノトス

（說明）小切手ハ次條ノ如ク單ニ一週間內位ノ短期間ニ支拂ヲ求ムルモノナレハ別ニ此以下ノ期日ヲ置クノ必要ナキモノナレハ凡テ一覽ノトキ支拂フモノトナリタルモノトス

第五百三十三條　小切手ノ所持人ハ其日附ヨリ一週間內ニ小切手ヲ

呈示シテ其支拂ヲ求ムルコトヲ要ス
所持人カ前項ニ定メタル呈示ヲ爲サヽリシトキハ其前者ニ對シテ償還ノ請求ヲ爲スコトヲ得ス
(説明) 小切手ハ必シモ同一地内ニ於テ振出スモノニ限ラサルモ立法ノ趣旨ハ同一地内ニ主トシテ發行スルヲ普通ナリト見テ制定セシモノナレハ所持人ハ其振出ノ日附ヨリ一週間内ニ小切手ヲ呈示シテ其支拂ヲ求ムヘキモノトナシタリ此呈示ヲ爲サヽル者ハ其前者ニ對シテ償還請求ヲ爲スコトヲ得ストナシタリ尤モ此場合ト雖第四百四十四條ニヨリテ現ニ此レカ爲メニ利益ヲ得タル限度ニ於テ民法上其支拂ヲ求メ得ヘキハ當然ナリ

第五百三十四條 小切手ノ所持人カ其前者ニ對シテ償還ノ請求ヲ爲スニハ支拂拒絶證書ノ作成ニ代ヘ支拂人ヲシテ前條第一項ニ定メタル期間内ニ支拂拒絶ノ旨及ヒ其年月日ヲ小切手ニ記載セシメ且之ニ署名セシムルヲ以テ足ル

（說明）本條ハ小切手ニハ支拂拒絕證書ノ作成ヲ免除シタル規定ニシテ所持人ハ支拂ヲ拒絕セラレ其償還ヲ求メントスルニハ其支拂拒絕證書ヲ要セス支拂人ニ其日附ヨリ一週間內ニ其支拂拒絕ノ旨ハ年月日ヲ小切手ニ記載シ之ニ署名セシムルトキハ支拂拒絕證書作成ト同一ノ効力アルモノトス

第五百三十五條　小切手ノ振出人又ハ所持人カ其表面ニ二條ノ平行線ヲ畫キ其線內ニ銀行又ハ之ト同一ノ意義ヲ有スル文字ヲ記載シタルトキハ支拂人ハ銀行ニ對シテノミ支拂ヲ爲スコトヲ得

振出人又ハ所持人カ平行線內ニ特定セル銀行ノ商號ヲ記載シタルトキハ支拂人ハ其銀行ニ對シテノミ支拂ヲ爲スコトヲ得但其銀行カ其商號ヲ抹消シテ他ノ銀行ノ商號ヲ記載シ之ニ取立ノ委任ヲ爲スコトヲ妨ケス

（說明）本條ハ例ノ筋引小切手ノ規定ニシテ。振出人及ヒ所持人ハ其小切手ノ紛失盜難ヲ豫防スル爲メ必ス其受取人ハ銀行又ハ特定セル銀行ニノミ爲サシムルコトヲ得此場合ハ支拂人ハ銀行ニアラサレハ支拂ハサルヲ以テ無一物ノ惡漢又盜兒ノ受取ヲ防キ以テ他日救濟ノ目的ヲ或ハ達スルコトヲ得ヘシ何トナレハ此等ノ輩ハ多クハ無資力ノ者ナレハ銀行ト取引アル如キハ稀レニシテヨシアリトスレハ直チニ此手掛リニテ不正ノ行爲ヲ發見スル便宜アルヲ以テ振出人又ハ所持人ハ左圖ノ如ク其小切手ノ表面ニ平行線ヲ畫キ其線內ニ單ニ銀行ト書スルカ又銀行ノ畧符合ヲ記入シテ銀行ノミ支拂ハシムルコトヲ得ヘシ

又振出人所持人ハ或ル特定ノ銀行ノ商號ヲ記載シ此銀行ノミ支拂ハシムルコトヲ得ヘシ此場合ニハ其銀行ハ自已ノ商號ニ他ノ銀行ノ商號ヲ代ヘ其取立ヲ委任スルコトヲ得ルナリ

何號　　小切手

一金五圓

右之金額ハ何之誰（問屋）又ハ指圖人（又所持人）ニ此手形引換ニ御支拂可被成候也

年月日

振出人　何之誰

何銀行御中

第五百三十六條　左ノ場合ニ於テハ振出人ハ五圓以上千圓以下ノ過料ニ處セラル

一　資金ナク又ハ信用ヲ得スシテ小切手ヲ振出シタルトキ

二　小切手ニ虚僞ノ日附ヲ記載シタルトキ

（説明）本來小切手ナルモノハ他人ニ信用ヲ有スルカ又貸金預金此他ノ原因ニテ支拂ヲ受クル權利ヲ有スル者カ其者ニ宛テ支拂ヲ求ムヘキモノナレハ此資金信用

ナキ者カ小切手ヲ振出シ又虚僞ノ日附ヲ爲シテ振出ス場合即チ一度ハ信用資金アリタルモ已ニ其資金モ信用ヲ失フタル者カ前ノ日附ヲナシテ振出ス如キハ甚タ不正ノ手段ナレハヨシ刑法上ノ罪責ナキモ本條ハ五圓以上千圓以下ノ過料ニ處スヘキモノトセリ尤モ刑法上ノ罪責アルトキハ之ヲ罰スヘキハ勿論ナリ

第五百三十七條 第四百四十六條、第四百五十二條、第四百五十五條第四百五十七條、第四百五十九條乃至第四百六十二條、第四百六十四條、第四百八十三條、第四百八十四條、第四百八十六條乃至第四百八十九條、第四百九十一條、第四百九十二條、第四百九十五條、第四百九十六條、第五百十四條、第五百十五條及ヒ第五百十七條ノ規定ハ小切手ニ之ヲ準用ス

（説明）　主タル部分ノ金額ハ他ノ部分ノ金額ト異ナルトキハ主タル部分ニヨルヘキハ第四百四十六條ノ如ク支拂地ノ記載ナキトキハ支拂人ノ住所ヲ支拂地トスルコト第四百五十二條ノ如ク又小切手ハ記名式ナルモ特ニ禁止セサルトキハ之ヲ裏

書讓渡スコト第四百五十五條ノ如ク又裏書方法ハ第四百五十七條ノ如ク裏書人モ亦豫備支拂人ヲ定メ裏書人ハ裏書小切手上ノ責任ヲ負ハザル旨ヲ記載シ又裏書禁止小切手ノ後者ニ對スル責任裏書人ノ署名ノミヲ爲シタル小切手ハ所持人自巳ヲ裏書人ト爲シ得ル點支拂期限間經過後ノ小切手ノ裏書讓受人ノ有スル權利等ハ皆第四百五十九條ヨリ第四百六十二條ヲ準用シ裏書ハ連續セサレハ効力ナキ者ト第四百六十四條ノ如ク又第四百八十三條第四百八十四條ニヨリ支拂ハ小切手引換ニ爲シ一部支拂ヲ拒ム能ハス所持人カ前者ニ償還ヲ求ムル規定ハ何レモ第四百八十六條ヨリ第四百八十九條ニヨリ所持人ノ償還請求ヲ爲シ得ル金額ハ第四百九十一條ニヨリ其償還ヲ爲シタル裏書人ノ償還請求額ハ第四百九十二條ニヨリ償還ヲ爲ス者ノ取ルヘキ手段ハ第四百九十五條ニヨリ前者カ爲ス担保供託ハ後者ノ爲メニモ効力アリ後者ノ爲ス通知ハ其通知ヲ受クル者全員ノ爲メニ効力アル點ハ第四百七十八條ノ如ク又拒絶證書ノ作成ハ第五百十四條第五百十五條第五百十七條ノ規定ヲ準用スヘキモノトス

第五篇　海商

第一章　船舶及ヒ船舶所有者

（說明）　本篇ハ海商ナル題目ノ下ニ單ニ船舶及ヒ其運送ノコトノミ規定アルハ甚タ失當ノ感ナキ能ハサルモ海上ノ商行爲ハ凡テ其要具タル船舶ニヨラサレハ能ハサルヲ以テ各國トモ海商ナル編下ニ船舶ノコトヲ首トシテ規定スルヲ慣例トセリ本法モ亦之ニ摸倣セシニ過キサルヘシ併シ單ニ船舶トスルモ妨ケナキ如キモ船舶ナルモノハ單ニ商行爲ヲ爲スニ限ラサルヲ以テカヽル廣キ文字ヲ用ヒス此海商ナル題下ニ船舶ノコトヲモ併規セシニ過キサルヘシ

第五百三十八條　本法ニ於テ船舶トハ商行爲ヲ爲ス目的ヲ以テ航海ノ用ニ供スルヲ謂フ

本編ノ規定ハ端舟其他櫓櫂ノミヲ以テ運轉シ又ハ主トシテ櫓櫂ヲ以テ運轉スル舟ニハ之ヲ適用セス

(說明) 本條ハ此商法ノ支配スル船舶ノ種類ヲ定メタルモノニシテ此船舶ハ法文ニ示ス如ク(一)商行爲ヲ爲ス目的ヲ有スルモノナラサル可ラス故ニ彼ノ遊戲船又ハ學術研究國土發見ノ目的ヲ有スル船舶ノ如キハ商法ノ云フ船舶ニアラス(二)航海ノ用ニ供スルモノナラサル可ラス故ニ河川港灣ノミニアリテ航海セサルモノモ亦本法ノ船舶ニアラス此類ノモノハ本法第三篇第三章ノ運送具タル、ニ過キサルナリ又端舟《ハシケ》(テンマノ稱アリ)其他櫓櫂ノミニテ運轉シ此ノミニテ運轉セサルモ主トシテ櫓櫂ニテ運轉スル小舟ノ如キモ本法ハ及ハサレハ此等ノ小舟ハ本法ノ云フ船舶ニアラサレハ普通ノ動産ニ外ナラサルナリ

第五百三十九條 船舶ノ屬具目錄ニ記載シタル物ハ其從物ト推定ス

(說明) 船舶トハ單ニ船体ノミナリヤ將又其付屬具タル錨帆具「ボート」綱具機關等モ包含スルヤ否ヤハ應々船舶ノ賣買等ニ起ル問題ナリ本條ハ此問題ヲ定メタルモノニシテ屬具物目錄ニ記載セシモノハ凡テ其何物タルヲ問ハス其從物ト推定セラルレハ民法第八十七條ニヨリ主物タル船舶ノ處分セラルヽトキハ此從物モ當然

ニ處分セラルヽモノトス此屬具目錄ナルモノハ船長カ義務トシテ作成スヘキモノナリ

第五百四十條 船舶所有者ハ特別法ノ定ムル所ニ從ヒ登記ヲ爲シ且船舶國籍證書ヲ請受クルコトヲ要ス

前項ノ規定ハ總噸數二十噸未滿又ハ積石數二百石未滿ノ船舶ニハ之ヲ適用セス

（說明） 本條ハ船舶所有者ハ其船舶ヘ買受讓受又ハ新造トヲ問ハス凡テ特別法ノ定ムル所ニ從ヒ登記ヲ爲シ且ツ船舶國籍證書ヲ請受クルモノトス此船舶國籍證書ハ其船舶ハ何國ニ所屬スヘキモノナリヤヲ明ニスルモノニシテ國際法上甚タ必要ノ關係ヲ有スルモノトス

而シテ此登記船舶國籍證書請受ノ規定ハ日本形船舶ヘ積石數二百石以上西洋形船舶ニハ總噸數二十噸以上ニ適用スヘキモノトス此總噸數二十噸ハ總積量二百石ニ相當セリ

第五百四十一條　船舶所有權ノ讓渡ハ其登記ヲ爲シ且船舶國籍證書ニ之ヲ記載スルニ非サレハ之ヲ以テ第三者ニ對抗スルコトヲ得ス

（說明）本條ハ船舶ノ讓渡ニ付テハ普通ノ動産ト異ル所アルヲ示セシ法文ニ過キス普通動産ノ讓渡ヲ第三者ニ對抗セシメンニハ民法ニ從ヒ引渡アラサレハ効力ナキモ船舶ハ之ニ異リ其讓渡ヲ登記シ且ツ船舶國籍證書ニ記載スルニアラサレハ之ヲ第三者ニ對抗スルコトヲ得サルモノトセリ是普通動産ト異リ登記ノ法存シ之ヲ公示スルノ道完備スルハ之ニ依ラシメシニ過キサルナリ

第五百四十二條　航海中ニ在ル船舶ノ所有權ヲ讓渡シタル塲合ニ於テ特約ナキトキハ其航海ニ因リテ生スル損益ハ讓受人ニ歸スヘキモノトス

（說明）本條ハ船舶カ航海中ニ讓渡サレタル塲合ニ其航海ニヨリテ生スル損益例之其積荷又運送賃ノ損失收益ハ何人ノ負擔スヘキモノナリヤヲ定メタルモノナリ此塲合ハ或ハ其讓渡ノ日ニヨリテ區別スヘキカ將タ其登記ノ日ニヨルカ等疑問續

出スルヲ以テ凡テ特別ノ契約ナキトキハ讓受人之ヲ引受クヘキモノト定メタリ尤モ本條ノ規定ハ其航海ニ因リテ生スル損益ノミニシテ其船舶ノ毀損等ノコトニアラサレハ此問題ハ民法ニヨリ所有權移轉ノ日ニテ決セサル可ラス

第五百四十三條 差押及ヒ假差押ハ發航ノ準備ヲ終ハリタル船舶ニ對シテハ之ヲ爲スコトヲ得ス

但其船舶カ發航ヲ爲ス爲メニ生シタル債務ニ付テハ此限ニ在ラス

（説明） 本條ハ船舶ノ特權ヲ定メタル法文ニシテ海國ノ本分ヲ完フセシモノト云フヘシ本來船舶ノ航海ナルモノハ其利害ノ及フ所甚タ廣ク其關係者モ荷主旅客傭船者等アリテ單ニ船舶所有者ノミノ利害ニ止ラス故ニ已ニ發航ノ準備ヲ終リタル船舶ニ對シ船舶所有者ノ債權ノミニ對シテ差押假差押ヲ爲サシムルカ如キハ他ノ關係者ノ受クル損害大ナルヲ以テ一度此準備ヲ終ハリタルトキハ其發航ノ爲メニ生シタル債務ニアラサレハ差押及ヒ假差押ハ爲スヲ得スト定メタリ此發航ノ爲メニ生セシ債務ナラハ此債務ハ全ク發航ヲ爲ス爲メニ生シ發航ハ此債務ノ爲メニ爲シ

得ルモノナルノミナラス債權者ニモ此以前ニ爲サヽルノ過失ナキモノナレハ此債務ノミニ付テハ差押假差押ヲ許スモ亦已ムヲ得サルナリ此ニ起ル問題ハ何時發航ノ準備ヲ終リタルヤニアリ舊商法解釋者ハ書類ノ完備ヲ以テ準備完了トセシモ解釋上明文ナクハ第五百六十二條ノ書類ノ完備ノ如キハ勿論積荷ノ完了旅客ノ乘込時間ノ結了等ハ此發航準備ト云ハサル可ラス

第五百四十四條 船舶所有者ハ船長カ其法定ノ權限內ニ於テ爲シタル行爲又ハ船長其他ノ船員カ其職務ヲ行フニ當タリ他人ニ加ヘタル損害ニ付テハ航海ノ終ニ於テ船舶、運送賃及ヒ船舶所有者カ其船舶ニ付キ有スル損害賠償又ハ報酬ノ請求權ヲ債權者ニ委付シテ其責ヲ免ルルコトヲ得但船舶所有者ニ過失アリタルトキハ此限ニ在ラス

前項ノ規定ハ雇傭契約ニ因リテ生シタル船員ノ權利ニ付テハ之ヲ適用セス

（說明）船舶ハ海上ノ別天地ニシテ此機關ノ運轉ニハ船長海員等ノ搆成員アリテ此者ニ充分ノ權力ヲ付與セサレハ到底航海ノ安全ハ保タレサル可シ此權力付與ト所有者ノ此役員ヲ監視スル點ハ逆比例ヲ爲シ權力ノ付與大ナル程監視ノ實ハ擧ラサルヘシ此等ノ理由ヨリシテ船舶所有者カ此船長及ヒ他ノ海員カ法定ノ權限內又其職務ヲ行フニ當リ他人ニ加ヘタル損害負擔ノ責任ニモ斟酌スル所ナカル可ラス是レ本法ハ此塲合所有者ノ損害負擔ノ分量ヲ其全財產トセスシテ船舶及ヒ運送賃此ニ其船舶カ荷主其他ノ第三者等ニ對シテ有スル損害賠償又ハ報酬迄ト限リタル所以ナリ即ヲ此三者所謂海產ヲ以上ノ債權者ニ委付スルトキハ是ヨリ以上ノ債權額アルモ之ニテ責ヲ免ルヽモノトス併シ船長海員ノ不法行爲ニ對シ所有者ニ過失アルトキ例之自分ニ指圖セシ行爲ノ結果ナルカキ塲合ハ自分ノ全財產ニテ責ヲ負ハサル可ラス

（船舶所有者カ其船舶ニ付キ有スル損害賠償又ハ報酬トハ海損ノ塲合ニハ船舶カ荷主ニ對シテ有スル債權衝突アルトキ他ノ船舶ニ對シテ有スル債權及ヒ難波ノ塲合救濟ノ爲メニ受クル報酬ノ類ナリ）以上ノ規定ハ雇傭契約ニ因リテ生シタル船員ノ權利ニハ適用セサルモノトス是全ク恩

惠的ニ出テタルモノニテ此等ノ權利ヲ船舶積荷等ノミニ限ルトキハ一朝事アルトキハ到底船舶沈沒ノ見込ナキトキハ働カサル等ノ恐レアレハナリ故ニ此權利ハ船舶所有者ノ全財產ニ向ツテ要求スルコトヲ得ヘシ

第五百四十五條　船舶所有者カ債權者ノ同意ヲ得スシテ更ニ航海ヲ爲サシメタルトキハ前條ニ定メタル權利ヲ行フコトヲ得ス

（說明）前條ノ塲合ニ於テハ一度損害發生セハ其損害額如何ニ大ナルモ其責任額ハ限リアルヲ以テ債權者ハ此範圍ニノミヨリテ其目的ヲ達セサル可ラス然ルニ船舶所有者ニシテカヽル塲合ニアリナカラ此債權者ノ同意ナク新ニ航海ヲ爲サシメタルトキハ益々此擔保ハ奪レタルモノニテ其船舶ノ破損沈沒ノ恐ハ益加ハリ海產ノ實價減スルヲ以テ此塲合ハ船舶所有者ハ前條ノ委付權ナク其全財產ニテ責ヲ負ハサル可ラス

第五百四十六條　船舶共有者ノ間ニ在リテハ船舶ノ利用ニ關スル事項ハ各共有者ノ持分ノ價格ニ從ヒ其過半數ヲ以テ之ヲ決ス

（說明）船舶ノ如キ價格ノ大ナルモノハ數人ノ共有ニテ所持スル塲合少ナカラス此共有者ノ有スル權利ヲ持分ト云フ此共有者ニ屬スル船舶ノ利用即航海艤粧修繕等ノ（處分行爲ヲ除キタル）行爲ヲ爲スヘキ塲合ハ如何ニシテ決スヘキカ法文ハ云フ此塲合ハ共有者ノ持分ノ價格ニ從ヒ過半數ヲ以テ決スヘキモノナリト即五千圓ノ船舶ニテ十人ノ共有ナレハ一人ノ持分ハ五百圓ナレハ三千圓以上ノ多數ナラサレハ議決ノ效力ナキモノトス

第五百四十七條 船舶共有者ハ其持分ノ價格ニ應シ船舶ノ利用ニ關スル費用ヲ負擔スルコトヲ要ス

（說明）本條ハ利用ニ供用スル費用支出ノ點ヲ定メタルニ過キス即共有者ハ持分ノ價格ニ應シテ利用ノ費用ヲ分擔スヘキモノトス

第五百四十八條 船舶共有者カ新ニ航海ヲ爲シ又ハ船舶ノ大修繕ヲ爲スヘキコトヲ決議シタルトキハ其決議ニ對シテ異議アル者ハ他ノ共有者ニ對シ相當代價ヲ以テ自己ノ持分ヲ買取ルヘキコトヲ請

求スルコトヲ得
前項ノ請求ヲ爲サント欲スル者ハ決議ノ日ヨリ三日內ニ他ノ共有者又ハ船舶管理人ニ對シテ其通知ヲ發スルコトヲ要ス但此期間ハ決議ニ加ハラサリシ者ニ付テハ其決議ノ通知ヲ受ケタル日ノ翌日ヨリ之ヲ起算ス

（說明） 本條ハ少數者保護ノ爲メ規定セル法文タルニ過キス共有船舶ノ利用ハ其持分ノ過半數ニテ決スルヲ以テ如何ナル事項ト雖已ニ過半數ノ議決アレハ少數者モ之ニ服從セサル可ラス然ルモ船舶ノ航海大修繕ノ如キ船舶ニ取リ重大ノ行爲ハ强テ少數者ヲ服從セシムルモ酷ニ失スル點アレハ之ニ多少ノ緩和ヲ付スルモ亦妥當ノ規定ト云ハサル可ラス故ニ此場合過半數ノ決議ニ異議アル者ハ他ノ共有者ニ對シ相當代價ニテ自巳ノ持分ヲ買取ルヘキコトヲ請求スルコトヲ得
此請求ハ決議ニ與リタル者ハ議決ノ日ヨリ三日內ニ他ノ共有者又ハ船舶管理人ノ一方ニ其通知ヲ發セサル可ラス尤モ此決議ニ加ハラサリシ者ハ其決議ノ通知ヲ受

ケタル翌日ヨリ起算シテ三日内ニ以上ノ二者中ノ一ニ其通知ヲ發スヘキモノトス

第五百四十九條 船舶共有者ハ其持分ノ價格ニ應シ船舶ノ利用ニ付キ生シタル債務ヲ辨濟スル責ニ任ス

（說明）本條ハ第二百七十三條ノ例外ヲ定メタル法文ニシテ凡テ商行爲ニテ數人カ共同シテ債務ヲ負擔スル塲合ハ其債務ハ各自連帶ニテ之ヲ負擔スルハ商行爲一般ノ通則ナルモカクスルトキハ航海業ノ原則タル危險分擔ノ主義ニ反スルヲ以テ此船舶利用ヨリ生スル債務ノ塲合ニハ共有者ハ其持分ノ價格ニ應シテ辨濟スヘキ義務アルニ過キサルモノトス

第五百五十條 損益ノ分配ハ每航海ノ終ニ於テ船舶共有者ノ持分ノ價格ニ應シテ之ヲ爲ス

（說明）本條ハ損益分配ノ割合ト其時期トヲ定メタルモノニテ其割合ハ共有者ノ持分ノ價格ニヨリ其時期ハ每航海ノ終リトス

第五百五十一條　船舶共有者間ニ組合關係アルトキト雖モ各共有者ハ他ノ共有者ノ承諾ヲ得スシテ其持分ノ全部又ハ一部ヲ他人ニ讓渡スルコトヲ得但船舶管理人ハ此限ニ在ラス

（說明）　共有トハ數人カ一物ヲ所有スル人ト物トノ關係ヲ云ヒ組合トハ人ト人トノ關係ナリ然ルニ此共有ト組合トハ應々一致スルヿ多ク共有ハ組合ニアラサルモ組合ノ所有ハ共有ナルヿ多シ。此組合ヨリ來ル共有ニ其處分權即其持分ノ如キモ組合全体ノ掣肘ヲ受ケ自由ニ之ヲ讓渡スヿ能ハス（民法第六百七十二條）然ルニ船舶ノ共有ニシテ組合ノ關係生スル塲合モ此規定ニヨラシムル𪜈ハ大ニ危險分擔ノ主義ニ背クヲ以テ本條ハ組合關係存スル塲合モ其持分ハ他人ニ其組合ノ承諾ナク讓渡スヿヲ得ヘキ者ト定メタリ併シ船舶管理人ハ此塲合ハ地位ヲ退カサル可ラサルニ至ルヲ以テ此管理人ニ限リ組合ノ承諾ヲ得サレハ此行爲ヲ爲スヿヲ得サルモノトセリ

第五百五十二條　船舶共有者ハ船舶管理人ヲ選任スルコトヲ要ス

船舶共有者ニ非サル者ヲ船舶管理人ト爲スニハ共有者全員ノ同意

アルコトヲ要ス

船舶管理人ノ選任及ヒ其代理權ノ消滅ハ之ヲ登記スルコトヲ要ス

（說明）本條ハ讀ンテ字ノ如ク別ニ說明ヲ要セス只共有者ヨリ管理人ヲ選任スルトキハ第五百四十六條ニヨリ過半數ニテ之ヲ決スレハ足ルモ他ヨリ選任スルトキハ其共有者全員ノ一致ヲ要スル點又此管理人ノ選任及ヒ其代理權ノ消滅ハ登記スヘキ點ヲ定メタルニ過キス

第五百五十三條 船舶管理人ハ左ニ揭ケタル行爲ヲ除ク外船舶共有者ニ代リテ船舶ノ利用ニ關スル一切ノ裁判上又ハ裁判外ノ行爲ヲ爲ス權限ヲ有ス

一 船舶ノ讓渡、委付若クハ賃貸ヲ爲シ又ハ之ヲ抵當ト爲スコト

二 船舶ヲ保險ニ付スルコト

三 新ニ航海ヲ爲スコト

四　船舶ノ大修繕ヲ為スコト
五　借財ヲ為スコト
船舶管理人ノ代理權ニ加ヘタル制限ハ之ヲ以テ善意ノ第三者ニ對抗スルコトヲ得ス
（説明）　船舶管理人ハ共有船舶ノ指揮者ニシテ本條第一號ヨリ第五號迄ノ事項ヲ除キテハ船舶ノ利用ニ關スル事項ハ裁判上ニ關スルト否ラサルトヲ問ハス共有者ニ代リテ一切ノ行為ヲ為ス權限ヲ有スルモノトス
第一號ハ船舶ノ讓渡委付賃貸抵當ト為ス如キハ何レモ共有者ニ重大ノ關係アルヲ以テ承諾又議決ナクハ獨斷ニテ為スヲ得ス第二號ノ保險ニ付シ第三號ノ新ニ航海ヲ為スモ第四號ノ大修繕ヲ為シ第五號借財ヲ為ス等モ何レモ同斷ナリ此五ケヲ除キテハ管理人ハ毫モ他ヨリ容喙セラルヽコトナク隨意ニ處分權ヲ有スルモノナレハ此權限ニ制限ヲ加フルモ善意ノ第三者ニハ他ノ共有者ハ對抗スルコトヲ得サルナリ

第五百五十四條　船舶管理人ハ特ニ帳簿ヲ備ヘ之ニ船舶ノ利用ニ關スル一切ノ事項ヲ記載スルコトヲ要ス
船舶管理人ハ毎航海ノ終ニ於テ遲滯ナク其航海ニ關スル計算ヲ爲シテ各船舶共有者ノ承認ヲ求ムルコトヲ要ス
（説明）　本條亦讀ンテ字ノ如シ別ニ説明ノ要ヲ見ス

第五百五十五條　船舶共有者ノ持分ノ移轉又ハ其國籍喪失ニ因リテ船舶カ日本ノ國籍ヲ喪失スヘキトキハ他ノ共有者ハ相當代價ヲ以テ其持分ヲ買取リ又ハ其競賣ヲ裁判所ニ請求スルコトヲ得
社員ノ持分ノ移轉ニ因リ會社ノ所有ニ屬スル船舶カ日本ノ國籍ヲ喪失スヘキトキハ合名會社ニ在テハ他ノ社員、合資會社及ヒ株式合資會社ニ在テハ他ノ無限責任社員ハ相當代價ヲ以テ其持分ヲ買取ルコトヲ得
（説明）　日本船タル資格ハ如何ナル條件ヲ具備スレハ可ナルヤハ特別法ヲ以テ定

マルモノナレハ此ニ斷言スル能ハサルモ察スルニ日本人ノ所有タルコトヲ條件トスルニハ疑ヒナカルヘシ故ニ共有船舶ノ塲合ニ其共有者ノ持分カ他ニ移轉シ換言スレハ他ノ日本國籍ナキ者ニ移轉セシ塲合又ハ其共有者ハ他ニ其持分ハ讓渡サヽルモ其共有者自身ノ國籍喪失ニヨリテ其船舶所有者カ外國人タル如キ塲合ニハ其船舶ノ國籍モ亦日本船タル資格ナキニ至ルヲ以テ此塲合ハ他ノ共有者ハ相當代價ヲ以テ其持分ヲ買取リ又ハ買取ルノ協議調ハサルトキハ其競賣ヲ裁判所ニ請求スルコトヲ得ルモノトス

前項ハ共有船舶ノ塲合ナルモ會社有船舶ノ塲合ニ於テモ社員ノ持分ノ變更ニヨリ會社有ノ船舶カ日本國籍ヲ喪失スヘキトキハ合名會社ニテハ他ノ社員合資株式合資兩會社ニテハ他ノ無限責任社員相當代價ヲ以テ其持分ヲ買取ルコトヲ得ヘシ是何レモ海國ノ常習タル自國船舶ヲ容易ニ他國ニ讓渡サヽルノ政策ニ外ナラサルナリ

第五百五十六條 船舶ノ賃貸借ハ之ヲ登記シタルトキハ爾後其船舶

ニ付キ物權ヲ取得シタル者ニ對シテモ其效力ヲ生ス

（說明）船舶ハ從來國土ノ一部ト看做シ不動產ト同一視セラレタルコトハ各國ノ立法例ニ共モニ其痕跡ヲ存スル所ナルカ本條ノ如キモ稍其痕跡ニ基クモノトス即其賃貸借ノ塲合ニ之ヲ登記セシトキハ他ノ不動產ト同シク其船舶ヲ質ニ取リ又ハ讓受ケタル如キ物權ヲ取得シタル者ニ對シテモ効力ヲ有シ隨意ニ其期間ハ使用スルコトヲ得ヘシ

第五百五十七條 船舶ノ賃借人カ商行爲ヲ爲ス目的ヲ以テ其船舶ヲ航海ノ用ニ供シタルトキハ其利用ニ關スル事項ニ付テハ第三者ニ對シテ船舶所有者ト同一ノ權利義務ヲ有ス

前項ノ塲合ニ於テ船舶ノ利用ニ付キ生シタル先取特權ハ船舶所有者ニ對シテモ其效力ヲ生ス但先取特權者カ利用ノ契約ニ反スルコトヲ知レルトキハ此限ニ在ラス

（說明）普通ノ動產不動產ノ賃貸借モ船舶ノ賃貸借モ其賃貸借タルニ至ツテハ同

一ナリ故ニ賃借人カ商行爲ヲ爲ス目的ヲ以テ其船舶ヲ航海ノ用ニ供シタル片ハ其利用即船舶艤粧海員雇入荷物運送旅客運送修繕ニ關スル事項ニ付テハ第三者ニ對シテハ船舶所有者ト同一ノ權利義務ヲ有スルモノトス然ルモ船舶ノ處分タル賣買委付等ノ行爲ハ所有者ニアラサレハ爲スヲ得サル可シ

又運送航海等ニテ許多ノ債權者ヲ生シ此債權者ハ其船舶ニ對シテ先取特權ヲ有スルコトアルヘシ（第六百八十條以下）此先取特權ハ船舶所有者ニ對シテモ效力アルヘク否ラサレハ一旦法律カ此權利ヲ付與セシ精神ハ貫ク能ハサルヘシ併カクスルトキハ所有者ニハ多少酷ナル如キモ是カヽル者ニ賃貸セシ自已ノ過失ト云ハサルヘカラス尤モ其先取特權者カ本來此利用即航海運送等ノ根本ノ賃貸借契約ニ反スルコトヲ知ルトキ例之其船舶ハ沿岸航海ノ爲メ貸借セシモノヲ遠洋航海ニ供シタル如キヲ知レルトキハ此特權ハ所有者ニ對抗スルヲ得サルヘシ

第二章　船員

（說明）船員トハ船長ト海員ノ二者ヲ總稱ニシテ共ニ船舶ノ必要ナル構成

員タリ

第一節　船長

第五百五十八條　船長ハ其職務ヲ行フニ付キ注意ヲ怠ラサリシコトヲ證明スルニ非サレハ船舶所有者、傭船者、荷送人其他ノ利害關係人ニ對シテ損害賠償ノ責ヲ免ルルコトヲ得ス
船長ハ船舶所有者ノ指圖ニ從ヒタルトキト雖モ船舶所有者以外ノ者ニ對シテハ前項ニ定メタル責任ヲ免ルルコトヲ得ス

（說明）　船長ハ船舶ノ主宰者ニシテ船舶ノ安寧秩序ハ一ニ船長ニヨリテ保持セラルヽモノトス故ニ其責任モ亦輕カラス本條ハ其責任ヲ定メタル法文ナリ故ニ一度船舶所有者傭船者荷送人其他旅客等ニ對シテ損害ヲ生セシメタルトキハ。其反面ヨリ職務ヲ行フニ付キ注意ヲ怠ラサリシト云フ消極ノ證明擧ラサルトキハ被害者カ船長ニ過失アリト云フ積極ノ證明ヲ爲サヽルモ損害賠償ノ責ヲ免レサルモノトス併シ其損害行爲ハ船舶所有者ノ指圖ニ出テシ如キ場合ハ其指圖セシ所有者ニ對シ

テ責ナキハ勿論ナルモ此行爲ノ爲メニ損害ヲ受ケシ他ノ者ニ對シテハ猶責任ヲ免レサルモノトス

第五百五十九條 海員カ其職務ヲ行フニ當タリ他人ニ損害ヲ加ヘタル場合ニ於テ船長ハ監督ヲ怠ラサリシコトヲ證明スルニ非サレハ損害賠償ノ責ヲ免ルルコトヲ得ス

（說明）船長ハ啻ニ自巳及ヒ船舶ノ爲セシ損害ノミナラス現ニ海員カ其職務ヲ行フニ當リ他人ニ損害ヲ加ヘタル場合ニモ船長ハ其監督ヲ怠ラサリシト云フ消極ノ證明ヲ爲スニアラサレハ猶損害賠償ノ責ヲ免ルヽヲ得サルモノトス

第五百六十條 船長カ已ムコトヲ得サル事由ニ因リテ自ラ船舶ヲ指揮スルコト能ハサルトキハ法令ニ別段ノ定アル場合ヲ除ク外他人ヲ選任シテ自巳ノ職務ヲ行ハシムルコトヲ得此場合ニ於テハ船長ハ其選任ニ付キ船舶所有者ニ對シテ其責ニ任ス

（說明）船長ハ第五百六十三條ニヨリ其船舶ヲ去ルコト能ハサルハ其本則タリト

雖疾病其他ノ事故ニヨリ自ラ船舶ヲ指揮スル能ハサル如キ塲合ハ殆ント其職ニアリト云フモ有名無實ナレハ法令ニ別段ノ定メアル塲合ヲ除キ他人ヲ撰任シテ自巳ノ職務ヲ行ハシムルヿヲ得ルナリ尤モ其撰任セラルヽ者ハ船長タル資格アルモノタルヘキハ勿論ナリ此塲合ハ船長ハ其撰任シタルヿ即チ其人ヲ得ルニ付キ過失アルトキハ船舶所有者ニ對シテ其責ヲ負フモノトス此撰任後ニ代理船長ノ行爲ヨリ來ル過失ハ船長タルニ適セサルカ如キ固有能力ニ瑕瑾ナキ以上ハ船長ノ知ル所ニアラス此代理船長ノ民法第百七條第二項ニヨリ所有者其他ノ利害關係人ニ對シテ船長タルノ責任アルハ云フヲ要セサル所ナリ

第五百六十一條　船長ハ發航前船舶ノ航海ニ支障ナキヤ否ヤ其他航海ニ必要ナル準備ノ整頓セルヤ否ヤヲ撿査スルコトヲ要ス

（説明）　船長ハ所有者旅客荷主保險者其他ノ運送依托者傭船者等ニ對シテ安全ニ航海ヲ爲スヘキ義務ヲ負フモノナレハ發航前ニ船舶ノ航海ニ支障ナキヤ否ヤ其他航海ニ必要ナル準備整頓セルヤ否ヤハ必ス檢査セサル可ラス此義務ニ負クトキハ

船長ハ損害ヲ負担セサル可ラス即チ船体ノ堅牢ナルヤ否ヤ糧食帆具石炭ボート其他ノ救助具碇錨等ヨリ書類ノ調整具備等ハ其撿查事項ナリ

第五百六十二條 船長ハ左ニ掲ケタル書類ハ船中ニ備ヘ置クコトヲ要ス

一 船舶國籍證書
二 海員名簿
三 屬具目錄
四 航海日誌
五 旅客名簿
六 運送契約及ヒ積荷ニ關スル書類
七 稅關ヨリ交付シタル書類

前項第三號乃至第五號ニ掲ケタル書類ハ外國ニ航行セサル船舶ニ限リ命令ヲ以テ之ヲ備フルコトヲ要セサルモノト定ムルコトヲ得

（説明）本條ハ船長ノ船舶ニ具ヘ置クヘキ書類ノ規定ニシテ第一ノ船舶國籍證書ハ其船舶ノ何國ノ船舶ナルヤヲ示スモノナレハ遠洋航海ニハ海賊タルノ疑ヲ解キ又戰時ニハ自國ノ保護ヲ受ケ中立國タル特權ヲ受クル等其必要許多ナルヘク第二ノ海員名簿ハ乘組海員ノ何人ナルヤヲ示シ第三ノ屬具目錄ハ船舶付屬ノ物品ヲ明カニスルノ必要ヲ示シ第四ノ航海日誌ハ航海ノ經路寒温潮流天候事變等ヲ明カニシテ船舶ノ行動ヲ證明スルノ用ニ供シ第五ノ旅客名簿第六ノ運送契約及ヒ積荷ニ關スル書類第七ノ稅關ヨリ交付ノ書類等ハ皆其方面ニ有要ノ書類ナレハ船長ノ必ス之ヲ備ヘ置カサル可ラサル義務アルモノトス尤モ第三號ヨリ第五號迄ノ書類ハ多ク外國航海ニ必要ノ書類ナレハ內地ノ航海ニハ命令ニヨリ之ヲ備フルヲ要セサルモノト定メラルヽコトアリ

第五百六十三條 船長ハ已ムコトヲ得サル場合ヲ除ク外自已ニ代リテ船舶ヲ指揮スヘキ者ニ其職務ヲ委任シタル後ニ非サレハ荷物ノ船積及ヒ旅客ノ乘込ノ時ヨリ荷物ノ陸揚及ヒ旅客ノ上陸ノ時マテ

其指揮スル船舶ヲ去ルコトヲ得ス

（說明）本條ハ船長ノ尤モ守ルヘキ重大ノ義務ヲ認メタル法文ナリ即船長ハ已ムコトヲ得サル場合ノ外荷物ノ船積アルカ又ハ旅客ノ乘込ノ時ヨリ荷物ノ陸揚及ヒ旅客ノ上陸ノ時マテ其指揮スル船舶ヲ去ルコト能ハサルモノトス是レ船舶ノ安全ハ一ニ船長ニヨリ保持セラルヽモノナレハ船長去レハ船舶ハ其安全ヲ保ツ責任者ナキニ至レハナリ

第五百六十四條　船長ハ航海ノ準備カ終ハリタルトキハ遲滯ナク發航ヲ爲シ且必要アル場合ヲ除ク外豫定ノ航路ヲ變更セスシテ到達港マテ航行スルコトヲ要ス

（說明）荷物旅客ノ運送ニ於テハ大ニ時間ニ關係ヲ有スルヲ以テ船長ハ故ナク航海ノ備準終了後港內ニ碇泊スル如キハ利害ノ及フ所決シテ少ナカラサレハ許スヘキニアラス故ニ此航海準備終レハ遲滯ナク發航ヲ爲スノ義務ヲ負ヒ且ツ一旦發航ヲ爲サハ天災救難等必要アル場合ヲ除キ豫定ノ航路ヲ變更セスシテ到達港ニ航行

セサル可ラスヨシ變航路ハ近キモ是ニヨルヲ得ス

第五百六十五條 船長ハ航海中最モ利害關係人ノ利益ニ適スヘキ方法ニ依リテ積荷ノ處分ヲ爲スコトヲ要ス

利害關係人ハ船長ノ行爲ニ因リ其積荷ニ付テ生シタル債權ノ爲メ之ヲ債權者ニ委付シテ其責ヲ免ルルコトヲ得但利害關係人ニ過失アリタルトキハ此限ニ在ラス

（説明） 積荷ノ船中ニアル其危險ノ屢到ルヘキハ豫想セサル可ラサル所ナリ否一葉ノ鐵葉ヲ以テ千尋ノ波浪ヲ隔ツルニ過キサレハ積荷旅客ハ寧ロ危險中ニアルモノト云フモ不可アルコトナシカヽル狀態ノ存スルモノナレハ一朝危險ノ遭際ニ船長ニ積荷ノ處分權ナシトセハ荷主ハ多ク船中ニアラサレハ積荷ノ損害ハ一層其大ヲ加フヘシ故ニ此場合ハ船長ニ處分權ヲ與ヘ利害關係人ノ利益ニ適スヘキ方法ニ從フトキハ隨意全部又一部ヲ投棄使用賣却スルコトヲ得ヘシ

又利害關係人ハ船長ノ此行爲ニ付テ其積荷ニ付テ債務ヲ負ヒタルトキ例之一部ノ

荷物ヲ海中ニ投シテ他ノ荷物ヲ救助セシ如キ塲合ハ他ノ荷主ハ其荷物丈ヲ債主ニ渡セハ其損害負擔ノ義務ヲ免ルヽヲ得故ニ自已ノ船中以外ノ財產ハ責任ヲ負ハサルナリ然ルモ自已ニ過失アルト即チ自已ノ積込ノ油ノ荷造リ惡シキ爲メ他ノ荷物ニ損害ヲ與ヘシ如キ塲合ニ其殘ル油ヲ委付スルモ其責ヲ免ルヽヲ得ス

第五百六十六條 船籍港外ニ於テハ船長ハ航海ノ爲メニ必要ナル一切ノ裁判上又ハ裁判外ノ行爲ヲ爲ス權限ヲ有ス

船籍港ニ於テハ船長ハ特ニ委任ヲ受ケタル塲合ヲ除ク外海員ノ雇入及ヒ雇止ヲ爲ス權限ノミヲ有ス

（說明） 船籍港ナルモノハ船舶ノ本籍地ニシテ此地ニハ多ク船舶所有者モ存在スルモノナレハ凡テノ行爲ハ其所有者之ヲ實行シテ支障アルコトナケレハ殊更ニ代理人タル船長ニ之ヲ委スルノ必要ナシ只タ海員ノ雇入雇止メノ如キハ全ク船長ノ指揮命令ノ下ニ立ツモノナレハ之ヲ船長之ヲ雇入雇止スルモ妨ケサレハ船長自由ニ之ヲ左右スルノ權限ヲ有セリ

然ルモ船籍港以外ニアリテハ船長ニ航海ノ爲メニ必要ナル一切ノ裁判上又ハ裁判外ノ行爲ヲ爲スノ權限ヲ委子サレハ一々船舶所有者之ヲ爲サヽル可ヲサル如キ不都合ヲ生スルヲ以テ此場合ハ船長一切之ヲ爲シ得ル權限アルモノト規定セリ

第五百六十七條 船長ノ代理權ニ加ヘタル制限ハ之ヲ以テ善意ノ第三者ニ對抗スルコトヲ得ス

（說明） 前條ニヨリ船長ハ船籍港以外ノ地ニアリテハ裁判上裁判外トモ一切ノ行爲ヲ爲ス代理權限ヲ有ス此代理權限ハ之ヲ制限スルコトヲ得ルハ勿論ナルモ此制限ハ善意ノ第三者ニ對抗スルコトヲ得サルナリ勿論其制限ヲ破リタル船長ハ所有者ニ責任アルハ云フヲ要セサルナリ

第五百六十八條 船長ハ船舶ノ修繕、救援又ハ救助ノ費用其他航海ヲ繼續スルニ必要ナル費用ヲ支辨スル爲メニ非サレハ左ニ揭ケタル行爲ヲ爲スコトヲ得ス

一　船舶ヲ抵當ト爲スコト

二　借財ヲ爲スコト

三　積荷ノ全部又ハ一部ヲ賣却又ハ質入スルコト但第五百六十五條第一項ノ場合ハ此限ニ在ラス

船長カ積荷ヲ賣却又ハ質入シタル場合ニ於ケル損害賠償ノ額ハ其積荷ノ到達スヘカリシ時ニ於ケル陸揚港ノ價格ニ依リテ之ヲ定ム但其價格中ヨリ支拂フコトヲ要セサリシ費用ヲ控除スルヿヲ要ス

（說明）　船長ハ航海中ハ船舶ノ主權者ナレハ積荷ノ處分船舶ノ抵當賣却質入等自由行爲ヲ爲スノ權利ヲ有ス否之ヲ有セサル可ラサル必要アルモ妄リニ此重大ノ行爲ヲ許スヘキニアラス故ニ船舶ヲ修繕シ物品ヲ救援シ又ハ人命ヲ救助スルニ要スル費用ノ爲メカ其他航海ヲ繼續スルニ必要ナル費用ヲ支辨スル爲メニアラサレハ左ノ行爲ヲ爲スヲ得ス

一　船舶ヲ抵當ニ置キ金錢ヲ借入ルヽコト二抵當ナシニ借財スルコト三積荷ノ全部又一部ヲ賣却又ハ質入スルコト尤モ第五百六十五條第一項ノ航海中必要ニ迫リ處

分スル場合ハ妨ケサルナリ

此積荷ヲ賣却又ハ質入シタル場合ハ相當ノ損害ヲ賠償スヘキハ勿論ナルモ如何ナル時ノ如何ナル地ノ相場ニヨルヘキカハ疑問ナリ故ニ法文ハ此賠償額ハ其積荷ノ到達スヘカリシ時即無難ナリシナラハ到達スヘキ時ノ陸揚港ノ價額ニヨリテ之ヲ定ムヘキモノトセリ是ナラハ別ニ荷主ニモ損失ナケレハナリ然ルモ其相場ヨリ海關稅倉入手數料ノ如キ實物ノ存在セサレハ拂フコトヲ要セサル費用ハ差引カサル可ラス

第五百六十九條 船長カ特ニ委任ヲ受ケスシテ航海ノ爲メニ費用ヲ出ダシ又ハ債務ヲ負擔シタルトキハ船舶所有者ハ船長ニ對シテ第五百四十四條ニ定メタル權利ヲ行フコトヲ得

（說明） 船長ハ船舶所有者ノ特別ノ委任ナキモ航海上ノ行爲ハ船籍港以外ノ地ニアリテハ一切之ヲ代理スルノ權限ヲ有ス此委任ナキ行爲中航海ノ爲メニ費用ヲ出シ又ハ債務ヲ負担シタルトキハ船舶所有者ハ船長ニ對シテテモ第五百四十四條ニ

定メタル權利ヲ行ヒ船舶運送賃其他請求權ヲ委任スルトキハ自巳ノ他ノ財産ヨリ之ヲ辨償スル義務ナキモ特ニ委任セシ塲合ハ無限ノ責任ヲ負ハサル可ラス

第五百七十條 船籍港外ニ於テ船舶カ修繕スルコト能ハサルニ至リタルトキハ船長ハ管海官廳ノ認可ヲ得テ之ヲ競賣スルコトヲ得

（說明） 本條ハ別ニ說明スルノ必要ナシ

第五百七十一條 左ノ塲合ニ於テハ船舶ハ修繕スルコト能ハサルニ至リタルモノト着做ス

一 船舶カ其現在地ニ於テ修繕ヲ受クルコト能ハス且其修繕ヲ爲スヘキ地ニ到ルコト能ハサルトキ

二 修繕費カ船舶ノ價額ノ四分ノ三ニ超ユルトキ

前項第二號ノ價額ハ船舶カ航海中毀損シタル塲合ニ於テハ其發航ノ時ニ於ケル價額トシ其他ノ塲合ニ於テハ其毀損前ニ有セシ價額トス

（說明）前條ニヨリ船舶ノ船籍港以外ノ地ニ修繕スルコト能ハサルニ至レルトキハ認可ヲ得テ之ヲ競賣スルコトヲ得ルモ修繕スルコト能ハサルニ至リタルヤ否ヤハ一ノ事實上ノ疑問ニ屬セリ是法文ニ類例ヲ示ス必要アル所以ナリ

其一ハ船舶ハ事實上修繕セラレサルニアラサルモ其現在地ニテハ修繕ヲ受クルコト能ハス且ツ修繕ヲ爲スヘキ地ニモ到ル能ハサルトキ是ナリカヽルコトハ邊海ニ坐礁シテ引卸ス能ハサル如キ場合ニ應々見ル所ナリ第二號ハ修繕セラルヽモ其費用カ船舶ノ價額ノ四分ノ三ヲ超ユル如キ場合モ亦此修繕スル能ハサルモノヽ一ニ數ヘラレタリ此價額ハ其場所ノ價額ヲ相當トスルモカクスルトキハ計算ニ面倒ナルヲ以テ航海中ノ毀損ニハ發航ノ時ノ價額ニテ定メ其他ノ場合ハ毀損前ニ有セシ價額ヲ以テ四分ノ三云々ハ定マルモノトス

第五百七十二條 船長ハ航海ヲ繼續スル爲メ必要ナルトキハ積荷ヲ航海ノ用ニ供スルコトヲ得此場合ニ於テハ第五百六十八條第二項ノ規定ヲ準用ス

（說明）航海中船舶ノ需用品ニ欠乏ヲ告クルハ屢々見ル所ナリ此トキ此ナタハ航海ヲ繼續スル能ハザルトキハ其積荷ハ食料タルト石炭タルト將タ木材タルトヲ問ハス之ヲ航海ノ用ニ供スルヲ得此場合ハ第五百六十八條第二項ニヨリ到達スヘカリシ時ニ於ケル陸揚地ノ相場ニテ之レカ損害ヲ賠償セサル可ラス

第五百七十三條 船長ハ遲滯ナク航海ニ關スル重要ナル事項ヲ船舶所有者ニ報告スルコトヲ要ス

船長ハ毎航海ノ終ニ於テ遲滯ナク其航海ニ關スル計算ヲ爲シテ船舶所有者ノ承認ヲ求メ又船舶所有者ノ請求アルトキハ何時ニテモ計算ノ報告ヲ爲スコトヲ要ス

（說明）第一項ハ船長ノ航海ニ關スル重要事項ノ報告ヲ船舶所有者ニ爲スヘキ義務アルコトヲ定メ第二項ハ毎航海ノ終リニ其航海ニ關スル計算ヲ船舶所有者ニ爲シテ承認ヲ求ムル義務アルヿテ定メタルモノトス尤モ船舶所有者ノ請求アルトキハ何時ニテモ計算ノ報告ハ爲ナサヽル可ラス其第一船舶所有者ニ航海ノ狀況ヲ分

明ナラシメ此ニヨリテ其利損ヲ了知セシメ後日ノ指揮命令ニ注意スル所アラシメ適宜ノ處分ヲ爲スノ便宜ヲ與フルノ趣旨ニ外ナラサルナリ

第五百七十四條 船舶所有者ハ何時ニテモ船長ヲ解任スルコトヲ得

但正當ノ理由ナクシテ之ヲ解任シタルトキハ船長ハ船舶所有者ニ對シ解任ニ因リテ生シタル損害ノ賠償ヲ請求スルコトヲ得

船長カ船舶共有者ナル塲合ニ於テ其意ニ反シテ解任セラレタルトキハ他ノ共有者ニ對シ相當代價ヲ以テ自巳ノ持分ヲ買取ルヘキコトヲ請求スルコトヲ得

船長カ前項ノ請求ヲ爲サント欲スルトキハ遲滯ナク他ノ共有者又ハ船舶管理人ニ對シテ其通知ヲ發スルコトヲ得ス

（說明） 船長ナルモノハ船舶ノ指揮運轉ニ付テハ廣大ノ權利ヲ有スルモノナレハ船舶所有者ノ尤モ信任ヲ得タルモノナラサル可ラス故ニ船舶所有者ノ信任ヲ欠ク如キ船長ハ何時ニテモ解任スルコトヲ得ヘキモノト爲シタリ然ルモ一面船長ヨリ

考フレハ正當ノ理由ナク解任セラレタル如キ場合ハ多少ノ保護ヲ與ヘサル可ラス故ニ此場合ハ解任ニヨリテ生シタル損害ノ賠償ヲ請求スルコトヲ得ルモノトス此解任セラレタル船長カ船舶共有者ナルトキハ如何ニスヘキ若シ其意ニ反シテ解任セラレタル如キ場合ハ到底共有者ノ一人タルヘキハ其欲セサル所ナルヘケレハ他ノ共有者ニ相當代價ニテ自己ノ持分ヲ買取ルヘキコトヲ請求スルヲ得此請求ヲ爲サントスルニハ遲滯ナク他ノ共有者ナリ又ハ船舶管理人ニ此事ヲ通知セサル可ラス

第五百七十五條　船長ノ船舶所有者ニ對スル債權ハ一年ヲ經過シタルトキハ時效ニ因リテ消滅ス

(說明)　船長ノ船舶所有者ニ對スル債權ハ或ハ立替金モアルヘク其他前條ノ損害モアルヘキモ主トシテ存スルモノハ其給料ナリ此給料ニセヨ其他ノ債權ニセヨ永ク請求セスシテ放置スルモノニアラサレハ短期ノ時効ニカヽラシメ其債權ヲ事實ノ確實ナル時季ニ整理セシムルハ必要ノ處分ナルヘシ此趣旨ヨリシテ此船長ノ債

權ハ一年ニテ時効ニカヽルモノト定メラレタリ

第二節　海員

（説明）　海員トハ日本形船ノ船方及ヒ西洋形船ノ船長以下ノ乘組員ニシテ運轉手機關手會計ヨリ「コック」「ボーイ」ニ至ルマテヲ云フ

第五百七十六條　海員ハ其雇入ノ手續カ終ハリタルトキハ船長ノ指定シタル時ニ於テ船舶ニ乘込ムコトヲ要ス
海員ハ船長ノ許可ヲ得ルニ非サレハ其乘込ミタル船舶ヲ去ルコトヲ得ス

（説明）　海員雇入手續及ヒ逃走ノ場合ニ對スル處分方法等ハ特別法ニテ定メラルヘキモノト信ス此雇入手續カ終了セシトキハ海員タルモノハ船長ノ指定シタル時ニ其船舶ニ乘込マサル可ラス叉海員ハ船長ノ許可ナクシテ其乘込船舶ヨリ去ルコトヲ得サルナリ是海員ナルモノハ寸時モナクテハ船舶ハ行動セサルモノナレハ隨意ノ下船ヲ許サヽルハ適當ノ規定ナリ

第五百七十七條 海員ノ服役中ノ食料ハ船舶所有者ノ負擔トス

（說明） 本條ハ海ノ內外ヲ問ハス通有ノ慣例ナルモ後日ノ紛爭ヲ避クル爲メ明文ニ示セシニ過キサルヘシ

第五百七十八條 海員カ服役中不行跡其他重大ナル過失ニ因ラスシテ疾病ニ罹リ又ハ傷痍ヲ受ケタルトキハ船舶所有者ハ三ケ月ヲ超エサル期間內ノ治療及ヒ看護ノ費用ヲ負擔ス

前項ノ場合ニ於テ海員ハ其服役シタル期間ニ對スル給料ヲ請求スルコトヲ得但其職務ヲ行フニ因リテ疾病ニ罹リ又ハ傷痍ヲ受ケタルトキハ其給料ノ全額ヲ請求スルコトヲ得

（說明） 本條ハ海員保護ノ法文ニ外ナラス海員カ其服役中他ト爭鬪スルカ犯罪ヲ犯シ其他不品行等ノ如キ不行跡ノ行爲ナク又重大ナル過失ナクシテ疾病ニカヽルカ傷痍ヲ受クルカ如キ塲合ハ船舶所有者ハ三ケ月ヲ超ヘサル期間內ナレハ其治療費及ヒ看護費トモ負擔セサル可ラス

此ニ疑問タル此期間ノ給料ハ如何ニスヘキカノ點ナリ此塲合ニハ其疾病又傷痍カ其海員タル職務ヲ行フヨリ來ルモノナリトセハ三ケ月ノ全期間ノ給料ヲ要求スルコトヲ得ルモ然ラサル塲合ハ其健全ニ服役シタル期間ノ給料請求權アルノミ併シ此法文ノ結果疑問タルハ不行跡又重大ナル過失ニヨリ疾病傷痍ヲ受ケタル者ハ其服役期間ノ給料モ受ケ得サル如キモ決シテ然ラス此塲合ハ其治療費着護費ハ受クルヲ得サルモ其服役期間ノ給料ハ之ヲ受クルニ毫モ妨ケアラサルナリ

第五百七十九條　一航海ニ付キ給料ヲ定メタル塲合ニ於テ航海ノ日數ヲ延長シ又ハ不可抗力ニ因ラスシテ其里程ヲ延長シタルトキハ海員ハ其割合ニ應シテ給料ノ增加ヲ請求スルコトヲ得但航海ノ日數又ハ里程ヲ短縮シタルトキト雖モ給料ノ全額ヲ請求スルコトヲ得

（說明）　一航海ノ語ハ應々用ユル所ニシテ疑多キ語ナリ一航海トハ先ツ地理的ニ甲地ヨリ乙地ト定マリ日數的ニ何日ヨリ何日迄ト定マルモノトス然ルモ此日數ノ

定マラサル片ハヨシ延長スルモ延長スルヤ否ヤハ甚タ不明瞭ニシテ一航海ニテ定マリタル給料ノ増加ハ要求スルニ困難ナリ只故ナク通常ニ反スル長日數ニ渉リシトキハ其暗默ノ契約日數ヲ證明シテ要求スルコト他ナシ場所ハ常ニ定マルモノナレハ其里程ノ延長セシトキハ確實ニ其割合ヲ知リ得ヘケレハ之ニ對スル増額ヲ求ムルヲ得ヘキハ當然ナリシカシ其日數里程ノ延長カ不可抗力ヨリ來ルトキハ此場合ハ危險共同ノ原則ヨリ共ニ勉ムヘキモノナレハ此要求權ナシ

里程日數ノ短縮ハ一航海ヲ以テ定メタル給料ノ要求權ニ毫モ影響ヲ與ヘス

第五百八十條　海員カ就役ノ後死亡シタルトキハ船舶所有者ハ死亡ノ日マテノ給料ヲ支拂フコトヲ要ス

海員カ其職務ヲ行フニ因リテ死亡シタルトキハ其葬式ノ費用ハ船舶所有者ノ負擔トス

（説明）　海員ノ死亡ハ其雇入契約ノ終了ナリ故ニ其給料モ就役後其死亡ノ日マテ給スレハ足ル然ルモ其死亡カ其職務ヲ行フニヨリテ死亡シタルトキハ葬式費用ハ

船舶所有者ノ負担トス是亦海員保護ノ一端ナリ

第五百八十一條 左ノ場合ニ於テハ船長ハ海員ヲ雇止ムルコトヲ得

一 發航前海員カ其職務ニ不適任ナルコトヲ認メタルトキ

二 海員カ著シク其職務ヲ怠リ又ハ其職務ニ關シ之ニ重大ナル過失アリタルトキ

三 海員カ禁錮以上ノ刑ニ處セラレタルトキ

四 海員カ疾病ニ罹リ又ハ傷痍ヲ受ケ其職務ニ堪ヘサルニ至リタルトキ

五 不可抗力ニ因リ發航ヲ爲シ又ハ航海ヲ繼續スルコト能ハサルニ至リタルトキ

前項第一號乃至第三號ノ場合ニ於テハ海員ハ其服役シタル期間ニ對スル給料ヲ請求スルコトヲ得

第一項第四號及ヒ第五號ノ場合ニ於テハ海員ハ其雇止ノ日マテノ給料及ヒ雇入港マテノ送還ヲ請求スルコトヲ得但第四號ノ場合ニ於テ海員ニ過失アルトキハ前項ノ規定ヲ準用ス

（說明）本條ハ船長ノ海員ノ雇止メヲ爲シ得ヘキ規定ナリ第一號ヨリ第三號マテハ海員自身ニ過失アル場合ナルモ第四第五ハ否ラサル場合ナレハ其給料等ニ及ス關係モ同シ雇止中ニモ區別スルノ必要アリ即チ前三者ハ其服役期間中ノ給料ノ請求權アルニ過キサルモ後ノ二者ハ其雇止メニナルノ日マテノ給料ト雇入港マテノ送還迄請求スルコトヲ得尤モ第四ノ疾病傷痍カ自己ノ過失ヨリ來リシトキハ其服役期間迄ノ給料請求權アルニ過キス

今第一號ヨリ其說明ヲ爲サンニ發航前職務ニ不適任ナルヲ認メラルヽトキトハ毫モ航海ニ經驗ナキ場合等ニシテ船長ノ意見ニテ定マルモノトス第二號ハ別ニ說明スル程ノ意義ナク第三號ハ所刑ノ場合ニシテ必ス刑ハ禁錮以上ニシテ裁判確定セシモノナラサル可ラス第四號モ亦讀ンテ字ノ如シ第五號不可抗力ニテ發航ヲ爲シ

能ハストハ自國ノ滯灣ノ封鎖サレ又ハ天災ニテ其港口ノ閉塞セラレタル如キ場合荷物ノ破損失火等此ニ入ル航海ヲ繼續スル能ハサルトキハ難破敵ノ捕獲坐礁膠砂到達港ノ封鎖等モ此場合ナルヘシ

第五百八十二條 海員カ前條第一項ニ掲ケタル事由ニ因ラスシテ雇止メラレタルトキハ其服役シタル期間ニ對スル給料ノ外一个月分ノ給料ヲ請求スルコトヲ得若シ雇入港外ニ於テ雇止メラレタルトキハ雇入港マテ歸航スルニ必要ナル期間ニ對スル給料及ヒ雇入港マテノ送還ヲ請求スルコトヲ得

（說明） 海員カ前條以外ノ理由ニヨリテ雇止ヲ喰ヒシトキハ先ツ正當理由ナク解雇セラレタルモノト云ハサル可ラス此場合ハ其服役期間ノ給料權アルハ當然ナルモ猶他ニ損害賠償ノ道ナカル可ラス然ルモ民法上ノ損害賠償ナルモノハ其標準甚タ不確實ニ失シ應々其權利モ有名無實ニ歸スルコトナシトセス是此場合ニ猶一ケ月分ノ給料請求權ヲ與ヘ以テ此煩ヲ避ケタルモノトス尤モ雇止メカ雇入港以外ノ

地ナリシトキハ雇入港マテノ送還ヲ請求シ併セテ其期間ノ給料モ請求スルコトヲ得ルモノトス此場合ノ要求權ヲ表示スヘシ

第一服役期間ノ給料拾五圓　第二此他一ケ月分拾圓　第三雇入港マテ到着期間ノ給料八圓　第四送還費拾圓　計四拾三圓ノ類ナリ

第五百八十三條　左ノ場合ニ於テハ海員ハ其雇止ヲ請求スルコトヲ得

一　船舶カ日本ノ國籍ヲ喪失シタルトキ

二　自已ノ過失ニ因ラスシテ疾病ニ罹リ又ハ傷痍ヲ受ケ其職務ニ堪ヘサルニ至リタルトキ

三　船長ヨリ虐待ヲ受ケタルトキ

前項ノ場合ニ於テハ海員ハ其雇止ノ日マテノ給料及ヒ雇入港マテノ送還ヲ請求スルコトヲ得

（說明）　本條ハ海員ノ方ヨリ雇止請求ノ權アル場合ノ規定ナリ

第一ハ船舶カ日本國籍ヲ喪失セシ塲合ニシテ此塲合ハ船舶ハ日本ノ保護ヲ受ケサルニ到リタルモノナレハ其要求至當ナリ第二ハ自已ノ過失ナク疾病傷痍ニカヽリ職務ニ堪ヘサルモノナレハ其事實上已ムヲ得サルモノナリ第三ハ船長ヨリ虐待セラルヽトキナレハカヽル船長ノ下ニ立ツハ何人モ堪ヘサル所ナルヘシ以上ノ塲合ニ雇止ノ日マテノ給料及ヒ雇入港マテノ送還ヲ求ムヘキハ至當ノ事爲ニ屬スヘシ

第五百八十四條

航海中船舶ノ所有者カ變更シタルトキハ海員ハ新所有者ニ對シ雇傭契約ニ因リテ生シタル權利義務ヲ有ス

（說明）凡テ船長ニアレ海員ニアレ其雇入ナルモノハ一種ノ雇傭契約ニシテ船舶所有者トノ間ニ締結セラルヽモノトス而シテ海員雇入ハ事實上船長之ヲ爲スモ其船舶所有者ノ代理者タル資格ニテ爲スモノナレハ若シ航海中其所有者ヲ變更スル如キコトアランカ契約ハ其當事者ノ變更アリタルモノナレハ舊契約ハ此ニ消滅セサル可ラス契約此ニ消滅セシカ其船舶ハ乘組員ナク爲メニ運轉スルコト能ハサル

ニ至ラン是レ本條カ此塲合海員ハ新所有者ニ對シテモ雇傭契約ニ因リテ生シタル權利義務ハ依然トシテ保有セラレ居ルコトヲ明ニシタルモノトス

第五百八十五條 海員ノ雇入期間ハ一年ヲ超ユルコトヲ得ス若シ之ヨリ長キ期間ヲ以テ海員ヲ雇入レタルトキハ其期間ハ之ヲ一年ニ短縮ス

海員ノ雇入ハ之ヲ更新スルコトヲ得但其期間ハ更新ノ時ヨリ一年ヲ超ユルコトヲ得ス

（説明） 本條ハ海員ノ雇入期間ヲ定メ一年トシテ是ヨリ長キ期間ニテ雇入レタルモ一年ニ短縮セリ尤モ此契約ハ更新ハ許シ更新スルトキハ又一年間ノ契約ハ爲シ得ルモノトセリ是船長海員ノ關係ノ如キハ命令服從的ナレハ又身自由ヲ束縛シ其品位又經濟上ヨリ考察シテ短期ニ定メタルモノトス

第五百八十六條 雇入期間ノ定ナキトキハ海員ハ特約アル塲合ヲ除ク外船舶カ安全ニ碇泊シ且積荷ノ陸揚及ヒ旅客ノ上陸カ終ハリタ

ル後ニ非サレハ其雇止ヲ請求スルコトヲ得ス

（說明）本條ハ雇入期間ノ定メナキトキハ海員ハ何レノ時期ニ其雇止ヲ求ムヘキヤヲ定メタルモノトス本條ハ特約ナキトキハ船舶カ安全ニ碇泊シ且ツ積荷ノ陸揚及ヒ乘客ノ上陸ヲ終リタル後ニアラサレハ其雇止ヲ請求スルコトヲ得ストセリ若シ否ラストセハ矢張中途ニテ航海ヲ廢絕セサルヲ得サルニ至レハナリ

第五百八十七條　海員ノ雇入契約ハ左ノ事由ニ因リテ終了ス

一　船舶カ沈沒シタルコト

二　船舶カ修繕スルコト能ハサルニ至リタルコト

三　船舶カ捕獲セラレタルコト

前項ノ場合ニ於テハ海員ハ契約終了ノ日マテノ給料及ヒ雇入港マテノ送還ヲ請求スルコトヲ得

（說明）本條ハ海員ノ雇入契約ノ終了事由ヲ爲シタルモノニシテ其場合ハ第一船舶ノ沈沒ニシテ第二ハ修繕スルコト能ハサルニ至リタルトキニシテ第三ハ船舶ノ

捕獲セラレタル場合ナリ以上ノ場合ハ船舶ハ已ニ船舶トシテノ効用ヲ爲サス又ハ自由航漕ヲ許サヽル場合ニ至リタルモノナレハ當事者間ノ雇傭契約モ自然消滅スルハ當然ナリ此場合ハ海員ハ契約終了ノ日マテノ給料及ヒ雇入港マテノ送還ヲ請求スルコトヲ得

第五百八十八條 海員カ雇入港マテノ送還ヲ請求スル權利ヲ有スル場合ニ於テハ送還ニ代ヘテ其費用ヲ請求スルコトヲ得

（説明） 本條ハ海員カ雇入港迄ノ送還ヲ請求スル場合ニハ現實ノ送還ニ代ヘテ費用ヲ請求スルコトヲ許シタルモノトス尤モ此費用トハ單ニ滊車滊船賃ノミニ限ラサルヘシ其食料ニ要スル費用モ包含スルモノトス是船員ノ爲メニ利益アツテ船主ニ損スル所ナケレハナリ

第五百八十九條 第五百七十五條ノ規定ハ海員ノ債權ニ之ヲ準用ス

（説明） 海員ノ船舶所有者ニ對スル債權モ第五百七十五條ニ準シ一年ニテ時効ニカヽルモノトス

第三章　運送

（說明）第三篇第八章ニ於テハ陸上又ハ湖川港灣ニ於テノ運送ヲ規定セルモ海上殊ニ遠洋航海ノ運送ニハ未タ規定ナキ所ナリ本章ハ此運送ノ規定ニカヽル

第一節　物品運送

第五百九十條　船舶ノ全部又ハ一部ヲ以テ運送契約ノ目的ト爲シタルトキハ各當事者ハ相手方ノ請求ニ因リ運送契約書ヲ交付スルコトヲ要ス

（說明）船舶ノ全部又ハ一部ヲ運送契約ノ目的トスルモノハ是傭船契約ナリ即チ其積荷ノ方ハ主ニアラスシテ其船舶ノ幅員ノ借入カ目的ナリ此場合ニハ相手方ノ請求アレハ運送契約書ヲ交付セサル可ラス

第五百九十一條　船舶所有者ハ傭船者又ハ荷送人ニ對シ發航ノ當時船舶カ安全ニ航海ヲ爲スニ堪フルコトヲ擔保ス

（説明）船舶全部一部ノ貸與ト又ハ個々ノ積荷ノ塲合トヲ問ハス船舶所有者ハ發航ノ當時船舶カ安全ニ航海スルニ堪フルコハ担保即保證セサル可ラス若シ船舶ニシテ船体ニ異狀アリ艤粧ニ盡サヽル所アリ乘組員ニ欠クル所アランカ荷送人傭船者ハ甘ンシテ契約ハ締結セサル可シ故ニ別ニ明言ナキモ此點丈ハ暗默ニ船舶所有者ノ擔保シタルモノト看做セリ

第五百九十二條 船舶所有者ハ特約ヲ爲シタルトキト雖モ自己ノ過失、船員其他ノ使用人ノ惡意若クハ重大ナル過失又ハ船舶カ航海ニ堪ヘサルニ因リテ生シタル損害ヲ賠償スル責ヲ免ルルコトヲ得ス

（説明）運送契約ニテ如何ナル點迄船主ノ責任ニシテ此責任ハ如何ナル點迄特約ヲ以テ制限シ得ヘキヤハ一ノ疑問ナルモ如何ニ特約スルモ船舶所有者自巳ノ過失船員其他ノ使用人ノ惡意若クハ重大ナル過失アルトキ又其船舶カ航海ニ堪ヘサル等ヨリ來ル損害ハ賠償スルノ責ヲ免ルヽヲ得ス契約ノ自由ハ法ノ認ムル所ナルモ

其自由カ公ノ秩序ヲ害スル如キ場合是レ其範圍外ニアリ過失又ハ故意ニテ損害ヲ生スルモ之ヲ賠償セスト云フ如キハ此秩序ヲ紊ルノ尤モ甚シキモノナリ是レ本條カ嚴シク禁セシ所以ナリ

第五百九十三條 法令ニ違反シ又ハ契約ニ依ラスシテ船積シタル運送品ハ船長ニ於テ何時ニテモ之ヲ陸揚シ、若シ船舶又ハ積荷ニ危害ヲ及ホス虞アルトキハ之ヲ放棄スルコトヲ得但船長カ之ヲ運送スルトキハ其船積ノ地及ヒ時ニ於ケル同種ノ運送品ノ最高ノ運送賃ヲ請求スルコトヲ得

前項ノ規定ハ船舶所有者其他ノ利害關係人カ損害賠償ノ請求ヲ爲スコトヲ妨ケス

（説明） 法文ノ法令ニ違反シタル運送品トハ戰時禁制品輸出禁止品密輸入品稅關規則ニ違背シテ船積スル物品ノ如キヲ云フ此等ノ物品及ヒ契約ニ依ラスシテ船積シタル運送品ハ云ハヽ運送スヘカラサルモノ又ハ運送スヘキ義務ナキ物品ニカヽ

ル。カヽル物ハ船長ニ隨意ノ處分權ヲ與ヘサル可ラス故ニ此等ノ物品ハ船長ニ於テ何時ニテモ之ヲ陸揚シ又ハ船舶其他ノ積荷ニ危害ヲ與フル虞アルトキハ之ヲ放棄スルコトモ爲シ得ルナリカヽル權能アルニ拘ハラス船長ニテ運送スルトキハ其船積ノ地及ヒ時ニ於ケル同種ノ運送品ノ最高ノ運送賃モ請求シ得ルナリ

此場合船舶所有者其他ノ荷主傭船者乘客等ハ此レカ爲メ損害ヲ受ケタルトキハ其賠償ノ請求ヲ爲シ得ルナリ

第五百九十四條 船舶ノ全部ヲ以テ運送契約ノ目的ト爲シタル場合ニ於テ運送品ヲ船積スルニ必要ナル準備カ整頓シタルトキハ船舶所有者ハ遲滯ナク傭船者ニ對シテ其通知ヲ發スルコトヲ要ス

傭船者カ運送品ヲ船積スヘキ期間ノ定メアル場合ニ於テハ其期間ハ前項ノ通知アリタル日ノ翌日ヨリ之ヲ起算ス其期間經過ノ後運送品ヲ船積シタルトキハ船舶所有者ハ特約ナキトキト雖モ相當ノ報酬ヲ請求スルコトヲ得

前項ノ期間中ニハ不可抗力ニ因リテ船積ヲ為スコト能ハサル日ヲ算入セス

（説明） 傭船契約所謂船舶全部ヲ運送者ニ貸與シタル場合（船舶ノ賃貸借ニアラス只其船舶全部ヲ積荷ノ用ニ供セシトキナリ）ニ其荷積ハ何時ヨリ為スカ又何日間ニ為スヘキカハ特約ナキトキハ疑問ノ生スル所ナリ本條ハ云フ此場合ニ(一)船舶所有者ハ運送品船積ニ必要ナル準備カ整頓シタルトキハ遅滞ナク傭船者ニ對シテ通知ヲ發スルノ義務アリト(二)船積期間ノ定メアル場合ニハ此期間ハ此通知ヲ受ケタル日ノ翌日ヨリ起算スヘキモノトス此期間經過ノ後傭船者カ船積シタルトキハ船舶所有者ハ約束ナキモ別ニ此遅延ニ對スル報酬ヲ請求スルコトヲ得ルモノトス尤モ其期間中ニ天災其他ノ不可抗力ニテ船積スル能ハサル日ハ算入スヘキモノニアラス

第五百九十五條 船長カ第三者ヨリ運送品ヲ受取ルヘキ場合ニ於テ其者ヲ確知スルコト能ハサルトキ又ハ其者カ運送品ヲ船積セサルトキハ船長ハ直チニ傭船者ニ對シテ其通知ヲ發スルコトヲ要ス此

場合ニ於テハ船積期間內ニ限リ傭船者ニ於テ運送品ヲ船積スルコトヲ得

（說明）傭船者ハ運送ノ爲メ船舶ノ借受人ナルモ自ラ運送品ヲ積込マス又他ノ物品ノ賣主問屋代理人等ニ積込マシムルコト多シ此場合船長ハ何人ヨリ積込ムヤヲ知ラス又其者ハ確知シ得ラルヽモ其者積込ヲ拒ムトキハ直チニ船長ハ其旨ヲ傭船者ニ通知セサル可ラス此場合ニハ船積期間アレハ其期間內ニ限リ運送品ヲ船積スルコトヲ得テ其期間後ハ當然契約ハ解約セラレタルモノトス（第五百九十八條末項）

第五百九十六條 傭船者ハ運送品ノ全部ヲ船積セサルトキト雖モ船長ニ對シテ發航ノ請求ヲ爲スコトヲ得

傭船者カ前項ノ請求ヲ爲シタルトキハ運送賃ノ全額ノ外運送品ノ全部ヲ船積セサルニ因リテ生シタル費用ヲ支拂ヒ尙ホ船舶所有者ノ請求アルトキハ相當ノ擔保ヲ供スルコトヲ要ス

（說明）傭船者ハ運送品ノ全部ヲ船積セサルトキト雖船長ニ對シテハ發航ノ請求ハ爲シ得ルナリ併シ是レカ爲メ船主ノ權利ヲ害スヘカラサルハ勿論ナリ故ニ此場合ハ運送賃ノ全額ヲ請求スル權アルハ勿論猶此全部積込ミナキ爲メニ生シタル費用アラハ其費用モ支拂ヒ船主ノ求メアラハ相當ノ擔保モ供セサル可ラス積込ミナキ爲メニ生スル費用トハ全部ノ荷物ノ積込ミナキ爲メ船足輕キトキ他ノ荷物ヲ積込ム費用荷物ノ積替ヘ費用等ニシテ相當ノ擔保ヲ供セシムルハ荷物ノ代價ニテ其運送賃全額ニ充タサルノ恐アル場合ノ如キハ其擔保ナキトキハ其傭船賃ヲモ得ル能ハサルニ至レハナリ

第五百九十七條　船積期間經過ノ後ハ傭船者カ運送品ノ全部ヲ船積セサルトキト雖モ船長ハ直チニ發航ヲ爲スコトヲ得

前條第二項ノ規定ハ前項ノ場合ニ之ヲ準用ス

（說明）船舶全部ハ傭船者ノ爲メニ運送ノ目的ニ供セシモ其船舶發航ノ權ハ船長ノ專握スル所ナレハ已ニ船積期間經過ノ後ハ傭船者カ運送品ノ全部ヲ積込マサル

モ船長ハ直チニ發航スルコトヲ妨ケス此場合モ前條第二項ニヨリ全部積込ミナキ爲メニ生シタル費用アラハ之ヲ求メ又擔保ノ要求ヲモ爲シ得ルナリ本條ハ前條ト畧同一ノコトヲ規定セシモノニテ只異ル所ハ前條ハ傭船者發航ヲ求メ得ル點ヨリ規定シ本條ハ船長ノ發航ヲ爲シ得ル點ヨリ規定セシニ過キス

第五百九十八條 發航前ニ於テニ傭船者ハ運送賃ノ半額ヲ支拂ヒテ契約ノ解除ヲ爲スコトヲ得

往復航海ヲ爲スヘキ場合ニ於テ傭船者カ其歸航ノ發航前ニ契約ノ解除ヲ爲シタルトキハ運送賃ノ三分ノ二ヲ支拂フコトヲ要ス他港ヨリ船積港ニ航行スヘキ場合ニ於テハ傭船者カ其船積港ヲ發スル前ニ契約ノ解除ヲ爲シタルトキ亦同シ

運送品ノ全部又ハ一部ヲ船積シタル後前二項ノ規定ニ從ヒテ契約ノ解除ヲ爲シタルトキハ其船積及陸揚ノ費用ハ傭船者之ヲ負擔ス

（説明）商機ノコトハ千變ニシテ萬化ナリ朝ニ利ナルモノトストモタ必シモ然ラサルハ普通ノ狀態ナリ海上運送ノコト亦此機變ニ應スルノ制ヲ認メサル可ラス故ニ㈠發航前ニハ傭船者ハ運送賃ノ半額ヲ支拂ヒテ其契約ヲ解除スルトモ㈡往復航海ノ場合ニハ其運送賃ノ三分ノ二ヲ拂フトキハ其歸航ノ發航前ニ解約スルコトモ㈢他ノ港ヨリ船舶カ船積港ニ航行スヘキ場合ニ其船積港ヲ發スル前ニモ二ノ場合ト同一ノ支拂ヲ爲ストキハ契約ノ解除ヲ爲スコトヲ得ヘシシカシ已ニ運送品ノ全部又ハ一部ヲ船積シタル後ニ以上ノ解約ヲ爲ストキハ其船積及ヒ陸揚費用ハ傭船者ノ負擔ナリ是其費用ヲ生シタル原因作成者ナレハナリ

傭船者カ船積期間內ニ運送品ノ船積ヲ爲サヽルトキハ契約ノ解除ト法律ハ看做セリ是空航ニテ發航スル必要ナケレハカク見ルヨリ他アラサレハナリ

第五百九十九條 傭船者カ前條ノ規定ニ從ヒテ契約ノ解除ヲ爲シタルトキ雖モ附隨ノ費用及ヒ立替金ヲ支拂フ責ヲ免ルルコトヲ得ス

前條第二項ノ場合ニ於テハ傭船者ハ前項ニ揭ケタルモノノ外運送

品ノ價格ニ應シ共同海損、救援又ハ救助ノ爲メ負擔スヘキ金額ヲ支拂フコトヲ要ス

（說明）本條ハ解除ノ結果ヲ定メタル法文ナリ前條ニヨリ契約巳ニ解除セラル丶モ附隨費用例ヘハ關稅其他ノ立替金アレハ傭船者ハ之ヲ支拂ハサル可ラス又前條第二項ノ巳ニ幾分ノ航海ヲ爲セル塲合ニハ種々ノ航海上ノ費用ヲ生スレハ其共同海損物品救援又人命救助ノ費用ハ其運送品ノ價格ニ應シテ其負擔額丈ハ支拂ハサル可ラス

第六百條 發航後ニ於テハ傭船者ハ運送賃ノ全額ヲ支拂フ外第六百六條第一項ニ定メタル債務ヲ辨濟シ且陸揚ノ爲メニ生スヘキ損害ヲ賠償シ又ハ相當ノ擔保ヲ供スルニ非サレハ契約ノ解除ヲ爲スコトヲ得ス

（說明）本條ハ發航後ニ於テ傭船者ハ契約ノ解除ヲ爲シ得ヘキモ運送賃ノ全額ヲ支拂ヒ猶支拂ヲ爲スカ又ハ相當ノ擔保ヲ立テサル可ラス

(一)運送品ノ價格ニ應シテ附隨費用立替金共同海損救援救助ノ費用(第六百三條)(二)陸揚ノ爲メ生スル損害

第六百一條 船舶ノ一部ヲ以テ運送契約ノ目的ト爲シタル場合ニ於テハ傭船者カ他ノ傭船者及ヒ荷送人ト共同セスシテ發航前ニ契約ノ解除ヲ爲シタルトキハ運送賃ノ全額ヲ支拂フコトヲ要ス但船舶所有者カ他ノ運送品ヨリ得タル運送賃ハ之ヲ控除ス

發航前ト雖モ傭船者カ既ニ運送品ノ全部又ハ一部ヲ船積シタルトキハ他ノ傭船者及荷送人ノ同意ヲ得ルニ非サレハ契約ノ解除ヲ爲スコトヲ得ス

前七條ノ規定ハ船舶ノ一部ヲ以テ運送契約ノ目的ト爲シタル場合ニ之ヲ準用ス

(說明) 船舶ノ一部ヲ以テ運送契約ノ目的ト爲シタル場合ニ於テハ傭船者カ他ノ傭船者及ヒ荷送人ト共同シテ解約スル場合ハ普通ノ場合ト異ル所ナキモ然ラサル

塲合ニハ發航前ノ解約ニテモ運送賃ノ全額ヲ支拂ハサル可ラス其全部ノ傭船ノトキハ半額ヲ支拂ヘハ足ルニ一部ノ塲合ニ全額ヲ支拂フハ大ニ平衡ヲ失スル如キモ全部ノトキハ航海ヲ廢止スルコトヲ得ルモ一部ノトキハ之ヲ廢止スルヲ得サレハナリ然ルモ已ニ全部ノ運送賃ヲ得更ラニ他ノ物品ヲ運送シテ是レヨリモ運送賃ヲ得タルトキハ此部分ハ先キノ傭船者ニ返却セサル可ラス未タ支拂ヲ受ケサル以前ナレハ之ヲ控除スヘキモノトス

發航前ナルモ已ニ運送品ノ全部又一部ノ船積アリタルトキハ他ノ傭船者及ヒ荷送人ノ同意ナクハ契約ノ解除ハ許サヽルナリ

前七條ノ規定ハ船舶ノ一部ヲ以テ運送契約ノ目的ト爲シタル塲合ニ準用セラルヽモノトス

第六百二條 個個ノ運送品ヲ以テ運送契約ノ目的ト爲シタルトキハ荷送人ハ船長ノ指圖ニ從ヒ遲滯ナク運送品ヲ船積スルコトヲ要ス荷送人ハ運送品ノ船積ヲ怠リタルトキハ船長ハ直チニ發航ヲ爲ス

コトヲ得此場合ニ於テハ荷送人ハ運送賃ノ全額ヲ支拂フコトヲ要ス但船舶所有者カ他ノ運送品ヨリ得タル運送賃ハ之ヲ控除ス

（説明）　本條ハ個々ノ運送品ノ運送契約ノ場合ニシテ此場合ニハ荷送人ハ船長ノ指圖ニ從ヒ遲滯ナク運送品ヲ船積セサル可ラス已ニ荷送人ニハ此義務アルニ拘ハラス運送品ノ船積ヲ怠リタル片ハ船長ハ直チニ發航ヲ爲スヿヲ得此場合ハ爲メニ新ナル荷送人モ發見スル能ハサルノミナラス又航海ヲ廢スル能ハサレハ荷送人ハ運送賃ノ全額ヲ支拂ハサル可ラス併シ船舶所有者カ他ノ運送品ヨリ得タル運送賃ハ之ヲ控除セサル可ラス然ラサレハ船主獨リ不當ノ利得ヲ貪ルニ至レハナリ

第六百三條　第六百一條ノ規定ハ荷送人カ契約ノ解除ヲ爲ス場合ニ之ヲ準用ス

（説明）　第六百一條ノ規定ハ第一項ハ船舶一部ノ傭船者カ他ノ荷送人傭船者ト共同シテ發航前ニ解約スル場合ニシテ荷送人カ他ノ傭船者荷送人ト共同セス解約スルトキモ此ニ準シ其運送賃全額ヲ支拂ハサル可ラス他ヨリ得タル運送賃ヲ扣除ス

ヘキハ勿論ナリ

發航前ニ已ニ船積アリタル後ノ解除ニハ他ノ同意ナクハ爲スヲ得サルコトモ第六百一條第二項ト同一ナリ

一部ノ荷送人カ解約ヲ爲ス場合ニハ第六百一條ノ第三項カ準用セラルヽヲ以テ第五百九十八條第五百九十九條第六百條ハ自然此場合ニモ準用セラルヽモノトス

第六百四條　傭船者又ハ荷送人ハ船積期間內ニ運送ニ必要ナル書類ヲ船長ニ交付スルコトヲ要ス

（說明）　本條ハ傭船者又荷送人カ船長ニ交付スヘキ書類ノ期間ヲ定メタルモノニテ此書類ハ船積期間內ニ交付セサル可ラス否ラサレハ船長ハ此期間經過ト共ニ發航スヘキ者ナレハナリ此書類ハ關稅受取證書及ヒ關稅明細書等其重ナルモノトス

第六百五條　船舶ノ全部又ハ一部ヲ運送契約ノ目的ト爲シタル場合ニ於テ運送品ヲ陸揚スルニ必要ナル準備カ整頓シタルトキハ船長ハ遲滯ナク荷受人ニ對シテ其通知ヲ發スルコトヲ要ス

運送品ヲ陸揚スヘキ期間ノ定メアル場合ニ於テハ其期間ハ前項ノ通知アリタル日ノ翌日ヨリ之ヲ起算ス其期間經過ノ後運送品ヲ陸揚シタルトキハ船舶所有者ハ特約ナキトキト雖モ相當ノ報酬ヲ請求スルコトヲ得

前項ノ期間中ニハ不可抗力ニ因リテ陸揚ヲ爲スコト能ハサル日ヲ算入セス

個個ノ運送品ヲ以テ運送契約ノ目的ト爲シタルトキハ荷受人船長ノ指圖ニ從ヒ遲滯ナク運送品ヲ陸揚スルコトヲ要ス

（說明）　本條ハ第五百九十四條ト相照應スル法文ニシテ第一項ハ船舶ノ全部又ハ一部ヲ以テ運送契約ノ目的ト爲シタル場合ニシテ運送品ヲ陸揚スルニ必要ナル準備カ整頓セハ船長ハ遲滯ナク荷受人ニ對シテ其通知ヲ發セサル可ラス尤モ此場合ニ運送品ノ陸揚期間ノ定メアリトセハ其期間ハ此通知ノ到達セシ翌日ヨリ起算スヘキモノトス此期間ノ定メアルトキ期間經過後運送品ヲ陸揚シタルトキハ船舶所

有者ハ特約ナキモ相當ノ報酬ヲ求ムルコトヲ得ルナリ此期間中ニ天災時變等ノ不可抗力ニ因リテ陸揚スル能ハサル日アリトスレハ算入セサルモノトス

以上ハ船舶ノ全部一部ヲ貸切リタル塲合ナルモ個々ノ運送品ヲ以テ運送契約ノ目的ト爲シタルトキハ荷受人ハ船長ノ指圖ニ從ヒ遲滯ナク運送品ヲ陸揚セサル可ラス

第六百六條 荷送人カ運送品ヲ受取リタルトキハ運送契約又ハ船荷證劵ノ趣旨ニ從ヒ運送賃、附隨ノ費用、立替金及ヒ運送品ノ價格ニ應シ共同海損、救援又ハ救助ノ爲メ負擔スヘキ金額ヲ支拂フ義務ヲ負フ

船長ハ前項ニ定メタル金額ノ支拂ト引換ニ非サレハ運送品ヲ引渡スコトヲ要セス

（說明） 本條ハ荷受人ノ義務ヲ定メタル法文ニシテ荷受人ナルモノハ傭船者又ハ荷受人ト異リ運送契約ノ當事者ニアラスト雖此荷受人ナルモノハ運送契約又ハ船

荷證券ノ趣旨ニ從ヒ當事者間ノ契約ヲ承繼セサル可ラサルノ義務アルコトハ各國立法例及ヒ慣習モ同一ナルヲ以テ本法モ亦之ヲ認メ運送賃其他關稅等ノ如キ付隨ノ費用立替金及ヒ此ニ運送品ノ價額ニ應シテ共同海損救援救助ノ爲メ負擔スヘキ金額ヲモ支拂ヒノ義務アルモノトス此費用ノ支拂アル迄ハ船長ハ運送品ヲ留置スル權ヲ有スレハ引渡スコトヲ要セサルナリ

第六百七條 荷受人カ運送品ヲ受取ルコトヲ怠リタルトキハ船長ハ之ヲ供託スルコトヲ得此場合ニ於テハ遲滯ナク荷受人ニ對シテ其通知ヲ發スルコトヲ要ス

荷受人ヲ確知スルコト能ハサルトキ又ハ荷受人カ運送品ヲ受取ルコトヲ拒ミタルトキハ船長ハ運送品ヲ供託スルコトヲ要ス此場合ニ於テハ遲滯ナク傭船者又ハ荷送人ニ對シテ其通知ヲ發スルコトヲ要ス

（說明） 荷受人カ運送品ヲ受取ルコトヲ怠リタルトキハ如何ニスヘキカ船長ハ之

ヲ供託スルコトヲ得ヘシ此場合ハ遲滯ナク荷受人ニ對シテ其通知ヲ發セサル可ラキス

セ以上ハ受取リヲ怠リタル場合ナルモ荷受人ノ何人ナルカヲ確知スル能ハサルト又荷受人カ運送品ヲ受取ルコトヲ拒ミタルトキハ船長ハ義務トシテ運送品ヲ供託セサル可ラス此場合モ傭船者又ハ荷受人ニ對シテ其供託ノ通知ヲ發セサル可ラス

第六百八條　運送品ノ重量又ハ容積ヲ以テ運送賃ヲ定メタルトキハ其額ハ運送品引渡ノ當時ニ於ケル重量又ハ容積ニ依リテ之ヲ定ム

(説明)　本條ノ規定ハ稍從來吾國ノ習慣ニ反スルカ如キモ船長等ノ責任ヲ重カラシムル點ニ於テハ大ニ効力アル規定ト云ハサル可ラス從來吾慣例ニテハ目方又風袋ニテ運送品ヲ定メタルトキハ其額ハ其積込前ニ之ヲ衡量シテ決スルヲ常トスルモ本法ハ此場合運送品引渡當時ニ於ケル重量容積ニ依リテ之ヲ定ムヘキモノトセリ

第六百九條　期間ヲ以テ運送賃ヲ定メタルトキハ其額ハ運送品ノ船積著手ノ日ヨリ其陸揚終了ノ日マテ期間ニ依リテ之ヲ定ム但船舶カ不可抗力ニ因リ發航港若クハ航海ノ途中ニ於テ碇泊ヲ爲スヘキトキ又ハ航海ノ途中ニ於テ船舶ヲ修繕スヘキトキハ其期間ハ之ヲ算入セス第五百九十四條第二項又ハ第六百五條第二項ノ場合ニ於テ船積期間又ハ陸揚期間經過ノ後運送品ノ船積又ハ陸揚ヲ爲シタル日數亦同シ

（說明）　一日間何程トカ十日間何圓トカノ期間ヲ以テ運送賃ヲ定メタルトキハ其額ハ何日ニ始マリ何日ニ終ルヘキカ是疑問ノ生スル所ナリ本條ハ云フ其額ヲ運送品ノ船積着手ノ日ヨリ其陸揚終了ノ日迄ノ期間ニ依リテ之ヲ定ムト是從來ノ積込ノ日ヨリ起算セシヲ改メタル法文ナリ尤モ此塲合凡テノ期間ヲ皆荷送人傭船者ニ負擔セシムルハ酷ナルヲ以テ船舶カ不可抗力ニ因リ發航港若クハ途中ニテ碇泊スルトキ又ハ航海ノ途中ニ於テ船舶ノ修繕ヲ爲ストキハ其期間中ニ算入セサル者トス

又五百九十四條第二項第六百五條第二項ノ船積期間又ハ陸揚期間經過ノ後運送品ノ船積陸揚ヲ爲シタル日モ亦算入セサルモノトス是此期間經過後ノ日ニハ相當ノ報酬ヲ求メ得ルモノナレハ二重ノ報酬ヲ求メ得ルニ至レハナリ

第六百十條 船舶所有者ハ第六百六條第一項ニ定メタル金額ノ支拂ヲ受クル爲メ裁判所ノ許可ヲ得テ運送品ヲ競賣スルコトヲ得

船長カ荷受人ニ運送品ヲ引渡シタル後ト雖モ船舶所有者ハ其運送品ノ上ニ權利ヲ行使スルコトヲ得但引渡ノ日ヨリ二週間ヲ經過シタルトキ又ハ第三者カ占有ヲ取得シタルトキハ此限ニ在ラス

（說明） 船舶所有者（凡テノ場合船長之ヲ代理ス）ハ運送品ニ對シテハ第六百六條第一項ノ金額ヲ荷受人ヨリ支拂ヲ受クル權アルモ之ヲ支拂ハサヽルトキハ如何ニスヘキカ告訴セサレハ之ヲ要求スルコトヲ得サルカハ未タ定メサル所ナリ本條ハカヽル迂濶ノ手續ニヨルトキハ到底航海上ノ事業ハ行ハレサルヲ以テ裁判所ノ許可タニアレハ之ヲ競賣シテ債權ヲ充タスコトヲ得ルモノトセリ此手續ヲ行ハンニハ勿論其運送品ヲ

留置セサル可ラサルモ之ヲ船中ニ置クハ甚タ危險ナルカ又保存ニ困難ナル場合少シトセス故ニ此場合ハ一旦荷受人ニ其荷物ヲ引渡スコトアルモ猶船長ハ其運送品ノ上ニ權利ヲ行使シテ競賣ヲ求ムルコトヲ得ルモ爲メニ第三者ノ權利ヲ害スヘカラサルヲ以テ引渡ノ日ヨリ十四日ヲ經過スルカ又ハ夫レ以前ニテモ第三者カ占有セシトキハ此權利ヲ行フヲ得ス

第六百十一條 船舶所有者カ前條ニ定メタル權利ヲ行ハサルトキハ傭船者又荷送人ニ對スル請求權ヲ失フ但傭船者又ハ荷送人ハ其受ケタル利益ノ限度ニ於テ償還ヲ爲スコトヲ要ス

（說明） 船舶所有者ハ其運送賃其他ノ費用ハ其荷受人ヨリ之ヲ受取ルヘキヲ本則トシテ之ヲ受取ル能ハサルトキハ運送人傭船者ニ對シテ之ヲ要求スルヲ得ヘキモ此要求ヲ爲サンニハ荷受人ニ對シテ前條ニ定メタル權利ハ行使セシ後ナラサル可ラス若シ其權利ヲ行使セサルトハ權利ノ上ニ眠リタルモノナレハ最早傭船者荷送人ニ對スル權利ヲ失フモノトス併シ荷送人傭船者トテ是レカ爲メニ不當ノ利得ヲ

受クヘキ謂レナケレハ自巳カ此船主ノ失權ニヨリテ得タル利益ハ其限度ニ於テ船主ニ償還セサル可ラス例之賣リタル荷物ハ已ニ自巳ニ緣故ナク其運賃モ全然買主ノ支拂フヘキモノナルモ自巳カ陸揚地ニ賣ルヘキ場合ノ如キハ先方ニテハ運送賃其他ノ費用ヲ加算シテ買ヒ自巳ハ其支拂ヲ免レタル如キ場合ハ此支拂ハスシテ得タル利益丈ハ船舶所有者ニ仕拂ハサル可ラス

第六百十二條 船舶全部又ハ一部ヲ以テ運送契約ノ目的ト爲シタル場合ニ於テ傭船者カ更ラニ第三者ト運送契約ヲ爲シタルトキハ其契約ノ履行カ船長ノ職務ニ屬スル範圍內ニ於テハ船舶所有者ノミ其第三者ニ對シテ履行ノ責ニ任ス但第五百四十一條ニ定メタル權利ヲ行フコトヲ妨ケス

（說明） 傭船者ハ船舶ノ全部又ハ一部ヲ借受クルモ必スシモ自巳ノ物品ノミ船積ミスルモノニアラス更ラニ自巳カ當事者トナリテ他人ノ物品ヲ運送スヘキ契約ヲ爲スコトアルヘシ此場合トテモ傭船者ハ所有者トナリタルニアラサレハ其船舶所

有者トシテノ權利義務ハ依然存スレハ所有者ハ船長ヲ任免スルコトヲ得ルハ勿論又ハ船長ノ職務ヨリ來ル行爲ニハ第三者ニ對シテ其責ニ任シ傭船者ノ知ル所ニアラサルナリ尤モ此塲合ニ於テハ所有者ハ第五百四十一條ニヨリ其船舶以下ノ權利ヲ委付スルトキハ自巳ニ過失ナキトキハ其責ヲ免ルコトヲ得ヘシ

第六百十三條 船舶ノ全部ヲ以テ運送契約ノ目的ト爲シタル塲合ニ於テハ其契約ハ左ノ事由ニ因リテ終了ス

一 第五百八十七條第一項ニ掲ケタル事由

二 運送品カ不可抗力ニ因リテ滅失シタルコト

第五百八十七條第一項ニ掲ケタル事由カ航船中ニ生シタルトキハ傭船者ハ運送品ノ割合ニ應シ運送價格ヲ超エサル限度ニ於テ運送賃ヲ支拂フコトヲ要ス

（說明） 本條ハ船舶ノ全部借切リノ塲合ニ於テ其契約ノ當然終了スル塲合ヲ規定ス其第一ハ第五百八十七條第一項ノ塲合ニシテ船舶ノ沈沒スルカ修繕スル能ハサ

ルカ捕穫セラレタル場合ナリ第二ハ運送品ノ不可抗力ニテ滅失ノ場合ニシテ此等ノ場合ハ運送ノ目的物タル物品ト其要具タル船舶トカ喪失セシ場合ナレハ其契約ノ消滅スヘキハ當然ト云ハサル可ラス

然ルモ第一號ノ場合ニハ其運送品ハ適當ノ場所迄運送セラレ其運送品ノ價額存スルコトアレハ其物品ノ殘存價額ヲ超ヘサル限度ニテ其運送セラレタル割合ノ運送賃ヲ支拂ハサル可ラス

第六百十四條 航海又ハ運送カ法令ニ反スルニ至リタルトキ其他不可抗力ニ因リテ契約ヲ爲シタル目的ヲ達スルヿ能ハサルニ至リタルトキハ各當事者ハ契約ノ解除ヲ爲スコトヲ得

前項ニ掲ケタル事由カ發航後ニ生シタル場合ニ於テ契約ノ解除ヲ爲シタルトキハ傭船者ハ運送ノ割合ニ應シテ運送賃ヲ支拂フコトヲ要ス

（説明） 航海運送ノ法令ニ反スルニ至リタルトキハ或ハ其運送物ノ戰時禁制品ト

セラレ又ハ到達港トノ貿易交通ヲ禁セラレタルトキ等ニシテ不可抗力ニ因リテ契約ヲ爲シタル目的ヲ達スルコト能ハサルトキハ到達港ノ封鎖セラレタル等ノ場合ニシテ何レモ其目的ハ達セラレサルニ至リタルモノナレハ各當事者ハ解約スルコトヲ得

尤モ以上ノ事由カ發航后ニ生シタル場合ニ解約シタルトキハ傭船者ハ運送ノ割合ニ應シテハ運送賃丈ハ支拂ハサル可ラス其運送カ少シモ効力ナキトキハ別ニ支拂フヲ要セサルヘシ

第六百十五條 第六百十三條第一項第二號及ヒ前條第一項ニ揭ケタル事由カ運送品ノ一部ニ付テ生シタルトキハ傭船者ハ船舶所有者ノ負擔ヲ重カラシメサル範圍內ニ於テ他ノ運送品ヲ船積スルコトヲ得

傭船者カ前項ニ定メタル權利ヲ行ハント欲スルトキハ遲滯ナク運送品ノ陸揚又ハ船積ヲ爲スコトヲ要ス若シ其陸揚又ハ船積ヲ怠リ

タルトキハ運送賃ノ全額ヲ支拂フコトヲ要ス

（說明）本條ハ全部ノ傭船ノ場合ニ第六百十三條第一項第二號ノ如ク運送品カ不可抗力ニテ一部滅失シ又前條第一項ノ如ク航海又ハ運送カ法令ニ反シ其他不可抗力ニ因リテ契約ノ目的ヲ達スル能ハサル情況カ運送品ノ一部ニ生シタル場合ノ規定ニシテ此場合ハ他ニ傭船者又ハ荷送人ハナキ場合ナレハ傭船者ハ船舶所有者ノ負擔タニ重クナラシメサル範圍ナレハ他ノ運送品ヲ船積スルコトヲ得此權利ヲ傭船者カ行ハントスルニハ遲滯ナク舊ノ運送品ハ陸揚シテ新運送品ヲ船積セサル可ラス若シ其舊運送品ノ陸揚又ハ船積ヲ怠リタルトキハ最初ノ運送賃ノ金額ヲ支拂ハサル可ラス然ラサレハ船舶所有者ノ負擔ヲ重カラシムルニ至レハナリ尤モ此場合新運送品ヲ積込ム者ナキトキハ前條又前々條ニヨリ其割合ノ運賃ヲ支拂ヘハ足ル

第六百十六條 第六百十三條及ヒ第六百十四條ノ規定ハ船舶ノ一部又ハ個個ノ運送品ヲ以テ運送契約ノ目的ト爲シタル場合ニ之ヲ準

用ス
第六百十三條第一項第二號及ヒ第六百十四條第一項ニ掲ケタル事由カ運送品ノ一部ニ付テ生シタルトキト雖モ傭船者又ハ荷送人ハ契約ノ解除ヲ爲スコトヲ得但運送賃ノ全額ヲ支拂フコトヲ要ス
（説明）本條ハ第六百十三條及ヒ第六百十四條ノ規定ヲ一部傭船ノ塲合又ハ個々ノ物品ノ運送ノ塲合ニ準用スルモノニシテ何レモ該條ノ所定ノ如ク一部傭船者モ個々物品ノ運送者モ解約ヲ爲スヲ得尤モ運送ノ効力多少存スルトキハ割合ニ應シテ運送賃ヲ支拂ハサル可ラス
第二項ハ一部ノ傭船個々ノ荷送リノ塲合ニ其運送品ノ一部ニ第六百十三條第一項第二號運送品ノ滅失第六百十四條第一項ノ航海運送ノ法令違反カ生シ其契約ノ目的ヲ達スル能ハサル塲合ノ生シタルトキニテ此塲合ハ傭船者又荷送人ニ解約ノ自由丈ハ存スルモ他ノ傭船者荷送人ノ權利ヲ害スル恐アレハ新荷物ヲ船積ミスルヲ

得ス但シ此場合ニハ運送品ノ金額ハ支拂ハサル可ラス

第六百十七條 船舶所有者ハ左ノ場合ニ於テハ運送品ノ全額ヲ請求スルコトヲ得

一 船長カ第五百六十八條第一項ノ規定ニ從ヒテ積荷ヲ賣却又ハ質入シタルトキ

二 船長カ第五百七十二條ノ規定ニ從ヒテ積荷ヲ航海ノ用ニ供シタルトキ

三 船長カ第六百四十一條ノ規定ニ從ヒテ積荷ヲ處分シタルトキ

（說明） 第五百六十八條ノ第三號ニヨリ船長カ船舶ノ修繕救援救助其他航海ヲ繼續スルニ必要ナル費用ヲ支辨スル爲メ積荷ノ全部又ハ一部ヲ賣却又ハ質入スルトキハ其損害ハ積荷ノ到達スヘキ陸揚港ノ價額ニテ賠償スルモノナレハ普通ハ荷主ニ損失ナキモノナレハ其運賃全額ヲ支拂フヘキハ當然ナリ第六百七十二條ニヨリ

船長カ航海ヲ繼續スル爲メ必要ナルトキ積荷ヲ航海ノ用ニ供スル塲合モ以上ト同一ナレハ其運賃全額ヲ支拂ハサル可ラス第六百四十一條ノ共同海損ノ塲合ニ處分セラレタル荷主モ同樣ナリトス以上ノ塲合ニ荷主ニ運送賃支拂ヒノ義務ナシトセハ荷主ハ此損害ノ爲メニ却ツテ利益スルノ結果ヲ生スレハナリ

第六百十八條 船舶所有者、傭船者、荷送人又ハ荷受人ニ對スル債權ハ一年ヲ經過シタルトキハ時效ニ依リテ消滅ス

（說明） 本條ハ別ニ說明スヘキ點ナシ

第六百十九條 第三百二十八條、第三百三十六條乃至第三百四十一條及ヒ第三百四十八條ノ規定ハ船舶所有者ニ之ヲ準用ス

（說明） 船舶所有者ノ運送品ニ對スル責任ノ時効ハ第三百二十八條ヲ準用シ運送品ノ全部又ハ一部カ不可抗力又ハ其性質瑕疵又過失ニテ滅失シタル塲合ニ運送賃ニ關スル規定ハ第三百三十六條ヲ準用シ此他船舶所有者ノ運送品ノ滅失毀損延着ニ付キ證明ノ責任ハ第三百三十七條ヲ貨幣有價證券高價品運送ノ塲合ノ規定ハ第

三百三十八條ヲ數人相次ヒテ運送ノ場合ニ對スル責任ハ第三百三十九條ヲ運送品滅失ノ場合損害ノ賠償ヲ定ムヘキ時期ノ規定ハ第三百四十條ヲ運送品カ船舶所有者ノ惡意重過失ニテ滅失毀損シタルトキ賠償ノ規定ハ第三百四十一條ヲ船舶所有者ノ運送品ニ對スル責任滅失ノ時期ノ規定ハ第三百四十八條ヲ何レモ準用スヘキモノトス

第二欵　船荷證券

第六百二十條　船長ハ傭船者又ハ荷送人ノ請求ニ因リ運送品ノ船積後遲滯ナク一通又ハ數通ノ船荷證券ヲ交付スルコトヲ要ス

（說明）本條ハ船荷證券ノ規定ニシテ船荷證券ハ傭船者又ハ荷主ノ請求ニヨリテ運送品ノ船積後遲滯ナク船長ノ作成シテ交付スル者ニシテ其數ハ請求者ノ望ミニヨリ幾通ニテモ發スルモノトス何ノ目的アツテ之ヲ發スルヤト云フニ是全ク傭船者又ハ荷主カ其積込ミタル運送品ヲ他ニ賣買讓渡質入スル等融通スル爲メニ外ナラス即チ傭船者荷主ハ此船荷證券タニアレハヨシ其物品ハ船中ニアルモ自由ニ之

ヲ他ニ賣買讓與又質入スルコトヲ得ヘシ又買受讓受質ニ取リタル者ハ此證券タニ呈示セハ其運送品ヲ受取ルコトヲ得ヘシ

第六百二十一條 船舶所有者ハ船長以外ノ者ニ船長ニ代ハリテ船荷證券ヲ交付スルコトヲ委任スルコトヲ得

（說明） 船荷證券ハ船長之ヲ發行スルヲ本則トスルモ船舶所有者ハ他ノ者ニモ船長ニ代リテ發行スル權ヲ委任スルコトヲ得然ルモ是レ船長ノミトスルトキハ不便ナルコトヲ虞ヘ設ケタル法文ナレハ此レカ爲メ船長ノ發行權ハ奪ハレタルニアラサレハ船長ノ發シ得ル間ハ自己ノ隨意ニ之ヲ他人ニ交付スルヲ得ルナリ

第六百二十二條 船荷證券ニハ左ノ事項ヲ記載シ船長又ハ之ニ代ハル者署名スルコトヲ要ス

一 船舶ノ名稱及ヒ國籍

二 船長カ船荷證券ヲ作ラサルトキハ船長ノ氏名

三 運送品ノ種類、重量若クハ容積及ヒ其荷造ノ種類、個數並ニ

記號
四　傭船者又ハ荷造人ノ氏名又ハ商號
五　荷受人ノ氏名若クハ商號又ハ所持人ニ運送品ヲ引渡スヘキコト
六　船積港
七　陸揚港但發航後傭船者又ハ荷送人カ陸揚港ヲ指定スヘキトキハ其之ヲ指定スヘキ港
八　運送賃
九　數通ノ船荷證券ヲ作リタルトキハ其員數
十　船荷證券ノ作成地及ヒ其作成ノ年月日
（説明）　本條ハ船荷證券ノ記載條件ヲ定メタルモノニテ此記載ニ欠クル所アレハ其證券ハ効力ヲ有セサルモノトス
其書式ヲ畧示スレハ左ノ如シ

表面

第何號

船荷證券

一石炭五百噸　品質何々

一此運送賃　三百圓

一荷送人　何ノ誰

一船積港　何港

前記ノ運送品ハ荷受取人何ノ誰又其指圖人又ハ此證券持參人ニ何國何港ニテ引渡可申候

此證券ハ何地ニテ何通作成スルモノ也

年月日

日本船何丸　船長　何ノ誰

裏面

何ノ誰ニ讓渡スモノ也

年月日　何ノ誰

何ノ誰ニ讓渡スモノ也

年月日　何ノ誰

第六百二十三條　傭船者又ハ荷送人ハ船長又ハ之ニ代ハル者ノ請求ニ因リ船荷證券ノ謄本ニ署名シテ之ヲ交付スルコトヲ要ス

（説明）船荷證券ハ船長又ハ其代理者之ヲ作成シテ交付スヘキモノナルモ後日ノ紛擾ヲ防ク爲メ其謄本ニ傭船者又ハ荷送人ノ署名ヲ求メ置クモ又無益ニアラサル

可シ

第六百二十四條 陸揚港ニ於テハ船長ハ數通ノ船荷證券中ノ一通ノ所持人カ運送品ノ引渡ヲ請求シタルトキト雖モ其引渡ヲ拒ムコトヲ得ス

（説明） 船荷證券ハ其求メアレハ幾通ニテモ作成スルモ其効力タルヤ一ナリ故ニ一通ノ呈示アレハ他ハ呈示ナキモ船長ハ此ニ向ツテ引渡ヲ爲サヽルヲ得ス尤モ此引渡ヲ爲スハ陸揚港ニ限ル他港ニテ引渡要求アレハ次條ニヨラサル可ラス

第六百二十五條 陸揚港外ニ於テハ船長ハ船荷證券ノ各通ノ返還ヲ受クルニ非サレハ運送品ヲ引渡スコトヲ得ス

（説明） 船荷證券ノ所持人ハ陸揚港ニテ其引渡ヲ求ムルハ其運送契約當然ノ結果ナリ故ニ一通ノ呈示ニテ引渡ヲ求ムル者アルモ之ヲ拒ムヲ得サルモ陸揚港以外ニ引渡ヲ求メラルヽトキハ各通ノ返還ヲ受ケサレハ引渡ヲ爲スヲ得ス然ラサレハ陸揚港ニテ再ヒ要求ヲ受クル恐アレハナリ又不正ノ所持人ハ應々之ヲ途中ニテ求

ムルノ便利ナルヲ悟レハナリ

第六百二十六條 二人以上ノ船荷證券所持人カ運送品ノ引渡ヲ請求シタルトキハ船長ハ遲滯ナク運送品ヲ供託シ且請求ヲ爲シタル各所持人ニ對シテ其通知ヲ發スルコトヲ要ス船長カ第六百二十四條ノ規定ニ依リテ運送品ノ一部ヲ引渡シタル後他ノ所持人カ運送品ノ引渡ヲ請求シタル塲合ニ於テ其殘部ニ付キ亦同シ

（說明） 二人以上ノ船荷證券所持人カ運送品ノ引渡ヲ請求シタルトキハ船長ハ其何人カ正當ノ請求者ナルヤヲ判別スル能ハサル可シ故ニ此塲合永ク其運送品ヲ船中ニ置キ其請求者ノ是非判明ヲ待ツヘキニアラサレハ遲滯ナク運送品ヲ供託シ其請求ヲ爲シタル各所持人ニハ其旨ヲ通知セサル可ラス又此規定ハ第六百二十四條ニヨリ最初一人ノ請求者アリテ已ニ運送品ノ一部ヲ引渡シタル後他ノ船荷證券ノ所持人アリテ引渡ヲ要求スル者顯レタルトキニモ亦以上ト同一ノ手續ヲ踏ミ其殘部ハ供託セサル可ラス

第六百二十七條 二人以上ノ船荷證劵所持人アル場合ニ於テ其一人カ他ノ所持人ニ先チテ船長ヨリ運送品ノ引渡ヲ受ケタルトキハ他ノ所持人ノ船荷證劵ハ其效力ヲ失フ

（說明） 二人以上船荷證劵ノ所持人同時又ハ引渡未濟ノ時ニ顯ルヽトキハ前條ニヨルモ已ニ此一人カ一通ノ證劵ニテ請求ヲ爲シ已ニ船長ヨリ引渡ヲ受ケタル後ハ他ノ所持人ハ最早請求スヘキ物ナク且ツ其物ノ物權ハ已ニ先キノ請求者ニ移轉シタルモノナレハ其所持ノ船荷證劵ハ船荷證劵トシテハ効力ヲ失フモノトスシカシ其後普通ノ手續ニヨリ其物品ノ所有權ヲ爭フハ妨ケサルナリ

第六百二十八條 二人以上ノ船荷證劵所持人アル場合ニ於テ船長カ未タ運送品ノ引渡ヲ爲ササルトキハ原所持人カ最モ先ニ發送シ又ハ引渡シタル證劵ヲ所持スル者他ノ所持人ニ先チテ其權利ヲ行フ

（說明） 本條ハ數通ノ船荷證劵ヲ發行セラレタルトキハ原所持人カ最モ先キニ發送スルカ又引渡シタル證劵ヲ所持スル者ハ未タ運送品カ何人ニモ引渡サレサルト

キハ他ノ所持人ニ先チテ其權利ヲ行フ者ヲ定メタルモノトス即チ時ノ前後ニヨリ其權利ノ優劣ヲ定メタルモノトス然ルモ本條ノ規定ハ二人以上ノ間ニ爭ヒアルトキハ此法文ニヨリテ其權利者ヲ定ムヘキ規定ニシテ船長ハ此法文ヲ楯トシテ二人以上ノ引渡要求アルトキ其一人ニ引渡ヲ爲スヲ得ス船長ハ必ス之ヲ供託セサル可ラス

第六百二十九條 第三百三十四條、第三百三十五條第四百五十五條及ヒ第四百八十三條ノ規定ハ船荷證券ニ之ヲ準用ス

（說明） 船舶所有者ト其引渡請求者トノ關係ハ第三百三十四條ニ準シ船荷證券アルトキハ此ニヨリ決スヘク又船荷證券ノ裏書讓渡ノ効力ハ第三百三十五條ニヨリ運送品ノ讓渡ト効力ヲ同フシ又船荷證券モ特ニ裏書禁止ノ明記ナキトキハ第四百五十五條ニ準シ裏書讓渡ヲ爲スヲ得ヘク又船荷證券アルトキハ其引渡ハ必ス此ト引換ニアラサレハ爲スヲ要セサルコト第四百八十三條ト同一ニシテ其所特人其運送品ヲ受取リタルトキハ之ニ署名スヘキモノトス

第二節　旅客運送

第六百三十條　記名ノ乘船切符ハ之ヲ他人ニ讓渡スコトヲ得ス

（說明）本條ハ讀ンテ字ノ如ク別ニ意義ナシ只タ此裏面ノ解釋トシテ無記名ノ乘船切符ハ他人ニ讓渡シ得ルコトハ認メ得ヘシ

第六百三十一條　旅客ノ航海中ノ食料ハ船舶所有者ノ負擔トス

（說明）是亦今日ノ慣習ヲ認メタル法文ニシテ別意ナキモ特別契約ヲ爲シテ之ヲ負擔セサルコトヲ約スルハ法ノ要セサル所ナリ

第六百三十二條　旅客カ契約ニ依リ船中ニ携帶スルコトヲ得ル手荷物ニ付テハ船舶所有者ハ特約アルニ非サレハ別ニ運送賃ヲ請求スルコトヲ得ス

（說明）本條ハ特約ナキ以上ハ手荷物ニハ運送賃ヲ支拂フヲ要セサルノ規定ナシ併シ其手荷物ノ容積又ハ重量ハ其定ムル所ノ制限ニ從ヒ上等切符買入ノ者ハ何貫迄トカ中等下等ハ何程迄トカノ內規ハ守ラサル可ラス

第六百三十三條 旅客カ乘船時期マテニ船舶ニ乘込マサルトキハ船長ハ發航ヲ爲シ又ハ航海ヲ繼續スルコトヲ得此場合ニ於テハ旅客ハ運送賃ノ全額ヲ支拂フコトヲ要ス

（說明）、乘船切符ヲ買入レタル者ハ一定ノ乘船時期マテニハ船舶ニ乘込ムヘキコトヲ暗ニ約シタルモノトス故ニ其時期マテニ乘込マサルトキハ船長ハ之ヲ待ツノ義務ナク發航港ノトキナレハ隨意ニ發航シ立寄港ナレハ航海ヲ繼續スヘキモノトス否ラサレハ他ノ乘客ハ非常ノ迷惑ヲ感スレハナリ勿論此場合乘込マサルモ運送賃全額ヲ支拂ハサル可ラス尤モ此場合ハ故ナク乘込マサルトキノ規定ニシテ病氣其他ノ不可抗力ノ場合ニハ第六百三十五條ノ規定ニ從フヘキモノトス

第六百三十四條 發航前ニ於テハ旅客ハ運送賃ノ半額ヲ支拂ヒテ契約ノ解除ヲ爲スコトヲ得

發航後ニ於テハ旅客ハ運送賃ノ全額ヲ支拂フニ非サレハ契約ノ解除ヲ爲スコトヲ得ス

（說明）一發航前ト發航後ハ船舶カ旅客ニ對スル準備モ異ル所アレハ其解約ノ塲合ノ規定モ異ニシ發航前ナレハ運送賃半額ヲ支拂ヘハ解約シ得ルモ發航後ハ全額ヲ支拂ハサル可ラス

第六百三十五條 旅客カ發航前ニ死亡、疾病其他一身ニ關スル不可抗力ニ因リテ航海ヲ爲スコト能ハサルニ至リタルトキハ船舶所有者ハ運送賃ノ四分ノ一ヲ請求スルコトヲ得

前項ニ掲ケタル事由カ發航後ニ生シタルトキハ船舶所有者ハ其選擇ニ從ヒ運送賃ノ四分ノ一ヲ請求シ又ハ運送ノ割合ニ應シテ運送賃ヲ請求スルコトヲ得

（說明）如何ナル法律モ不可抗力ヲ强ユルノ規定ハ爲スヲ得ス故ニ旅客カ一定ノ時期ニ乘込マサル其原因カ發航前ニ死亡疾病其他一身ニ關スル不可抗力火災盜難犯罪嫌疑（無實ノ犯罪）者トシテ引致セラル丶如キ事由ニテ航海ヲ爲ス能ハサルニ至リタルトキハ船舶所有者ハ運送賃ノ四分ノ一ヲ請求シ得ルニ過キス尤モ旅客ハ其原因

ヲ證明セサル可ラス併シ以上ノ原因カ發航後ニ生シタルトキハ船舶所有者ハ其撰擇ニヨリ成ハ其運送賃ノ四分一ヲ求メ又ハ運送ノ割合ニ應シテ運送賃ヲ求ムルコトヲ得ヘシ

第六百三十六條 航海ノ途中ニ於テ船舶ヲ修繕スヘキトキハ船舶所有者ハ其修繕中旅客ニ相當ノ住居及ヒ食料ヲ供スルコトヲ要ス但旅客ノ權利ヲ害セサル範圍内ニ於テ他ノ船舶ヲ以テ上陸港マテ旅客ヲ運送スルコトヲ提供シタルトキハ此限ニ在ラス

（說明） 船舶ハ航海中途中ニテ修繕スルコトアルヘシ此塲合ト雖船舶所有者ハ旅客ニ相當ノ住居及食料ヲ供セサル可ラス尤モ旅客ノ權利ヲ害セサル範圍内即チ等級運送賃待遇ヲ變セサル限度ニ於テ他ノ船舶ヲ以テ上陸港マテ旅客ヲ運送スヘキコトヲ提供シタルトキハ此相當ノ住居又ハ食料ヲ供スルノ義務ハ免ルヽモノトス且旅客ハ此提供アルトキハ拒ム能ハサレハナリ

第六百三十七條 旅客運送契約ハ第五百八十七條第一項ニ掲ケタル

事由ニ因リテ終了ス若シ其事由カ航海中ニ生シタルトキハ旅客ハ運送ノ割合ニ應シテ運送賃ヲ支拂フコトヲ要ス

（説明）本條ハ旅客運送契約終了ノ時期ヲ示シタルモノニシテ第五百八十七條第一項ノ三ケノ場合生スルトキハ終了スルモノトス尤モ此事由ハ航海中ニ生シタルトキハ旅客ハ運送ノ割合ニ應シテ運送賃丈ハ支拂ハサル可ラス

第六百三十八條　旅客カ死亡シタルトキハ船長ハ最モ其相續人ノ利益ニ適スヘキ方法ニ依リテ其船中ニ在ル手荷物ノ處分ヲ爲スコトヲ要ス

（説明）本條ハ別ニ説明ヲ要スヘキ點ナシ其相續人ノ利益ニ適スヘキ方法トハ賣却シテ金送スルカ又運送スルカ保管スルカ相續人ノ爲メ不利ナラサル樣處分スヘキ義務アルモノトス

第六百三十九條　第三百五十條、第三百五十一條第一項、第三百五十二條、第五百九十一條、第五百九十二條、第六百十四條及ヒ第六百

十八條ノ規定ハ海上旅客運送ニ之ヲ準用ス

第五百九十三條及ヒ第六百十七條ノ旅客手荷物ニ之ヲ準用ス

（說明）旅客ノ被リタル損害ニハ第三百五十條ヲ準用シ旅客ノ手荷物ニ對スル運送人ノ責任ニハ第三百五十一條第一項ヲ準用シ旅客カ船長ニ引渡サヽル手荷物ノ損害ニハ第三百五十二條ノ規定ヲ準用シ船舶所有者カ船舶カ航海ニ堪フルコトヲ擔保スヘキハ第五百九十一條ト同シク特約ヲ爲スモ船舶所有者ハ自己船員其他ノ使用人ノ惡意過失ヨリ來ル損害ヲ賠償セサルヘカラサルコトハ第五百九十二條ト同シク又航海カ法令ニ反スルカ不可抗力ニテ目的ヲ達スヘカラサルニ至リタルトキ解約ノ自由アルコトハ第六百十四條ニ同シク船舶所有者ノ旅客ニ對スル債權ノ時効ハ第六百十八條ト同シク一年ナリ

法令ニ違反シ又契約ニヨラサル手荷物ニ對スル處分ハ第五百九十三條ヲ準用シ又手荷物ヲ第五百六十八條第一項第五百七十二條第六百四十一條ニ從ヒ處分セシトキモ旅客ハ其運送賃全額ヲ支拂ハサル可ラサルコトハ第六百十七條ヲ準用スルモ

手荷物ニ付テハ運送賃ハ支拂ハサルモノナレハ特約アル場合以外ヨシ此處分アルモ運送賃ヲ支拂フヲ要セサルヘシ

第六百四十條　旅客運送ヲ爲ス爲メ船舶ノ全部又ハ一部ヲ以テ運送契約ノ目的ト爲シタル場合ニ於テハ船舶所有者ト傭船者トノ關係ニ付テハ前節第一款ノ規定ヲ準用ス

（說明）本條ハ移民又出稼人ノ場合ニ應々生スル場合ニシテ旅客運送ノ爲メニ船舶ノ全部又一部ヲ傭入ルヽモノトス此場合ハ前節第一欵ノ規定ヲ準用スルモノトス

第四章　海損

（說明）海損ナル語ハ船舶ナリ又ハ荷物ナリ單ニ天災時變ノ爲メニ損害ヲ被レハ海損ト云フモ毫モ妨ケナキモ本章ニ規定スル所ノ海損ナル語ハ此意味ニアラスシテ術語ニ云フ共同海損ノ規定ナリ即チ共同ノ危險ヨリ船舶積荷ヲ救出セシ爲メニ其船舶積荷ナリヲ投棄シタルモノヲ云フ此共同海損ニ

對シテ此目的ノ爲メニ被ラサル損害即チ天災ノ爲メニ偶然船舶積荷ノ被リタル損害ヲ單獨海損ト云フ此單獨海損ハ何人ニ向ツテモ其賠償ヲ求ムル所ナキモ共同海損ノ塲合ニハ割合ニ應シテ賠償セサル可ラス尤モ不法行爲又ハ過失ノ爲メニ被ル損害ヲ其加害者ニ求ムルハ是民法ノ普通原則ニシテ別ニ議論スルノ必要ナシ

第六百四十一條 船長カ船舶及ヒ積荷ヲシテ共同ノ危險ヲ免レシムル爲メ船舶又ハ積荷ニ付キ爲シタル處分ニ因リテ生シタル損害及ヒ費用ハ之ヲ共同海損トス

前項ノ規定ハ危險カ過失ニ因リテ生シタル塲合ニ於テ利害關係人ノ過失者ニ對スル求償ヲ妨ケス

（説明）海上ノコトタル風浪火災坐礁膠砂等其危險ノ多キ又一々明言スヘカラス一度危險ノ發生センカ船舶ヲ初メ積載スル所ノ百般ノ貨物ハ概子海底ノ藻屑タリ故ニ其危險ニシテ少シニテモ甚シキニ至ラサルニ救出スルノ道アラハ如何ナル手、

段ヲ施スモ之ヲ實行セシメ以テ其損害ヲ少ナカラシムヘキハ尤モ奬勵スヘキヿト云ハサル可ラス共同海損ノ制モ亦此趣旨ニ外ナラス故ニ此ニ(一)船舶積荷ノ共ニ被ルヘキ危險アリテ(二)船長カ之ヲ免レシムル爲メニ或ル處分(多クハ荷物ノ投棄ナリ)ヲ施シ(三)之レカ爲メニ其危險ヲ免レシトキハ其處分ニヨリ生シタル費用ハ共同海損トシテ殘存物ノ所有者之ヲ割合負担セサル可ラス

以上ノ三條件ハ共同海損ノ要素ナルモ其危險ノ原因ハ必スシモ天災ヨリシテ來ルモノニアラス或ハ或ル者ノ過失ヨリ來ルコトナシトセス此塲合ハ利害關係人即チ海損ノ割合ヲ出シタルモノハ其損害ヲ過失者ニ向ツテ求ムルヲ得

第六百四十二條 共同海損ハ之ニ因リテ保存スルコトヲ得タル船舶又ハ積荷ノ價格ト運送賃ノ半額ト共同海損タル損害ノ額トノ割合ニ應シテ各利害關係人之ヲ分擔ス

(說明) 本條ハ共同海損ノ生セシトキハ此海損ヲ行フタル爲メ保存セラレタル船舶ノ全價額(實際一部ノ喪失スルコトアルモ)又ハ積荷ノ全價額(其幾分ハ投棄セシモ)ト運送賃ノ半額トカ其損害

ヲ割合負擔スルモノトス今之ヲ例示スレハ此ニ壹萬圓ノ船舶カ六千圓ノ荷物ヲ積ミ其運送賃カ千圓（此負擔ハ五百圓）ナルトキ共同海損額荷物ニ三千三百圓ヲ生シタルトキハ壹萬六千五百圓ニ付キ三千三百圓ノ損害ナレハ壹圓ニ付キ貳拾錢ノ損害ナレハ船舶ノ負擔額貳千圓ニシテ積荷ノ負擔ハ千貳百圓運送賃ノ負擔百圓ナリ

第六百四十三條 共同海損ノ分擔額ニ付テハ船舶ノ價格ハ到達ノ地及ヒ時ニ於ケル價格トシ荷ノ價格ハ陸揚ノ地及時ニ於ケル價格トス但積荷ニ付テハ其價格中ヨリ滅失ノ場合ニ於テ支拂フコトヲ要セサル運送賃其他ノ費用ヲ控除スルコトヲ要ス

（說明） 前條ヨリ船舶積荷カ其海損ヲ負擔セサル可ラサルニ至リタルヤ其割合ノ基本タル價額ハ何レノ地ノ何レノ時ニ有スル價格ナルヤハ疑問ナリ本條ハ云フ船舶ハ到達ノ地及ヒ時ニ於ケル價格ニシテ積荷ハ陸揚ノ地及ヒ時ニ於ケル價格ナリト雖此荷物中ニハ實際滅失セシモノアレハ此物ノ陸上賃其他ノ費用ハ除カサル可

ラス例之前條ノ比例ニテ積荷ノ六千圓中三千三百圓ハ滅失セシモノナレハ殘額ハ二千七百圓ニシテ其價額陸揚地ニ定メラルヽモ其價額中ニ概子陸上賃手數料ヲ包含シテ此價額ヲ爲スモノナルモ實際支拂ハサル陸上賃手數料ハ除カサル可ラス

第六百四十四條　前二條ノ規定ニ依リ共同海損ヲ分擔スヘキ者ハ船舶ノ到達又ハ積荷ノ引渡ノ時ニ於テ現存スル價額ノ限度ニ於テノミ其責ニ任ス

（說明）　海損ハ其積載スル物カ負擔スルカ又人カ負擔スルカ學說ノ存スル所ナルモ人ノ負擔ニ歸スヘキハ勿論ナルモ只其限度ハ船舶ハ到達ノ時積荷ハ引渡ノ時ニ現存スル價額限リトセサル可ラス即チ前々條ノ引例ニテハ一圓ニ付二十錢ノ割合ニテ荷物ハ千貳百圓ヲ負擔セサル可ラサルモ其後ノ海損其他ノ事故ニテ荷物ノ實價千貳百圓以下ニ至リタルトキハ其有スル價額丈負擔セハ其責ヲ免ルヽモノトス是レ其荷物ヲ救助スヘキ費用ナレハ其救助スヘキ物以上ニ負擔セシムルハ酷ナレハナリ

第六百四十五條　船舶ニ備附ケタル武器、船員ノ給料、船員及ヒ旅客ノ食料並ニ衣類ハ共同海損ノ分擔ニ付キ其價額ヲ算入セス但此等ノ物ニ加ヘタル損害ハ他ノ利害關係人之ヲ分擔ス

（説明）　本條ハ共同海損ハ負擔セサルモ若シ此物件ニ付キ加ヘタル損害ハ他ノ者ヨリ即チ共同海損ノ利害關係人ヨリ之ヲ補償セサル可ラサル物件ノ種類ヲ定メタル者トス其物ハ船舶備付ノ武器船員ノ給料船員及ヒ旅客ノ食料並ニ衣類トス若シ此等ノ物件其共同海損ヲ負擔スレハ一ノ債務ヲ有スル者ナレハ自然強制執行等ヲ受ケ備付ノ目的ヲ害シ又船員ノ行動ヲ妨ケ旅客身体ノ自由ヲ害スルニ至レハナリ

第六百四十六條　船荷證劵其他積荷ノ價格ヲ評定スルニ足ルヘキ書類ナクシテ荷積シタル荷物又ハ屬具目錄ニ記載セサル屬具ニ加ヘタル損害ハ利害關係人ニ於テ之ヲ分擔スルコトヲ要セス甲板ニ積込ミタル荷物ニ加ヘタル損害亦同シ但沿岸ノ小航海ニ在テハ此限ニ在ラス

前二項ニ揭ケタル積荷ノ利害關係人ト雖モ共同海損ヲ分擔スル責ヲ免ルルコトヲ得ス

（說明）本條ハ前條ト異リ其損害ハ共同危險ノ除去ニ出テタルモ他ヨリ分擔セラレスシテ却ツテ保存セラレタルトキハ他ノ損害ヲ分擔セサル可ラサル物件ノ種類ヲ示セシモノトス

一ハ船荷證劵又ハ積荷ノ價格ヲ評定スヘキ出願ナクシテ船積シタル荷物ニシテ第二ハ船舶ノ屬具目錄ニ記載セサル屬具ナリ第三沿岸航海ヲ除キ甲板ニ積込ミタル荷物ナリ

是等ハ多ク價格ハ少ナルモ其容積ハ大ニシテ其危險ノ分量ヲ增加スル性質アルト又一ハ輕微ノ物品ナルヨリ此レカ取除キヲ爲シタルモノナラン

第六百四十七條 共同海損タル損害ノ額ハ到達ノ地及ヒ時ニ於ケル船舶ノ價格又ハ陸揚ノ地及ヒ時ニ於ケル積荷ノ價格ニ依リテ之ヲ定ム但積荷ニ付テハ其滅失又ハ毀損ノ爲メ支拂フコトヲ要セサリ

シ一切ノ費用ヲ控除スルコトヲ要ス

第三百三十八條ノ規定ハ共同海損ノ場合ニ之ヲ準用ス

（說明）本條ハ共同海損ノ爲メニ被リタル損害ハ何地ニ定ムヘキヤノ疑問ニ答ヘタル法條ナリ其損害モ亦船舶ハ到達ノ地及ヒ時ニ於ケル價額トシ積荷ハ陸揚ノ地及ヒ時ニ於ケル價額ナリトス但シ此積荷ニ付テハ其物カ實際滅失毀損セシトキ支拂フヲ要セサル一切ノ費用ハ控除シ去ルヘキハ第六百四十三條ト同一ナリ

貨幣有價證劵其他ノ高價品ハ荷送人カ運送ヲ委託スルトキ其種類及ヒ價額ヲ明示シタルトキナラサレハ他ノ利害關係人ハ意外ノ損失ヲ被ルヘシ故ニ必ス明告セサレハ其損害ハ賠ハサルモノトス然ラサレハ他ノ普通物品ト思推シ處分シタルニ高價品タリシ如キコト間々存スレハナリ

第六百四十八條　船荷證劵其他積荷ノ價格ヲ評定スルニ足ルヘキ書類ニ積荷ノ實價ヨリ低キ價額ヲ記載シタルトキハ其積荷ニ加ヘタル損害ノ額ハ其記載シタル價額ニ依リテ之ヲ定ム

積荷ノ實價ヨリ高キ價額ヲ記載シタルトキハ其積荷ノ利害關係人ハ其記載シタル價額ニ應シテ共同海損ヲ分擔ス

前二項ノ規定ハ積荷ノ價格ニ影響ヲ及ホスヘキ事項ニ付キ虚僞ノ記載ヲ爲シタル塲合ニ之ヲ準用ス

（說明）本條モ損害評定ノ法文ニカヽル若シ其被害物品ノ價額船荷證券其他積荷ノ價格ヲ評定スルニ足ル書類例之荷送リ狀ノ如キニ其實價ヨリ低キ價額ヲ付シタルトキハ其損害ハ其記載價格ニヨリテ之ヲ定ムルモノトス若シ反之實價ヨリ高キ價額ヲ記載シタルトキハ其積荷ノ利害關係人ハ自分ニハ其高キ價額ニ應シテ共同海損ヲ負擔セサル可ラス即チ低キトキハ之ニヨリ他人ニ損害ヲ分擔セシメ高ク記載セルトキハ自ヲ之ニヨリ高キ他人ノ損害額ヲ負擔セサル可ラサルモノトス

又前二項ノ規定ハ積荷ノ價額ニ影響ヲ及スヘキ事項ニ付キ虚僞ヲ爲シタルトキ即チ低價品ニ損害ヲ受ケタルトキ高價品ナリトシテ虚僞ノ事實ヲ粧ヒ又高價品ナル

トキ其損害負擔ニ低價ナリトシテ少ク出金セントト虚僞ノ事實ヲ證明スルトキハ前
二項ニヨリテ制裁ヲ受クルモトス

第六百四十九條 第六百四十二條ノ規定ニ依リテ利害關係人カ共同海損ヲ分擔シタル後船舶、其屬具若クハ積荷ノ全部又ハ一部カ其所有者ニ復シタルトキハ其所有者ハ償金中ヨリ救助ノ費用及ヒ一部滅失又ハ毀損ニ因リテ生シタル損害ノ額ヲ控除シタルモノヲ返還スルコトヲ要ス

（說明） 第六百四十二條ニヨリテ利害關係人カ已ニ共同海損ヲ分擔シタル後船舶其屬具又積荷ノ全部一部カ其所有者ニ復歸スルコトハ應々見ル所ナリ此場合ニハ其所有者ハ其復歸ノ場合ニハ救助ノ費用ヲ出シ又其物件ノ一部ノ滅失毀損ハ普通見ル所ナレハ其嘗ツテ受取リタル償金即チ共同海損ニヨリ補償セラレタル金額中ヨリ此救助ノ費用毀損滅失ニヨリ減シタル損害丈ヲ引去リタル殘額ハ各支出者ニ返還セサル可ラス

第六百五十條 船舶カ雙方ノ船員ノ過失ニ因リテ衝突シタル場合ニ於テ雙方ノ過失ノ輕重ヲ判定スルコト能ハサルトキハ其衝突ニ因リテ生シタル損害ハ各船舶ノ所有者平分シテ之ヲ負擔ス

（說明） 船舶ノ海上ニ衝突スルコトハ應々生スル所ノ事實ナリ此場合其衝突カ不可抗力ニ出ツルトキハ何人ニモ過失ナケレハ各受ケタル損害ハ何人ニモ求ムル所アラサルヘシ（二）一方過失アレハ此モノ全部負擔スヘク（三）双方過失アルトキ其過失ニ輕重アレハ其輕重ニ從ツテ其損害ヲ補フヘキハ民法上當然ノ原則ナルモ双方ノ船員ニ過失アリテ其過失ノ輕重ヲ判定スル能ハサルトキハ其衝突ニヨリ生シタル損害ハ各船舶ノ所有者平分シテ負擔スヘキハ當然ナリ即チ一方ノ船舶ニ三千圓損害アリテ一方ニ五千圓ナルトキハ之ヲ平分シテ四千圓宛負擔セサル可ラス

第六百五十一條 共同海損又ハ船舶ノ衝突ニ因リテ生シタル債權ハ一年ヲ經過シタルトキハ時效ニ因リテ消滅ス

前項ノ期間ハ共同海損ニ付テハ其計算終了ノ時ヨリ之ヲ起算ス

（說明）本條第一項ハ共同海損又ハ船舶衝突ニ因ル債權ノ時効ヲ定メタルモノニシテ何レモ其時ヨリ一年ニテ時効ニカヽル

第二項ハ共同海損ノ時効起算點ヲ定メタルモノニテ其計算終了ノ時ヨリ起算スヘキモノトセリ若シ然ラストセハ此時効ハ何人カ何程負擔スヘキカ判然セサル中ニ已ニ時効ニヨリ其債權ハ消滅スル如キ奇觀ヲ呈スレハナリ

第六百五十二條 本章ノ規定ハ船舶カ不可抗力ニ因リ發航港又ハ航海ノ途中ニテ碇泊ヲ爲ス爲メニ要スル費用ニ之ヲ準用ス

（說明）本條ハ費用海損所謂小海損規定ニシテ船舶カ不可抗力ニテ發航港ニテ余儀ナク碇泊スル費用又航海ノ途中ニ於テ碇泊スル費用ノ如キハ別ニ船舶積荷ニ積極ノ處分ヲ爲サス其他ニ損害ヲ生セサルモ碇泊ニハ多少ノ費用ヲ要スルヲ以テ此費用ハ共同海損ノ原則ニヨリテ分擔スヘキモノトス

第五章　保險

（說明）保險ノ原則ハ已ニ第三篇第十章第一節第一欵ニ說明セル所ナリ只

本章ハ其損害ノ航海ニ關スル事故ニ因リテ生スル塲合ノ保險ノミノ規定ニカヽル

第六百五十三條 海上保險契約ハ航海ニ關スル事故ニ因リテ生スルコトアルヘキ損害ノ塡補ヲ以テ其目的トス

海上保險契約ニハ本章ニ別段ノ定アル塲合ヲ除ク外第三編第十章第一節第一款ノ規定ヲ適用ス

（說明） 海上保險契約ハ航海ニ關スル事故ニヨリテ生スルコトアルヘキ損害ノ塡補ヲ目的トスルハ法文ノ示ス所ナリ此生スルコトアルヘキ損害ノ塡補トハ如何ナル意味ナルカ古代ノ保險主義ハ危險ニヨリテ損害ニ遭遇セサル以前ノ地位ニ恢後セシムルヲ本則トセルモ現今ノ主義ハ海上保險契約ハ航海ヲ終リシナラハ之レアリシナラント察セラルヽ位置迄ニ恢復セシムルヲ以テ目的トス本法ノ主義モ此ニ則リ運送賃希望ノ利益ノ如キ皆被保險利益タルヘキモノトセリ是生スルコトアルヘキ損害云々トアル所以ナリ而シテ其目的ノ如何ハ毫モ制限セサル所ナリ

本章ニ別段ノ定メアル場合ノ外第三篇第十章第一節第一欵ノ規定ハ當然本章ニモ適用セラルヽモノトス

第六百五十四條 保險者ハ本章又ハ保險契約ニ別段ノ定アル場合ヲ除ク外保險期間中保險ノ目的ニ付キ航海ニ關スル事故ニ因リテ生シタル一切ノ損害ヲ塡補スル責ニ任ス

（說明） 本條ハ保險ノ負擔スヘキ損害ハ如何ナル範圍ニ止ルヘキヤヲ定メタルモノトス條文ハ云フ本章ニ別段ノ規定アル場合（第六百六十四條）又ハ保險契約ニ別段ノ定アル場合ノ外保險期間中保險ノ目的ニ付キ航海ニ關スル事故ハ戰爭其他ノ國ノ處分ニ出ツルト否トヲ問ハス一切其損害ノ塡補ヲ爲スヘキ責ニ任スルモノトス

第六百五十五條 保險者ハ被保險者カ支拂フヘキ共同海損ノ分擔額ヲ塡補スル責ニ任ス但保險價額ノ一部ヲ保險ニ付シタル場合ニ於テハ保險者ノ負擔ハ保險金額ニ對スル割合ニ依リテ之ヲ定ム

（說明）船舶荷主ハ共同海損ノ場合ニハ船長ノ故意處分ニヨリ被リタル損害ハ共分シテ之ヲ負擔セサル可ラス此分擔モ亦航海ノ事故ニヨリ生シタルモノナレハ保險者ハ其分擔額ヲ塡補セサル可ラス

併シ保險物ノ價額ノ一部ヲ保險ニ付シタル場合ニハ保險者ノ負擔額ハ保險全額ノ保險價格ノ割合ニヨリテ定マルモノトス例之千圓ノ貨物ヲ五百圓丈保險ニ付セシトキ此千圓ノ貨物カ共同海損ノ割前二百圓ヲ負擔スヘキトキハ保險者ハ五百圓ニ對スル分百圓ヲ負擔スルノ類ナリ

第六百五十六條　船舶ノ保險ニ付テハ保險者ノ責任カ始マル時ニ於ケル其價額ヲ以テ保險價額トス

（說明）損害ハ何時ノ價額ニヨリテ定ムヘキヤハ一ノ疑問ナリ損害保險總則ノ規定ハ損害ノ生セシ地ト時ニヨル旨（第三百九十三條）規定セルモ船舶ノ保險ニ付テハ應々甚タシキ紛爭ヲ釀スヲ以テ其價格ハ保險者ノ責任カ始マル時ニ於ケル價格ヲ以テ保險價額ナリト決セリ而シテ保險者責任ノ開始ハ第六百五十五條ノ定ムル

所ナリ

第六百五十七條 積荷ノ保險ニ付テハ其船積ノ地及ヒ時ニ於ケル其價額及ヒ船積並ニ保險ニ關スル費用ヲ以テ保險價額トス

（說明）本條ハ前條ト對比スル爲メニ設ケタル法文ニシテ別ニ說明スヘキ點ナシ

第六百五十八條 積荷ノ到達ニ因リテ得ヘキ利害又ハ報酬ノ保險ニ付テハ契約ヲ以テ保險價額ヲ定メサリシトキハ保險金額ヲ以テ保險價額トシタルモノト推定ス

（說明）保險價格ト保險金額トハ嚴ニ區別セサル可ラス保險價額トハ其目的ヨリ被ル損害ノ價額反面ヨリ云ヘハ被保險利益ノコトニシテ保險金額トハ現ニ保險ニ付セシ金額ノコトナリ此保險價額ト保險金額トハ相異ルコト多シ例之保險價額千圓ニシテ保險金額ハ八百圓ナルコトナシトセス此場合ニハ八百圓ノ損害生セハ保險者ノ塡補スヘキ金額ハ六百四十圓ナリカヽル關係アルヲ以テ積荷カ到達地ニ到達シテ得ヘキ利益ノ如キハ契約ヲ以テ保險價額ヲ定メサルトキハ保險金額ヲ以テ

保險價額トナシタルモノト法律ハ推定セリ併シ實際之ニ反スルトキハ保險者ハ其實額ヲ擧ケテ其塡補額ヲ減少スルコトヲ得ヘシ（三百八十六條）

第六百五十九條 一航海ニ付キ船舶ヲ保險ニ付シタル場合ニ於テハ保險者ノ責任ハ荷物又ハ底荷ノ船積ニ著手シタル時ヲ以テ始マル荷物又ハ底荷ノ船積ヲ爲シタル後船舶ヲ保險ニ付シタルトキハ保險者ノ責任ハ契約成立ノ時ヲ以テ始マル

前二項ノ場合ニ於テ保險者ノ責任ハ到達港ニ於テ荷物又ハ底荷ノ陸揚カ終了シタル時ヲ以テ終ハル但其陸揚カ不可抗力ニ因ラスシテ遲延シタルトキハ其終了スヘカリシ時ヲ以テ終ハル

（說明）本條ハ船舶ヲ保險ニ付シタル場合保險者ノ責任ノ開始ト終了トヲ明示シタル法文ニシテ別ニ疑點ヲ存セス

第六百六十條 積荷ヲ保險ニ付シ又ハ積荷ノ到達ニ因リテ得ヘキ利益若クハ報酬ヲ保險ニ付シタル場合ニ於テハ保險者ノ責任ハ其積

荷カ陸地ヲ離レタル時ヲ以テ始マリ陸揚港ニ於テ其陸揚カ終了シタル時ヲ以テ終ハル

前條第三項但書ノ規定ハ前項ノ場合ニ之ヲ準用ス

（說明）本條亦積荷又ハ積荷ノ到達ニ因リテ得ヘキ利益若クハ報酬ヲ保險ニ付シタル場合責任ノ起始終了ヲ明カニシタルモノトス前條第三項ノ但書ハ適用スルモノトス

第六百六十一條 海上保險證券ニハ第四百三條第二項ニ揭ケタル事項ノ外左ノ事項ヲ記載スルコトヲ要ス

一 船舶ヲ保險ニ付シタル場合ニ於テハ其船舶ノ名稱、國籍並ニ種類、船長ノ氏名及ヒ發航港、到達港又ハ寄航港ノ定アルトキハ其港名

二 積荷ヲ保險ニ付シ又ハ積荷ノ到達ニ因リテ得ヘキ利益若クハ報酬ヲ保險ニ付シタル場合ニ於テハ船舶ノ名稱、國籍並ニ

種類、船積港及ヒ陸揚港

（說明）本條ハ第四百三條ノ補足トテモ云フヘキ法文ニシテ海上保險證券ハ該條ノ第一號ヨリ第九號迄ニ本條ノ第一號ヨリ第三號迄ヲ加ヘ積荷又ハ積荷ノ到達ニヨリテ得ヘキ利益若クハ報酬ヲ保險ニ付シタルトキハ船舶名稱國籍幷ニ種類船積港陸揚港ヲ記載シ保險者ノ署名スヘキモノトス

第六百六十二條 保險者ノ責任カ始マル前ニ於テ航海ヲ變更シタルトキハ保險契約ハ其效力ヲ失フ

保險者ノ責任カ始マリタル後航海ヲ變更シタルトキハ保險者ハ其變更後ノ事故ニ付キ責任ヲ負フコトナシ但其變更カ保險契約者又ハ被保險者ノ責ニ歸スヘカラサル事由ニ因リタルトキハ此限ニ在ラス

到達港ヲ變更シ其實行ニ著手シタルトキハ保險シタル航路ヲ離レサリシトキト雖モ航海ヲ變更シタルモノト看做ス

（説明）本條ハ航海變更ト保險者ノ責任ニ關スル法文ナリ海上保險損害ノ豫測ハ全ク其航海ノ如何ニヨリテ定ムルモノナレハ保險者ノ責任用始前ニ之ヲ變更セシトキハ保險契約ハ全ク効力ナキモノトス是其契約ノ基本動ケハナリ其保險者ノ責任カ始マリタル（第六百五十九條）後ニ變更アラハ故ニ其責任開始セルモノナレハ其契約ハ依然効力アルモ變更後ノ事故ニ付テハ責任ヲ負ハサレハ如何ナル損害生スルモ保險者ノ知ル所ニアラス尤モ其變更ハ保險契約者又ハ被保險者ノ責ニ歸スヘカラサル不可抗力等ノ事由ニヨリ之ヲ變更セシトキハ此事亦一ノ不則事故ナレハ保險者ハ其後ノ事故ニモ責ヲ免ルヽヲ得ス

到達港ノ變更ハ全然航海變更ニアラサルモ危險ノ性質ニ變更アルモノナレハ已ニ其實行ニ着手セハ保險シタル航路ヲ離レサルトキト雖モ航海變更ト同視セラルヽモノトス

第六百六十三條 被保險者カ發航ヲ爲シ若クハ航海ヲ繼續スルコトヲ怠リ又ハ航路ヲ變更シ其他著シク危險ヲ變更若クハ增加シタル

トキハ保險者ハ其變更又ハ增加以後ノ事故ニ付キ責任ヲ負フコトナシ但其變更又ハ增加カ事故ノ發生ニ影響ヲ及ホササリシトキ又ハ保險者ノ負擔ニ歸スヘキ不可抗力若クハ正當ノ理由ニ因リテ生シタルトキハ此限ニ在ラス

（説明）　保險者危險ノ豫測ハ大ニ其航路時間積荷ノ性質等ニ重キヲ置クモノトス故ニ被保險者カ發航ヲ怠リ又ハ航海ノ繼續ヲ怠リ又航路ヲ變更シ此他積荷ヲ變更スルカ增加スル如キコトアラハ保險者ハ其後ノ事故ニ付キ責任ヲ負ハサルモノトス

併シ其危險ノ增加變更ハ事故ノ發生ニ影響ヲ與ヘサルトキ例令石炭ノ積入ヲ變シテ穀物ト爲シタルトキ其後暗礁ニ觸レテ損害ヲ生スルモ事故ノ發生ニ影響ナキモノトス又變更增加カ保險者ノ責ニ任セサル可ラサル不可抗力ニヨリ生シタルトキ例之石炭ト穀物ノ積換ヘハ一ノ暴風ノ爲メ船舶ニ損所ヲ生シタル爲メ已ヲ得ス積換タルトキ又魚類ノ積荷ヲ酒類ニ改メタルハ意外ノ天候ニテ永ク保存セラレサル

見込ノ付キタル如キハ一面正當ノ理由アルモノナレハ保險者モ亦其責ヲ免レス

第六百六十四條　保險契約中ニ船長ヲ指定シタルトキト雖モ船長ノ變更ハ契約ノ效力ニ影響ヲ及ホサス

（說明）保險者ノ第一ニ着眼スルハ船体ナリ船長ノ如キハ普通其契約事項ニ重キヲ置カルヽモノニアラス故ニ其變更ハヨシ其人物ヲ指定セシトキト雖契約ノ効力ニハ影響ヲ與ヘス

第六百六十五條　積荷ヲ保險ニ付シ又ハ積荷ノ到達ニ因リテ得ヘキ利益若クハ報酬ヲ保險ニ付シタル場合ニ於テ船舶ヲ變更シタルトキハ保險者ハ其變更以後ノ事故ニ付キ責任ヲ負フコトナシ但其變更カ保險契約者又ハ被保險者ノ責ニ歸スヘカラサル事由ニ因リタルトキハ此限ニ在ラス

（說明）積荷ノ危險ノ程度ハ船舶ノ大小搆造ノ堅否等重大ノ關係ヲ有スルモノナレハ船舶變更カ保險者ノ責任ニ影響ヲ與フルハ至當ノ事理ナリトス但書ノ場合ノ

除カル丶ハ前數條ニ説明スル所ト同一ナリ

第六百六十六條 保險契約ヲ爲スニ當タリ荷物ヲ積込ムヘキ船舶ヲ定メサリシ場合ニ於テ保險契約者又ハ被保險者カ其荷物ヲ船積シタルコトヲ知リタルトキハ遲滯ナク保險者ニ對シテ船舶ノ名稱及ヒ國籍ノ通知ヲ發スルコトヲ要ス
保險契約者又ハ被保險者カ前項ノ通知ヲ怠リタルトキハ保險契約ハ其效力ヲ失フ

（説明） 保險契約ノ當時其荷物ハ何レノ船舶ニ積込ムヘキヤ定マラサルコト多カルヘク此場合ニハ保險契約者又ハ被保險者カ其荷物ノ船積アリタルヲ知リタルトキハ遲滯ナク保險者ニ對シテ船舶ノ名稱及ヒ其國籍ヲ通知セサル可ラス然ラサレハ保險者ハ其積荷ハ何レノ船舶ニ積込マレタルヤヲ知ラス危險ノ大小ヲ預測シ難ク爲メニ再保險ニ付スヘキ必要アルモノ丶其手續ヲ爲サス大ナル損失ヲ被ルコトアレハナリ若シ契約者及ヒ被保險者カ以上ノ通知ヲ發セサルトキハ保險契約者ハ効力

ヲ失フモノトス

第六百六十七條 保險者ハ左ニ揭ケタル損害又ハ費用ヲ塡補スル責ニ任セス

一 保險ノ目的ノ性質若クハ瑕疵、其自然ノ消耗又ハ保險契約者若クハ被保險者ノ惡意若クハ重大ナル過失ニ因リテ生シタル損害

二 船舶又ハ運送賃ヲ保險ニ付シタル場合ニ於テ發航ノ當時安全ニ航海ヲ爲スニ必要ナル準備ヲ爲サス又ハ必要ナル書類ヲ備ヘサルニ因リテ生シタル損害

三 積荷ヲ保險ニ付シ又ハ積荷ノ到達ニ因リテ得ヘキ利益若クハ報酬ヲ保險ニ付シタル場合ニ於テ傭船者、荷送人又ハ荷受人ノ惡意若クハ重大ナル過失ニ因リテ生シタル損害

四 水先案內料、入港料、燈臺料、檢疫料其他船舶又ハ積荷ニ付

キ航海ノ爲メニ出タシタル通常ノ費用

（説明）本條ハ保險者ノ負擔セサル損害及ヒ費用ヲ揭ケタルモノトス
第一號ノ保險ノ目的ノ性質ニ生スル損害トハ魚類菜野類ノ時日ヲ經過セハ自然ニ腐敗スル如キヲ云ヒ瑕疵ニヨル損害トハ病牛馬ノ斃死スル如キヲ云ヒ自然ノ消耗ニヨル損害トハ器物ノ年月ヲ經テ消磨滅失スル如キヲ云フ保險契約者又ハ保險金額ヲ受取ルヘキ者ノ惡意又ハ重大ナル過失ニヨリテ生シタル損害ハ航海ノ事故ニヨリ生シタルモノニアラサレハ之ヲ塡補セサルハ當然ナリ
第二號ハ別ニ説明ヲ要セス第三號亦然リ第四號ハ船舶當然ノ通常消費ナレハ塡補スヘキ性質ノモノニアラス

第六百六十八條 共同海損ニ非サル損害又ハ費用カ其計算ニ關スル費用ヲ算入セスシテ保險價額ノ百分ノ二ヲ越エタルトキハ保險者ハ之ヲ塡補スル責ニ任セス

右ノ損害又ハ費用カ保險價額ノ百分ノ二ヲ超エタルトキハ保險者

ハ其全額ヲ支拂フコトヲ要ス
前二項ノ規定ハ當事者カ契約ヲ以テ保險者ノ負擔セサル損害又ハ費用ノ割合ヲ定メタル場合ニ之ヲ準用ス
前三項ニ定メタル割合ハ各航海ニ付キ之ヲ計算ス

（說明） 本條ハ單獨海損即共同海損ニアラサル損害又ハ費用カ其計算ニ關スル費用ヲ算入セスシテ保險價額（保險物ノ價額）ノ百分ノ二即チ千圓ノ保險價額ナル𪜈ハ二拾圓ヲ超ヘタルトキハ保險者ハ其塡補ノ責ニ任セサルナリ若シ此損害又費用カ其保險價額ノ百分ノ二ヲ超ヘサル𪜈ハ其金額即計算ニ關スル費用迄ヲ支拂ハサル可ラス以上ノ規定ハ當事者カ契約ヲ以テ百分ノ二トカ三トカノ範圍迄ハ其費用又ハ損害ヲ保險者負擔セスト契約セシ場合ニモ準用シ。保險者負擔セサル額中ニハ計算ニ關スル費用ハ加ヘス若シ費用又損害カ其額ヲ超ヘタル以上ハ計算ニ關スル費用ヲモ塡補セサル可ラス
前三項ノ割合ハ、凡テ各航海ニ付キ之ヲ計算スヘキモノトス

本條ノ規定ハ主トシテ費用ニ關スル規定ナルカ其單獨海損ノ場合ノミヲ擧ケ共同海損ニ及ハサルハ此場合ハ常ニ計算ハ當然之レヲナシ此保險ノ爲メノミニ爲ス如キコトナレハ費用ハ當然保險者ノ負擔トスルモ已ムヲ得サルヘシ

第六百六十九條 保險ノ目的タル積荷カ毀損シテ陸揚港ニ到達シタルトキハ保險者ハ其積荷カ毀損シタル狀況ニ於ケル價額ノ毀損セサル狀況ニ於テ有スヘカリシ價額ニ對スル割合ヲ以テ保險價額ノ一部ヲ塡補スル責ニ任ス

（說明） 本條ハ積荷毀損ノ場合ノ保險者ノ塡補額ヲ定メタルモノトス本來積荷ノ保險價額ハ第六百五十七條ニ於テ其船積ノ地及ヒ時ニ於ケル其價額及ヒ船積及ヒ保險ニ關スル費用ヲ保險價額トスルモノナルモ其積荷ノ多少毀損シテ陸揚港ニ到達セシトキハ如何ニ處スヘキカ此場合ハ多少ノ變例ナルモ其實害ヲ精算スルヨリ其毀損物カ現ニ有スル價額ヲ危險即毀損ナキ場合ニ有スル價額ヨリ差引キタルモノヲ塡補セシムヘキモノトセハ計算ノ煩累ヲ省キ頗ル至當ト云ハサル可ラス故ニ

其荷物到達港ニテ毀損ナクハ千圓ノ價額アリテ毀損セシ爲メ八百圓丈ノ價額ヲ有スルトキハ此二百圓丈ノ危險アリシモノナレハ此二百圓先キノ保險價額即チ船積地ノ價額千圓ニシテ保險價額六百圓ナリシナラハ百圓ニ付キ二拾圓ノ損害ト見テ百貳拾圓丈ハ塡補セサル可ラス

第六百七十條 航海ノ途中ニ於テ不可抗力ニ因リ保險ノ目的タル積荷ヲ賣却シタルトキハ其賣却ニ依リテ得タル代價ノ中ヨリ運送其他ノ費用ヲ控除シタルモノト保險價額トノ差ヲ以テ保險者ノ負擔トス但保險價額ノ一部ヲ保險ニ付シタル場合ニ於テ第三百九十一條ノ適用ヲ妨ケス

前項ノ場合ニ於テ買主カ代價ヲ支拂ハサルトキハ保險者ハ其支拂ヲ爲スコトヲ要ス但其支拂ヲ爲シタルトキハ被保險者ノ買主ニ對シテ有セル權利ヲ取得ス

（說明） 航海ノ途中ニテ不可抗力ニテ保險ノ目的タル積荷ヲ賣却スル如キ場合ハ

其價ノ低廉ナルハ云フヲ待タス賣却ニヨリテ被リタル損害ハ保險者ノ負擔スヘキハ勿論ナルモ如何ニシテ其額ヲ定ムヘキヤハ多少ノ疑問ナリ是本條アル所以ナリ法文ハ云フ第一此賣却代金ヨリ運送賃其他ノ費用ヲ差引キ其殘額ハ保險價額ノ差即チ千圓ノ賣却代金ヨリ二百圓ノ運送賃其他ノ費用ヲ引クトキハ殘八百圓ナリ若シ保險價額千五百圓ナリトスレハ千五百圓ヨリ八百圓ヲ引キタル殘七百圓ハ保險者ノ負擔トス併シ一部保險即チ千五百圓ノ半額ヲ保險セシ場合ナレハ其三百五十圓ヲ負擔スルモノトス此場合買主代價ヲ支拂ハサルトキハ保險者之ヲ支拂ハサル可ラス若シ保險者其支拂ヲ爲シタルトキハ被保險者即荷主ノ買主ニ對スル權利ハ保險者ニ移ルモノトス

第六百七十一條　左ノ場合ニ於テハ被保險者ハ保險ノ目的ヲ保險者ニ委付シテ保險金額ノ全部ヲ請求スルコトヲ得

一　船舶カ沈沒シタルトキ

二　船舶ノ行方カ知レサルトキ

三　船舶カ修繕スルコト能ハサルニ至リタルトキ

四　船舶又ハ積荷カ捕獲セラレタルトキ

五　船舶又ハ積荷カ官ノ處分ニ依リテ押收セラレ六ケ月間解放セラレサルトキ

（説明）本條ハ被保險者カ其保險ノ目的ヲ保險者ノ權利ニ移シテ其保險金額全額ヲ受取リ得ヘキ場合ヲ規定ス一度委付スレハ其目的物ハ保險者ノ所有ニ歸スレハ其目的物ノ存スル場合ニ要スル保管等ハ凡テ保險者ノ注意ヲ以テ爲スヘキモノトス

第一ハ船舶ノ沈沒ノ場合ニシテ船舶積荷トモ委付スルヲ得第二ハ船舶ノ行方知レサルトキナレハ委付ニ付キ疑ナシ第三ハ船舶カ修繕スル能ハサルニ至リタルトキナレハ其原因カ難破ト坐礁ト膠砂トヲ問ハス第四ハ船舶又ハ積荷ノ敵船ニ捕獲セラレタルトキニシテ是亦已ムヲ得サルナリ第五ハ船舶又ハ積荷カ官ノ處分ニ依リテ押收セラレ六ケ月間解放セラレサルトキニテ是モ多ク開戰中ニ存スル場合ニシ

テ中立國ノ船舶カ敵ノ間牒又ハ戰時禁制品ヲ積載スル場合ニ押收セラルヽモノトス

第六百七十二條 船舶ノ存否カ六ケ月間分明ナラサルトキハ其船舶ハ行方ノ知レサルモノトス

保險期間ノ定アル場合ニ於テ其期間カ前項ノ期間內ニ經過シタルトキト雖モ被保險者ハ委付ヲ爲スコトヲ得但船舶カ保險期間內ニ滅失セサリシコトノ證明アリタルトキハ其委付ハ無效トス

（說明） 本條ハ船舶ノ行方知レサル場合ノ解釋ヲ示セル法文ニシテ如何ナル狀況存スレハ行方知レサルモノナルヤハ應々爭ノ存スル所ナリ即チ本文ニヨレハ船舶ノ存在スルヤ否ヤハ六ケ月間分明ナラサルトキハ行方知レサルモノトシテ委付ヲ許スナリ

此場合ニ猶疑アルハ保險期間六ケ月以內ナリシトキハ如何ニスヘキ此場合ト雖被保險者ハ委任ヲ爲スヲ得尤モ法律ノ推定ハ保險期間內ニ船舶ハ沈沒又ハ難破セル

モノト見做スヨリ來ル規定ナレハ船舶ハ保險期間内丈ハ無事ニ存在セシコト後日ニ證明セラルレハ此委付ハ無効ニ歸スルモノトス

第六百七十三條 第六百七十一條第三號ノ場合ニ於テ船長カ遲滯ナク他ノ船舶ヲ以テ積荷ノ運送ヲ繼續シタルトキハ被保險者ハ其積荷ヲ委付スルコトヲ得ス

（説明） 船舶ノ修繕スヘカラサルニ至レルトキハ積荷モ委付シ得ヘキハ勿論ナルモ船長カ遲滯ナク他ノ船舶ヲ以テ積荷ノ運送ヲ繼續シタルトキハ被保險者ニハ毫モ損害ナキモノナレハ荷積ノミ委付スルヲ得サルナリ

第六百七十四條 被保險者カ委付ヲ爲サント欲スルトキハ三ケ月内ニ保險者ニ對シテ其通知ヲ發スルコトヲ要ス

前項ノ期間ハ第六百七十一條第一號、第三號及ヒ第四號ノ場合ニ於テハ被保險者カ其事由ヲ知リタル時ヨリ之ヲ起算ス

再保險ノ場合ニ於テハ第一項ノ期間ハ其被保險者カ自己ノ被保險

者ヨリ委付ノ通知ヲ受ケタル時ヨリ之ヲ起算ス

（說明）　本條ハ委付ノ手續ヲ定メタルモノニシテ被保險者ハ三ヶ月內ニ其通知ヲ發セサル可ラス

此三ヶ月ノ期間ハ第六百七十一條第一號第三號及ヒ第四號ノ場合ニハ被保險者カ其事由ヲ知リタル時ヨリ之ヲ起算スヘキモノトス

再保險即チ保險者カ更ラニ他ニ保險セシ場合ニハ其委任ノ通知期間ハ自巳カ第一ノ被保險者ヨリ委付ノ通知ヲ受ケタル時ヨリ起算スヘキモノトス

第六百七十五條　委付ハ單純ナルコトヲ要ス

委付ハ保險ノ目的ノ全部ニ付テ之ヲ爲スコトヲ要ス但委付ノ原因カ其一部ニ付テ生シタトキハ其部分ニ付テノミ之ヲ爲スコトヲ得

保險價額ノ一部ヲ保險ニ付シタル場合ニ於テハ委付ハ保險金額ノ保險價額ニ對スル割合ニ應シテ之ヲ爲スコトヲ得

（説明）委付ハ全ク被保險者ノ利益ノ爲メニ或ル條件ノ具備セシトキ爲スコトヲ許スモノニテ一度爲ストキハ其効力直チニ發生スルモノナレハ或ハ期限ヲ付シ條件ヲ付シテ爲スコトヲ許サス

又其目的ニ付テモ全部ニ付テ爲スヘク一部ニ付テ爲スヲ得ス尤モ委付原因カ一部ニ付テ生シタルトキ例之積荷ノ一部カ沈沒セル塲合ノ如キニハ其沈沒セル部分ノミ爲スヲ得ルナリ

一部保險ノ塲合ニハ委付ハ保險金額ノ保險價額ニ對スル割合ニ應シテ爲スヲ得例之千圓ノ保險價額アル物ヲ五百圓保險ニ付シタルトキハ其五百圓丈ヲ委付スルヲ得此塲合ト雖其委付ノ原因ハ全部ニ付テ生セシ塲合ナラサル可ラス其原因一部ニ生セシトキハ又其割合ニ應セサレハ委付スルヲ得ス全部ニ委付原因生セシトキハ千圓ノ保險金額ノ物ヲ委付シテ五百圓得ルニ過キサルモ他ノ塲合ト異ルハ其目的物カ復歸セシ又ハ多少存在スルトキハ更ラニ其割合ノ權利ヲ被保險者モ行フヲ得ヘシ

第六百七十六條　保險者カ委付ヲ承認シタルトキハ後日其委付ニ對シテ異議ヲ述フルコトヲ得ス

（說明）本條ハ委付ノ効力ヲ定メタルモノニシテ保險者一旦委付ニ付キ承認セシトキハ後日ニ至リ最早之ニ對シテ異議ヲ述フルヲ得ス尤モ詐欺强迫アルトキ後日之ヲ證明シテ無効取消ヲ求ムルハ妨アラサルナリ

第六百七十七條　保險者ハ委付ニ因リ被保險者カ保險ノ目的ニ付キ有セル一切ノ權利ヲ取得ス

被保險者カ委付ヲ爲シタルトキハ保險ノ目的ニ關スル證書ヲ保險者ニ交付スルコトヲ要ス

（說明）委付ハ單獨行爲ナレハ一度申込ミアレハ其効力發生スレハ更ラニ判決又承認等ハ必要條件ニアラス一度其効力發生セハ被保險者カ保險ノ目的ニ付キ有セル權利即チ他ニ共同海損ニ對スル權利又他ノ加害者ニ對スル賠償要求權等存スレハ當然此權利ハ保險者ニ移ルモノトス尤モ承認前異議ヲ主張シ得ヘキハ前條ノ擔

保スル所ナリ併シ此權利ヲ行フニハ其證左タル證書等ハ勿論有セサル可ラサルヲ以テ此證書ハ保險者ニ交付セサル可ラス

第六百七十八條 被保險者ハ委付ヲ爲スニ當タリ保險者ニ對シ保險ノ目的ニ關スル他ノ保險契約並ニ其負擔ニ屬スル債務ノ有無及ヒ其種類ヲ通知スルコトヲ要ス

保險者ハ前項ノ通知ヲ受クルマテハ保險金額ノ支拂ヲ爲スコトヲ要セス

保險金額ノ支拂ニ付キ期間ノ定アルトキハ其期間ハ保險者カ第一項ノ通知ヲ受ケタル時ヨリ之ヲ起算ス

（說明） 被保險者ハ委付ヲ爲スニ當リ保險者ニ對シテ保險ノ目的ニ關スル他ノ保險契約アレハ其契約及ヒ他ニ對シテ負擔スル債務アラハ其債及ヒ其種類ヲ通知セサル可ラス併シ保險者ハ其保險金額限リ他ノ債務ヲ支拂ヒ又他ノ保險者ヨリ辨償ヲ得ル塲合アレハナリ此通知ヲ受クル迄ハ保險金額ノ仕拂ヲ爲サヽルコトヲ得

若シ保險金額ノ支拂ニ期間ノ定メアルトキハ其期間ハ其通知ヲ受ケテヨリ之ヲ起算スルモノトス

第六百七十九條 保險者カ委付ヲ承認セサルトキハ被保險者ハ委付ノ原因ヲ證明シタル後ニ非サレハ保險金額ノ支拂ヲ請求スルコトヲ得ス

（説明） 委付ハ必スシモ被保險者ノ承認ヲ待チテ効力發生スルモノニアラス其委付ノ條件具備セハ此ニ効力ハ完キモノナルモ保險者之ヲ承認セサルトキハ其條件ニ疑ヒアルモノナレハ被保險者ハ之ヲ證明スルノ責アリ即チ第六百七十一條ノ條件ノ果シテ具備セシヤ否ヤハ之ヲ裁判所ニ證明シ猶承認セサレハ裁判上ニテモ之ヲ證明セサル可ラス否ラサレハ保險金支拂ヲ要求スルヲ得ス

第六章 船舶債權者

（説明） 本條ハ船舶ニ對シテ先取特權及ヒ抵當權ヲ有スルモノヽ規定ニカヽル

第六百八十條　左ニ掲ケタル債權ヲ有スル者ハ船舶、其屬具及ヒ未タ受取ラサル運送賃ノ上ニ先取特權ヲ有ス

一　船舶竝ニ其屬具ノ競賣ニ關スル費用及ヒ競賣手續開始後ノ保存費

二　最後ノ港ニ於ケル船舶及ヒ其屬具ノ保存費

三　航海ニ關シ船舶ニ課シタル諸税

四　水先案内料及ヒ挽船料

五　救助竝ニ救助ノ費用及ヒ船舶ノ負擔ニ屬スル共同海損

六　航海繼續ノ必要ニ因リテ生シタル債權

七　雇傭契約ニ因リテ生シタル船長其他ノ船員ノ債權

八　船舶カ其賣買又ハ製造ノ後未タ航海ヲ爲ササル場合ニ於テ其賣買又ハ製造竝ニ艤裝ニ因リテ生シタル債權及ヒ最後ノ航海ノ爲メニスル船舶ノ艤裝、食料竝ニ燃料ニ關スル債權

九　第二號、第四號乃至第六號及ヒ前號ニ掲ケタルモノヲ除ク外第五百四十四條ノ規定ニ依リ委付ヲ許シタルノ債權

（說明）　本條ハ船舶ニ對シテ他ノ債權者ニ對シテ先取特權ヲ保有スル原因ヲ列擧セシ者トス此先取特權モ亦一ノ先取特權テフ名稱ヲ有スレハ民法ノ先取特權ト異ナル所ナシ即チ本條列記ノ債權ハ船舶屬具未タ受取ラサル運送賃ノ上ニ先取特權ヲ有スルモノトス第一ハ船舶屬具ノ競賣ニ關スル費用及ヒ競賣手續開始後ノ保存費ニシテ此手續アリテ始メテ衆債權ヲ實行セシメ又其保存ヲ全フセシモノナレハ此費用ノ第一着ニ位スルハ當然ナリ第二ノ最後ノ港ノ船舶屬具ノ保存費モ此保存費ナクハ他ノ債權モ効力ナキニ至ルモノナレハ他ノ普通債權ニ先ツハ勿論以下ノ債權ニ先ツモ亦當然ナリ船舶修繕費ノ如キ當然此ニ屬スルモノトス第三ハ別ニ疑點ナシ第四ノ水先案內料及ヒ挽船料モ大ニ必要ノ費用ナレハ先取權ヲ付與スルモ適當ニアラス第五ハ屬具船舶ノ救援救助ノ費用及ヒ船舶ノ負擔ニ屬スル共同海損ノ債權ニシテ航海上甚緊要ノ費用ニカヽル第六ハ航海繼續ノ必要ニ由リテ生シタ

ル債權ニシテ此債權アリテ始メテ航海ヲ完フセシ費用ニシテ例之遠洋航海ニテ其需用ニ屬スル食料石炭代金錢買入修繕費等之レニ屬スルナラン第七ハ雇傭契約ニ因リテ生シタル船長其他船員ノ賃金等ナリ第八ハ船舶ノ製造買入後未タ航海セサル塲台ノ製造費賣渡代價艤裝費ニシテ最後ノ航海ノ爲ニスル艤裝食料燃料ニ關スル債權モ是ニ入ル第九ニ付テハ多少硏究ヲ要スヘキモノアリ第一船舶所有者ハ第五百四十四條ニヨリテ船長カ法定ノ權限內ニ於テ爲シタル行爲又ハ船長其他ノ船員カ其職務ヲ行フニ當リ他人ニ加ヘタル損害ニ付テハ航海ノ終リニ於テ船舶運送賃其他ノ債權ヲ債權者ニ委付スルトキハ其責ハ免レ一身上ニハ負擔ナキモノトス此第九ハ債權即チ船長船員ノ權限內ニ行ヒ又其職務ヲ行フ爲メニ加ヘシ損害ノ爲メ債權ヲ有スル者ノ先取特權ナリ而シテ本條ノ其第二號第四號乃至六號及ヒ第八號ヲ除キタルハ此等ハ第五百四十四條ノ債權中ニ包含シ及ヒ包含スルコトアレハ之ヲ取除キタルモノトス是此等ノ債權ニハ巳ニ本條ニテ先取特權ヲ與ヘアレハナリ

第六百八十一條　船舶債權者ノ先取特權ハ運送賃ニ付テハ其先取特權ノ生シタル航海ニ於ケル運送賃ノ上ニノミ存在ス

（説明）本條ハ別ニ意義ナシ只其運送賃ニ對スル先取特權ハ其航海ニ於ケル運送ノミ存シ他ニ及ハサル點ヲ明ニセシニ過キス

第六百八十二條　船舶債權者ノ先取特權カ互ニ競合スル場合ニ於テハ其優先權ノ順位ハ第六百八十條ニ掲ケタル順序ニ從フ但同條第四號乃至第六號ノ債權者間ニ在リテハ後ニ生シタルモノ前ニ生シタルモノニ先ツ

同一順位ノ先取特權者數人アルトキハ各其債權額ノ割合ニ應シテ辨濟ヲ受ク但第六百八十條第四號乃至第六號ノ債權カ同時ニ生セサリシ場合ニ於テハ後ニ生シタルモノ先ツ

先取特權カ數回ノ航海ニ付テ生シタル場合ニ於テハ前二項ノ規定ニ拘ハラス後ノ航海ニ付テ生シタルモノノ航海ニ付テ生シタルモ

ニ先ツ

（説明）本條ハ尤モ有要ノ法條トス

第六百八十條ニ於テハ諸般ノ先取特權ヲ規定スルモ之レカ競合スル場合ニハ一定ノ順位ヲ定メサレハ折角ノ先取權モ普通ノ債權ト同一ニ至リ平等分配ヲ受クルニ過キサルニ至ルヘシ本條ハ此順位ヲ定メタルモノトス（一）此衆先取權競合ノトキニハ第六百八十條ノ第一ヨリ第九迄ノ順序ニヨリテ其効力ノ等差ヲ生スルモ同條第四號ヨリ第六號迄ノ債權ハ必竟一ノ保存費ニ過キサレハ後ニ生レタルモノ程先キモノヲ保存セシ効力大ナレハ前後アルトキハ後ナルモ前ナルモノニ先ツモノトス（二）最モ同順位ノ者數人アルトキハ其効力モ同一ナレハ其配當ハ割前ナリ但シ此場合ニテモ第六百八十條ノ第四號ヨリ第六號間ノ債權ハ同時ニ生セサリシトキハ前ト同一ノ原則ニヨリ後者ハ前者ニ先ツ

第六百八十條ノ債權ハ必スシモ最後ノ航海ノミニ生セサルモ効力アルモ數回ノ分同時ニ競合スルトキハ同一ノ順位ノモノナルモ後ノ航海ノモノ先キノ航海ノモノ

ニ先ツモノトス

第六百八十三條　船舶債權者ノ先取特權ト他ノ先取特權ト競合スル場合ニ於テハ船舶債權者ノ先取特權ハ他ノ先取特權ニ先ツ

（說明）本條ハ只船舶ノ債權者ノ先取特權ト他ノ先取特權ト競合スル場合ニハ船舶債權者ノ先取特權ハ他ノ先取特權ニ先ツ旨ヲ定メタルニ過キス

第六百八十四條　船舶所有者カ其船舶ヲ讓渡シタル場合ニ於テハ讓受人ハ其讓渡ヲ登記シタル後先取特權者ニ對シ一定ノ期間內ニ其債權ノ申出ヲ爲スヘキ旨ヲ公告スルコトヲ要ス但其期間ハ一ケ月ヲ下ルコトヲ得ス

先取特權者カ前項ノ期間內ニ其債權ノ申出ヲ爲ササリシトキハ其先取特權ハ消滅ス

（說明）本條ハ先取特權ノ追及權ニ關スル規定ナリ先取特權ナルモノハ一ノ物權ナレハ其船舶何人ノ所有ニ移ルモ之ヲ追及シテ其權利ヲ行フコトヲ得ヘシ然ルモ

此先取特權ハ登記ナキモノナレハ買主モ之ヲ知ルヲ得ス故ニ讓渡アル場合ニハ讓受人ハ其讓受ヲ登記セシ後一定ノ期間內（一ケ月以上ナリ）ニ先取特權アレハ申出ツヘキ旨ヲ公告セシムルノ義務ヲ命セリ此期間經過後ニ代價ノ全部ヲ支拂フコトヽセハ損失少ナカルヘシ尤モ此期間內ニ申出テサルモノハ先取特權ヲ失フモノトス

第六百八十五條 船舶債權者ノ先取特權ハ其發生後一ケ年ヲ經過シタルトキハ消滅ス

第六百八十條第八號ノ先取特權ハ船舶ノ發航ニ因リテ消滅ス

（說明） 本條ハ船舶債權者ノ先取特權ハ其發生後一年ヲ經過シタルトキハ前條アルニ拘ハラス消滅スルモノトス

第六百八十條第八號ノ先取特權ハ船舶ノ發航ト共ニ消滅スルモノトス必竟船舶ナルモノハ債權ノ爲メ係累ヲ存セシムルハ公益上甚タ有害ナルヲ以テ凡テ短期時効ニカヽラシメタルモノトス

第六百八十六條 登記シタル船舶ハ之ヲ以テ抵當權ノ目的ト爲スコ

トヲ得

船舶ノ抵當權ハ其屬具ニ及フ

船舶ノ抵當權ニハ不動產ノ抵當權ニ關スル規定ヲ準用ス

（說明）登記セシ船舶ニアラサレハ抵當權ノ目的トナラサルハ元來抵當ナルモノハ公簿ノ上ニ保存ヲ全フシ且ツ第三者ニモ對抗力アルモノナレハ登記セサル船舶ノ如キハ此目的ヲ達スルニ由ナケレハナリ

第二項ハ其範圍ヲ定メタルモノニテ屬具ニ及ヒ運送賃ニ及ハサルハ當事者ノ豫想ハカヽル浮動ノモノニハ及ハサルヲ常トスレハナリ第三項ハ不動產抵當ノ規定ヲ準用スト云フニ過キス

第六百八十七條 船舶ノ先取特權ハ抵當權ニ先チテ之ヲ行フコトヲ得

（說明）先取特權ノ抵當權ニ先ツハ先取特權ノモノタル多ク船舶必需ノ債權ニシテ航海上巳ムヲ得サルモノヽミニ屬スルモ抵當權ハ多ク自由ノ貸借ニ基クモノナ

レハ彼ニ比シテ法ノ保護薄キモ亦巳ヲ得サルナリ

第六百八十八條 登記シタル船舶ハ之ヲ以テ質權ノ目的ト爲スコトヲ得ス

（說明）本條ハ登記セシ船舶ノ質入ヲ許サヽル規定ニカヽル第五百四十條ニヨレハ日本形船二百石以上西洋形船二十噸以上ハ登記セサル可ラス而シテ此船舶ハ運轉航行ヲ其利用ノ目的トス然ルニ質權ノ目的トスルトキハ此目的ハ達スヘカラス否其占有ヲ其權利者ニ移サヽル可ラサルヲ以テ其所有者希望ノ目的ハ達シ得ラレサルヘシ然ルニ船舶ナルモノハ多クハ其使用者使用ノ目的ニヨリテ其搆造モ異ルモノナレハ之ヲ其目的ヲ有セサルモノヽ占有ニ移シ其使用ニ委スルハ大ナル公益上ノ不利ナルヘシ是抵當ヲ許シ質入ヲ許サヽル理由ナランカ

第六百八十九條 本章ノ規定ハ製造中ノ船舶ニ之ヲ準用ス

（說明）此抵當先取權ニ關スル規定ハ製造中ノ船舶ニモ準用スヘキモノトス

商法施行法

第一條　商法施行前ニ生シタル事項ニ付テハ本法ニ別段ノ定アル場合ヲ除ク外舊法ノ規定ヲ適用ス

第二條　商事ニ關スル特別ノ法令ハ商法施行ノ後ト雖モ仍ホ其効力ヲ有ス

第三條　特別ノ法令中舊商法ノ規定ニ依ルヘキモノト定メタル場合ニ付テハ舊商法ハ商法施行ノ後ト雖モ仍ホ其効力ヲ存ス

第四條　商法施行前ヨリ商業ヲ營ム未成年者、妻及ヒ後見人ハ商法ノ規定ニ從ヒテ登記ヲ爲スコトヲ要ス

第五條　商法施行前ニ會社ノ無限責任社員ト爲ルコトヲ許サレタル未成年者又ハ妻ハ商法施行ノ日ヨリ其會社ノ業務ニ關シ之ヲ能力者ト見做ス

第六條　商法第七條第二項ノ規定ハ商法施行ノ日ヨリ其施行前ニ定メタル制限ニモ亦之ヲ適用ス

第七條　商法第八條ニ定メタル小商人ノ範圍ハ勅令ヲ以テ之ヲ定ム

第八條　商法施行前ニ舊法ノ規定ニ依リテ爲シタル登記ハ商法ノ規定ニ從ヒテ爲シタルモノト同一ノ効力ヲ有ス

第九條　商法施行前ニ登記シタル事項ニ變更ヲ生シ又ハ其事項カ消滅シタル場合ニ於テ商法施行前ニ登記ヲ爲サヽリシトキハ當事者ハ其施行ノ後遲滯ナク登記ヲ爲スコトヲ要ス

第十條　商法施行前ニ設立ノ登記ヲ爲シタル會社ノ社名ハ商法ノ規定ニ從ヒテ登記シタル商號ト同一ノ効力ヲ有ス

第十一條　商法施行前ニ設立シタル合名會社ニシテ其社名中ニ合名會社ナル文字ヲ用ヰサルモノハ其施行ノ日ヨリ三ケ月內ニ商法第十七條ノ規定ニ從ヒテ其社名ヲ改メ且登記ヲ爲スコトヲ要ス

會社ノ業務ヲ執行スル社員カ前項ノ規定ニ違反シタルトキハ五圓以上五十圓以下ノ過料ニ處セラル

第十二條　商法第十八條ノ規定ハ商法施行前ヨリ使用スル商號ニハ之ヲ適用セス

第十三條　商法第十九條ノ規定ハ舊商法施行前ヨリ使用スル商號ニハ之ヲ適用セス

商法施行後ニ商號ノ登記ヲ爲シタル者ト雖モ舊商法施行前ヨリ同一又ハ類似ノ商號ヲ使用スル者ニ對シテハ商法第二十條ニ定メタル權利ヲ行フコトヲ得ス

第十四條　商法第十九條、第二十條第二項、第二十二條第一項及ヒ第二百八十九條第三項ニ揭ケタル市町村ハ市制又ハ町村制ヲ施行セサル地方ニ在リテハ從來ノ町村其他之ニ類スル區域トシ東京市、京都市及ヒ大阪市ニ在リテハ其各區トス

第十五條　商法施行前ニ東京市又ハ大阪市ニ於テ商號ノ登記ヲ爲シタルモノハ商法施行ノ日ヨリ六ケ月內ニ其市ニ存スル他ノ登記所ニ於テ其登記ヲ爲スコトヲ要ス

前項ニ定メタル登記ヲ爲ササリシ者ハ其登記ヲ爲ササリシ登記所ノ管轄區域內ニ於テハ商法第二十條ニ定メタル權利ヲ行フコトヲ得ス

第十六條　商法第二十二條第二項ノ適用ニ付テハ北海道ハ之ヲ一府縣ト看做ス

第十七條　商法第二十八條ノ規定ハ商法施行前ニ作リタル商業帳簿ニモ亦之ヲ適用ス

第十八條　代務人ニハ商法施行ノ日ヨリ支配人ニ關スル規定ヲ適用ス

第十九條　商法施行前ヨリ支配人又ハ支配役ト稱スル者カ商法第三十條ニ定メタル權限ヲ有セサルトキハ主人ハ商法施行ノ日ヨリ三ケ月內ニ其名稱ヲ改ムルコトヲ要ス

主人カ前項ノ期間內ニ支配人又ハ支配役ノ名稱ヲ改メサリシトキハ其者ハ商法第三十條ニ定メタル權限ヲ有スルモノト看做ス

第二十條　商法第三十二條第三項ノ規定ハ舊商法第五十條ノ規定ニ反シテ爲シタル行爲ニ之ヲ準用ス「但一年ノ期間ハ商法施行ノ日ヨリ之ヲ起算ス」主人カ商法施行前ニ前項ノ行爲ヲ知リタルトキハ二週間ノ期間モ亦其施行ノ日ヨリ之ヲ起算ス

第二十一條　商法中代理商ニ關スル規定ハ商法施行ノ日ヨリ其施行前ニ定メタル代理商ニモ之ヲ適用ス

第二十二條　商法中會社ニ關スル規定ハ本法ニ別段ノ定メアル場合ヲ除クノ外商法施行ノ日ヨリ其施行前ニ設立シタル會社ニモ亦之ヲ適用ス

第二十三條　商法第四十七條ニ定メタル期間ハ商法施行前ニ本店ノ所在地ニ於テ設立

ノ登記ヲ爲シタル會社ニ付テハ其施行ノ日ヨリ之ヲ起算ス

第二十四條　商法施行前ニ設立シタル合名會社ニシテ未タ設立ノ登記ヲ爲サヽルモノハ商法施行ノ日ヨリ一ケ月内ニ商法ノ規定ニ從ヒテ定欵ヲ作リ且商法第五十一條第一項ニ定メタル登記ヲ爲スコトヲ要ス

第二十五條　商法施行前ニ本店ノ所在地ニ於テ設立ノ登記ヲ爲シタル合名會社ハ商法施行ノ日ヨリ一ケ月内ニ本店ノ所在地ニ於テハ支店、支店ノ所在地ニ於テハ本店竝ニ他ノ支店及ヒ社員ノ出資ノ種類竝ニ財産ヲ目的トスル出資ノ價格ヲ登記スルコトヲ要ス

第二十六條　商法第五十一條第二項、第三項及ヒ第五十二條ノ規定ハ合名會社カ設立ノ登記ヲ爲シタル後商法施行前ニ支店ヲ設ケ又ハ其本店若クハ支店ヲ移轉シタル場合ニハ之ヲ準用ス但登記期間ハ商法施行ノ日ヨリ之ヲ起算ス

第二十七條　會社ノ業務ヲ執行スル社員カ前二條ノ規定ニ依リ爲スヘキ登記ヲ怠リタルトキハ五圓以上五十圓以下ノ過料ニ處セラル

第二十八條　商法第六十條第二項及ヒ第三項ノ規定ハ舊商法第百四條ノ規定ニ反シテ爲シタル行爲ニ之ヲ準用ス
第二十條ノ規定ハ前項ノ場合ニ之ヲ準用ス

第二十九條　商法第七十一條ノ規定ハ商法施行前ニ設立シタル合名會社ニハ之ヲ適用セス

第三十條　合名會社ノ目的タル事業ノ成功カ商法施行前ニ不能ト爲リタル片ハ裁判所カ解散ヲ命シタル場合ヲ除ク外其會社ハ商法ノ施行ト同時ニ解散シタル者ト看做ス

第三十一條　合名會社カ商法施行前ニ解散シタル場合ニ於テ未タ清算人ヲ選任セサルトキハ其施行ノ日ヨリ二週間內ニ商法第七十六條ノ規定ニ從ヒテ登記ヲ爲スコトヲ要ス

第三十二條　合名會社カ商法施行前ニ解散シタル場合ニ於テ既ニ清算人ヲ選任シタルトキハ其施行ノ日ヨリ二週間內ニ商法第七十六條及ヒ第九十條ノ規定ニ從ヒテ登記ヲ爲スコトヲ要ス

第三十三條　商法第七十八條第二項ノ規定ニ依リ爲スヘキ公告ハ裁判所カ爲スヘキ登記事項ノ公告ト同一ノ方法ヲ以テ之ヲ爲スコトヲ要ス

第三十四條　合名會社カ商法施行前ニ解散シタル場合ニ於テ未タ清算人ヲ選任セサルトキハ總社員ノ同意ヲ以テ會社財産ノ處分方法ヲ定ムルコトヲ得此場合ニ於テハ商法施行ノ日ヨリ二週間内ニ財産目錄及ヒ貸借對照表ヲ作ルコトヲ要ス

商法第七十八條第二項、第七十九條及ヒ第八十條ノ規定ハ前項ノ場合ニ之ヲ準用ス

第三十五條　合名會社カ商法施行前ニ解散ノ登記ヲ爲シタル場合ニ於テハ清算人ハ舊商法ノ規定ニ依リテ之ヲ爲ス

第三十六條、合名會社ニ於テ商法施行前ニ清算人ノ解任又ハ變更アリタルトキハ其施行ノ日ヨリ二週間内ニ商法第九十七條ノ規定ニ從ヒテ登記ヲ爲スコトヲ要ス

第三十七條　商法第百三條ノ規定ハ商法施行前ニ解散シタル合名會社ニモ亦之ヲ適用ス

第三十八條　商法施行前ニ設立シタル合資會社ニハ舊商法ノ規定ヲ適用ス

第二十三條、第二十五條乃至第三十二條及ヒ前三條ノ規定ハ前項ノ會社ニ之ヲ準用ス

第三十九條　商法施行前ニ設立シタル合資會社ハ其取引ニ關スル一切ノ書類ニ商法施行前ニ設立シタル會社タルヲコトヲ示スコトヲ要ス

業務擔當社員カ前項ノ規定ニ違反シタルトキハ五圓以上五十圓以下ノ過料ニ處セラル

第四十條　商法施行前ニ設立シタル合資會社ハ舊商法第百五十一條第二項ノ規定ニ從ヒ其組織ヲ變更シテ之ヲ商法ニ定メタル合資會社、株式會社又ハ株式合資會社ト爲スコトヲ得

前項ノ塲合ニ於テハ總會ハ直チニ新會社ノ組織ニ必要ナル事項ヲ決議スルコトヲ要ス

第四十一條　商法第七十八條、第七十九條第一項、第二項及ヒ第二百五十四條ノ規定ハ前條ノ塲合ニ之ヲ準用ス

第四十二條　商法施行前ニ設立シタル合資會社ハ商法ノ規定ニ從ヒテ合併ヲ爲スコトヲ得但合併後存續シ又ハ合併ニ因リテ設立スル會社ハ商法ニ定メタル種類ノ一タルコトヲ要ス

合併ノ決議ハ舊商法第百五十一條第二項ノ規定ニ依ルニ非サレハ之ヲ爲スコトヲ得ス

第四十三條　商法施行前ニ發起ノ認可ヲ得タル株式會社ニ於テハ其發起人ハ七人以上ナルコトヲ要セス

第四十四條　商法施行前ニ發起ノ認可ヲ得タル株式會社ト雖モ其發起人カ未タ株主ノ募集ニ著手セサルトキハ之ニ商法ノ規定ヲ適用ス

第四十五條　株式會社ノ發起人カ商法施行前ニ株主ノ募集ニ著手シタルトキハ舊商法ノ規定ニ從ヒテ會社ノ設立ヲ爲スコトヲ得但商法ノ規定ニ從ヒテ定款ヲ作ルコトヲ要ス

第四十六條　商法施行前ニ創業總會ニ於テ定款ヲ確定シタル場合ニ於テハ商法ノ規定

ニ從ヒテ其定款ヲ變更スルコトヲ得ス

第四十七條　商法第三十條ノ規定ハ前二條ノ塲合ニモ亦之ヲ適用ス

第四十八條　商法第百六十三條第一項及ヒ第二項ノ規定ハ舊商法ノ規定ニ依リテ招集シタル創業總會ノ決議ニ之ヲ準用ス但同條第二項ノ期間ハ商法施行前ニ決議ヲ爲シタル塲合ニ於テハ其施行ノ日ヨリ之ヲ起算ス

第四十九條　第四十五條ノ塲合ニ於テ商法施行前ニ株式總數ノ引受アリタルトキハ其施行ノ日ヨリ商法施行後ニ株式總數ノ引受アリタルトキハ其日ヨリ六ケ月内ニ發起人カ創業總會ヲ招集セサルトキハ株式申込人ハ其申込ヲ取消スコトヲ得

第五十條　第四十五條及ヒ第四十六條ノ塲合ニ於テハ株式會社ハ各株ニ付キ株金ノ四分ノ一ノ拂込アリタル後二週間内ニ商法第百四十一條第一項ニ定メタル登記ヲ爲スコトヲ要ス

第五十一條　商法施行前ニ本店ノ所在地ニ於テ設立ノ登記ヲ爲シタル株式會社ニシテ其定款ニ商法第百二十條第一號乃至第七號ニ掲ケタル事項ヲ定メサルモノハ商法施

行ノ日ヨリ三ケ月內ニ其定款ヲ變更スルコトヲ要ス

第五十二條　商法施行前ニ本店ノ所在地ニ於テ設立ノ登記ヲ爲シタル株式會社ハ商法施行ノ日ヨリ三ケ月內ニ本店ノ所在地ニ於テハ支店、支店ノ所在地ニ於テハ本店竝ニ他ノ支店及ヒ會社カ公告ヲ爲ス方法竝ニ監查役ノ氏名、住所ヲ登記スルヿヲ要ス

第五十三條　商法施行前ニ設立シタル株式會社カ登記シタル事項中ニ變更ヲ生シタル塲合ニ於テ商法施行前ニ登記ヲ爲ササリシトキハ其施行ノ日ヨリ二週間內ニ本店及ヒ支店ノ所在地ニ於テ其登記ヲ爲スコトヲ要ス

舊商法ノ規定ニ依リ登記スヘキ事項カ商法施行前ニ生シタル塲合ニ於テハ舊商法ニ登記期間ノ定ナキトキニ限リ前項ノ規定ヲ準用ス

第五十四條　取締役カ前三條ノ規定ニ違反シタルトキハ五圓以上五十圓以下ノ過料ニ處セラル

第五十五條　商法施行前ニ設立シタル株式會社ニ於テ株式ノ金額カ商法第百四十五條第二項ノ規定ニ反スルモ舊商法及ヒ舊商法施行條例ノ規定ニ反セサル塲合ニ於テハ

定款ノ定ムル所ニ依ルコトヲ得商法施行後ニ新株ヲ發行スルトキ亦同シ

前項ノ規定ハ商法施行後ニ株式ノ金額ヲ變更スル場合ニハ之ヲ適用セス

第五十六條　商法中株券ニ關スル規定ハ商法施行前ニ發行シタル假株券ニモ又之ヲ適用ス

第五十七條　商法施行前ニ發行シタル株券及ヒ假株券ハ商法第百四十八條又ハ第二百十八條ノ規定ニ違フモ之ヲ改ムルコトヲ要セス但商法施行後ニ株金ノ拂込ヲ爲シタル場合ニ於テハ前ニ拂込ミタル金額及ヒ新ニ拂込ミタル金額ヲ假株券ニ記載スルコトヲ要ス

第五十八條　舊商法第二百十二條乃至第二百十五條ノ規定ハ商法施行前ニ株金拂込ノ催告アリタル場合ニ限リ之ヲ適用ス

第五十九條　商法第百五十三條第二項乃至第四項ノ規定ハ商法施行前ニ株式ヲ讓渡シタル者ニシテ舊商法第百八十二條ノ規定ニ依リ擔保義務ナキ者ニハ之ヲ適用セス

第六十條　法令ノ規定ニ依リ日本人ノミヲ以テ組織スヘキ株式會社及ヒ日本人ノミヲ

以テ組織スルコトヲ條件トシテ特別ノ權利ヲ有スル株式會社ハ無記名式ノ株券ヲ發行スルコトヲ得ス若シ之ニ違反シタルトキハ其株券ハ無効トシ最後ノ記名株主ヲ以テ株主トス

取締役カ前項ノ規定ニ反シテ無記名式ノ株券ヲ發行シタルトキハ百圓以上千圓以下ノ過料ニ處セラル

第六十一條　舊商法施行前ニ設立シタル株式會社ニ於テハ株主ノ議決權ノ制限カ商法第百六十二條ノ規定ニ反スルモ定欵ノ定ムル所ニ依ルコトヲ得但商法施行後ニ其制限ヲ變更スル塲合ハ此限ニ在ラス

第六十二條　商法第百六十三條ノ規定ハ株主總會カ商法施行前ニ決議ヲ爲シタル塲合ニモ亦之ヲ適用ス但同條第二項ノ期間ハ商法施行ノ日ヨリ之ヲ起算ス

第六十三條　商法第百六十七條但書ノ規定ハ商法施行前ニ選任シタル取締役及ヒ監査役ニハ適用セス

第六十四條　商法施行前ニ選任シタル取締役又ハ監査役ト雖モ其禁治產ニ因リテ退任

ス

第六十五條　商法施行前ニ選任シタル取締役ハ其施行ノ後遲滯ナク定款ニ定メタル員數ノ株券ヲ監査役ニ供託スルコトヲ要ス

第六十六條　商法施行前ニ設立シタル株式會社ニ於テ其施行後ニ株金ノ拂込アリタルトキハ取締役ハ其拂込ノ年月日ヲ株式名簿ニ記載スルコトヲ要ス

第六十七條　商法施行前ニ設立シタル株式會社ノ取締役ハ其施行ノ後遲滯ナク社債ノ總額及ヒ其償還ノ方法ヲ社債原簿ニ記載スルコトヲ要ス

第六十八條　株式會社カ商法施行前ニ其資本ノ半額ヲ失ヒタル塲合ニ於テハ取締役ハ商法施行ノ後遲滯ナク株主總會ヲ招集シテ之ヲ報告スルコトヲ要ス

商法施行前ニ會社財産ヲ以テ會社ノ債務ヲ完濟スルコト能ハサルニ至リタル塲合ニ於テハ取締役ハ商法施行ノ後遲滯ナク破産宣告ノ請求ヲ爲スコトヲ要ス

第六十九條　取締役カ前三條ノ規定ニ違反シタルトキハ五圓以上百圓以下ノ過料ニ處セラル

第七十條　商法第百七十五條ノ規定ハ商法施行前ニ選任シタル取締役ニハ之ヲ適用セス

第七十一條　舊商法第百八十九條ノ規定ハ商法施行前ニ選任シタル取締役ニノミ之ヲ適用ス

第七十二條　商法施行前ニ舊商法第二百二十八條又ハ第二百二十九條ノ規定ニ依リテ提起シタル訴ニハ商法ノ規定ヲ適用セス

第七十三條　商法施行前ニ選任シタル監査役ハ其任期カ一年ヨリ長キトキト雖モ其任期間在任ス

第七十四條　商法第百九十條ニ掲ケタル書類ハ商法施行前ニ總會招集ノ通知ヲ發シタル場合ニ限リ之ヲ提出スルヲ以テ足ル

第七十五條　商法第百九十六條ノ規定ハ商法施行前ニ本店ノ所在地ニ於テ設立ノ登記ヲ爲シタル株式會社カ其登記後二年以上開業ヲ爲スコト能ハサルモノト認ムル場合ニモ之ヲ適用ス

裁判所カ定欵ノ規定ヲ認可シタルトキハ取締役ハ二週間内ニ本店及ヒ支店ノ所在地ニ於テ其登記ヲ爲スコトヲ要ス

取締役カ前項ニ定メタル登記ヲ爲スコトヲ怠リタルトキハ五圓以上五十圓以下ノ過料ニ處セラル

第七十六條　明治二十三年法律第六十號ハ商法施行ノ日ヨリ之ヲ廢止ス

第七十七條　株式會社カ商法施行前ニ債券發行ノ認許ヲ得タル塲合ニ於テハ舊法ノ規定ニ依リテ其募集ヲ完了スルコトヲ得

第七十八條　商法第二百四條第一項ノ規定ハ株式會社カ商法施行前ニ債券發行ノ認許ヲ得タル塲合ニハ之ヲ適用セス

第七十九條　株式會社カ商法施行前ニ債券發行ノ認許ヲ得タル塲合ニ於テ一時ニ全額ノ拂込ヲ爲サシメタルトキハ第一回ノ拂込アリタル後二週間内ニ本店及ヒ支店ノ所在地ニ於テ拂込ミタル金額及ヒ商法第百七十三條第三號乃至第六號ニ掲ケタル事項ヲ登記スルコトヲ要ス

第八十條　商法施行前ニ社債ノ全額又ハ一部ノ拂込アリタルトキハ其施行ノ日ヨリ二週間內ニ本店及ヒ支店ノ所在地ニ於テ拂込タル金額及ヒ商法第百七十三條第三號乃至第六號ニ揭ケタル事項ヲ登記スルコトヲ要ス

第八十一條　商法施行前ニ發行シタル債券ハ商法第二百五條ノ規定ニ違フモ之ヲ改ムルコトヲ要セス

第五十七條但書ノ規定ハ債券ニ之ヲ準用ス

第八十二條　商法第二百九條第二項ノ規定ハ商法施行前ニ假決議ヲ爲シテ未タ其通知ヲ發セサル場合ニモ亦之ヲ適用ス

第八十三條　商法第二十九條第四項ノ規定ハ株式會社カ商法施行前ニ定款變更ノ決議又ハ假決議ヲ爲シタル場合ニハ之ヲ適用セス

第八十四條　株式會社カ商法施行前ニ資本ノ增加若クハ減少ノ決議又ハ假決議ヲ爲シタル場合ニ於テハ舊商法ノ規定ニ依リテ其增加又ハ減少ヲ爲スコトヲ得

商法第百二十八條乃至第百三十條ノ規定ハ前項ノ場合ニ之ヲ準用ス

第八十五條　商法施行前ニ爲シタル決議又ハ假決議ニ依リテ資本ヲ増加シタル場合ニ於テ商法施行前ニ新株ニ付キ拂込ミタル株金額ノ登記ヲ爲ササリシトキハ其施行ノ日ヨリ商法施行後ニ拂込アリタルトキハ其日ヨリ二週間內ニ本店及ヒ支店ノ所在地ニ於テ其登記ヲ爲スコトヲ要ス

第八十六條　株式會社カ商法施行前ニ解散シタル場合ニ於テ未タ解散ノ決議ヲ爲ササルトキハ取締役ハ商法施行ノ後遲滯ナク株主ニ對シテ解散ノ通知ヲ發スルコトヲ要ス

第八十七條　取締役カ前二條ノ規定ニ違反シタルトキハ五圓以上五十圓以下ノ過料ニ處セラル

第八十八條　株式會社ノ淸算人ハ株主總會又ハ裁判所カ商法施行前ニ與ヘタル訓示ヲ遵守スルコトヲ要ス

第八十九條　商法施行前ニ舊商法第二百四十二條ノ規定ニ依リテ選任シタル代人ハ商法施行ノ後ト雖モ其權限ヲ保有ス

第九十條　第三十三條ノ規定ハ商法施行前ニ解散シタル株式會社ノ清算人カ爲スヘキ公告ニ之ヲ準用ス
第九十一條　第二十六條、第三十條乃至第三十二條、第三十五條及ヒ第三十六條ノ規定ハ株式會社ニ之ヲ準用ス
第九十二條　商法施行前ニ日本ニ支店ヲ設ケタル外國會社ニ付テハ勅令ヲ以テ特別ノ規程ヲ設クルコトヲ得商法施行前ニ外國人カ日本ニ於テ設立シタル會社及ヒ組合ニ付キ亦同シ
第九十三條　商法施行前ニ舊法中會社ニ關スル罰則ヲ適用スヘキ行爲アリタルトキハ商法施行ノ後ト雖モ其罰則ヲ適用ス
第九十四條　私設鐵道株式會社ニハ明治二十年勅令第十二號私設鐵道條例ノ改正ニ至ルマテ舊商法及ヒ其附屬法令中株式會社ニ關スル規定ヲ適用ス
第九十五條　保險事業ハ政府ノ免許ヲ得ルニ非サレハ之ヲ營ムコトヲ得ス政府ノ免許ヲ得スシテ保險事業ヲ營ム者アルトキハ裁判所ハ檢事ノ請求ニ因リ又ハ職權ヲ以テ

其營業ヲ禁止スルコトヲ得
前項ノ禁止ニ拘ラス保險事業ヲ營ム者又ハ之ヲ營ム會社ノ事務ヲ執行スル社員若クハ取締役ハ十圓以上千圓以下ノ過料ニ處セラル
第九十六條　保險事業ハ株式會社ニ非サレハ之ヲ營ムコトヲ得ス
第九十七條　保險會社ハ他ノ營業ヲ兼ヌルコトヲ得ス
同一ノ會社ニシテ生命保險ト損害保險トヲ併セテ營業トスルコトヲ得ス
第九十八條　保險會社ノ發起人カ營業ノ免許ヲ請フニハ定款及ヒ左ニ揭ケタル事項ヲ記載シタル書面ヲ差出タスコトヲ要ス
一　保險ノ種類及ヒ營業ノ範圍
二　普通保險約款
三　保險料及ヒ責任準備金算出ノ基礎及ヒ方法
四　責任準備金利用ノ方法
第九十九條　保險會社カ前條ニ揭ケタル書類ヲ變更スルニハ政府ノ認可ヲ得ルコトヲ

要ス

第百條　政府カ第九十八條ニ揭ケタル書類ノ變更ヲ必要ト認ムルトキハ其變更ヲ命スルコトヲ得

第百一條　政府ハ何時ニテモ保險會社ヲシテ其營業ノ報告ヲ爲サシメ又ハ會社ノ業務及ヒ會社財產ノ狀況ヲ檢査スルコトヲ得

第百二條　政府カ保險會社ノ業務又ハ會計財產ノ狀況ニ依リ其營業ノ繼續ヲ困難ナリト認ムルトキ又ハ保險會社カ政府ノ命令ニ違反シタルトキハ政府ハ其營業ノ停止又ハ取締役ノ改選ヲ命スルコトヲ得

前項ニ揭ケタル事由アリト認ムルトキハ裁判所ハ撿事ノ請求ニ因リ又ハ職權ヲ以テ會社ノ解散ヲ命スルコトヲ得

第百三條　保險會社ハ總會終結ノ後遲滯ナク商法第百九十條ニ揭ケタル書類及ヒ總會ノ決議錄ヲ政府ニ差出タスコトヲ要ス

第百四條　保險契約者、被保險者及ヒ保險金額ヲ受取ルヘキ保險會社ノ定時總會終結ノ後營業報告書、財產目錄若クハ貸借對照表ノ閱覽ヲ求メ又ハ其謄本若クハ抄本ノ交付ヲ請求スルコトヲ得但保險會社ハ定款又ハ保險契約ノ定ムル所ニ依リ其謄本又ハ抄本ノ交付ニ付キ手數料ヲ拂ハシムルコトヲ妨ケス

第百五條　保險會社ハ他ノ事業ヲ目的トスル會社ト合併ヲ爲スコトヲ得ス

生命保險ヲ營業トスル會社ト損害保險ヲ營業トスル會社トハ合併ヲ爲スコトヲ得ス

第百六條　保險會社カ合併ヲ爲スニハ特ニ財產目錄及ヒ貸借對照表ヲ作リ合併契約書ト共ニ之ヲ政府ニ差出タシ其認可ヲ得ルコトヲ要ス

第百七條　保險會社カ任意ノ解散ヲ爲スニハ政府ノ認可ヲ得ルコトヲ要ス

第百八條　生命保險ヲ營業トスル會社ニ在リテハ保險金額ヲ受取ルヘキ者ハ會社財產ニ對シ他ノ債權者ニ先チテ其權利ヲ行フコトヲ得

第百九條　生命保險ヲ營業トスル會社カ解散シタル場合ニ於テハ保險金額ヲ受取ルヘキ者ハ被保險者ノ爲メニ積立テタル金額ノ割合ニ應シテ其權利ヲ行フコトヲ得但會社ノ解散前ニ保險金額ヲ受取ルヘカリシ場合ハ此限ニ在ラス

前項ノ規定ハ損害保險ヲ營業トスル會社ニ之ヲ準用ス

第百十條　第九十七條及ヒ前十一條ノ規定ハ商法施行前ニ設立シタル合資會社又ハ株式會社ニシテ保險ヲ營業スルモノニ之ヲ準用ス

商法施行前ニ設立シタル會社ニシテ第九十七條ニ禁止シタル兼業ヲ爲スモノハ商法施行ノ日ヨリ六ケ月內ニ其兼業ヲ廢止スルコトヲ要ス若シ之ニ違反シタルトキハ裁判所ハ檢事ノ請求ニ因リ又ハ職權ヲ以テ其保險營業ヲ禁止スルコトヲ得

第百十一條　第九十七條、第九十九條乃至第百二條、第百五條乃至第百九條及ヒ前條第二項ノ規定ハ商法施行前ニ設立シタル合名會社ニシテ保險ヲ營業トスルモノハ之ヲ準用ス

第百十二條　商法施行前ニ設立シタル合名會社ニシテ保險ヲ營業トスルモノハ財產目錄及ヒ貸借對照表ヲ作ル每ニ遲滯ナク營業報告書、損益計算書及ヒ利益ノ配當ニ關スル案ト共ニ之ヲ政府ニ差出タスコトヲ要ス

第百十三條　商法施行前ニ設立シタル合名會社ニシテ保險ヲ營業トスルモノカ財產目

錄及ヒ貸借對照表ヲ作ル毎ニ保險契約者、被保險者及ヒ保險金額ヲ受取ルヘキ者ハ第百四條ニ定メタル權利ヲ行フコトヲ得

第百十四條　第九十五條第九十九條乃至第百二條及ヒ第百十條第二項ノ規定ハ商法施行前ヨリ保險事業ヲ營ム者ニ之ヲ準用ス

第百十五條　外國會社カ日本ニ支店又ハ代理店ヲ設ケテ保險事業ヲ營ム塲合ニ付テハ勅令ヲ以テ特別ノ規程ヲ設クルコトヲ得

第百十六條　保險會社ニ關スル細則ハ農商務大臣之ヲ定ム

第百十七條　明治十年第六十六號布告利息制限法第五條ノ規定ハ商事ニハ適用セス

第百十八條　商法施行前ニ設立シタル質權ノ實行ニ付テハ別段ノ意思表示アリタル塲合ヲ除ク外競賣法ノ規定ヲ適用ス但取引所ノ相塲アル有價證券其他ノ商品ニ在リテハ執達吏ハ取引所ニ於テ之ヲ賣却スル塲合ニ之ヲ賣却スルコトヲ得

前項ノ規定ハ留置權者カ其留置物ヲ賣却スル塲合ニ之ヲ準用ス

第百十九條　商法施行前ニ發行シタル指圖證券及ヒ無記名證券ニハ本法ニ別段ノ定ア

ル場合ヲ除ク外舊商法ノ規定ヲ適用ス但民法施行法第三十條、第三十一條及ヒ第三十三條ノ準用ヲ妨ケス

第百二十條　商法第二百八十一條ノ規定ハ商法施行前ニ發行シタル指圖證券及ヒ無記名證券ニモ亦之ヲ適用ス

第百二十一條　商法第二百九十九條ノ規定ハ商法施行前ニ約シタル匿名組合ニモ亦之ヲ適用ス

第百二十二條　湖川、港灣及ヒ沿岸小航海ノ範圍ハ遞信大臣之ヲ定ム

第百二十三條　手形ノ所持人ノ其前者ニ對スル償還請求權ハ支拂拒絕證書ノ作成カ商法施行前ニ在リタル場合ニ於テハ其施行ノ日ヨリ支拂拒絕證書ノ作成カ商法施行後ニ在リタル場合ニ於テハ其作成ノ日ヨリ六ケ月ヲ經過シタルトキハ時効ニ因リテ消滅ス

裏書人ノ其前者ニ對スル償還請求權ハ商法施行前ニ償還ヲ爲シタル場合ニ於テハ其施行ノ日ヨリ商法施行後ニ償還ヲ爲シタル場合ニ於テハ其日ヨリ六ケ月ヲ經過シタ

ルトキハ時效ニ因リテ消滅ス

商法施行前ニ進行ヲ始メタル時效ノ殘期カ商法施行ノ日ヨリ起算シテ六ケ月ヨリ短キトキハ時效ハ其殘期ヲ經過スルニ因リテ完成ス

第百二十四條　明治十九年法律第二號公證人規則第二十八條ノ規定ハ公證人カ拒絕證書ヲ作ル塲合ニハ之ヲ適用セス

第百二十五條　外國ニ於テ爲シタル手形行爲ノ要件ハ行爲地ノ法律ニ依ル

前項ノ規定ニ拘ハラス外國ニ於テ爲シタル手形行爲カ日本ノ法律ニ定メタル要件ヲ具備スルトキハ外國ノ法律ニ依レハ要件ヲ具備セサルトキト雖モ爾後日本ニ於テ爲シタル手形行爲ハ有效トス日本人カ外國ニ於テ日本人ニ對シテ爲シタル手形行爲カ日本ノ法律ニ定メタル要件ヲ具備スルトキ亦同シ

第百二十六條　外國ニ於テ手形上ノ權利ヲ行使又ハ保全スル爲メニ爲ス行爲ノ方式ハ行爲地ノ法律ニ依ル

第百二十七條　商法第五百五十二條第三項ノ規定ハ商法施行前ニ選任シタル船舶管理

人ニモ之ヲ適用ス

商法第五百五十三條ノ規定ハ商法施行ノ日ヨリ其施行前ニ選任シタル船舶管理人ニモ之ヲ適用ス

第百二十八條　商法第五百五十六條ノ規定ハ商法施行前ニ爲シタル船舶ノ賃貸借ニモ亦之ヲ適用ス

第百二十九條　商法第五百五十八條乃至第五百六十八條及ヒ第五百七十條乃至第五百七十四條ノ規定ハ商法施行ノ日ヨリ其施行前ニ選任シタル船長ニモ亦之ヲ適用ス

第百三十條　商法第五百六十二條第一項第二號乃至第五號ニ掲ケタル書類ノ書式ハ遞信大臣之ヲ定ム

第百三十一條　委付ノ原因カ商法施行後ニ生シタルトキハ其施行前ニ爲シタル保險契約ニ付テモ被保險者ハ商法ノ規定ニ從ヒテ委付ヲ爲スコトヲ得

第百三十二條　船舶ノ存否カ商法施行ノ日ヨリ六个月間分明ナラサルトキハ未タ舊商法第百六十六條第一項ノ期間ヲ經過セサルトキト雖モ其船舶ハ行方ノ知レサルモノ

ト看做ス

第百三十三條　商法施行ノ際舊商法第九百六十九條第一項ニ定メタル三日ノ期間カ未タ滿了ニ至ラサルトキハ商法施行ノ日ヨリ三个月內ニ商法第六百七十四條ニ定メタル通知ヲ發シテ委付ヲ爲スコトヲ得

第百三十四條　船舶ノ先取特權ニ關スル商法ノ規定ハ其施行前ニ發生シタル債權ニ付テモ亦之ヲ適用ス

第百三十五條　第三十三條ノ規定ハ商法第六百八十四條第一項ノ規定ニ依リ爲スヘキ公告ニ之ヲ準用ス

第百三十六條　船舶ノ抵當權ニ關スル商法ノ規定ハ商法施行前ニ設定シタル抵當權ニモ亦之ヲ適用ス

第百三十七條　民法施行法第二條、第三條、第三十條、第三十一條、第三十三條、第三十四條、第五十三條及ヒ第五十六條ノ規定ハ商事ニ之ヲ準用ス

第百三十八條　明治二十三年法律第三十二號商法第九百七十八條ヲ左ノ如ク改ム

商人カ支拂ヲ停止シタルトキハ裁判所ハ本人又ハ債權者ノ申立ニ因リ決定ヲ以テ破産ヲ宣告ス

裁判所ハ口頭辯論ヲ經スシテ裁判ヲ爲スコトヲ得此裁判ニ對シテハ即時抗告ヲ爲スコトヲ得

第百三十九條　破産宣告ノ申立ヲ爲ス債權者ハ裁判所ノ定ムル所ニ從ヒ破産手續ニ必要ナル費用ヲ豫納スルコトヲ要ス

債權者カ前項ヲ豫納セサルトキハ裁判所ハ破産宣告ノ申立ヲ棄却スルコトヲ得

第百四十條　本人カ破産宣告ノ申立ヲ爲シタルトキハ破産手續ニ必要ナル費用ハ假ニ國庫ヨリ之ヲ支辨スルコトヲ要ス債權者カ破産宣告ノ申立ヲ爲シタル場合ニ於テ裁判所カ前條第二項ノ規定ニ依リテ其申立ヲ棄却セサルトキ亦同シ

第百四十一條　裁判所ハ破産事件ニ付キ地方裁判所又區裁判所ニ法律上ノ輔助ヲ求ムルコトヲ得

第百四十二條　明治二十三年法律第三十二號商法第千五十一條第五號ヲ左ノ如ク改ム

第五　財產目錄、貸借對照表ノ作成若クハ支拂停止屆出ノ義務ヲ怠リタルトキ又ハ裁判所ノ許可ヲ得スシテ其住地ヲ離レタルトキ

第百四十三條　明治二十三年法律第三十二號商法第千五十四條ヲ左ノ如ク改ム

破產宣告ヲ受ケタル債務者ハ復權ヲ得ルニ非サレハ會社ノ無限責任社員、舊商法ノ規定ニ從ヒテ設立シタル合資會社ノ業務擔當社員、株式會社ノ取締役若クハ監查役、淸算人、破產管財人又ニ商業會議所ノ會員ト爲ルコトヲ得ス

第百四十四條　明治二十三年法律第千五十五號第三項ハ之ヲ削除ス

第百四十五條　明治二十三年法律第三十二號商法第千五十九條ヲ左ノ如ク改ム

商人カ商行爲ニ因リテ生シタル債務ニ付キ自己ノ過失ナクシテ支拂ヲ中止セサルコトヲ得サルニ至リタル場合ニ於テ其債權者ノ過半數以上ノ承諾ヲ得タルトキハ營業所ノ所在地又ハ住所地ヲ管轄スル裁判所ハ一年ヲ超エサル範圍內ニ於テ支拂猶豫ヲ與フルコトヲ得

附　則

第百四十六條　本法ハ商法施行ノ日ヨリ之ヲ施行ス

第百四十七條　明治二十三年法律第五十九號商法施行條例ハ第二十條、第二十四條、第二十五條、第三十五條乃至第四十五條及ヒ第四十八條乃至五十條ヲ除ク外本法施行ノ日ヨリ之ヲ廢止ス但第二十一條乃至二十三條及ヒ第五十一條ノ規定ハ舊商法ノ規定ニ依ルヘキ場合ニ於テハ仍ホ其効力ヲ存ス

明治三十二年四月五日印刷
明治三十二年四月十日發行

定價壹圓五拾錢

版權所有

著者 法政學會
東京市神田區三崎町三丁目壹番地
日本法律學校內
右代表者 横尾留治
發行者 薬多野太兵衛
東京神田區今川小路二丁目四番地
發行者 辻本末吉
東京神田區表神保町七番地
印刷者 三島保太郎
東京市神田區南神保町十番地

發行所
東京神田區表神保町七番地
修學堂
東京神田區今川小路二丁目四番地
清水書店

特約大販賣所

東京神田區雉子町　岡崎屋書店

東京日本橋區通壹丁目　大倉書店

東京京橋區銀座三丁目　服部書店

東京市神田區　有斐閣

同　同　東京堂

同　同　明法堂

同　同　高岡書店

同　同　東華堂

同　同　中野書店

同　同　八尾書店

同　日本橋區　林平次郎

同　同　須原屋

同　同　丸善書店

同　京橋區　青野友三郎

東京市牛込區　盛文堂

同　本郷區　有終閣

同　芝區三田　福島屋書店

同　麴町區　森鐵書店

大阪市東區　丸善出張所

同　吉岡平助

同　平[illegible]塚書店

横濱市　弘集堂書店

名古屋市　三輪文次郎

同　川瀬代助

清水書店發行書目錄

改正商法釋義　完　　　日本立法資料全集　別巻 1214

平成31年1月20日　　復刻版第1刷発行

編　者　日本法律學校内法政學會

発行者　今　井　　貴
　　　　渡　辺　左　近

発行所　信　山　社　出　版
〒113-0033　東京都文京区本郷6-2-9-102
モンテベルデ第2東大正門前
電　話　03（3818）1019
FAX　03（3818）0344
郵便振替　00140-2-367777（信山社販売）

Printed in Japan.

制作／㈱信山社，印刷・製本／松澤印刷・日進堂

ISBN 978-4-7972-7331-1 C3332

別巻　巻数順一覧【950 ～ 981 巻】

巻数	書　名	編・著者	ISBN	本体価格
950	実地応用町村制質疑録	野田藤吉郎、國吉拓郎	ISBN978-4-7972-6656-6	22,000 円
951	市町村議員必携	川瀬周次、田中迪三	ISBN978-4-7972-6657-3	40,000 円
952	増補 町村制執務備考 全	増澤鐵、飯島篤雄	ISBN978-4-7972-6658-0	46,000 円
953	郡区町村編制法 府県会規則 地方税規則 三法綱論	小笠原美治	ISBN978-4-7972-6659-7	28,000 円
954	郡区町村編制 府県会規則 地方税規則 新法例纂 追加地方諸要則	柳澤武運三	ISBN978-4-7972-6660-3	21,000 円
955	地方革新講話	西内天行	ISBN978-4-7972-6921-5	40,000 円
956	市町村名辞典	杉野耕三郎	ISBN978-4-7972-6922-2	38,000 円
957	市町村吏員提要〔第三版〕	田邊好一	ISBN978-4-7972-6923-9	60,000 円
958	帝国市町村便覧	大西林五郎	ISBN978-4-7972-6924-6	57,000 円
959	最近検定 市町村名鑑 附 官国幣社 及 諸学校所在地一覧	藤澤衛彦、伊東順彦、増田穆、関惣右衛門	ISBN978-4-7972-6925-3	64,000 円
960	鼇頭対照 市町村制解釈 附 理由書 及 参考諸布達	伊藤寿	ISBN978-4-7972-6926-0	40,000 円
961	市町村制釈義 完　附 市町村制理由	水越成章	ISBN978-4-7972-6927-7	36,000 円
962	府県郡市町村 模範治績　附 耕地整理法 産業組合法 附属法令	荻野千之助	ISBN978-4-7972-6928-4	74,000 円
963	市町村大字読方名彙〔大正十四年度版〕	小川琢治	ISBN978-4-7972-6929-1	60,000 円
964	町村会議員選挙要覧	津田東璋	ISBN978-4-7972-6930-7	34,000 円
965	市制町村制 及 府県制　附 普通選挙法	法律研究会	ISBN978-4-7972-6931-4	30,000 円
966	市制町村制註釈 完　附 市制町村制理由〔明治21年初版〕	角田真平、山田正賢	ISBN978-4-7972-6932-1	46,000 円
967	市町村制詳解 全　附 市町村制理由	元田肇、加藤政之助、日鼻豊作	ISBN978-4-7972-6933-8	47,000 円
968	区町村会議要覧 全	阪田辨之助	ISBN978-4-7972-6934-5	28,000 円
969	実用 町村制市制事務提要	河邨貞山、島村文耕	ISBN978-4-7972-6935-2	46,000 円
970	新旧対照 市制町村制正文〔第三版〕	自治館編輯局	ISBN978-4-7972-6936-9	28,000 円
971	細密調査 市町村便覧(三府 四十三県 北海道 樺太 台湾 朝鮮 関東州)　附 分類官公衙公私学校銀行所在地一覧表	白山榮一郎、森田公美	ISBN978-4-7972-6937-6	88,000 円
972	正文 市制町村制 並 附属法規	法曹閣	ISBN978-4-7972-6938-3	21,000 円
973	台湾朝鮮関東州 全国市町村便覧 各学校所在地〔第一分冊〕	長谷川好太郎	ISBN978-4-7972-6939-0	58,000 円
974	台湾朝鮮関東州 全国市町村便覧 各学校所在地〔第二分冊〕	長谷川好太郎	ISBN978-4-7972-6940-6	58,000 円
975	合巻 佛蘭西邑法・和蘭邑法・皇国郡区町村編成法	箕作麟祥、大井憲太郎、神田孝平	ISBN978-4-7972-6941-3	28,000 円
976	自治之模範	江木翼	ISBN978-4-7972-6942-0	60,000 円
977	地方制度実例総覧〔明治36年初版〕	金田謙	ISBN978-4-7972-6943-7	48,000 円
978	市町村民 自治読本	武藤榮治郎	ISBN978-4-7972-6944-4	22,000 円
979	町村制詳解　附 市制及町村制理由	相澤富蔵	ISBN978-4-7972-6945-1	28,000 円
980	改正 市町村制 並 附属法規	楠綾雄	ISBN978-4-7972-6946-8	28,000 円
981	改正 市制 及 町村制〔訂正10版〕	山野金蔵	ISBN978-4-7972-6947-5	28,000 円

巻数	書　名	編・著者	ISBN	本体価格
915	改正 新旧対照市町村一覧	鍾美堂	ISBN978-4-7972-6621-4	78,000 円
916	東京市会先例彙輯	後藤新平、桐島像一、八田五三	ISBN978-4-7972-6622-1	65,000 円
917	改正 地方制度解説〔第六版〕	狭間茂	ISBN978-4-7972-6623-8	67,000 円
918	改正 地方制度通義	荒川五郎	ISBN978-4-7972-6624-5	75,000 円
919	町村制市制全書 完	中嶋廣蔵	ISBN978-4-7972-6625-2	80,000 円
920	自治新制 市町村会法要談 全	田中重策	ISBN978-4-7972-6626-9	22,000 円
921	郡市町村吏員 収税実務要書	荻野千之助	ISBN978-4-7972-6627-6	21,000 円
922	町村至宝	桂虎次郎	ISBN978-4-7972-6628-3	36,000 円
923	地方制度通 全	上山満之進	ISBN978-4-7972-6629-0	60,000 円
924	帝国議会府県会郡会市町村会議員必携 附関係法規 第1分冊	太田峯三郎、林田亀太郎、小原新三	ISBN978-4-7972-6630-6	46,000 円
925	帝国議会府県会郡会市町村会議員必携 附関係法規 第2分冊	太田峯三郎、林田亀太郎、小原新三	ISBN978-4-7972-6631-3	62,000 円
926	市町村是	野田千太郎	ISBN978-4-7972-6632-0	21,000 円
927	市町村執務要覧 全 第1分冊	大成館編輯局	ISBN978-4-7972-6633-7	60,000 円
928	市町村執務要覧 全 第2分冊	大成館編輯局	ISBN978-4-7972-6634-4	58,000 円
929	府県会規則大全　附 裁定録	朝倉達三、若林友之	ISBN978-4-7972-6635-1	28,000 円
930	地方自治の手引	前田宇治郎	ISBN978-4-7972-6636-8	28,000 円
931	改正 市制町村制と衆議院議員選挙法	服部喜太郎	ISBN978-4-7972-6637-5	28,000 円
932	市町村国税事務取扱手続	広島財務研究会	ISBN978-4-7972-6638-2	34,000 円
933	地方自治制要義 全	末松偕一郎	ISBN978-4-7972-6639-9	57,000 円
934	市町村特別税之栞	三邊長治、水谷平吉	ISBN978-4-7972-6640-5	24,000 円
935	英国地方制度 及 税法	良保両氏、水野遵	ISBN978-4-7972-6641-2	34,000 円
936	英国地方制度 及 税法	髙橋達	ISBN978-4-7972-6642-9	20,000 円
937	日本法典全書 第一編 府県制郡制註釈	上條慎蔵、坪谷善四郎	ISBN978-4-7972-6643-6	58,000 円
938	判例挿入 自治法規全集 全	池田繁太郎	ISBN978-4-7972-6644-3	82,000 円
939	比較研究 自治之精髄	水野錬太郎	ISBN978-4-7972-6645-0	22,000 円
940	傍訓註釈 市制町村制 並ニ 理由書〔第三版〕	筒井時治	ISBN978-4-7972-6646-7	46,000 円
941	以呂波引町村便覧	田山宗堯	ISBN978-4-7972-6647-4	37,000 円
942	町村制執務要録 全	鷹巣清二郎	ISBN978-4-7972-6648-1	46,000 円
943	地方自治 及 振興策	床次竹二郎	ISBN978-4-7972-6649-8	30,000 円
944	地方自治講話	田中四郎左衛門	ISBN978-4-7972-6650-4	36,000 円
945	地方施設改良 訓諭演説集〔第六版〕	鹽川玉江	ISBN978-4-7972-6651-1	40,000 円
946	帝国地方自治団体発達史〔第三版〕	佐藤亀齢	ISBN978-4-7972-6652-8	48,000 円
947	農村自治	小橋一太	ISBN978-4-7972-6653-5	34,000 円
948	国税 地方税 市町村税 滞納処分法問答	竹尾高堅	ISBN978-4-7972-6654-2	28,000 円
949	市町村役場実用 完	福井淳	ISBN978-4-7972-6655-9	40,000 円

別巻　巻数順一覧【878 ～ 914 巻】

巻数	書　名	編・著者	ISBN	本体価格
878	明治史第六編 政黨史	博文館編輯局	ISBN978-4-7972-7180-5	42,000 円
879	日本政黨發達史 全〔第一分冊〕	上野熊藏	ISBN978-4-7972-7181-2	50,000 円
880	日本政黨發達史 全〔第二分冊〕	上野熊藏	ISBN978-4-7972-7182-9	50,000 円
881	政党論	梶原保人	ISBN978-4-7972-7184-3	30,000 円
882	獨逸新民法商法正文	古川五郎、山口弘一	ISBN978-4-7972-7185-0	90,000 円
883	日本民法鼇頭對比獨逸民法	荒波正隆	ISBN978-4-7972-7186-7	40,000 円
884	泰西立憲國政治攬要	荒井泰治	ISBN978-4-7972-7187-4	30,000 円
885	改正衆議院議員選擧法釋義 全	福岡伯、横田左仲	ISBN978-4-7972-7188-1	42,000 円
886	改正衆議院議員選擧法釋義 附 改正貴族院令,治安維持法	犀川長作、犀川久平	ISBN978-4-7972-7189-8	33,000 円
887	公民必携 選擧法規ト判決例	大浦兼武、平沼騏一郎、木下友三郎、清水澄、三浦數平	ISBN978-4-7972-7190-4	96,000 円
888	衆議院議員選擧法輯覽	司法省刑事局	ISBN978-4-7972-7191-1	53,000 円
889	行政司法選擧判例總覽―行政救濟と其手續―	澤田竹治郎・川崎秀男	ISBN978-4-7972-7192-8	72,000 円
890	日本親族相續法義解 全	髙橋捨六・堀田馬三	ISBN978-4-7972-7193-5	45,000 円
891	普通選擧文書集成	山中秀男・岩本溫良	ISBN978-4-7972-7194-2	85,000 円
892	普選の勝者 代議士月旦	大石末吉	ISBN978-4-7972-7195-9	60,000 円
893	刑法註釋 卷一～卷四(上卷)	村田保	ISBN978-4-7972-7196-6	58,000 円
894	刑法註釋 卷五～卷八(下卷)	村田保	ISBN978-4-7972-7197-3	50,000 円
895	治罪法註釋 卷一～卷四(上卷)	村田保	ISBN978-4-7972-7198-0	50,000 円
896	治罪法註釋 卷五～卷八(下卷)	村田保	ISBN978-4-7972-7198-0	50,000 円
897	議會選擧法	カール・ブラウニアス、國政研究科會	ISBN978-4-7972-7201-7	42,000 円
901	鼇頭註釈 町村制　附 理由 全	八乙女盛次、片野続	ISBN978-4-7972-6607-8	28,000 円
902	改正 市制町村制　附 改正要義	田山宗堯	ISBN978-4-7972-6608-5	28,000 円
903	増補訂正 町村制詳解〔第十五版〕	長峰安三郎、三浦通太、野田千太郎	ISBN978-4-7972-6609-2	52,000 円
904	市制町村制 並 理由書　附 直接間接税類別及実施手続	高崎修助	ISBN978-4-7972-6610-8	20,000 円
905	町村制要義	河野正義	ISBN978-4-7972-6611-5	28,000 円
906	改正 市制町村制義解〔帝國地方行政学会〕	川村芳次	ISBN978-4-7972-6612-2	60,000 円
907	市制町村制 及 関係法令〔第三版〕	野田千太郎	ISBN978-4-7972-6613-9	35,000 円
908	市町村新旧対照一覧	中村芳松	ISBN978-4-7972-6614-6	38,000 円
909	改正 府県郡制問答講義	木内英雄	ISBN978-4-7972-6615-3	28,000 円
910	地方自治提要 全　附 諸届願書式 日用規則抄録	木村時義、吉武則久	ISBN978-4-7972-6616-0	56,000 円
911	訂正増補 市町村制問答詳解　附 理由及追輯	福井淳	ISBN978-4-7972-6617-7	70,000 円
912	改正 府県制郡制註釈〔第三版〕	福井淳	ISBN978-4-7972-6618-4	34,000 円
913	地方制度実例総覧〔第七版〕	自治館編輯局	ISBN978-4-7972-6619-1	78,000 円
914	英国地方政治論	ジョージ・チャールズ・ブロドリック、久米金彌	ISBN978-4-7972-6620-7	30,000 円